세계사를 바꿀 달러의 위기

EMPIRE OF DEBT: The Rise of an Epic Financial Crisis
by Bill Bonner and Addison Wiggin
Copyright ⓒ 2005 by William Bonner
All rights reserved.

This Korean edition was published in 2006 by Donquixote Publishing Co.
by arrangement with William Bonner c/o Raines & Raines Authors'
Representatives, New York, USA through KCC(Korea Copyright Center
Inc.), Seoul, Korea.

이 책의 한국어판 저작권은 (주)한국저작권센터(KCC)를 통한 저작권자와의 독점계약으로
돈키호테에 있습니다. 저작권법에 의해 한국 내에서 보호를 받는 저작물이므로
무단전재와 복제를 금합니다.

세계사를 바꿀 달러의 위기

빌 보너 · 애디슨 위긴 지음 ‖ 이수정 · 이경호 옮김

EMPIRE OF DEBT
THE RISE OF AN EPIC FINANCIAL CRISIS

돈키호테

세계사를 바꿀 달러의 위기

초판 1쇄 발행 2006년 8월 23일
초판 4쇄 발행 2007년 11월 10일

지은이   빌보너, 애디슨 위긴
옮긴이   이수정, 이경호
펴낸이   이윤희
펴낸곳   돈키호테

등록   제2005-000031호
주소   158-735 서울 양천구 목동 907
         현대월드타워 1826호
전화   02-2649-1687
팩스   02-2646-1686
E-mail   liha2037@hanmail.net

ISBN 89-957-0983-9 03320
가격 17,000원

· 잘못된 책은 바꾸어 드립니다.
· 일러두기 *옮긴이 주(註)

차 례

서문 제국을 향하여   7

I 불합리한 제국들

1 데드멘 토킹   39
2 먼지의 제국들   63
3 제국은 어떤 기능을 하나   85
4 우리가 행진할 때   123

II 우드로 윌슨, 루비콘 강을 건너다

5 지옥으로 가는 길   141
6 1913년 혁명과 대공황   199
7 맥나마라의 전쟁   225
8 닉슨, 금태환을 정지시키다   265

III 미국의 저녁

9 레이건의 유산   283
10 미국, 영광스러운 부채의 제국   325
11 현대 제국의 자금조달   363
12 사악한 일이 일어나다   383

IV 기본을 지키는 투자자들

13 낭비마을에 오신 걸 환영한다   403
14 여전히 일본으로 눈을 돌리며   437
15 월가의 무도회   447
16 다수의 견해를 따르지 않는 파괴적인 투자   463

부록 용어 해설   489
Notes   497
역자 후기   509

서문

제국을 향하여

제우스의 의지는 끝을 향해 치닫고 있었다 - 《일리아드》

2005년 어느 이른 봄날, 우리는 푸아티에에서 파리까지 기차 여행을 즐기고 있었다. 우리 옆에는 프랑스 공산당 지도자이자 발드와즈 지역 정치인인 로베르 휴가 다른 승객들과 마찬가지로 여행 잡지를 읽으며 앉아 있었다. 공산당원으로 보이는 한 사람이 잠깐 멈춰 서 인사를 한 것 외에는 아무도 그에게 관심을 보이지 않았다. 또 한 친구는 몇 달 전 같은 기차 안에서 한 사람만을 대동한 장 피에르 라파랭 총리를 본 적도 있다고 했다.

오래 전, 미국이 여전히 보잘것없는 공화국이었을 때만 해도 미국 대통령도 마찬가지로 아무나 쉽게 접근할 수 있는 사람이었다. 토머스 제퍼슨은 펜실베이니아 거리를 걸으면서 그에게 다가오는 누구와도 말을 주고받곤 했다. 존 애덤스는 포토맥 강에서 맨몸으로 수영을 즐기기도 했다.

하지만 이제 대통령을 보기 위해서는 사전 신원조사와 금속 탐지기를 통과해야 한다. 대통령의 기자회견장에 입장하기 위해 기자들은 백악관 스탭의 승인을 얻어야만 한다. 미국 대통령이 여행이라도 할 때는 마치 과거 대제국의 황제를 방불케 한다. 대통령의 주위는 항상 수백 명의 근위병과 지붕 위의 저격수 그리고 수천 명의 현지 경호원들이 둘러싸고 있다. 1998년 클린턴 대통령이 중국을 방문했을 때 그는 가족 외에도 5명의 장관, 6명의 의원, 86명의 선임 보좌관들을 대동했다. 또 의사와 변호사, 비서 등의 민간인 스텝만 150명에 달했고 여기에다 운전기사와 저격병 등 군 요원들도 같은 숫자만큼 동원되었다. 아울러 여러 마리의 폭탄 탐지견과 수 톤에 달하는 장비도 동원되었다. 여기에는 10대의 방탄차량과 대통령 전용 연설대인 "파란 거위"(blue goose) 등이 포함돼 있었다.

　대통령의 측근들과 필요 장비들을 중국까지 공수하기 위해 미 공군은 보잉 747, C-141, C-5 항공기들을 이용해 36차례나 임무를 수행했다. 클린턴의 이 여행에 들어간 미국 국방부의 비용은 1,400만 달러에 달했다. 대통령 전용기인 에어포스원은 한 시간 운항하는 데 3만4천 달러가 든다.

　오늘날 미국 대통령은 방탄 캐딜락을 타고 워싱턴 주변을 퍼레이드 한다. 이 리무진은 방탄유리와 이에 견줄 만큼의 견고한 타이어에 어떤 생물학 혹은 화학 공격도 막아낼 수 있는 자체 시스템을 갖추고 있다.

　대통령의 하루 24시간을 보호하기 위한 안전 요원만 자그마치 5천 명이 넘는다. 여기에는 2,100명의 특수 요원과 1,200명의 정복 경찰, 그리고 1,700명의 기술 및 행정 요원들이 고용되어 있다. 대통령이 어디를 가든지 그의 안전은 철저하게 준비된 수천 명의 경호원들이 지킨다. 지난 2004년 미국 대통령이 캐나다 오타와를 방문했을 때는 일부 의회 고위 인사들이 보안 출입증 부족으로 의회 건물 출입을 제한받기도 했다.

　2003년 말 부시 대통령이 영국을 방문했을 때 런던 거리에는 부시 대통령을 보호하기 위해 추가로 5천 명의 경찰이 배치되기도 했다. 공원과 거리의 상점들은 일시적으로 폐쇄됐고 왕실의 건물 지붕에서도 저격병들이 목격되었다.[1] 부시가 버킹엄 궁전에 머물다 간 후 엘리자베스 여왕은 심하게 손상된 궁전 마당에 경악했다. 그들이 떠난 버킹엄 궁전은 마치 한 개 가격으로 두 개를 세일할 때의 월마트 주차장을 방불케 했다.[2]

이 책의 주제

뉴스를 시청하는 것은 어떤 점에서는 수준 미달의 오페라를 관람하는 것과 비슷하다. 당신은 날카로운 비명소리를 듣고 무언가 매우 중요한 일이 일어날 것임을 짐작할 수 있지만 정작 그 일이 무엇일지는 알지 못한다. 중요한 줄거리는 놓치고 있는 것이다.

이 오페라는 언제라도 비극으로 바뀔 수 있는 희극 오페라. 무대 위의 캐릭터들은 우리에게 친숙한 소비자, 이코노미스트, 정치가, 투자가, 비즈니스맨 등이다. 그들은 우리가 항상 보아왔던 도박꾼이나 광대, 순진한 시골뜨기, 멍청이 등의 인물과 별로 다를 게 없다. 하지만 오늘날의 무대에서 그들은 무엇인가 특별한 일을 한다. 그들은 지구상 최고 부자들이지만 자신들이 소비한 것의 대가를 지불하기 위해 지구에서 가장 가난한 사람들이 저축해놓은 돈에 의존한다. 그들은 대개 버는 것 이상을 소비하면서 막연하게 앞으로도 그렇게 할 수 있을 것이라고 생각한다. 빚은 점점 늘어 가지만 그들은 이 빚을 해결하지 않아도 될 거라고 믿는다. 그들은 집을 사고 나서는 아무것도 남는 게 없을 때까지 방 한 칸씩을 저당 잡힌다. 또 자유와 민주주의를 퍼뜨린다는 신념으로 다른 나라들을 침공하기도 한다. 그런데 이 침공에 들어가는 비용은 공산국가인 중국에서 빌리는 돈에 의존한다.

사람들은 무엇인가를 믿어야 할 때 그것이 무엇이든지 믿게 된다. 우리가 〈데일리 레커닝〉(www.dailyreckoning.com)에서 발견하는 놀라울 정도로 웃기는 자부심과 환상은 사람들의 생각이 아니라 환경에서 나오는 것이다. 월스트리트에서 말하듯이 시장이 의견을 만드는 것이지(markets make opinion) 의견이 시장을 만드는 것은 아니다. 이처럼 이상한 무대 위의 퍼포먼스를 이해하도록 만드는 배경은 우리가 좋아하든 싫어하든 미국이 하나의 제국이라는 사실이다.

미국은 세계라는 무대에서 당신과 내가 우리의 역할을 하듯이 자신의 역할을 해야만 한다. 이는 우리의 길이 그것이라고 생각하기 때문이 아니다. 단지 우리가 언제 어디서 누구로 살고 있기 때문에 생기는 문제이다. 원시적이고 미개한 사람들은 원시적이고 미개한 역할을 맡는다. 미개한 사람들도 우리 못지않게 똑똑하다. 그러나 만일 그들이 계산적으로 행동하기 시작하면 더 이상 그들답지 않게 된다. 그들도 우리처럼 그들이 해야 할 역할이 있다. 교양 있는 사람들은 교양 있는 역할을 한다. 그들은 남들보다 영리하지 않지만 코에다 뼈를 꼽고 다니지는 않을 것이다. 이 마지막 대 제국의 시민인 우리도 마찬가지로 해야 할 역할이 있다. 또 미 제국 역시 제국으로서 해야 할 역할이 있다.

사회제도는 시간이 지나면서 점차 진화하게 마련이다. 몇 년 안에 사회제도들은 원래의 모습과는 많이 달라진다. 21세기 초의 미국은 더 이상 1776년의 아메리카가 아니다. 보르지아 교황 하의 바티칸이 최후의 만찬 때의 기독교와 다른 것이나 현재의 마이크로소프트가 빌 게이츠가 그의 차고에서 첫 출발했을 때와 다른 것 이상으로 미국은 많이 변했다.

하지만 사회제도가 진화하는 동안 그것에 대한 생각이나 이론들은 마치 사람들이 이런 변화를 눈치채지 못하기라도 하듯 고정된 채 남는 경향이 있다. 미국에서는 신생 제국이라는 바람이 오래된 공화국으로서 가졌던 모든 자제력과 금지, 겸손함을 휩쓸어가 버렸다. 그리고 이 자리에는 사기와 기만, 망상, 그리고 빚더미와 자만심이 들어서버렸다.

현재 미국 헌법은 그것이 쓰였을 당시와 같은 단어들로 이루어져 있다. 하지만 강제력을 지녔던 단어들은 부드럽고 탄력적으로 변했다. 그 당시에는 세금 부과나 지출, 규제 등이 불가능했으나 이제 정부는 원하는 모든 것을 할 수 있게 되었다. 대통령, 주지사, 시장 등 주요 정치인들은 그들이 해야 할 필요가 있는 모든 일을 할 수 있는 힘을 가졌다. 의회 의원들 역시 어리석은 꼭두각시처럼 이런 이권이 더욱 확대되어야 한다고 주장한다. 이 과정은 너무 잘 진행되어 의원들이 자리에서 쫓겨나기 위해서는 침대 위에서 어린 남자아이와 함께 있는 것 같은 일이 발견되어야만 할 정도다.

미국 기업들은 여전히 자본주의적이다. 모두가 알고 있듯이 그들은 세계에서 가장 역동적이고 자유로우며 개방적인 경제에서 사업을 운영하고 있다. 최근 한 언론은 제너럴모터스(GM)가 문제가 되고 있는 직원들의 건강보험료에 손을 대지 않는 이상 절대로 다시 경쟁력을 갖추기 어려울 것이라고 지적했다. 그렇다면 GM은 왜 이 비용을 줄이지 않는 것일까? 그럴 만한 용기가 없거나 그럴 만한 권한이 없기 때문일 것이다. 하지만 이 문제를 지적한 기자는 해결책을 제시했다. 건강보험을 국영화시키라는 것이다.

근래 들어 최고경영자(CEO)의 연봉은 치솟았다. 지난 2000년에는 경영진의 평균 급여가 시간당 평균 임금의 500배에 이를 정도였다. 자신이 투자한 돈이 낭비되는 동안 주주들은 좀처럼 불만을 드러내지 않았다. 그들은 여전히 회사가 주주를 위해 일하고 있다는 환상에 사로잡혀 있었다. 주주들은 이 자본주의 사회가 체인과 와이어에 묶이고 너무 많은 복잡한 일들로 인해 더 이상 예전 19세기의 자유롭고 이익이 많이 나는 기업과 같은 기능을 할 수 없다는 사실을 인식하지 못했다. 그러는 사이 공산국가인 중국의 기업들은 그들의 손과 발을 자유롭게 해 미국인들의 점심을 먹어치우고 엉덩이를 걷어찰 기세다.

이제 미국의 경제는 붕괴되지 않기 위해 주변의 다른 가난한 나라 사람들이 저축해놓은 돈에 의존하고 있다. 미국인들은 그들이 버는 것 이상을 소비한다. 이같은 괴리는 이방인들의 친절함으로 메워진다. 검소한 아시아인들의 예금은 미국의 호화 주방용 조리대나 평면 텔레비전으로 재생된다.

하지만 이같은 아이러니, 모순, 역설적인 현상은 좀처럼 제국 사람들의 잠을 깨우지 않고 있다. 미국인들은 스스로에게 너무 많은 이상한 것들을 믿도록 허락해버려서 이제 그들은 무엇이든 믿을 것이다. 지난 2001년 사태 때 중서부 지역에 위치한 데모인과 덜루스 주민들은 테러리스트들의 공격에서 스스로를 보호하기 위해 박스 포장용 테이프를 사들였고 2004년 경제 침체 때 그들은 중국이 위안화를 거의 10년 동안 고정시키면서 환율을 조작했다고 믿었다. 이상한 나라의 앨리스처럼 그들은 도저히 불가능한 다음의 여섯 가지 일들을 믿는 것 같다. 부동산 가격은 절대 내려가지 않아. 소비로 인해 부유해질 수도 있어. 저축 따위는 문제되지 않아. 쌍둥이 적자도 마찬가지야. 다른 사람들은 열심히 땀 흘리게 놔둬. 머리 쓰는 일은 우리가 할 거야. 라고 말이다.

우리는 이것이 나중에 어떤 상황으로 다가올지 걱정하지 않을 수 없다.

이 책에서, 우리는 다시 한 번 역사의 먼지투성이 책장들을 넘기고 있다. 종종 서양의 역사에서 가장 위대했던 제국인 로마의 발자취를 쫓아가게 될 것이다. 로마에서도 사회는 사람들이 생각하는 것보다 빠르게 진화하고 퇴보했다. 로마인들은 규율과 관습을 가졌던 그들의 고대 공화국을 기억한다. 로마인들은 습관적인 속임수라는 새로운 사기 시스템이 확립된 한참 뒤에도 여전히 그것을 고대 공화국의 시스템이 작동하는 방식이라고 생각했다.

로마의 자금조달 시스템 역시 미국보다 훨씬 견고했다. 로마는 피지배 지역에서 생산량의 10% 가량을 세금으로 거두어 제국의 운영비용으로 사용했다. 로마는 팍스로마나(로마의 지배에 의한 평화)의 혜택들을 가져갔고 피지배지 주민들은 이를 위해 당연히 대가를 치러야 하는 것으로 생각했다. 그다지 재촉하지 않아도 세금은 대부분 거두어졌다. 사실 로마제국의 운영비용은 시민들과 피지배 지역의 협조로 엄청나게 줄어들었다. 제국의 규율로 인해 혜택을 입은 지역 명망가들은 제국에 직접 고용되지는 않았지만 비용이 드는 많은 일을 수행했다. 《부패와 로마의 몰락 Corruption and the Decline of Rome》의 저자인 램지 맥뮬런(Ramsay MacMullen)은 로마제국에서 많은 기능들이 "민영화되었다"(privatized)고 표현했다.

이런 민영화는 다양한 방법으로 이루어졌다. 많은 관리들과 심지어 변방 지역에 주둔한 군인들도 그들의 지위를 이용해 각 지역에서 돈을 징수했다. 이런 방법으로 당시 행정 및 치안 비용은 민간 분야 쪽으로 전가되었다. 코모다(Commoda)는 이런 관행을 일컫는 말이다. 로마제국에서는 시간이 지날수록 이런 관행이 더욱 퍼져나갔다.

맥뮬런은 당시의 한 사건을 이렇게 얘기한다.

367년 밀라노에서 팔라디우스(Palladius)라는 호민관이 카르타고를 향해 떠났다. 그는 아프리카 지역의 사령관인 로마누스(Romanus)의 업무태만에 대한 비난을 조사하는 임무를 맡았다. 로마누스의 게으름으로 인해 트리폴리 지역 주변은 제대로 방어되지 못하고 지역 부족들의 공격에 시달렸다. 하지만 로마누스는 이 조사관의 방문에 대비하고 있었다. 팔라디우스가 트리폴리에 도착했을 때 그는 몰래 상당한 뇌물을 제안받았다. 팔라디우스는 그 뇌물을 받아들였다. 하지만 이번 불만을 제기한 지역 명망가들과 함께 팔라디우스는 조사를 계속했다. 팔라디우스는 로마누스의 혐의를 인정한다는 내용의 보고서를 준비해 황제에게 보내려 했다. 하지만 로마누스는 팔라디우스가 뇌물을 받았다는 것을 공개하겠다고 협박했고 그 결과 팔라디우스는 보고서의 내용을 고쳐 황제에게 로마누스에 대한 이번 비난은 꾸며진 것이라고 보고했다. 로마누스는 아무런 벌을 받지 않았고 황제는 그 문제를 제기한 두 사람의 혀를 자르도록 지시했다.[3]

시간이 흐를수록 로마제국은 처음 태어났을 때 갖췄던 공화국의 모습을 점점 잃어갔다. 오랜 미덕은 새로운 부패로 바뀌었다. 국경 지역의 병사들은 자신의 생활비를 위해 자구책을 마련해야만 했다. 병사들은 농사일도 직접

챙겨야 했다. 이에 대해 맥뮬런은 "병사들이 파트타임 농부가 되면서 군대의 효율성은 떨어졌다"고 말한다.

로마제국에서 믿을 만한 군대는 점차 줄어들었다. 트라야누스 황제는 수십만 명의 병사에 의존해 다키아 전투를 치를 수 있었다. 하지만 4세기 무렵 전쟁에는 불과 수천 명의 군사만이 동원되었다. 5세기에 이르러서는 이 소수의 병사들로는 더 이상 야만인들의 침략을 막지 못했다.

제국의 부패와 타락은 절정에 달했다.

만일 당신이 미국이 현재 하나의 제국임을 부인한다면 당신은 우리만큼이나 큰 멍청이다. 매우 오랫동안 우리는 이 개념에 저항해왔다. 우리는 미국이 하나의 제국이 되는 것을 원하지 않았다. 우리는 그것이 정치적 선택이라고 생각했다. 우리는 제퍼슨이나 워싱턴, 미국 헌법을 가진 공화국을 좋아했다. 경화(hard money)와 부드러운 지도자들을 가진 겸손하고 소박한 국가를 좋아했다. 그런 국가를 포기하고 싶지 않았다. 만일 미국이 제국처럼 움직이게 된다면 이는 분명 실수라고 생각했다.

우리는 얼마나 바보였던가. 중요한 것을 완벽하게 놓치고 있었다. 이는 우리가 그것을 원하는가 아닌가 하는 차원의 문제가 아니었다. 거기에는 애벌레가 나비가 되는 것보다도 선택의 여지가 없었다.

이것은 우리에게 있어 중요한 통찰이었다. 그전까지는 무대 위의 익살스런 엉덩방아는 "실수"로 여겨졌다. 미국은 왜 그토록 어마어마한 무역적자를 기록하고 있는가. 우리는 의아해했다. 그것은 분명 좋은 생각이 아니었다. 국가는 스스로를 파멸시키고 있었다. 미국은 왜 이라크 침공과 테러와의 전쟁을 시작했는가. 둘 다 분명 엄청난 대가를 치르는 중대 실수가 될 것이 확실하다. 마치 미국은 스스로를 파괴하기 원하는 것 같다. 먼저 경제를 파탄시키고 그후 지구 곳곳에 적을 만듦으로써 말이다.

그때는 물론 그렇게 해야만 한다고 생각했다.

다시 한 번 반복하지만 사람들은 믿을 필요가 있는 것을 믿게 된다. 미국은 이미 하나의 제국이고 이 제국에 속한 국민들은 제국의 지지자들처럼 사고해야 한다. 미국 시민들은 그들의 임무를 달성하기 위해 조지 오웰이 칭했던 "속이 빈 멍청이들"(hollow dummies)이 될 필요가 있다. 제국의 국민들은 자신들이 제국의 힘을 누릴 자격이 있다고 반드시 믿어야 한다. 이는 즉 그들이 다른 사람들한테 무엇인가를 지시할 수 있는 권리를 가지고 있다고 믿어야 한다는 말이다. 그렇게 하기 위해 제국의 국민들은 반드시 그들의 문화나 사회, 경제, 정치 시스템 그리고 그들 자신이 다른 사람들보다 우월하다는 진실이 아닌 진실을 믿어야만 한다. 이는 헛된 자만심이지만 너무 빛나고 거대해서 사회 전체를 마치 중력과도 같이 끌어당기곤 한다. 그리고 곧 전체 시스템을 명왕성만큼이나 지구에서 멀고 토성만큼이나 기괴한 망상과 허영심들로 움직이게 만든다. 미국인들은 다른 누군가의 돈을 소비하면서 자신이 부유해질 수 있다고 믿는다. 그리고 다른 국가들이 실제로 침공당하거나 정복당하기를 원한다고 믿는다. 미국인들은 그들의 빚을 영원히 유지할 수 있을 것이라고 믿으며 저당잡힌 집을 은행에 예금해둔 돈만큼이나 좋은 것이라고 생각한다. 이같은 현상은 현대 경제학 연구를 보다 재미있게 한다. 우리는 마치 성범죄의 현장 사진을 보면서 그것이 곧 돈이 될 것임을 알고 웃고 있는 이혼 전담 변호사처럼 경제현상을 들여다보고 있다.

특이한 것들은 다시 정상으로 돌아오게 마련이다. 만일 그렇지 않다면 거기에는 돌아가야 할 정상이 없기 때문일 것이다. 이것은 우리가 주식이 쌀 때 비싸질 것으로 또 비쌀 때 싸게 될 것으로 기대하는 것과 같은 이치다. 요즘 주식은 비싸다. 요즘 주식은 그 수익의 평균 20배가량으로 거래된다. 대개 주식은 수익의 12~15배 사이에서 거래된다. 따라서 이제 주식 값은 떨어질 것으로 예상할 수 있다.

집값 역시 비싸긴 마찬가지다. 집값은 보통 인플레이션과 가계소득, 혹은

GDP 성장률과 비슷하게 올라간다. 하지만 과거 10년 동안 집값은 3~5배나 빠른 속도로 상승했다. 집값은 절대로 오랜 기간 동안 가계소득보다 높은 상승률을 기록할 수 없다. 사람들은 집 안에서 살기 위해 생활비가 필요하다. 따라서 이제 집값도 마찬가지로 정상 수준으로 되돌아갈 것으로 예상할 수 있다. 집값은 내릴 것이다. 아니면 최소한 더 오르지는 않을 것이다.

이런 단순한 되돌림 현상은 이론의 여지가 없다. 그 되돌림 현상이 언제 어떻게 일어날지는 모르지만 일어날 것이라는 것은 확실하다.

보다 재미있는 것은 더욱 큰 것으로의 되돌림이다. 하나의 제국도 어떻게 보면 흔한 것은 아니다. 비정상적인 것은 아니지만 보기 드문 것이다. 자연은 독점을 싫어하게 마련이다. 하나의 제국은 어떤 영향력이나 파워 면에서 독점적이라고 말할 수 있다. 자연은 잠시 동안은 이것을 참아주겠지만 조만간 제국의 국민들은 평범한 사람들로 돌아와야만 한다. 그리고 제국의 국민들은 소중하다는 불합리한 신념도 사라져야 한다. 그들은 반드시 어리석은 생각과 게으른 아첨꾼들이 거들먹거리며 걷고 있는 엉터리 천국 같은 곳으로 올라가야 한다. 그곳에서 신들은 그 모습을 웃겨 죽겠다며 배를 잡고 뒹굴고 있을 것이다.

달러 역시 이상하기는 마찬가지다. 보통 종이 화폐의 장기 평균 가치가 얼마인지 아는가? 안타깝게도 그것은 제로이다. 지금까지 사라진 모든 지폐는 가치가 제로라는 블랙홀 속으로 빨려 들어간 것이다. 과거 달러화에는 그것을 다른 지폐들과 달리 평균으로 회귀하지 않게 만들어주는 마술 같은 것이 있었는지도 모른다. 하지만 만일 그것이 무엇인지 아는 사람이 있다면 그는 이 책을 읽을 필요가 없다.

지난 백여 년 동안 달러는 네로시대 이후의 디나리우스보다 더 빠르게 가치를 잃어왔다. 이것은 놀라운 일이 아니다. 로마시대의 동전은 금이나 은으로 만들어졌다. 주화의 가치를 줄이기 위해 그들은 귀금속의 성분을 줄여야 했다. 사람들은 그것을 좋아하지 않았다. 반대로 달러는 어떤 귀금속 성분도 가지고 있지 않다. 그렇다고 기초금속이 들어간 것도 아니다. 단지 종이일 뿐이다. 원래 아무런 가치가 없었다. 애당초 아무것도 없었기 때문에 아무것도 건질 게 없는 것이다. 시간이 지나면서 달러는 빈 공간처럼 텅 비어 있는 본래의 가치로 돌아갈 것이 거의 확실하다.

좀 더 큰 그림을 그려보면, 한 문명국가가 다른 국가보다 훨씬 많은 일인당 국민소득을 벌어들이는 것은 흔하지 않은 일이다. 물론 수천 년의 역사 속에서 어떤 집단은 가난했고 어떤 집단은 부유했다. 하지만 지나친 빈부의 격차는 무역이나 전쟁, 아니면 페스트, 퇴화 등으로 자체적으로 해소되곤 했다. 서기 1700년 무렵에는 인도나 중국, 아랍 그리고 유럽 지역 사람들의 생활수준이 거의 비슷했다. 어느 곳도 특별히 질 높은 생활수준을 유지하고 있지 않았다. 하지만 산업혁명과 함께 소득수준과 사고방식에 차이가 생겼다. 유럽은 비교적 짧은 시간 안에 엄청난 생산성으로 세계 나머지 지역의 산업을 앞질러버렸다. 곧, 유럽인들은 세계를 주도하는 제국인들이 되었다. 그들은 자신들이 가장 좋은 경제 시스템과 가장 훌륭한 학문, 가장 높은 도덕성, 그리고 화려한 군대를 가지고 있다고 확신했다.

세상이 우리가 생각하는 대로 돌아간다면 유럽인들(그리고 미국에 있는 그들의 사촌들)의 소득은 역사적 평균치로 돌아갈 것으로 예상할 수 있다. 이 과정이 일어나는 데는 몇 세대가 걸릴 수도 있다. 물론 시간이 더 걸릴 수도 있고 그 반대가 될 수도 있다. 하지만 프랑스인들이 방글라데시 사람보다 원래 가치 있는 노동력을 가지고 태어났다고 할 수는 없다. 또 미국인 배관공이 터키의 배관공보다 더 많은 돈을 벌어야 하는 이유도 없다.

만일 평균이란 것이 존재한다면 모든 사물은 평균으로 되돌아갈 것이다. 그렇다면 아시아인들의 소득은 증가하고 미국인들의 소득은 감소할 것이다. 물론 이런 현상은 지금 일어나고 있다. 예를 들어, 인도의 실질소득은 지난

10년 동안 배가 넘게 증가했다. 미국의 경우에는, 수치의 논란이 있기는 하지만, 소득증가가 있다 하더라도 그다지 크지는 않다.

우울한 얘기로 들리겠지만 우리 인간들도 개인적으로 평균으로 돌아가고 있다. 인류에 있어 중간치란 죽음 혹은 존재하지 않는 것이다. 성서에 따르면 한 개인은 태어나 평균 70년을 산다. 그 나머지 시간에는 단지 잠재적인 인격체거나 아니면 죽은 사람에 불과하다. 수백만 년 동안 그는 미래에 있거나 아니면 무덤 속에 존재한다.

이 책을 읽는 여러분은 인생이라고 부르는 과장되고 비정상적이며 평균을 벗어나는 일상의 매우 짧은 기간을 즐기고 있는 것이다. 우리는 이것이 언제 어디서 끝날지 알지 못한다. 하지만 평균으로 돌아가는 모든 현상과 마찬가지로 바보가 아니라면 우리 역시 평균으로 돌아간다는 것에 반대로 베팅하지 않을 것이다. (인생에서 우리는 언제 어떻게 그 최후를 맞이할 것인지는 그다지 신경 쓰지 않는다. 다만 그 최후의 장소를 피하기 위해 어디서 우리가 최후를 맞이하게 될지를 알고 싶어할 뿐이다.)

하지만 최후에 대항하여 베팅하고 있는 사람들이 있으니 대부분의 미국인들이 바로 그들이다. 그들은 마치 내일이 없는 사람들처럼 돈을 빌리고 또 소비한다. 그리고 마치 어제는 없었다는 듯이 투자한다. 지금 미국인들이 해야 하는 것은 과거의 패턴이 어떠했는지를 살펴보는 일이다. 그렇다면 절대로 높은 가격에 물건을 사서는 돈을 벌 수 없다는 것을 이해할 수 있을 것이다. 사람들은 항상 낮은 가격에 사서 비싼 값에 팔아 돈을 벌어왔다. 그 반대로 해서는 돈을 벌 수 없는 것이다. 마찬가지로 대출과 소비만으로는 부유해질 수 없다. 내일은 항상 온다. 적어도 지금까지는 그랬다. 그러면 당신은 빚을 갚아야만 한다.

시간이 지나면서 가격이란 것은 오르기도 하고 내리기도 한다. 다른 모든 것도 마찬가지다. 밀물이 있으면 썰물이 있고 거품이 생기면 꺼지게 마련이다. 꽃이 피면 언젠가는 시들게 마련이다. 이런 모든 현상은 예측 가능한 순환주기를 나타내고 그래서 모델로 만들어지기도 한다. 애널리스트들은 이 습관적인 패턴 가운데 현재 우리가 어느 위치에 있는지를 파악하기 위해 이 사이클을 연구한다. 하지만 이런 작업은 가끔씩 실망스러운 일이 되기도 한다. 이 패턴이 과거에 그랬던 것처럼 규칙적이지 않을 때가 있고 또 현재 상황과 맞지 않을 때도 있기 때문이다. 하지만 지금 우리가 순환 주기의 어느 지점에 있는가를 궁금해 하는 것은 그럴 만한 가치가 있는 질문이다.

지금 우리가 순환 주기의 어디쯤에 위치하고 있는지를 알아내는 방법 가운데 하나는 친구나 이웃이 무엇을 믿고 있는지를 살펴보는 일이다. 시장이 의견을 만들기 때문이다.

마찬가지로 우리는 사람들이 어떤 의견을 가지고 있는지를 살펴봄으로써 시장이 어느 단계에 있는지를 알 수 있다. 만일 당신이 알고 있는 사람들이 막연한 기간 동안 주식이 15% 정도 오를 것이라고 모두 생각한다면 당신은 지금이 저점이라기보다는 고점에 가깝다는 것을 확신할 수 있다. 반대로 사람들이 대부분 주식이 절대로 오르지 못할 것으로 믿고 있다면 이때야말로 시장이 바닥에 근접한 것이다.

이런 방법은 보다 큰 사이클에서도 유익하게 이용할 수 있다. 사람들은 반드시 그들이 할 것이라고 생각되는 역할을 하게 마련이다. 사람들은 강세장이 끝날 때쯤 언제나 강세 의견을 가지고 있으며 반대로 약세장의 끝자락에서는 언제나 약세 심리를 가지고 있다. 만일 그렇지 않다면, 시장은 절대로 그 자체를 충분히 표현할 수 없다. 만일 엄청난 강세장이 정점에 이르고 있는데 투자자들이 갑자기 조심스러워진다면 그들은 주식을 팔아치울 것이고 그러면 정점에는 이르지 못하게 된다. 혹은 여러 해 집값이 급등한 후 주택 소유자들이 집값이 이제 떨어질 것이라고 믿는다면 어떻게 주택 시장 버블이 있을 수 있겠는가. 아무도 취하지 않고서야 어떻게 떠들썩한 파티가 있을 수 있겠는가 말이다.

이런 것은 매우 심각한 철학적인 문제이다. 하지만 이런 것들은 우리가 순환주기의 어디쯤에 있는지를 깨닫게 하는 데 도움이 된다. 어떤 물건의 가격이 말도 안 될 만큼의 수준에 도달할수록 사람들의 생각도 마찬가지로 미친 수준에 이르게 마련이다. 따라서 사람들이 더욱 흥분할수록 그만큼 변곡점은 더 가까워지는 것이다. 파티가 거칠어질수록 누군가가 경찰을 부를 가능성이 높아지는 것처럼 말이다.

아울러 이런 사고방식이 제국의 사이클에도 비슷하게 적용되는 것으로 짐작할 수 있다. 한 국가의 경제, 재정 그리고 군사적 힘은 여러 세대에 걸쳐 증가한 다음 쇠퇴한다. 정점에 이르렀을 때 제국의 국민들은 그들의 시스템이 우월하며 그들의 가치가 보편적이라고 생각하고 그들의 생활 스타일이 결국에는 전 세계를 지배할 것이라고 믿는다.

독자들은 프랜시스 후쿠야마(Francis Fukayama)의 유명한 글에서 이런 사고방식을 깨달을 수 있을 것이다. 구 소련연방이 붕괴된 후 쓴 이 글에서 후쿠야마는 세계가 역사의 끝(End of History)에 도달할지 모른다고 주장했다. 미국의 시스템이 승리하면서 어떤 진보도 가능하지 않을 것으로 보았다는 얘기다. 이는 후쿠야마가 처음 생각한 것은 아니다. 헤겔이나 막시스트 식자들은 이미 백 년 전에 같은 내용을 주장해왔다. 프롤레타리아의 승리로 인해 더 이상의 진보는 이뤄질 수 없다. 역사는 멈춰 서야만 했다.

하지만 헤겔과 마르크스는 죽었고 역사는 계속되었다.

사람들은 세상의 정상에 올랐다고 느낄 때 과거에는 불합리하다고 생각했던 것을 당연한 것으로 여기기 시작한다. 앞에서도 언급했듯이 미국인들은 그들의 생활 스타일을 계속 유지하기 위해서 또 세계의 민주주의를 위한 전쟁을 위해서 그 비용을 공산국가인 중국의 예금에 의존하고 있다. 미국인들은 생각 없이 그렇게 하고 있다. 어렴풋이 제국의 국민들은 항상 제국 사회가 너무 우월해서 세계의 나머지 사회들도 그들처럼 되기를 바란다고 믿는다. 제국 국민들은 또한 세계 나머지 사회가 원하든 그렇지 않든 자신들처럼 될 것이라고 믿곤 한다. 이것은 미국인들이 지금 중국에 수십억 달러를 투자하고 있는 배경이 된다. 불과 몇 년 전만 해도 어떤 사람이 공산주의 국가에 투자할 것을 제안한다면 미국인들은 그를 미친 사람이라고 생각했다. 중국은 여전히 다양한 경험을 가진 "대약진운동"의 베테랑들이 다스리고 있지만 미국인들은 실제로는 중국이 미국처럼 자본주의와 민주주의 사회가 되기 위해 노력하고 있다고 확신한다. 미국인들은 너무 자만심이 강하다. 그래서 누군가가 미국이 아닌 다른 사람들처럼 되고 싶어할 수 있다는 것을 상상조차 하지 못한다.

마찬가지로 미국은 최근 니카라과에 있었다. 그곳에 집도 갖고 있었고 기회가 있을 때마다 많은 땅을 사들였다. 가격은 최근 5년 동안 크게 상승했다. 어떤 이는 해변 앞의 땅을 35만 달러에 매입하기도 했다. 이 금액은 불과 몇 년 전만 해도 제정신이 아니고서는 지불할 수 없는 수준이었다. 어쨌든 니카라과는 제3세계 국가이다. 몇 년 전만 해도 공산주의 정부가 집권했던 나라이기도 하다. 또 공산주의자 가운데 한 명이 지금 차기 대통령 선거에서 유력한 후보이기도 하다. 그리고 지금 그곳에서는 만조 시 200미터 내의 모든 땅은 국유지로 지정한다는 법안이 정치인들 사이에 활발하게 논의되고 있다. 그렇게 되면 우리는 집과 땅 그리고 그곳에 투자한 돈을 몽땅 잃게 된다. 하지만 우리 가운데 아무도 그런 일이 일어날 거라고 진지하게 믿지 않고 있다. 왜냐하면 미국인들은 그들이 모두 우리처럼 되기를 원한다고 확신하고 있으며 우리라면 절대로 그런 일을 하지 않을 것이라고 생각하기 때문이다.

물론 이라크 침공에도 비슷한 생각이 바탕에 깔려 있다. 즉 그 지저분한 사막 부족들도 우리 미국인들처럼 되고 싶어할 것이라는 생각이다. 우리가 해야 할 일은 단지 독재자를 축출하는 일. 그렇게만 하면 그곳 사람들은 쇼핑 몰을 짓기 시작할 것이고 모든 여자들은 브리트니 스피어스처럼 옷을 입고 다닐 것이다.

한 제국이 정점에 있을 때 사람들은 이런 망상에 빠져든다.

그렇지만 문화나 정치 시스템 그리고 경제는 결코 세계적으로 보편적이 될 수 없으며 우리가 생각하는 대로 영원하지도 않다. 대신 모든 것은 진화한다. 심지어 프랑스에서조차 우리 사촌들은 미국의 생활방식을 공유하지 않는다. 미국에서 사람들은 큰돈을 벌기 위해 노력하고 또 오랜 시간을 일한다. 사업을 시작하고 투자를 한다. 하지만 프랑스에서는, 사람들이 여가 시간을 늘리기를 원하며 삶의 질을 중요하게 여긴다. 그들은 어떻게 하면 베이컨을 집에 사올 수 있는지보다 어떻게 하면 베이컨 요리를 잘 할 수 있는지를 얘기하는 데 더 많은 시간을 쓴다.

프랑스는 한때 그 영토가 스페인에서부터 모스크바에 이르는 유럽의 거대 제국이었다. 또 이후 아프리카와 서인도, 남태평양 등에 식민지를 거느린 세계적 제국이기도 했다. 리슐리에 시대부터 레옹 블룸의 시대까지 프랑스의 군대는 이 세상에서 가장 강력한 군대 가운데 하나였다. 제2차 세계대전이 시작되었을 때도 프랑스는 통계상으로 유럽에서 가장 큰 규모의 군대를 보유하고 있었다. 하지만 꺾이지 않기를 원하는 순환 주기는 없다. 프랑스의 제국 순환 주기는 나머지 세대 동안 방향을 틀었다. 여러 세대에 걸쳐 프랑스인들은 그들이 가장 훌륭한 문화와 최고의 학교 그리고 가장 발전된 과학자와 가장 역동적인 건축가들을 보유했다고 생각했다. 프랑스는 그들의 임무가 자신들이 보유한 문명(이를 테면 적포도주나 인권선언 같은)으로부터 얻는 혜택을 지구촌 다른 사람들에게도 가져다주는 것이라고 생각했다.

그런데 이제는 우리 차례다. 지금 역사상 가장 훌륭한 문화와 경제, 정부와 군대를 가졌다고 생각하는 사람들은 바로 우리 미국인이다. 이제 문명화의 사명(mission civilisatrice)이란 짐을 맡은 것도 바로 우리 미국인이다. 이 너덜너덜해진 지구에 자유와 민주주의를 퍼뜨리는 것은 우리의 임무다. 우리 대통령이 그렇게 말했다.

미국은 어떻게 제국이 되었는가? 우리는 지금껏 이 문제를 생각해보지 않았다. 이에 대한 논쟁도 없었다. 이를 위한 국민투표도 실시된 적이 없다. 어떤 대통령 후보도 제국이 되자고 제안한 적도 없다. 지금까지 "이봐, 우리 제국이 되자"라고 말한 사람은 아무도 없다. 사람들은 제국이 되기로 선택하지 않았다. 제국이 그들을 선택한 것이다. 점진적으로 그리고 무의식적으로 미국인의 생각과 신념 그리고 사회는 제국적인 것들로 개조되었다.

미국이 제국이 되어야 하는지에 대한 논의는 없었지만 제국의 아젠다 가운데 특정한 것에 대해서는 사회 전반적으로 불만의 목소리가 많았다. 이란이나 이라크를 공격해야 할 것인가? 국민들이 신분증을 가져야 하는가? 테러리스트들과의 전쟁을 보다 효율적으로 하기 위해 권리장전을 잠시 보류해야 하는가?

저자를 포함해 많은 사람들이 이라크를 상대로 한 전쟁의 핵심이 무엇이었는지를 의아해했다. 이라크는 테러리스트들의 공격에 참여하지 않았다. 사담 후세인의 이라크는 종교적인 광기로 인해 불안정한 지역 안에서 비종교적(혹은 세속적) 실용주의의 성채였다. 위험 요인은 그들을 억압한 무자비한 독재자들이 아니라 종교적 광기였다고 신문들은 말했다. 어떤 이들은 이라크에 대한 공격이 과연 세상을 더 안전하게 만든 것인지 아니면 더 위험하게 만든 것인지를 헷갈려하기도 했다. 또 미국이 임무수행을 위해 충분한 병력을 파병했는지에 대해서도 견해가 엇갈렸다. 하지만 큰 궁금증은 제대로 제기되지도 못하고 이미 풀려버렸다. 왜 미국인들이 중동을 비롯한 다른 지역에서 무슨 일이 일어나는지를 신경 써야 하는가? 스위스 인들이 이라크가 어떤 정부를 가지고 있는지 궁금해 하는가? 스위스 인들이 나머지 세계 사람들을 자신들처럼 만들려고 노력하느냐 말이다. 아니면 스위스 인들이 과연 지구상의 모든 사람들이 남몰래 스위스 인들처럼 되고 싶어한다는 헛된 환상에 사로잡혀 있단 말인가.

아무도 알아차리지 못하는 동안 제국의 잡초는 이미 북미 대륙에 깊이 뿌리를 내렸다. 21세기 초까지만 해도 그곳에서는 다른 것들은 아무것도 자랄 수가 없었다. 이미 그곳에는 미국의 기초를 닦은 선구자들이 심어놓은 우아한 꽃들로 발 디딜 틈이 없었기 때문이다. 이라크 침공을 둘러싼 논란은 무엇이 옳고 그른지 혹은 국익에 도움이 되는가가 아니었다. 수단과 방법에 대한 지극히 제국적 성격의 것이었다. 민주, 공화 두 정당에서도 아무도 나서서 미국이 남의 일에 간섭할 자격이 없다고 주장하지 않았다. 두 정당 모두 이라크는 국익의 문제가 아니라 제국의 이해에 관련된 문제라고 인식한 것이다. 지구상에서 일어나는 어떤 일도 어느 곳도 너무 작아서 혹은 너무 멀어서 이 제국의 이해와 관계되지 않은 것은 없다. 전 세계 곳곳에 위치한 군사기지와 인공위성을 통해 이 초강대국은 항상 모든 사람과 모든 지역을 관찰한다. 2005년 지구상에서 발사된 모든 미사일은 미국 국방부의 모니터 장비에 감지되었다.

이것은 이미 백 년도 훨씬 전에 시작된 한 트렌드의 정점이 무엇인지를 알려주고 있다. 지난 한 세기가 시작될 무렵 미국의 경제는 세계에서 가장 크고 가장 빠른 성장률을 자랑했다. 거의 비슷한 시기에 시어도 루즈벨트(Theodore Roosevelt)는 힘없고 가난한 나라들을 압도하고 무시하기 시작했다. 미국의 이 뚱뚱한 제국주의자는 거의 대부분의 전쟁에 끼어들었다. 1917년 윌슨(Wilson) 대통령이 유럽 대륙에서 벌어진 전쟁에 참가할 준비가 되어 있다고 선언한 것도 그의 재촉 때문이었다. 루즈벨트는 그 전에도 참전을 위해 직접 사병이라도 모집하겠다며 협박하곤 했다. 윌슨은 "세계의 민주주의를 안전하게 지키기 위해서"라고 이 전쟁의 참가 이유를 설명했다.

그리고 그때 이후로 이 세상을 보다 민주주의로 발전시키겠다는 목표는 거의 모든 미국 외교정책의 목표가 되어버렸다. 물론 대부분의 제국 옹호론자들은 그들이 세상을 발전시키고 있다고 생각한다. 심지어 알렉산더 대왕도 그리스 문화를 퍼뜨린다는 좋은 뜻에서 전쟁을 하는 것이라고 생각했다.

윌슨이 유럽에 군대를 파병했을 때 사람들은 그 숨은 뜻이 무엇이었는지를 궁금해 했다. 미국은 당시 아무런 이해관계도 없었고 딱히 한 쪽 편을 들어야 할 이유도 없었다. 하지만 여기서 사람들은 중요한 핵심을 놓쳤다. 미국은 빠르게 하나의 제국이 되어가고 있었던 것이다. 제국들은 거의 항상 전쟁을 치른다. 제국의 역할이 바로 세계를 안전하게 만드는 것이기 때문이다.

트루먼(Truman) 대통령은 한국전쟁에 선전포고도 없이 미국 군대를 파병하면서 제국의 일처리 방식이 어떤 것인지를 명백하게 보여주었다. 그는 심지어 미군이 적군과 교전하고 군인들이 전사하고 나서도 의회에 참전 사실을 알리지 않았다. 그후 존슨(Johnson) 대통령 역시 한국과 마찬가지로 멀리 떨어져 있는 베트남이란 곳에 군대를 파병하면서 트루먼의 뒤를 이었다. 그 목적은 무엇이었을까? 스위스 군대는 그 어느 곳에서도 눈에 띄지 않았다. 벨기에도 마찬가지. 프랑스조차도 이미 10년 전에 베트남에 대해서는 포기한 바 있다. 하지만 300만 명 이상의 미군이 베트남에 갔고 많은 젊은 이들이 제정신이 아닌 채로 돌아왔다. 제국 주변에서 일어난 다른 전쟁들 또한 무엇을 위한 것이었을까?

이런 전쟁은 오직 자기 나라의 일에만 전념하는 겸손한 국가에겐 절대로 이해가 되지 않는 일이다. 미국인들도 루즈벨트 정권이 들어서기 전까지는 그랬다. 하지만 미국이 자기 나라는 물론이고 자국 이외의 지역에서도 광범위한 이해관계를 가진 하나의 제국이 된 뒤로는 거의 모든 전쟁이 적절한 것으로 간주되었다. 미 제국의 역사상 또 다른 기념비적인 사건은 1971년 8월 15일 일어났다. 이 날은 리처드 닉슨(Richard Nixon) 대통령이 미국 통화와 금 사이의 관계를 분리해버린 날이다. 그때까지는 미국도 다른 국가들처럼 자국의 부채를 스스로 찍어낼 수 없는 화폐로 갚아야만 했다. 그런데 이 사건 이후로 제국의 소비와 빚은 엄청나게 증가했다.

이리하여 미 제국은 실질적인 문제에 직면했다. 미국은 지금까지 지구상에서 가장 강한 군사력을 가지고 있다. 아무도 미국의 국경을 위협하지 않고 있다. 따라서 미국은 스스로 자신의 가장 강력한 적이 되어버렸다. 모든 제국은 반드시 쇠퇴하기 마련이다. 또 모든 제국은 반드시 자기 스스로를 파괴하는 방법을 발견하고야 만다. 미국은 "빚"이라는 방법을 발견했다.

전통적으로 제국이 자금을 조달하는 방법은 너무 간단해서 몽골의 야만인들도 그 방법을 습득할 수 있을 정도였다. 정복당한 국가들은 세금과 조공을 바치도록 강요당했다. 따라서 본토의 경제는 이익이 날 수밖에 없었다. 그리고 당연히 본국은 속국에 비해 부유해질 수밖에 없었다. 하지만 여기 미국이라는 제국은 자가당착의 희생양이 되고 말았다. 세계를 보다 살기 좋은 곳으로 만드는 척하느라 그들이 정복한 가난한 국가들에게 조공을 바치도록 거세게 요구하지 못했다. 대신 미국은 가난한 국가들로부터 돈을 빌려야만 했다.

미 제국의 초기까지만 해도 이것은 문제가 되지 않았다. 1980년대 중반까지만 해도 미국의 산업은 호황기를 누리면서 팍스달러리움(달러의 지배에 의한 평화)의 이점을 이용해 매출과 고용 그리고 수익을 늘릴 수 있었다. 하지만 1970년대부터 미국의 무역수지는 적자로 돌아섰다. 앨런 그린스펀이 연방준비제도이사회 의장으로 취임하던 해에는 외국인의 미국 자산 보유액이 미국인의 해외 자산 보유액보다 많았다. 미국 내 생산시설은 노후화됐고 생산비용도 증가했다. 미국인 근로자들의 임금도 너무 비쌌다. 미국 내 사업가들은 직원의 교육훈련이나 신규 설비에 적극적으로 투자하지 않았다. 미국은 전반적으로 한 제국이 번창할 때보다는 쇠락할 때와 어울리는 태도와 마음가짐을 가지게 된 것이다. 미 제국의 국민들은 저축하기보다는 소비하는 것을 택했고 열심히 생각하기보다는 환상에 빠지는 것을 택했다. 그들은 아시아인들을 열심히 일하도록 놔둔 채 빵과 유희를 요구했다.

보통 제국은 많은 이들에게 좋은 의미로 여겨진다. 제국은 무역이 실시될 수 있는 지역을 확장시킨다. 요즘 표현으로는 보다 넓은 지역의 세계화를 가능케 하는 일이다. 일반적으로 세계화는 모든 사람들에게 유익하다. 세계화는 사람들이 각자 잘할 수 있는 분야에 전념할 수 있는 환경을 조성해주며 더 낮은 비용으로 양질의 생산을 가능하게 한다. 하지만 세계화는 일부 사람들에게 더 유리할 수 있다. 현재로서는 아시아인들이 가장 큰 혜택을 입고 있다. 그들은 미국인들의 평균 임금의 일부에 불과한 돈을 받고도 일할 의지가 있을 뿐만 아니라 소비보다는 저축하려는 경향을 가지고 있다. 중국의 저축률은 거의 25%에 이르는 것으로 알려져 있다. 미국의 저축률은 거의 제로에 가깝다.

이같은 세계화와 미국의 저금리 정책은 아시아 지역의 산업이 번창할 수 있는 환경을 만들어주었다. 그렇지만 아시아 지역의 수출업체들이 1달러를 벌 때마다 미국의 재무제표에는 6센트의 빚이 늘어난다.

어떤 일들은 아무도 원하지 않거나 특별히 장려하지 않아도 일어난다. 그리고 보통 사람들은 어떤 속임수가 유행하더라도 그것이 자신을 어디로 이끄는지 또 자신이 왜 그것을 좋아하는지 아무런 생각 없이 그것을 따라가곤 한다.

사람은 각자에게 주어진 역할을 한다. 그리고 누구든 그 역할을 하기 위해 믿을 필요가 있는 것은 반드시 믿는다.

앨런 그린스펀은 자유주의 사상을 가진 지식인이었을 때 금에 의해 가치가 뒷받침되지 않는 종이 화폐에 반대한 것으로 유명했다. 하지만 공직자가 되면서 쉽게 생각을 바꾸었다. 그는 미 제국 중앙은행인 연준리(FRB)의 총재가 되기 위해 믿어야 하는 것들을 믿게 된 것이다. 미 제국은 해외에서 전쟁을 치르면서 동시에 국민들의 빵과 유희를 충족시키기 위해 거의 무제한적인 신용이 필요했다. 그린스펀은 이를 가능하게 만들었다.

값비싼 해외 전쟁비용과 호화로운 빵과 유희, 이것은 로마제국부터 대영제국에 이르기까지 거의 모든 제국의 재정을 붕괴시켰다. 하지만 각각의 사회에는 그들이 해야 할 역할이 있게 마련이다. 하나가 성장하면 다른 조직은 쇠퇴하기 마련이다. 하나가 젊고 역동적이면 다른 것은 늙고 쇠약해진다. 새로운 조직이 자리를 잡기 위해서 다른 조직은 사라져야 한다. 그리고 한 조직이 번창하기 위해 어느 조직 하나는 스스로를 파멸시켜야 한다.

미국인들은 그들의 국방예산을 75%까지 줄일 수 있다. 그렇게 하더라도 미국은 세계에서 가장 규모가 크고 가장 현대적인 군대를 유지할 수 있다. 또 그들은 지금 소비하고 있는 생활비용을 절반가량으로 줄일 수도 있으며 그렇게 하더라도 여전히 높은 생활수준을 유지할 수 있다. 그들은 지금보다 작은 차를 몰 수도 있으며 모기지 차입을 중단할 수도 있다. 지난해 산 옷과 조금 오래된 컴퓨터로도 충분히 그런 대로 살아갈 수 있다. 그렇지만 미국인들은 스스로를 파멸로 몰고 가기 전에 중간에서 브레이크를 밟지는 않을 것이다.

2년을 넘게 물가 수준과 동일하거나 이보다 낮은 수준으로 금리를 유지한 앨런 그린스펀의 통화 완화 정책은 미국인들이 더 많은 돈을 대출받아 더 많이 소비하게 만들었을 뿐만 아니라 하나의 제국이 사라지는 동안 다른 제국이 자리를 잡는 역사의 진행 과정을 원활하게 만드는 역할을 했다. 현재 이루어지고 있는 세계화의 거센 바람으로부터 가장 큰 혜택을 받는 이들은 아시아 인들이다. 미국인들은 월마트의 "최저가" 코너에서 더 많은 물건을 살 때 선반 위에서 중국이나 말레이시아 산 상품들을 발견한다. 그린스펀의 저금리 정책이 아니었더라면 그들은 돈을 빌리는 것에 그다지 매력을 느끼지 않았을지도 모른다. 그린스펀의 저금리 정책이 아니었더라면 미국인들은 소비에 이렇게까지 유혹당하지 않았을지도 모른다. 그린스펀의 저금리 정책이 아니었더라면 아시아 제조업체들이 만든 물건을 이렇게 많이 구입하지는 않았을 것이다. 또한 아시아 지역의 제조업체들도 지금보다 적은 돈을 벌었을 것이고 지금처럼 새 공장을 많이 짓거나 지금처럼 새 직원들을 훈련시키지도 못했을 것이다. 즉 아시아는 이렇게 빠르게 성장할 수도 없었을 것이고 아시아의 산업이 지금만큼 다른 지역의 산업에 위협이 되지도 않았을 것이다. 그리고 미국인들은 지금처럼 아시아에 많은 빚을 지지 않았을 것이다. "최고 성능의 컴퓨터 경쟁에 중국이 참여했다", "중국 · 일본, 미국을 따라잡기 위해 새로운 장벽을 겨냥하다" 등과 같은 요즘의 신문 헤드라인들은 이런 상황을 잘 말해준다.[4]

아시아 인들은 다우존스산업평균지수에 편입된 모든 기업들에게 지배력을 행사할 수 있을 만큼의 달러 자산을 보유하고 있다. 또 마음만 먹으면 미국 경제를 파멸로 몰고 갈 수 있을 정도의 미국 재무부 발행 채권도 보유하고 있다. 그들의 경제적 파워는 GDP 성장률이 서양 국가들에 비해 3~5배에 달할 정도로 강해지고 있다. 지금까지 아시아 인들은 정치적 파워에는 별다른 관심을 보이지 않았다. 이는 현재 사이클 이후의 단계이다.

지금까지 살펴본 내용은 새롭거나 참신한 것들이 아니다. 대부분의 미국인들은 이런 내용에 대해 들어왔다. 우리 <데일리 레커닝> 뉴스레터의 오랜 독자들은 이런 얘기들을 너무 자주 들어 저자들이 사이트에 들어오는 것을 보면 출구부터 찾는다. 하지만 사람들은 이것이 사실임을 알면서도 진짜로 믿지는 않는다. 사람들은 제국의 사이클 가운데 마지막 단계에서 믿을 필요가 있는 것만 믿고 있다. 조잡한 환각에 빠져 있는 것이다.

"미국 경제는 여전히 세계에서 가장 역동적이고 유연하다." 사람들은 서로에게 이렇게 말한다. 그들은 또 "우리는 지구상에서 가장 창의적이고 독창적인 사람들이야'라고 자축한다. "우리는 새로운 사업을 발명할 것이고 새로운 것을 생각해낼 거야."

이런 막연한 신념은 제국의 후기 단계에서 전형적으로 나타나는 현상이다. 로마 인들은 마지막 황제였던 로물루스 시대에 야만 민족이 로마의 성곽 코앞까지 닥쳐왔을 때도 서로에게 이렇게 말했을 것이다. "우리는 이번에도 그들을 다시 무찌를 거야. 우리는 항상 그래왔어."

이제는 너무 늦어서 더 이상 아무것도 할 수 없게 되어야만 우리는 순환 주기의 어디에 있는지를 깨닫는다. 우리의 생각과는 달리 현재 미국의 상황이 장기간의 강력한 미 제국의 시기에서 단순히 일시적인 후퇴 국면일 수도 있다.

우리는 현재 미국인들의 생활 방식이 어떻게 대 제국의 초기보다는 후반기에 더 근접해 있는가에 대해 언급해왔다. 수학적인 개념으로 보아도 제국의 사이클에서 시작보다는 끝에 가까워지고 있다는 것을 생각할 수 있다. 미국은 세계화의 직접적인 비용을 지불하고 있다. 미국의 국방예산은 전 세계 나머지 국가들이 국방비로 지출하는 금액을 합친 것보다 많다. 여기에다 미국은 소비자들의 과소비로 인해 연간 7천억 달러가량의 무역적자라는 간접적인 비용도 부담하고 있다. 이런 것들을 모두 더하면 매년 1조 달러 이상의 비용이 발생하며 이는 미국 GDP의 10%가 넘는 금액이다.

앞서 언급했듯이 미국은 이 비용을 다른 나라들로부터 거둬들이는 대신 차입으로 충당한다. 여기에는 앨런 그린스펀과 종이로 만들어진 달러가 엄청나게 기여했다. 이론적으로 돈을 빌리는 데 한계는 없을 수 있다. 하지만 이론과 달리 실제로는 당연히 문제가 된다. 미국의 무제한적인 차입이 가능하려면 달러가 그에 상응하는 가치가 있거나 돈을 빌려주는 국가들이 계속 빌려주려고 해야 한다. 달러를 통한 차입은 반드시 그에 상응하는 이자를 지급해야 한다. 현재 이런 방법으로 차입된 금액이 약 36조 달러인 것을 감안하면 연간 5%의 이자율로 이자 비용만 연간 1조8천억 달러가 된다. 이 돈은 누구에게 돌아가는가? 미국인들은 아니다. 그들은 이미 모든 돈을 소비하고 있다. 그리고 미국인들이 더 많이 소비할수록 이자로 갚을 돈이 남아 있지 않게 된다. 그들이 할 수 있는 것은 다시 돈을 빌리는 것밖에 없다. 기존 빚의 이자를 갚기 위해 새로운 빚을 지는 것이다. 이런 상황이 오래 지속될 수 없다는 것이 분명하지만 이것에 대해 별로 신경 쓰지 않고 있다. 조만간 미국인들은 차입을 계속할 수 없을 것이고 지불해야 할 비용을 감당하지 못할 것이다.

이런 것을 생각하면 최근 우리 마음을 사로잡은 망상들 가운데 한 가지가 떠오른다. 앨런 그린스펀은 집값이 가계 부채와 비슷한 비율로 상승하는 한 문제는 없을 것이라고 말한다. 그는 분명 이것이 사실이 아님을 알고 있을 것이다. 그는 미국 소비자들이 자산에 비해서 지나친 빚을 지고 있지 않다고 말한다. 이는 누군가에게 그가 점점 뚱뚱해지고 있는 한 술을 계속 마시는 것에 대해 걱정하지 말라고 말하는 것과 비슷하다. 집값은 오직 사람들이 집을 팔아치우고 동굴 속에 들어가 살거나 죽을 때에만 관심거리다. 그렇지 않으면 사람들은 집을 담보로 대출 받는 것 이외에는 과장된 집값에 대해 자각할 수 있는 방법이 없다. 집을 담보로 대출 받는 것은 상황을 더욱 악화시키기만 할 것이다.

미국인들은 부채에 대해 그다지 걱정하지 않는 것 같다. 미국인들은 그들에게 조언하는 이코노미스트들과 마찬가지로 그들이 반드시 믿어야 하는 것만 믿는다. 순수한 사고에 의해서가 아니라 환경의 변화로 인해 이런 신념에 도달하는 것과 마찬가지로 환경이 바뀌어야만 이런 신념을 버린다. 미국인들은 이런 망상과 자만들에서 벗어나기 전까지는 계속해서 그런 것들을 믿는다. 그리고 벗어나고 나서야 새로운 신념을 받아들인다.

미국인들은 주식시장에서 최근 6년 동안 한 푼도 벌지 못했음에도 불구하고 여전히 주식시장을 믿고 있다. 과거의 경험에 비추어보면 지난 2000년 1월부터 시작된 약세장은 앞으로 10년은 더 지속될 것이고 평균 주가수익비율은 6~8배 수준으로 떨어질 것이다. 그렇게 되면 그때서야 주식시장에 대한 믿음은 붕괴될 것이고 그때는 바로 주식시장이 새로운 강세장을 준비하는 시기일 것이다.

미국인들은 또한 집값은 항상 올라가는 것으로 믿고 있다. 이 때문에 부동산 사무실 문에는 절대로 거미줄이 보이지 않고 모기지 대출업자도 전화기 옆에서 벨이 울리기를 기다릴 필요가 없다. 그렇지만 부동산 가격이 오랜 기간 동안 GDP 성장률을 앞지르는 것은 불가능하다. 이런 신념 역시 오랜 기간의 부동산 약세장으로 인해 무너져 내려야만 한다. 로마의 물가 역시 서기 300년경부터는 떨어지기 시작했다(사실 실제 그랬는지는 알 수가 없다. 다만 그랬을 것이라는 추측만 가능할 뿐이다). 그리고 이 내림세는 그 이후부터 1000년 뒤 르네상스 시대 혹은 그 뒤로도 멈추지 않았다. 심지어 18세기 말 로마 시대의 공공 광장이었던 곳에서는 양들이 풀을 뜯고 있었다.

미국인들이 가지고 있는 문화적, 정치적, 사회적, 그리고 경제적 우월성에 대한 신념은 어떻게든 무너져야 한다. 이것은 100년 이상 지속될 수 있는 "제국의 쇠퇴" 다음 단계일 것이다.

그 동안 우리가 살펴본 이론은 정치와 시장은 "호황-거품붕괴"와 유사한 순환 주기 패턴을 따른다는 것이었다. 시장에서는 몇몇 기업들이 주로 지배적인 위치를 차지한다. 가끔은 한 기업이 시장을 독점하는 경우도 있다. 세계 정치도 소수의 국가들이 지배하곤 한다. 그들을 우리는 "제국"이라고 부른다. 일반 국가와 제국의 차이는 크다. 벨기에나 불가리아 같은 평범한 국가들은 자국의 일에만 전념한다. 반면 제국은 외향적이다. 그들은 세계의 운명을 책임지려 한다. 하나의 제국은 하나의 강세장과 같다. 그것은 성장하고 발전하며 종종 사람들이 가장 불합리한 것들을 믿게 되는 거품 국면에 접어들기도 한다.

　우리는 지금 미국이라는 제국이 어느 단계에 와 있는지 알지 못한다. 하지만 주변에서 타락하고 불합리한 것들을 너무 많이 본다. 우리는 짐작한다. 분명 시작보다는 끝에 가까이 있는 게 틀림없다고.

　이런 상황은 어떻게 마무리될까? 그 다음에는 무슨 일이 일어날까? 우리는 모른다. 하지만 사람들이 이기적인 망상과 오만을 쉽사리 포기하지 않는다는 것은 알고 있다. 사람들은 망상과 오만을 가능한 오랫동안 유지한다. 그들은 자신의 나라가 돈을 잃고 있음에도(미국인의 소득은 지출보다 훨씬 적다) 스스로에게 "미국은 여전히 지구상에서 가장 위대하고 역동적인 경제를 가지고 있어"라고 말한다. 이같은 광기를 좋아해서는 안 된다. 이것은 마치 나이든 여인이 세월이 지날수록 자신이 더 매력적으로 되어간다고 생각하는 것과 같다. 어떤 것을 인식하는 것과 그것의 실제 모습은 나날이 그 차이가 더 벌어져 마침내 이 둘 사이의 거울은 깨어지고 만다.

　미국의 자신감을 무너뜨릴 것은 아마도 금융 위기들의 조합일 것이다. 달러의 가치는 위험한 상태다. 미국 재무부가 발행하는 국채 역시 마찬가지다. 주식과 주택시장 역시 무너지기 쉽다. 어떤 것이 이 거울을 깨뜨릴지는 아무도 모른다. 우리의 추측은 집값의 상승세가 멈출 것이며 이로 인해 소비 지출이 줄어들 것이란 것이다. 이것은 미국 경제를 오랜 기간의 완만한 경기후퇴(recession)로 이끌 것이다. 그리고 이 슬럼프는 집값과 주식시장을 끌어내릴 것이다. 하지만 달러와 채권은 별다른 피해를 입지 않을 것이다.

　오랫동안 열심히 책을 읽어온 독자들이라면 이런 예상에 친숙할 것이다. 이것은 애디슨 위긴과 2년 전 발표한 《금융결산일 Financial Reconing Day》(Wiley, 2003)에서 주장한 것과 같은 내용이다. 당시 우리는 기술 거품이 꺼지면서 미국 경제가 일본이 겪고 있는 오랜 기간 동안의 완만하고 더딘 경기침체와 비슷한 상황으로 이어질 것이라고 생각했다. 우리가 틀린 건지 아니면 조금 서둘렀던 것인지는 앞으로의 신문들이 말해줄 것이다. 미국 경제는 우리의 예상과 달리 그 이후 경기침체 대신 9개월 동안의 거짓 경기 후퇴(소비자들의 부채는 실제로 확대되었다)와 거짓 호황(소비자들의 부채는 마찬가지로 늘어났다)을 경험했다. 우리는 이 두 거짓 국면들이 진정한 국면 − 그다지 완만하지도 않고 그다지 더디지도 않은 경기침체 − 을 위한 사전 준비 단계였다고 믿고 있다.

만일 우리가 이 예측을 확신한다면 우리는 채권을 살 것이다. 하지만 이에 대해 확신할 수 없기 때문에 금을 산다. 실질적인 경기침체가 닥치면 모든 종류의 자산 가격이 하락할 것이다. 반면 금은 사람들이 어떤 제국과 그 제국의 화폐에 대해 불안해하기 시작할 때 사들이는 것이다. 우리는 이제 사람들이 훨씬 더 불안해하기 시작할 것으로 생각한다.

최근 어떤 만찬 파티에서 한 친구가 말했다. "〈피가로〉에서 미국 경제가 중국에 더욱 의존하고 있다는 글을 읽었어. 하지만 내 생각엔 중국은 선택의 여지가 없는 것 같아. 그들은 자신들이 만든 물건을 사줄 미국인이 필요하니까."

우리는 당황했다. 이제는 화학자나 심지어 신발가게 점원들도 거시경제에 관심을 가진다. 모든 사람이 자신은 세계경제가 어떻게 돌아가는지 이해하고 있다고 생각한다.

우리는 그 친구에게 설명했다. "뭐 어떤 면에서는 그렇기도 해. 중국인들은 미국에 물건을 팔고 그 돈을 다시 미국에 빌려주지. 하지만 이런 관계가 계속된다는 법은 없어."

"어떤 가게 주인에게 물건 값을 지불하기가 어려운 주요 고객이 있다고 가정해보자. 주인은 고객의 재무 상태가 안정될 것이라는 기대를 가지고 신용판매 한도를 늘려주겠지. 하지만 가게 주인이 신용 한도를 늘려줄수록 그 고객의 재정 상태는 더 악화될 뿐이야. 물론 가게 주인의 이런 의도가 효과를 거둔다면 다행이겠지만 실제로는 대부분이 그렇지 않아. 그 고객은 물건 구입을 중단해야 하고 가게 주인도 빌려주는 것을 중단해야 하지. 즉 굉장히 곤란한 상황을 맞게 된다는 거야."

우리 친구는 이렇게 물었다. "그렇다면 투자자들은 자기 자신을 보호하기 위해 무엇을 해야 하지?"

"금을 사야지."

"금? 무슨 소리야. 최근 들어 오랫동안 아무도 금을 얘기한 적이 없어. 너무 구식으로 보이는데. 내 생각엔 아무도 금을 더 사지는 않을 거야."

"그게 바로 네가 금을 사야 하는 이유야."

I

불합리한 제국들

IMPERIA ABSURDUM

과거 제국들의 흥망성쇠를 돌아보면
미래의 변화를 예측할 수 있다.
— 마르쿠스 아우렐리우스

1

데드멘 토킹

전통은 죽은 자들의 민주주의다 - G.K. 체스터톤

유럽 도시들의 멋진 점 중 하나는 도시가 죽은 사람들로 가득 차 있다는 것이다. 파리에는 시체들을 벽돌처럼 쌓아올린 공동묘지들이 들어차 있다. 때때로 무덤을 파서 뼈들을 여행객들의 주목을 끄는 지하 납골당에 안치하기도 하고 많은 두개골을 도시 전역에 진열하기도 한다.

베니스에서는 죽은 사람은 죽을 때까지 기다리기 힘들 정도로 매우 감상적인 작별의 순간을 맞이한다. 도시에는 살아 있는 자들의 공간이 거의 없으며 하물며 죽은 자들이 머물 수 있는 곳은 더욱 없다. 시체들은 물에 떠 있는 장대한 곤돌라에 실린다. 옅은 검은색으로 화려하게 장식된 이 곤돌라는 뱃머리와 꼬리 부분에 금빛 천사들이 그려져 있다. 그리고 마치 스틱스 강*(Styx, 그리스 신화에 나오는 강)을 건너는 것처럼 금으로 장식된 검은색 옷을 입은 네 명의 사공이 노를 저어 저수지를 통과하고 산미카엘 섬에 이른다.

1972년 시인 에즈라 파운드(Ezra Pound)가 마지막으로 이처럼 멋진 스타일의 곤돌라 여행을 떠났을 때 미국의 시인들이 어찌 이를 부러워하지 않을 수 있었겠는가. 정말 엄청난 행운이다. 고전학자이자 시인이며 동시에 베니토 무솔리니(Benito Mussolini)의 숭배자이기도 했던 에즈라 파운드는 섬 공동묘지의 마지막 빈자리에 안치되었다.

　우리는 망자의 길에 합류하고자 서두르지는 않는다. 그렇지만 망자들의 조언은 듣고 싶다. 죽은 자들은 다음과 같이 속삭인다.

　그들은 종종 "웬만한 것들은 이미 다 해봤지"라고 말하는 것 같다.

　스코틀랜드 작가인 마거릿 윌슨 올리판트(Margaret Wilson O'liphant)가 죽은 공작이나 총독에 대해 쓴 고전인 《베니스의 신, 총독, 정복자, 화가 그리고 문인 The Makers of Venice, Doges, Conquerors, Painters and Men of Letters》[1]을 읽으면 누군가가 조지 부시 대통령에게 복사본을 보내줘야 할 것처럼 느껴진다. 저자는 동봉한 편지에 "이것을 읽고 분쟁에 끼어들지 마라"라고 썼을지 모른다. 그렇지만 수도 워싱턴에서 신문 이외에 책을 읽는 사람이 어디 있겠는가? 누가 대체 이런 것을 읽겠는가 말이다. 미국에서는 저녁 뉴스에 나오지 않으면 아무것도 아니며 고대 역사 따위는 지난주에 있었던 한 사건에 지나지 않는다.

　이는 매우 딱한 일이다. 실제로 포토맥의 뜨거운 늪에서 발산되는 가장 우스꽝스런 생각들은 베니스의 뜨거운 늪에서 이미 수백 년 전에 시험되었던 것들이다.

제4차 십자군 원정의 교훈

"민주주의! 제국! 자유! 국가건설!" 이런 생각들은 비밀이 다 공개되어 버린 마술처럼 인간사의 어두운 늪에 내던져졌다. 마치 낮이 밤과 멀리 떨어져 있는 것처럼 그릇된 것은 정의와 멀리 떨어져 있다. 선은 악으로부터 멀리 있고 성공과 실패 또한 그렇다. 우리는 우리의 망상을 수정처럼 맑은 물속에서 얼마나 분명하게 보고 있는가!

미국은 세계 역사상 가장 훌륭한 민주주의 국가라는 것을 자랑스러워하고 있다. 그러나 8세기 전에 베니스를 통치했던 제도도 역시 민주주의였다. 사람들은 다른 사람을 위해 투표할 사람에게 투표하고 선출된 사람은 보다 많은 사람을 위해 투표하며 그들이 총독*(옛 베니스와 제노아 공화국의 총독)을 선출한다. 이 시스템의 취지는 보통사람(평민)들로 하여금 그들이 국가를 통치한다는 믿음을 갖게 하는 것이었다. 그렇지만 실제 권력은 13세기 베니스의 소수 가문들의 손아귀에 있었다. 오늘날로 말하자면 부시 가, 케네디 가, 고어 가 및 록펠러 가 등이다.

올리판트는 군중을 속이는 것은 매우 쉽다고 말한다. "어떤 시스템이 시행되든 간에 베니스의 주권은 항상 특정 가문의 손아귀에 있었다. 이들 가문은 어떤 하부계층에게도 방해받지 않는 거의 왕조와 같은 통치권을 보유하고 있었다. 콘시글리오 마지오레*(Consiglio Maggiore, 시민들로 이루어진 대평의회) 체제는 가장 폭넓은 대의제(representative system)인 것처럼 인정받았다. 얼핏 보기에 그 시스템은 마치 민중들로부터 존경받는 정직한 사람들이 의회로 가는 입장권을 얻었다는 것을 확신시켜주는 것 같았다."[2]

군중에 대한 올리판트의 의견에다 우리의 생각을 하나 더 보탠다면 군중을 속이는 것은 스스로를 속이는 것보다 더 쉽다는 것이다. 오늘날 거의 모든 미국인들은 신용사기의 희생양이 되었다. 그들은 집을 저당잡힌 채 점점 부자가 된다고 생각한다. 마치 라스베가스에서 도박하는 것처럼 월가의 산물인 주식을 매수하고는 자신들이 워렌 버핏처럼 영리하다고 믿는다. 미국인들은 2004년 11월 대선에서 그들이 원하는 정부를 선택했다고 믿었다. 선택의 폭은 이미 같은 계층과 나이, 같은 학교, 부의 수준, 클럽, 그리고 같은 사회에 속한 두 사람(조지 W. 부시와 존 캐리)으로 압축되어 있었다. 즉 앞으로 상황이 어떻게 전개될지에 거의 큰 차이가 없었던 것이다.

워싱턴 DC의 미국 상원은 콘시글리오 마지오레처럼 공무를 수행하는 척하면서 진지한 체하는 거짓 모임을 갖는다. 거리에서는 미국의 총독인 조지 W. 부시가 보수 진영인 우파들을 자극하여 미카엘(Michiele)과 돈돌로스(Donddolos)가 떠난 자리를 차지했다.

간단히 말해 13세기 초 많은 사람들은 21세기 초반처럼 문명의 충돌을 목격했고 이후 그들의 칼날은 날카로워졌다. 당시 그들은 지금의 중동이라는 지역에서 문명이 충돌하는 것을 경험했다.

다른 점이 있다면 최소한 당시에는 세계를 보다 살기 좋은 곳으로 만들려는 노력이 프랑스에 의해 진행됐다는 점이다. 이후 프랑스는 제국주의적인 힘으로 팽창했지만 루이 성인(루이 14세)은 두 차례의 십자군 전쟁에 프랑스 군대를 이끌고 나갔고 두 번 모두 패퇴했다.

올리판트의 역사서는 당시 여섯 명의 프랑스 기사들이 빛나는 갑옷을 입고 총독에게 도움을 요청하기 위해 산마르코 광장을 향해 성큼성큼 진군했다고 기술하고 있다. 그들은 마치 한 세기 전의 루이 왕과 같은 정신을 갖고 문명화된 서구사회의 우방들과 함께 예루살렘을 다시 정복하기 위해 군대를 움직였다.

프랑스 기사들은 있을 만한 모든 주장을 폈다. 그렇지만 베니스 사람들은 스스로 확신하지 못했던 것처럼 프랑스 사람들을 잘 믿지 않았다. 베니스 사람들은 (매들린 올브라이트가 수 세기 후에 그랬던 것처럼) 그들 스스로에게 "절대로 없어서는 안 되는 국가"라고 말했다. 베니스가 없이는 그 노력은 실패할 수밖에 없고 그래서 베니스 인들은 행동했으나 실패했다. 그들은 실패할 수밖에 없었다. 그들도 이것을 알고 있었다. 그렇지만 그들이 얻은 것을 보라! 그들은 선을 행했을 뿐만 아니라 또한 그렇게 하려고 애썼다. 그 과정에서 교역 기반과 정박항도 얻었다.

50척의 갤리선*(옛날에 노예와 죄수에게 젓게 한 노가 있는 돛배)을 조립하여 출항했고 늙은 총독이 그 길을 지휘했다. 어렵게 프랑스 연합군을 찾은 베니스 사람들은 새로운 거래를 제안했다. 즉 그들이 이교도를 공격하지 않고 당시 베니스 인 주인들을 배반한 달마티안(Dalmatian) 해안의 자라(Zara)를 공격하는 일로 워밍업을 할 것이라는 내용이었다.

프랑스는 이에 이의를 제기했다. 프랑스는 다른 기독교인이 아니라 예수의 적에 대해 전쟁을 일으켰다. 그렇지만 프랑스는 베니스의 도움이 필요했기 때문에 다른 선택의 여지가 없었다.

닷새 후에 자라는 항복했다. 자라의 방어력은 적수가 되지 못했다. 도시는 약탈됐고 노획물은 분배되었다. 곧 베니스 인들이 왜 같은 기독교인을 죽였는가에 대해 의아해 하는 교황 이노센티우스 3세의 편지가 도착했다. 교황은 그들이 죽이려 했던 것은 이교도였음을 상기시키고 그들에게 자라를 그대로 남겨두고 시리아로 진격할 것을 명했다.

교황의 편지는 신앙심이 깊은 프랑스 인들을 큰 혼란에 빠뜨렸다. 그렇지만 베니스 사람들은 평온해 보였다. 그들은 편지를 무시하고 새로운 기회가 올 때까지 자라에 남아 있었다.

이번에는 콘스탄티노플이 불운한 목표지였다. 콘스탄티노플에서 온 젊은 왕자는 베니스 인들에게 와서 매우 대담하게 사절을 위한 도움을 요청했다. 왕자의 아버지는 눈이 가려진 채 감옥에 던져진 상태였다. 동쪽 기독교국의 수도는 사악한 강탈자이자 독재자인 사담 후세인(Saddam Hussein)의 조상이었음에 틀림없는 자들의 수중에 있었다. 그 왕자는 만약 베니스 인들이 그를 돕는 쪽에 선다면 관대하게 보답하겠다고 약속했다. 더 나아가 그와 그의 아버지는 동방 제국 전체를 로마의 성베드로 성당으로 귀속시키려 했다.

베니스 사람들은 반대하지 않았다. 1204년 4월, 베니스 인들은 보스포러스 해협을 향해 출항하여 대규모 전투를 치르고 콘스탄티노플을 점령했다. 역사가 에드워드 기본(Edward Gibbon)은 그 전투를 이렇게 묘사했다.

군인들은 갤리선에서 해안으로 뛰어오른 뒤 곧바로 사다리를 올렸다. 그
러는 사이 갤리선들은 간격을 두고 천천히 전진하면서 도개교를 내린 뒤
성벽에 이르는 길을 열어 나갔다. 혼란의 한 가운데에서도 총독은 공경할
만하고 돋보이는 풍채로 갑옷을 갖춰 입은 채 갤리선의 뱃머리에 서 있었
다. 마태(Mark) 성인의 위대한 깃발이 그의 앞에서 펄럭이고 있었다. 총
독은 뱃사공들에게 때로는 위협하고 때로는 약속과 충고로 열심히 움직이
라고 재촉했다. 총독이 탄 배가 처음으로 닻을 내렸고 총독인 단돌로
(Dandolo)가 처음으로 해안에 발을 디뎠다. 이교도들은 맹목적이고 나
이 많은 총독의 배짱에 찬탄을 금치 못했다.³

그러나 말과 약속으로 이 군사행동을 촉발시켰던 젊은 왕자는 실제로 그
약속을 제대로 지키지 않았다. 이라크 내의 대량살상무기에 대한 정보기관의
경고처럼 그 젊은 왕자도 콘스탄티노플의 상황에 대해 정확하지 않은 눈속
임을 한 것이었다. 그가 말했던 것은 상당 부분 사실이 아닌 상상에 근거한
것이었다.

비록 초기의 정복은 매우 쉽고 영예로운 것이었지만 뒤 이은 사건들은 그
렇지 못했다. 그곳 사람들은 침략자에 대항해 봉기했고 도시는 다시 점령되
어야 했다. 이번에는 전투가 훨씬 더 잔혹했고 수천의 무고한 시민들이 칼에
맞아 죽었다.

역사가들에 의하면 베니스 사람들은 더 이상 이득을 지속시키지 못했다.
단돌로는 고국으로 돌아오지 못한 채 1205년 숨을 거뒀고 그곳에 남겨진
다른 동족들은 베니스로 귀환했다.

올리판트는 다음과 같이 덧붙였다. "결국 쓸쓸한 결말을 맞기는 했지만
베니스에는 제4차 십자군 원정으로 불리는 파괴적인 원정에 따른 유례없는
정복과 승리의 증거가 아직 남아 있다. 바로 산마르코의 입구에 있는 네 마

리의 거대한 청동말과 진귀한 미술품, 기묘한 장식품들이 그것이다. 이는 분별없는 총독의 마지막 노획물이었다."⁴

그 늙은 총독은 거기에서 "그곳에 갔으며, 일을 완수했다"라고 속삭인다.

살아 있는 자의 폭정

누가 염려하겠는가? 각 세대는 그렇게 하기 위해 그곳에 있는 것이다. 죽은 사람이 발명한 전기 조명을 켜는 기쁨에도 불구하고 사랑과 전쟁 그리고 재물에 빠져 있는 살아있는 자들은 그들이 원할 때를 제외하곤 눈으로 보지 못한 것은 아무 것도 믿지 않는 것이다.

"나라 밖 분쟁에 끼어들지 마라"라고 국가의 설립자는 충고했다. 그러나 죽은 자는 말이 없고 시장이든 정치문제든 투표할 수도 없다. 조지 W. 부시는 의심할 여지없이 조지 워싱턴보다 많은 정보를 갖고 있다. 그는 워싱턴처럼 지혜롭거나 머리가 좋지는 않으나 뛰는 맥박을 가진 살아 있는 사람이다.

소수의 사람들만이 살아 있는 자의 폭정에 대해 불평한다. 대다수는 이를 그냥 삶의 한 단면으로 받아들인다. 그들은 타고난 운명 때문에 삶의 기쁨으로부터 제외되는 것을 원하지 않는다. 그러나 죽을 운명 때문에 늙고 현명한 사람들이 투표소나 거래소에 가지 못하는 것에 대해서는 매우 다행스럽게 여긴다. 죽은 사람은 영원히 말이 없다. 그들은 자동차 열쇠와 주식과 투표인 명부를 남긴다. 안녕히 가십시오. 시원하게 잘 사라지셨군요, 이렇게 말하는 것은 마치 그들이 아무런 유용한 것도 배우지 못했고 아무것도 알아채지 못했고 보존할 만한 어떤 생각조차 갖고 있지 않았다는 듯한 말투다. 이는 마치 각 세대는 이전 세대보다 더 똑똑하다는 것처럼 들린다. 모든 자식 세대의 생각은 그 아버지대보다 낫다는 의미 같다.

이것이 진보란 말인가. 예술은 영원히 사물을 발전시키는 것인가. 죽은 자의 어리석은 사상이 닮긴 책은 무엇이든지 집어던져라. 오랜 규정, 늙은 아내의 욕설, 진부한 전통, 구세대의 습관, 과거의 미신, 시대에 뒤떨어진 잔소리꾼의 근심 따위는 잊어라. 우리는 지금까지 살아온 사람들 중에서 가장 현명한 사람들이 아닌가?

아마도 그럴 것이다. 그러나 우리가 정신세계 회의에 참석하거나 죽은 사람들을 초대한다면 망자들은 과연 우리에게 뭐라고 말할 것인가?

왔노라 보았노라 이겼노라(Veni et vidi)*(율리우스 카이사르가 로마 원로원에 승리를 보고하면서 한 말). 죽은 자를 보면서 그들 삶의 비결을 배워야 한다.

아무도 죽은 사람들을 신경 쓰지 않는 것처럼 보인다. 어떤 주식 보유자도 죽은 자들에게 사업에 대해 묻지는 않는다. 어떤 정치인도 그들에게 투표를 부탁하지 않는다. 어느 누구도 그들이 죽을 운명의 외피를 벗어던지기 전에 무슨 생각을 하고 무엇을 배웠는지에 대해 상관하지 않는다. 죽은 자들은 어떤 존경도 얻지 못하고 단지 재빠른 장례식에 이어 혼자가 되는 것이다.

우리가 물어보면 구시대 사람들은 전쟁, 정치, 사랑 그리고 돈에 대해 대체 무엇이라고 대답할까?

과거에 투자자들은 주식투자에서 단지 그 주식을 더 비싸게 사줄 누군가가 있다는 희망, 그 이상의 것을 기대하고 있었다. 그들은 수익에 따라 배당을 지급하는 주식을 원했다. 주식에 대해 말할 때 배당을 얼마나 지급하는가를 물었고 이것이 투자자들이 원하는 모든 것이었다.

그러나 1990년대에는 이런 구세대들이 월가에서 일제히 공멸했다. 주식 매수자들은 더 이상 회사의 이익이나 배당에 관심이 없었다. 그들은 오로지 보다 높은 가격에 어떤 얼간이들이 그들의 주식을 매수해주기만을 원했다. 그리고 그 멍청한 얼간이 투자자들은 서둘러서 그렇게 행동했다. 지금 시장에는 주식시장이 그들을 부자로 만들어주기 위해 존재한다고 생각하는 훨씬 더 바보 같은 투자자들로 가득 차 있다. 구시대 사람들은 과연 이런 사람들에 대해 어떻게 생각할까?

우리 선조들은 주택 저당에 대해 어떤 생각을 할까? 그들 중 대다수는 자신들의 집에 대해 설사 있다 해도 소액에 불과한 주택저당 융자금을 갖고 있었다. 그리고 만약 그들이 주택저당 융자를 받았다면 그 융자금을 빨리 갚지 않고는 참을 수 없어 했다. (심지어 우리 부모 세대만 해도 집에 대한 주택저당 융자금을 빨리 완납하기 위해 종전보다 파티를 줄이는 등 긴축을 했다.) 미국 역사상 가장 부유한 세대가 그 어느 때보다 높은 비중의 주택저당 융자금을 갖고 있다면 우리 선조들은 과연 뭐라고 할까? 계약금도 없는 최소 상환 계획에 차입 원금이 마이너스로 생각되는 스케줄에 대해 대체 조상들은 어떻게 생각할까?

그리고 정부 채무에 대해 선조들은 어떻게 생각할까? 믿을 만한 소식통에 따르면 오늘날 미국 정부가 갚아야 하는 미지급 부채와 채무증서는 대략 44조 달러에 육박한다.

오랜 세월 동안 균형예산을 강하게 신봉했던 무덤에 있는 공화당 세대들은 역사상 가장 불균형을 이루고 있는 현재 백악관에 있는 공화당원들을 어떻게 생각하겠는가?

자유를 찾아 미국으로 이민 왔던 수백만의 선조들은 또 어떤가? 지금의 미국에 대해 그들은 무슨 생각을 할까? 그들은 자신의 일에만 관심을 갖는다면 원하는 일을 할 수 있을 것이라고 믿었다. 그러나 지금 손자 세대의 경우에는 모든 교활한 위선자들이 국가 공무원의 지위를 갖고 있다.

자신들은 거의 아무것도 누리지 못한 채 오로지 절약하고 근면한 결과 자식과 손자세대들이 무임승차로 번창하고 독립된 생활을 누리게 한 수백만의 선조들은 어떤가? 막대한 부채에 시달리고 아시아의 채권자들에게 지나치게 의존하고 있는 후손들을 생각하면 선조들의 심정이 어떨까?

각 세대는 모두 그들이 똑바로 직립하기 시작한 첫 세대라고 생각한다. 그들의 부모는 네 다리로 걸으면서 달을 향해 울부짖었다고 생각한다. 심지어 선조들을 위해 현세의 사람들은 감탄하는 척하지만 불쌍했던 시시한 인생이 실제로 뭐라고 말하고 무엇을 알고 있었는지에 대해 최소한의 관심조차 기울이지 않는다. 죽은 자들은 우리에게 그들의 추억, 복음 및 역사 그리고 헌법을 남겼으나 우리는 이것들을 무시한다. 우리는 그들이 고통받고 경험하고 실수했던 모든 것을 믿는 것처럼 보인다. 그렇지만 실제로는 텔레비전 서바이벌 쇼의 참가자가 말하는 코멘트만큼도 관심을 기울이지 않는다. 정말⋯ 이상한 일이다.

설립자들의 지혜

1789년 버지니아의 에드먼드 랜돌프(Edmund Randolph)는 필라델피아에서 열린 헌법 협의회에 참석했다. 그는 왜 미국이 헌법을 필요로 하는가를 설명했다. 그는 "헌법의 일반적인 목표는 미국이 겪고 있는 악의 근원을 찾아서 이에 대처하는 해결책을 만들기 위한 것이다. 모든 사람은 악의 근원을 민주주의의 혼란과 어리석음에서 찾았다."[5]

또 다른 선조인 제임스 메디슨(James Madison)[*](미국 제4대 대통령으로 독립선언문 기초를 맡음)은 이를 한층 분명히 했다. 그는 "민주주의는 혼란과 투쟁의 참상이다. 민주주의는 개인의 안전이나 재산권과는 양립하지 않는 개념이며 죽음에 있어서 폭력이 그렇듯이 민주주의는 사람의 삶에 있어서 매우 적은 부분"이라고 기술했다.[6]

벤저민 프랭클린은 다음과 같이 덧붙였다. "당신이 공화국을 지켜나갈 수 있다면 우리는 물러서서 떠날 수 있다."

우리는 지키지 못했다. 이제 우리는 돈만큼이나 유연한 헌법을 가진 기묘한 제국을 갖고 있다.

모두는 이 민주적인 기념당(Valhalla, 국민적 영웅을 모신 신전)에서 투표권을 행사할 수 있다. 모든 얼간이들의 투표도 조지 W. 부시 대통령의 표와 같은 가치가 있다. 모든 바보들과 사악한 자들도 의견을 가질 수 있다. 단지 죽은 사람만 따돌림을 당한다. 그들만 배제되고 무시되며 잊혀진다.

이것은 마치 살아 있는 사람의 의견만이 경청할 가치가 있다는 의미로 들린다. 바로 지금 현재만이 가치가 있다는 것이다. 우연히 그렇게 된 작고 건방진 소수의 독재자들이 모든 해답을 갖고 있다는 것처럼 보인다. 게다가 현 세대는 궁극적인 선을 찾았고 역사의 종착역에 다다른 것처럼 보인다.

우리는 누구도 죽이지 않았지만 부고 기사는 관심을 갖고 읽는다. 우리는 성인이든 죄인이든 똑같이 그들로부터 응축된 지혜를 갈구한다. (반대로 우리는 재미를 찾아서 신문 사설을 읽는다.) 뉴스가 갖고 있는 문제점은 독자들이 살아있는 사람들의 판단에 전적으로 의존해야 할 때 무엇이 실로 중요한 것인가를 알기가 불가능하다는 것이다. 살아 있는 자들은 그들이 현재 직면하고 있는 것만이 가장 다급한 문제라고 생각한다. 살아 있는 자들은 또한 그들 앞에 있는 것보다 더 큰 기회는 없다고 생각한다. 그래서 우리는 부고 기사를 더 좋아한다.

제2의 제국

독일의 제3제국은 악명이 높다. 그럼 제2제국에는 무슨 일이 있었을까? 역사는 결코 완벽하게 그대로 반복되지는 않는다. 그러나 역사 말고 우리가 무엇을 연구할 수 있을까? 역사를 완벽하게 이해할 수는 없다. 그렇지만 역사는 우리가 갖고 있는 유일한 참고자료다. 한번 역사를 되짚어보자. 죽은 사람으로부터 먼지를 털어내고 그의 의견을 경청해보자. 망자의 영역에 모험을 하면서 들어가 질문을 던져보면 어떻겠는가?

죽은 브레시아니-투로니(Bresciani-Turoni)는 80년 전의 독일 상황을 설명하면서 "정부는 많은 돈이 필요했다"고 했다. "고객들의 자금 상환 요청이 쇄도하자 개인 소유의 은행들은 자금 수요를 맞추는 게 거의 불가능하다는 것을 알았다."[7]

1923년 여름에는 그 상황이 훨씬 더 악화되었고 몇몇 나이 많은 사람들은 "더 적게" 화폐를 발행하라고 충고했다.

벤 버냉키와 앨런 그린스펀 및 조지 부시도 오늘날 거의 같은 상황에 직면해 있다. 그들은 "더 많은" 돈을 찍어내라고 말한다. 그들은 더 많은 돈을 찍어내고 더 많은 신용을 이용가능하게 하지 않으면 경제가 어려움에 빠져들 수 있다고 우려한다.

독일 바이마르 공화국의 재무장관이었던 헬페리히(Helferrich)는 다음과 같이 설명했다.

중기 국채 발행을 중단하라는 조언을 따르면 독일 거래소를 더 이상 운용하기가 힘들다. 즉 거래와 임금지급 등에 필요한 통화를 유통시켜 경제에 생명을 불어넣는 것을 거부하는 것이었다. 이것은 곧 전체 국민들과 제국이 상인들과 직원들 또는 노동자들에게 더 이상 자금을 지급할 여력을 갖지 못하게 되었음을 의미한다. 수주 후에 중기 국채의 발행 중단뿐만 아니라 공장, 광산, 철도, 우체국 그리고 중앙 및 지방정부 등 국가의 모든 경제활동이 중단될 것이다.[8]

경제가 점점 더 신용에 의존하게 되면 될수록 그 경제활동은 결국 중단된다. 엄청나게 많은 돈을 빌려서 살아가는 사람이 그 생활을 유지하기 위해서 계속 돈을 차입할 수는 없는 것이다. 사람들은 보통 열광, 사랑, 정치 혹은 전쟁 등을 타의에 의해 중지할 때까지 스스로 멈추지는 않는다.

1921년에는 1달러로 276마르크를 살 수 있었다. 1923년 8월에는 1달러로 5백만 마르크를 살 수 있었다. 독일 중산층은 완전히 파산 상태였다.

만약 우리가 헬페리히를 영원한 잠에서 깨울 수만 있다면 우리는 벌레로 가득 찬 그의 시체를 향해 몇 가지를 질문할 것이다. (이는 죽은 사람을 칭송하는 게 아니라 고통을 주는 것이다.) 그의 정책이 얼마나 자극적이었는가를 그에게 보여주는 것은 얼마나 재미있는 일인가. 그가 직면했던 것과 같은 상황이 지금 그린스펀이나 버냉키, 부시 앞에 놓여 있다. 그 작은 독일 사람이 혹독한 질문 앞에서 난처해하는 것을 보는 것은 즐거운 일이다. 결국 그는 무슨 생각을 했던 것일까? 왜 그는 과도하게 돈을 찍어내는 것이 이미 너무 과도하게 진행되었던 폐해를 회복할 수 있을 것으로 생각했을까? 브레시아니-투로니는 계속해서 다음과 같이 말한다.

인플레이션은 위기를 어느 정도 지연시키지만 결국에는 터지고 수백만 명의 사람들은 실직하게 된다. 처음에는 인플레이션이 생산을 자극하지만… 그것은 결국 절약하는 생활을 무용지물로 만든다. 인플레이션은 국가 예산 개혁을 수년 간 불가능하게 만든다. 또한 배상 문제의 해결을 어렵게 한다. 인플레이션은 도덕적이고 지적인 가치를 파괴하고 사회 계층 문제에서도 심각한 혁명적 상황을 가져온다. 소수의 몇몇 사람들이 부를 축적하게 되며 국가 재산을 불법으로 점유한 계층이 생겨난다. 반면에 수백만 명의 사람들은 가난으로 내몰린다. 이는 매우 고통스러운 일이며 많은 가족에게 끊임없는 상처를 준다. 이것은 독일 사람들 전체를 오염시키고 투기적인 정신이 모든 계층으로 확산되어 적절하고 정상적인 일에서 사람들을 내몰게 된다. 결국에는 정치적이고 도덕적인 불안 양상이 끊임없이 일어난다. 1913년부터 1923년 사이의 기록들이 왜 항상 독일 사람들을 악몽처럼 짓누르는지를 이해하고도 남을 만하다.[9]

확실히 지옥의 일부 구역은 중앙은행 관계자들을 위해 예약돼 있다. 벤 스트롱(Ben Strong)이나 존 로(John Law) 같은 중앙은행 관계자들은 아마도 모두 지옥에 떨어질 것이며 찰스 폰지(Charles Ponzi)도 그들과 함께 할 것이다. 아마 그들이 거기서 할 수 있는 것은 카드놀이 정도가 아닐까? 헬페리히 또한 조롱하면서 그곳에 있을 것이다. 헬페리히는 독일의 시스템, 돈, 문화에 대한 독일인의 믿음을 손상시켰을 때 수백만 명의 동포들을 지옥으로 끌고 가는 길도 포장했을 것이다.

만약 우리가 그들과 대화를 나눌 수만 있다면 얼마나 좋을까. 그들은 자신의 영혼을 희생했고 이제 영원한 고통에 대해서도 괴로워하지 않는다. 아무도 이 문제에 귀를 기울이지 않는다면 왜 신은 그들에게서 도덕적인 선례를 만든 것인가?

세계의 모든 중앙은행 관계자들은 아무것도 없는 것에서 마치 아무도 보지 못했다는 듯이 악마의 미끼인 돈을 찍어냈다. 이런 일이 과거에는 시도되지 않았고 마치 그들은 이 일로부터 벗어날 수 있으며 사람들이 무에서 유를 창출해낼 수 있는 것처럼 말이다. 그러나 그들 역시 다르지 않다. 그들이 죽은 뒤에 기름진 엉덩이에 불이 붙을 위험 역시 과거와 비슷하다.

죽어가는 자의 비밀

만약 죽은 자가 비밀을 갖고 있다면 거의 죽어가는 사람은 어떨까?

존 템플턴 경(Sir John Templeton)의 인터뷰 내용을 보자. 이 위대한 노인은 미국의 주가와 집값이 너무 비싸며 미국은 무역수지 적자와 연방예산 적자에서 스스로 어려움을 만들어내고 있다고 말했다. 그는 주식시장이 장기적인 약세장을 보이고 주거용 부동산 가격 하락으로 미국 경제가 심각한 슬럼프에 빠질 수 있다고 예상했다. 암시적으로 투자자들에게 현금을 보유할 것을 권고한 셈이다.[10]

그 기사를 썼던 사람은 애널리스트와 주식 중개인들에게 템플턴의 의견에 대해 어떻게 생각하는지를 물었다. 그 중 한 사람은 템플턴이 92세로 고령인 점을 감안할 때 최근의 실정에 대해 잘 모를 수 있다는 측면에서 도전장을 냈다. 템플턴은 그러나 아직 죽지 않았고 그들은 템플턴의 얼굴에 먹칠을 한 것이다. 엄밀하게 말하면 템플턴이 최근의 실정에 어둡다는 바로 그 점이 그의 의견을 가치 있게 만드는 원동력이다.

우리는 건물, 사고방식, 나무, 규칙 및 투자자에 이르기까지 오래된 옛 것을 좋아한다. 투자자가 나이를 먹을수록 그를 더 믿는다. 나이 먹은 투자자는 산전수전을 다 겪으면서 강세장과 약세장을 모두 경험했다.

오랫동안 투자했던 사람은 몇 개의 순환주기를 볼 줄 안다. 반면 1960년 이후 미국에서 태어난 사람은 성인이 되자마자 1982년부터 2002년까지 지속된 활황장세만을 경험했다. 그는 지속적인 약세장이나 하강국면 및 절망적인 기간 등을 결코 경험한 적이 없다. 월가가 1929년 대폭락을 경험했을 당시 템플턴은 젊은이였다. 그는 대공황 시절 어른이 됐고 연합군들이 패퇴할지도 모르는 제2차 세계대전이라는 어두운 시절을 회상했다. 템플턴의 삶의 여정에는 호황과 불황, 대량살상과 역사상 최악의 전쟁, 기근과 초인플레이션 그리고 국가적인 파산이 있었다. 이 기간 동안 수많은 통화와 최소한 다섯 개의 제국이 역사 속으로 사라졌다. 불의의 사태와 혁명이 발생했고 많은 이데올로기들이 나타났다가 사라졌다. 수천 개의 은행과 기업들이 먼지처럼 없어졌고 탁월한 경력이 손상되고 명성 역시 사라졌다.

많은 것을 경험한 사람은 지력을 갖추고 있으며 이런 사람은 위대한 보물과도 같은 존재다. 이 사람이 지불능력까지 갖추고 있다면 이는 금상첨화다. 아무튼 그는 잘못된 아이디어와 투자 및 충고를 피했을 것이다.

혁신은 유전적인 변형과 같은 것으로 혁신의 대부분은 실수의 산물이며 거의 실패한다. 나이든 사람들은 새로운 사고와 양식 및 사물을 거부하는 성향이 있다. 이것은 이들이 새로운 비법을 배우기에 너무 늦었기 때문만은 아니다. 노인들은 경험을 통해 새로운 기법들이 배울 만한 가치가 없다는 것을 안다. 성공적인 혁신만이 우리 주변에 모습을 드러내게 된다. 회사, 제품, 사상, 정부, 모임 및 생활양식 등 우리가 보는 모든 것은 성공한 것에 국한된다. 성공적이지 못한 혁신은 사라지게 된다.

심지어 광범위하게 성공한 혁신도 마치 중(重) 비행기처럼 모두에게 성공을 가져다주는 것은 아니다. 워렌 버핏은 다음과 같이 추산한다. 누군가가 오빌(Orville) 과 윌버(Wilvur) 가 처음 비행한 순간부터 콩코드기가 마지막 비행을 한 순간까지 모든 항공 회사를 소유하고 있었다면 그 사람은 거의 한 푼도 벌지 못했을 것이라고 말이다. 다른 산업의 경우도 마찬가지다. 월가에서는 이런 사업에서 돈을 번 기업들이 회자된다. 그러나 그들은 생존자일 뿐이며 대다수 다른 기업들은 이미 오래 전에 실패했다.

낫심 니콜라스 탈렙(Nassim Nicholas Taleb)은 그의 저서 《우연에 놀림당하기 Fooled by Randomness》에서 이렇게 설명한다.

수학적으로 진보는 새로운 정보 가운데 어떤 것이 과거의 것보다 낫다는 것을 의미하는 것이지 평균적으로 새로운 정보가 과거의 것을 대신한다는 것은 아니다. 이는 의심이 들 때에는 새로운 사상과 정보 및 방법을 체계적으로 거부하는 것이 최선이라는 의미다….

토요일자 신문에는 우리의 삶을 혁명적으로 바꾸는 수십 가지의 새 특허권 목록이 가득하다. 사람들은 발명이 우리의 삶을 획기적으로 바꾸었기 때문에 좋은 것이며 옛것보다 새 것을 선호해야 한다고 생각하곤 한다. 그러나 내 생각은 이와 반대다. 비행기나 자동차처럼 아주 새로운 것을 놓쳐버리는 기회비용은 비행기나 자동차 같은 보석을 얻기 위해 헤쳐 나가야 하는 쓰레기 더미의 독성에 비하면 하찮은 것이다. (종종 의구심을 갖고 있지만 이 보석이 우리의 생활에 진보를 가져온다고 가정할 때 말이다.)[11]

한 젊은이가 정보에 접근한다. 인터넷으로 그는 원하는 모든 정보를 얻을 수 있다. 그러나 순도가 높은 농축된 정보, 즉 나이와 함께 오는 지혜가 부족하다. 이런 능력은 세월이나 경륜과 함께 갖춰지는 것이다.

탈렙은 정제된 생각을 선호하는 것은 가장 오랜 기간 시장에 노출된 나이든 투자자와 트레이더들을 선호한다는 의미라고 말한다. 이는 가장 수익성이 높고 가능한 한 젊은 트레이더를 선호하는 월가의 습성과는 정면으로 배치되는 것이다.[12]

탈렙은 트레이더들의 절대적인 성공보다 그들의 누적된 경험을 선택 기준으로 삼아 수학적인 모델을 이용해서 명제를 테스트해 보면 나이 든 트레이더를 선택함으로써 엄청난 이득을 얻게 된다고 밝혔다. 물론 이 나이 든 트레이더들은 파산하지 않고 살아남았다는 전제 조건이 있는 사람들이다.[13]

정제된 정보는 도덕적으로 금지된 형태로 표현되곤 한다. 정보를 훔쳐서는 안 되며 거짓을 말해서도 안 된다. 비싼 주식을 사지 말고 값싼 주식을 팔지도 말아라. 무(無)에서 유(有)를 얻으려고 기대해서도 안 된다. 배우자에게 태만하면 안 되며 패트릭 성인의 날을 잊어버려서도 안 된다. 너무 많이 소비하는 것도 너무 빨리 먹는 것도 다 금해야 한다. 오후 6시 이전에는 술을 마셔서는 안 되며 상사의 부인과 어울려서도 안 된다. 해서는 안 되는 일들은 이전 세대들이 남긴 교훈에서 배운 것들이다. 해서는 안 되는 모든 일들에는 틀림없이 지옥에서 불타고 있는 수백만 명의 가엾은 영혼들이 있을 것이다.

반면에 정제되지 않은 정보는 신문의 헤드라인이나 TV의 재잘거림, 칵테일 파티에서 잡담하는 것과 같은 잡음에 지나지 않다. 가장 최신의 혁신과 최신 사업상의 비밀 및 최신 패션 등도 역시 잡음에 지나지 않는다. 이는 어떤 실질적 경험이나 개인의 직관에 의해 뒷받침되지 않는 대중의 정보일 뿐이다. 이것은 사람들이 뭔가를 안다고 생각하게끔 잘못 인도한다는 측면에서 무용지물보다도 더 나쁘다.

죽은 대통령들

2004년 후반 데이빗 M. 워커(David M. Walker) 미국 회계감사원장은 채무 상황을 다음과 같이 밝혔다. 연방정부의 연간 부채의 누계인 총부채는 그해 9월까지 대략 7조 달러에 달했다. 이는 미국의 모든 남성과 여성 및 아이들에 이르기까지 개인별 부채가 2만4천 달러에 달한다는 의미다. 여기에는 정부의 사회보장 및 노인의료보험 출자액 등의 항목은 포함되지 않았다. 사회보장 및 노인의료보험 항목까지 포함하면 국민 개개인이 부담할 비용은 10만 달러를 상회한다.

워커의 비탄에 덧붙인다면 7조 달러는 잔돈에 불과하다. 실질적인 부채는 이보다 훨씬 더 많다. 게다가 부채 4달러당 1달러는 연방정부가 소비한 차입금이다. 또한 소득세로 징수하는 1달러마다 연준리는 새로 80센트의 돈을 빌린다. 경제학자들은 정부가 국민의 저축을 모두 다 써버린다고 우려하곤 한다. 그러나 이제 미국은 더 이상 써버릴 저축조차 없다. 단돈 한 푼 저축할 능력이 없는 국가가 전 세계를 구하는 일을 하고 있는 것이다.

그 비용은 계획만큼이나 엄청나다. 사회보장비용을 제대로 지출하려면 연방적자는 앞으로 10년간 해마다 5천억 달러 또는 총 5조 달러에 달할 것으로 예상된다. 이는 국내 총생산인 GDP의 절반에 달한다. 우리에게 이 마지막 문장은 더 이상 놀랄 만한 사실도 아니다. 이미 그 사실을 제외하고도 부채 규모는 비명을 지를 정도로 많기 때문이다. 정책입안자들이 어떤 해법에도 무덤덤한 것처럼 아직까지도 미국의 경제학자들은 이 문제에 둔감하다. 딕 체니는 "적자는 문제가 아니다"라고 말한다.

민간 부문에서도 부채는 엄청나게 늘고 있다. 2005년 미국인들은 19달러를 벌면서 20달러어치를 소비했다. 소득과 소비의 차액은 무역수지 적자를 의미하며 이런 속도로 적자가 쌓인다면 미국은 결국 파멸에 이르게 된다. 2005년 1월 미국은 583억 달러의 최대 무역적자를 기록했다. 이는 미국이 하루에 거의 2억 달러를 초과 지출했다는 것이다. 즉 미국인들이 지난해 1월 외국에 얼마를 팔았는지와 무엇을 외국으로부터 사들였는가의 차액을 의미한다. 수치는 음수이고 이는 국민 계정(nation's account) 도표에 적색으로 표기된다. 또는 수치가 괄호 안에 표시되거나 앞에 마이너스가 붙는다.

만약 그 부채가 각 가정에 배분된다면 한 가구당 600달러에 달한다. 이는 단지 한 달 동안의 무역적자가 그렇다는 것이며 연간 수치로 환산하면 그 비용은 12배인 7,200달러에 달한다. 이를 가구당 평균 소득과 비교하면 우리가 수학적으로 제대로 계산했는지를 의심할 정도로 큰 규모다. 거시경제적 관점에서 그 적자규모는 국내총생산(GDP)의 6%에 달한다.

과거 금본위제도 시기에는 무역수지가 흑자였으며 미국은 잉여의 외국통화를 쌓아놓고 다른 나라의 중앙은행에 이를 예치했다. 금은 공동의 평가 기준이자 보기 드문 억제력도 갖고 있었다. 그것은 실제 돈과 같았다. 한 나라에서 금 보유고가 바닥났다는 것은 그 나라가 돈을 다 써버렸다는 것을 의미했다. 이는 더 이상의 차입이 불가능함을 뜻하는 것이었다. 이는 또한 외국 통화를 결제할 수 있는 수단이 없다는 것이며 더 이상의 무역적자를 기록해서는 안 된다는 것을 의미했다. 이런 상태에 있는 나라는 파산을 선언해야 했고 실제로 이런 일은 종종 발생했다.

이제 미국이 해외 채무를 금으로 결제했던 시점으로부터 34년이 지났다. 그후로 미국은 달러로 표시된 재무부채권(국채)을 제공하는 훨씬 쉬운 결제 방법을 찾아냈다. 신기하게도 외국인들은 재무부채권이 마치 금이라도 되는 양 선뜻 받아들였다. 더욱 놀라운 것은 34년 중 대부분의 기간 동안 재무부채권은 금보다도 더욱 선호되었다는 것이다. 로널드 레이건의 첫 번째 대통령 임기 이래로 20년 동안 금값은 하락했고 해외 중앙은행들은 재무부채권을 보유하면서 감사하고 심지어는 행운이라고까지 생각했다.

그러나 미국은 단지 운이 좋았을 뿐이다. 미국은 어떤 대가도 지불하지 않은 채 소비만 했다. 즉 상환하지 않고 차입만 한 것이다. 이렇게 스스로 부채의 깊은 구덩이를 팠으나 이 구덩이에서 빠져나오는 것은 쉽지 않았다.

2005년의 떠들썩한 신문 헤드라인 중에는 제3세계 국가인 중국이 미국에게 해마다 3천억 달러를 빌려준다는 주목할 만한 소식이 있었다. 중국의 지원이 없이는 달러는 이미 붕괴했을 것이다. 채권 수익률은 급등하고 미국 경제는 불황까지는 아니어도 경기침체에 빠졌을 것이다.

돈은 어디서 오는가? 중국은 살아 있는 미국인들에게 제품을 팔아서 죽은 대통령이 그려진 달러 지폐를 얻는다. 미국인들은 그들 수중에 들어온 것은 무엇이든지 다 써버릴 준비가 되어 있는 사람들이다. 일단 달러는 인쇄기로 복사된 뒤 중국이나 다른 제조업 국가 사람들에게 건네지며 결국 그 달러는 자신이 태어난 장소인 미국으로 빚이 되어 되돌아온다.

중국은 빠르게 미국이라는 고용자에게 독점적으로 물건을 파는 회사 가게(company store) 되고 있고 중국에게 미국은 생활의 근간 더 나아가 영혼까지도 빚지고 있다. 2004년 말 일본과 중국의 중앙은행은 거의 1조 달러어치의 미국 재무부채권을 보유했다. 미국의 소비자 경제는 중국과 일본이 저축하고 이를 미국 재무부채권 매입을 통해 미국으로 환류시키는 데 기반을 두고 있다. 이제 중국과 일본 중앙은행의 단 한마디가 미국 경제를 심각한 슬럼프에 빠지게 할 수 있게 되었다. 바로 "매도"라는 말이다.

존 스노 미국 재무장관은 "자유무역 시대에 우리는 자국 통화 가치를 왜곡해서 불공정한 거래 이익을 취하는 문제에 부딪혀 있습니다"라며 불만을 토로하기 시작했다.

스노 장관이 언급한 특정 국가는 중국이다. 중국이 향유하고 있는 무역거래에서 얻는 이점은 미국이 중국에 파는 것보다 중국이 미국에 대해 훨씬 많은 물건을 판다는 것이다. 그 비율은 거의 다섯 배에 달한다. 이 불공정한 왜곡은 바로 중국이 자국 통화 가치를 미국 달러화에 고정시켰다는 데서 출발한다. 2005년 봄에 미국은 중국이 환율을 "조작"하고 있다면서 중국에게 10%의 위안화 평가절상을 요구했다.

어떻게 중국의 위안화 환율 조작이 가능했을까? 이는 위안화 가치를 황제 통화인 미국 달러화에 고정시킴으로써 가능했다. 이것은 현명하고 교활하며 사악한 행위였다. 중국은 10년 동안 달러화에 대해 위안화 가치를 고정하는 정책을 수행해왔다. 미국은 그러나 이제 자국통화가 완만하게 평가절하되기를 원한다. 미국은 외국에서 수입한 물건을 구매하고 결제하기 위해 달러를 지급한다. 사실상 미국은 해외에서 들여온 물건을 교환하기 위해서 더 많은 달러를 찍어내게 되는 것이다. 결과적으로 유가와 금값 그리고 다른 국제적으로 거래되는 재화의 가격 상승으로 통화 팽창을 낳고 이는 고스란히 미국의 부담이 된다. 또한 이것은 미국이 자국의 부채를 상환할 수 있는 유일한 방법이다. 달러화 가치가 하락하면 해외 계좌에 예치되어 있는 수조 달러의 가치 또한 떨어진다. 예전에 샤를 드골(Charles de Gaulle)은 이를 실로 "터무니없는 특혜"라고 말했다.

중국은 그러나 미국에 협조하지 않았다. 달러 가치가 내려가자 중국 위안화 또한 약세를 보였다. 중국 제품의 가격을 올리고 중국이 보유하고 있는 달러화의 가치를 자국 통화에 비례해서 낮추는 대신 모든 것은 종전과 동일하게 유지됐다. 중국은 그들 몫의 짐을 부담하지 않은 것이다.

미국 사람들은 이에 대해 분개했다. 상원위원회는 중국이 한 행위를 환율조작으로 규정하고 법 개정을 추진했다. 부시 행정부 관료들은 중국이 이에 대처할 수 있는 최종 시한을 통보했고 2005년 여름 중국은 마침내 미국 달러화에 고정된 환율제도를 폐지하고 환율 변동폭(the channel)을 다소 넓히겠다고 발표했다. 그러나 문제는 중국에 의해서 촉발된 것이 아니다.

미국의 모든 세대는 번영을 위해 그들 방식으로 돈을 소비해야 한다고 교육받으면서 성장했다. 스노, 맥티어, 그린스펀, 버냉키 그들 모두는 아직까지도 부채는 문제가 아니라고 믿고 있다. 그들은 소비하고, 소비하고, 그리고 또 소비하라고 거듭 말한다.

미국 사람들의 소비는 중국 경제에 붐을 조성한다. 중국에서는 보통사람들이 노동자 착취업소*(싼 임금으로 장시간 노동시키는 곳)에서 일하고 수입의 25%를 저축하면서 낡은 막사에서 산다. 미국인들은 중국의 무역 관행에 뭔가 부당한 점이 있다고 생각했다. 즉 미국인들은 중국인들이 공정하게 경쟁하지 않고 왜곡된 환율로 미국인들의 일자리를 빼앗아갔다고 생각했다.

그러는 사이 미국의 보통사람은 스스로 지불할 능력이 안 되는 수준의 집에서 살고 감당할 수 없는 차를 몰면서 기분전환을 위해 홍콩에서 수입될 다음 물건을 애타게 기다리면서 살고 있다. 그는 아무것도 저축하지 않고 자신이 살아있는 동안 중국이 영원히 돈을 빌려줄 것이라고 믿고 있다.

그러나 이런 상황이 영원히 지속될 수 없다는 것은 두말할 나위가 없다.

이것이 얼마나 오래 지속될 수 있는지에 대해서는 말할 수 없지만 끝이 좋지 않을 것임은 확실해 보인다.

결과가 어떻게 판명날지를 기다리는 일은 쉽지 않다. 이는 아마 앞으로 1년 혹은 2년 내지는 5~10년이 걸릴지도 모른다. 우리는 제국의 소비자 신용 경제가 지리멸렬한 운행을 멈출 날짜를 정확하게 알고 싶다. 왜냐하면 그 경제는 모든 것의 운명이 그렇듯이 동요하고 덜컹거리면서 언젠가는 전복될 것이기 때문이다.

그날은 어쩌면 예고 없이 찾아올지도 모른다. 팍스달러리움(달러의 지배에 의한 평화) 시대를 창조했던 세계는 흐느껴 우는 사람이나 굉음조차 없이 종말을 고할 것이다. 그 시대는 끝나고 죽은 자들은 내가 그렇게 될 거라고 말하지 않았느냐고 혀를 찰 것이다.

2

먼지의 제국들

제국의 역사는 오래 전으로 거슬러 올라간다. 하지만 지금까지 존재했던 제국들의 공통점은 그다지 많지 않다. 좋은 제국이 있었던 반면 나쁜 제국도 있었다. 부유한 제국주의자가 있었던 반면 매우 가난한 제국주의자도 있었다. 또 제국의 기능 가운데는 단두대같이 "잔인한 우아함"을 보여주는 것도 있다. 지금까지의 제국들이 보여준 복잡성과 난해함은 종종 역사학자들을 당혹스럽게 하기도 한다. 그러나 시금까지 지구상에 존재한 제국들 가운데 미국이라는 제국은 가장 불합리하다는 점에서 단연 눈에 띈다.

이 불합리함은 가장 기초적인 수준에서 나온다. 누군가를 속이기 위해 아이비리그의 알렉산더들이나 평원 지역의 카이사르들은 그 누구보다 그들 자신을 더 많이 속였다. 처음부터 그들은 자신들이 무슨 일을 하고 있는지 몰랐다.

우리는 괴짜들의 실없는 소리에 우월한 웃음을 즐길 수 있다. 미래의 역사학자들은 배꼽을 잡고 웃을 것이다. 하지만 정신을 차리고 무엇이 일어나고 있는지를 깨달을 이코노미스트들이야말로 이 우스운 상황을 가장 즐길 사람들이다. 이 우스운 상황을 제대로 즐기지 못하는 단 하나의 이유는 그들이 가장 중요한 것을 놓치고 있기 때문이다. 이것은 역사상 가장 재미있고 터무니없는 제국의 자금조달 방법이다. 만일 이코노미스트들이 마침내 이것을 깨닫는다면 그들은 배가 아플 때까지 웃을 것이다.

이 대단한 조크를 망칠 위험을 무릅쓰고 우리는 이것을 설명하려고 한다. 전형적인 제국의 자금조달 방법은 간단하다. 제국의 정부는 자진하여 치안과 질서 등 공공 서비스를 제공하고 이 혜택을 받는 집단은 그 대가로 세금을 낸다. 제국의 재정은 흑자가 날 것이고 본국의 생활수준도 당연히 피지배 국가들에 비해 높아질 것이다. 비엔나로 가는 여행이 쉽게 승인되자 오스트리아 계 헝가리 인들도 그러한 권리를 가졌다. 그 도시는 19세기에 들어 부유해졌다.

미국은 거의 전 세계에 팍스달러리움을 제공하고 있다. 하지만 미국은 이 같은 서비스를 제공하는 대가로 속국이나 미국에 의존하는 지역들에서 세금을 거두지는 않고 있다. 대신 미국은 그들로부터 자금을 차입한다. 미국의 생활수준은 높아진다. 하지만 이것은 훔쳐온 돈이 아닌 빌려온 돈에 의해서다. 미국이 세금을 거두지 않고 대신 돈을 빌리는 것의 가장 큰 차이점은 미국의 속국들이 언제라도 미국에 자금대출을 중단할 수 있다는 것이다. 만일 그들이 그렇게 하고 싶으면 가지고 있는 채권을 시장에 내던져 달러의 가치를 붕괴시키고 미국의 금리를 급등하게 만들어 미국 경제를 경기후퇴로 몰고 갈 수 있다. 더 불안한 것은 현재의 시스템이 연장될수록 그만큼 미국이 위험해진다는 것이다.

이것을 좀 더 자세히 들여다보면, 그 불합리성은 더 커진다. 2005년 상반기 중 미국인들은 부유해지지 않았고 대신 시간 당 8천만 달러의 속도로 가난해졌다. 이런 미 제국만의 독특한 자금조달 시스템이 그들 스스로를 가난하게 만든 것이다. 하지만 이것이 최악의 상황은 아니다. 이런 시스템은 현대 세계경제에서 그들의 경쟁력을 낮추고 있다. 미국이 손해를 입어가면서 공익을 제공하는 동안 경쟁자들은 저축을 했고 자본과 전문기술을 쌓았고 아울러 공장을 세우고 미국으로부터 시장 점유율도 빼앗아가 버렸다. 매년 아시아인들은 미국인이 구입하는 것 이상을 생산하고 미국인들은 다른 사람들이 구입하는 것보다 적은 양을 생산한다.

상품들은 아시아를 떠나 북미 대륙으로 향하며 돈은 북미 지역을 떠나 아시아로 향한다. 그리고 이 돈은 며칠 안에 다시 미국으로 돌아온다. 미국의 이코노미스트들은 한숨을 돌린다. 그들은 그 돈이 다시 우리에게 돌아오는 한 걱정할 게 무엇이냐고 말한다. 그들은 이렇게 돌아오는 돈이 제국의 기능에 따른 세금의 형태라고 주장한다. 하지만 이런 기능은 꽤 심술궂은 방법으로 작용한다. 미국으로 돌아오는 이 돈은 미국을 떠날 때의 돈과 같은 것이 아니다. 그 돈은 미국을 떠날 때는 자산의 형태였지만 돌아올 때는 부채의 성격을 갖는다.

훈족이 몰려온다

여러 세기 동안 유럽 인들은 악몽을 꾸곤 했다. 유라시아 대초원 지대의 야만족들이 주기적으로 파상 공격을 해왔기 때문이다. 또 켈트 족 역시 그들 앞에 있는 다른 종족들을 무조건 몰아내거나 몰살시켰다. 그리고 나서 새로운 집단이 그들의 뒤를 이었다. 기마 민족인 이들은 빠르고 강했다. 그들은 너무 공격적이어서 많은 부족을 정복하고도 속력을 더 내어 서쪽으로 향했다. 결국 게르만 족은 켈트 족을 유럽 대륙의 모퉁이로 몰아냈고 이후 로마를 공격하기에 이르렀다.

훈족은 야만족이었다. 그들은 무자비했고 교활했으며 두려운 게 없었다. 당시 전투에서는 그들에게 대적할 만한 상대가 없었던 것으로 기록돼 있다.

시장 용어를 사용하면, 유럽을 대상으로 "매도"(short) 포지션을 취하기 좋은 시기였다. 펀드매니저였다면 유럽에 "비중축소"(underweight) 결정을 내렸을 것이다. 한 마디로 이전의 확장국면이 조정받을 가능성이 높은 시기였다. 여인네들의 통곡 소리와 분노가 또 공포와 절망감이 유럽 지역을 뒤덮었을 것이다. 그것은 문명화와 상업의 성장에 대한 매도 신호였다.

정치와 전쟁은 제로섬 게임이 아니다. 승자 한 명마다 패자 한 명이 정확하게 연결되지 않는다. 거기에 들어가는 비용만큼 다른 상대방이 그만큼을 얻는 것도 아니다. 전쟁으로 인한 파괴와 정치에 들어가는 비용은 항상 정치와 전쟁을 "순손실"(net losing) 상태로 만든다. 대부분의 사람들은 패한다. 부는 사라진다. 전체적으로 사람들은 가난해진다.

하지만 약세장에서도 그렇듯이 일부 사람들은 전쟁을 통해 무엇인가를 얻기도 한다. 전쟁에서 승리한 자들은 이전보다 가난해졌고 많은 동료들을 잃었음에도 불구하고 승자와 같은 기분을 즐긴다. 금융 시장에서도 실제로는 소수의 참가자들만 돈을 번다.

이 야만족의 유럽 침략은 긍정적인 면도 지니고 있었다. 당시 훈족이라는 야만족은 확장 국면에 있었다. 대세 상승 기대감이 강했던 강세장 단계였던 것이다. 그들은 아무 대가 없이 무엇을 얻으려 한 것은 아니었지만 사실상 그 비용은 거의 없었다. 킬러가 한 사람을 죽여서 얻는 부에 비해서 죽이기 위해 들어가는 비용이 얼마나 될까? 아주 작을 것이다. 정말 사소한 것이며 많은 사람에게 번거로움을 주기조차 할 것이다. 하지만 다른 지역을 정복하는 데 리스크가 없었던 것은 아니다. 세상에 공짜 점심이 없는 것처럼 훈족은 이에 따르는 리스크를 감수했다. 이것이 성공하면 전리품과 여자, 노예를 얻었고 승리에 따른 기쁨과 정복으로 인한 명성도 뒤따랐다. 하지만 그들은 패배하거나 죽임을 당할 위험도 있었다.

훈족은 문명화에 대한 매도 신호였을지 모르지만 훈족 자체의 재산이나 지위, 제국 그리고 유전자에 대해서는 매수 신호였다. 정치에 대해서도 매수 포지션이 적절한 시기였다. 식물을 새로 심고 경작해서 평화롭게 다른 사람들과 교역을 해야 하는 시기가 있다. 그러나 무력의 시기도 있다. 원하는 것을 대가를 치르지 않고 갖기 위해 또 자신의 앞을 가로막는 사람을 제거하기 위해 무력이 필요하다. 훈족의 침입은 겁탈을 의미했지 달콤한 대화나 구애가 아니었기 때문이다. 훈족의 침입은 노동의 분업이나 재산권의 완성 대신 도둑질과 약탈을 의미했다. 모든 것들이 단순해졌고 또 잔인하고 거칠어졌다. 사람들의 수명은 단축되었다. 보험 사업에는 적절하지 않은 시기였다.

무엇이 이같은 주기적인 침략을 일으켰는지는 아무도 모른다. 아마도 평야지대의 온화한 날씨로 인구가 증가했고 이에 따라 유목민들도 영역을 확장해야 했을 것이다. 또 반대로 기후가 좋지 않았다면 기근이 발생했을 것이고 이로 인해 다른 사람들이 가진 고기와 곡식을 노리게 되었을지도 모른다. 역사학자들도 알지 못한다. 하지만 분명한 것은 대초원 지역의 야만 민족들에 대한 공포는 서양 역사에서 꾸준하게 등장하는 주제 가운데 하나이다. 특히 그들에게 가장 많이 노출되었던 게르만 족들에게는 더욱 그렇다.

황제 칸

아마도 역사상 가장 성공적인 제국 건설자는 야만 민족 확장 시기의 지도자 가운데 하나였던 칭기즈칸일 것이다. 로마제국 이후, 제국의 권력을 등에 업은 사람들 사이에는 얼굴에 "문명화"라는 가면을 쓰는 것이 유행이었다. 그들은 미개인들에게 종교를 전파했고 가난한 사람들에게 문명을 가져다주었다. 문화와 교육, 기술도 전파했다. 알렉산더 황제도 자신의 정복 활동이 세계를 위한 것이라고 생각했다. 정복자들은 그들의 본능이 야만족들의 본능과 다르지 않다는 점을 인정하지 않는다. 정복자들은 보다 나은 식탁 예절을 가지고 있을지는 모르지만 칭기즈칸이나 아틸라*(흉노족의 왕) 만큼 강한 충동의 영향을 받았다. 유혈에의 욕망이나 명성, 권력, 지위 등 한 도시나 전체 국가를 정복한다는 것이 얼마나 큰 스릴인지를 부인하겠는가. 하지만 제국의 건설자들은 그 권력을 마치 천사의 날개처럼 착용하고 발코니에서 "쿵" 하고 떨어진다.

칭기즈칸에게는 가면이 필요 없었다. 그는 얼굴을 있는 그대로 드러냈다. 1189년경 몽골 지역 민족들을 통합했고 중국 북부 지역 공격을 시작으로 대량 살육과 약탈의 대서사시를 본격적으로 착수했다. 칭기즈칸은 이 과정에서 두 개의 제국을 상대로 살육과 약탈을 저질렀는데 그 가운데 하나는 제1차 세계대전이 끝날 때까지 존재했던 오스만 제국이었다. 몽골의 정복자들은 중국 북부와 티베트, 페르시아를 비롯해 중앙아시아 거의 전 지역과 카프카스, 한반도, 버마, 베트남 그리고 러시아의 대부분을 침략했다. 그들은 인도를 공격했고 결국 1526년에는 칭기즈칸의 후손 가운데 하나인 바바르가 그 지역의 황제 자리에 올랐다. 중국에서도 칭기즈칸의 후손들이 원 왕조를 세워 15세기 무렵까지 통치했다.

모든 제국은 한 가지 혹은 그 이상의 방법으로 대가를 얻어야만 한다. 몽골 민족은 그러한 대가를 가장 기본적이고 아마도 가장 만족스러운 방법으로 얻었다. 진화론적인 관점에서 모든 인류의 행동은 하나의 목적을 가지고 있다. 그것은 바로 자신의 유전자를 번식시키는 것이다. 남자들은 자신이 바로 여자들이 결혼하고 싶어하는 그런 종류의 사람이라는 것을 증명하고 싶어한다. 즉 그는 가능한 많은 자손을 낳을 것이며 그들을 먹여살릴 재산을 가지고 있다는 것을 증명하고 싶어한다. 이런 면에서 지금껏 역사상 칭기즈칸 이상으로 유전자 번식을 훌륭하게 이루어낸 사람은 없다.

언젠가 칭기즈칸은 그의 장수들로부터 인생에서 가장 즐거운 시간은 매를 사냥할 때라는 말을 들었다. 하지만 칭기즈칸은 그들에게 "No"라고 답했다. "너희들은 잘못 알고 있는 거야. 남자에게 있어 가장 큰 기쁨은 적을 추격해 물리친 후 말이나 여자 등 모든 것을 빼앗는 거야."[1] 칭기즈칸은 이런 면에서 상당히 성공적이었다. 아시아 전역의 남성 2,123명을 대상으로 한 DNA 실험 결과 과학자들은 그가 만주에서 아프가니스탄에 이르는 지역에서 최대 1,600만 명의 남자 후손들을 가졌을 거라는 결론을 내렸다.

칭기즈칸은 또 다른 방법으로 정복의 대가를 얻었다. 그는 정복한 지역의 주민들로부터 소득세를 징수했다. 그 세율은 약 10% 정도에 불과해 오늘날의 세율에 비하면 그다지 잔인한 수준은 아니었다.

이제 몽골은 구 소련의 통치에서 벗어났고 국민들은 칭기즈칸에게 새롭게 관심을 갖기 시작했다. 그래서 그들 가운데 많은 사람들이 후손으로서 그의 발자취를 추적하고 있다. "이렇게 급변하는 세상에서 만일 우리가 아무런 선입견 없이 그를 인정한다면 칭기즈칸은 도덕적인 지주 역할을 할 수 있다. 모든 것이 불확실한 시기에 그는 확실함의 근원으로서 몽골인의 정신적인 고향이 될 수 있다."[2]

우리는 단지 몽골사회아카데미의 체첸빌레 교수를 당혹스럽게 하기 위해 이 구절을 <하버드 아시아 퍼시픽 리뷰>에서 인용해왔다. 칭기즈칸은 몽골 안에서 인기가 좋을지 모르지만 몽골 인들에 대한 의문을 야기시킨다.

"항복하는 자들은 살아남을 것이다. 하지만 항복하지 않고 저항하는 자들은 전멸될 것이다."[3] 고대 도시인 부하라와 사마르칸트를 공격하기에 앞서 칭기즈칸은 이렇게 말했다. 당시의 인구조사를 바탕으로 칭기즈칸의 침략 전쟁은 최대 4천만 명을 죽인 것으로 추정된다.

칭기즈칸은 적들에게 싸우지 않고 자신의 통치에 복종할 기회를 주었다. 하지만 어떤 형태든 저항이 있을 경우 그는 무자비했다. 칭기즈칸 정복활

동의 특징은 전례가 없는 규모의 무차별적 파괴와 살상으로 인해 아시아의 인구구조를 근본적으로 바꿨다는 것이다. 이란의 역사학자인 라시드 알-딘(Rashid al-Din)의 연구 자료에 따르면 몽골 군은 메르브에서 7만 명 이상, 니샤푸르에서는 백만 명 이상을 죽였다. 중국은 급감하는 인구로 고통을 받았다. 몽골의 침입 이전 중국의 인구는 1억 명 수준이었지만 1279년 몽골에 완전히 정복당한 뒤 1300년 실시된 인구조사에 따르면 당시 인구는 약 6천만 명에 불과했다. 이 가운데 얼마나 많은 죽음이 칭기즈칸 및 그의 세력들과 직접 연관되었는지는 확실하지 않다.[4]

하지만 당시는 살인 행위를 감추기보다는 과장해서 거짓말까지 하는 그런 시대였다. 칭기즈칸 역시 사람들을 죽인 것을 자랑스러워했다. 보기에 따라서 그는 그래야 했고 그리고 그 일을 매우 잘해냈다.

하지만 어떻게 그런 적은 숫자로 여러 차례나 더 많은 수의 적군을 물리칠 수 있었을까. 몽골의 전체 인구는 20만 명을 넘지 못했다. 이에 대해 역사학자들은 몽골인들이 너무 잔인했고 무자비했으며 상당히 빠르고 공격적이었기 때문에 막기가 힘들었다고 말한다. 그들은 최고의 기마 민족이었다. 그들은 자주 보병의 지원 없이 전쟁에 나서곤 했는데 제2차 세계대전 당시의 독일 전차부대처럼 빠르게 이동할 수 있었다. 그들의 "가지"(ghazi)는 오늘날 "지하드"(jihad)의 선조격이다. 몽골 인들의 다단식 활은 오늘날 러시아 산 기관총인 칼라슈니코프와 견줄 만하다. 그리고 그들은 수기신호와 비슷한 정보교환 수단을 비롯해 전장에서 정교한 의사소통을 가능하게 해주는 시스템도 가지고 있었다. 이런 이점을 이용해 몽골 인들은 원하는 것을 가졌고 그들에게 방해가 되는 자들을 죽였다.

이는 제국을 운영하는 데 있어 그다지 점잖은 방법은 아니다. 하지만 이 방법은 잘 먹혀들었다.

칭기즈칸은 1227년 죽었고 아들인 오게데이(Ogedei)가 후계자로 선출되었다. 민주주의가 국가의 폭력성을 막는다고 생각하는 사람들은 죽은 이들에게 말을 시켜 괴롭혀서는 안 된다. 무솔리니와 히틀러, 오게데이 칸 모두 선거를 통해 집권에 성공했다. 적어도 부분적으로는 그랬다. 선거에서 승리한 오게데이 칸은 아버지의 영토확장 전략을 이어나갔다. 그는 동북아시아 지역으로 보다 깊숙이 진출했고 한반도와 중국 북부를 점령했다. 1241년 그가 갑자기 사망했을 당시 그의 군대는 이집트와 현재의 폴란드 국경 지역까지 진출해 있었다. 하지만 민주주의는 이런 움직임을 중단시켰다. 몽골의 법은 칭기즈칸의 후손들이 새로 투표를 실시해 새로운 칸을 뽑을 것을 요구했다. 만일 이런 중단 시기가 없었더라면 몽골의 군대는 라인 강을 넘어서까지 진출했을 것이고 유럽은 또 다른 암흑시대를 겪었을 것이다. 하지만 몽골이 칭기즈칸의 손자인 몽카(Mongka)를 새로운 리더로 선택하면서 유럽에서 이 기세는 힘을 잃었다.

1257년 몽골은 바그다드로 향했다. 칭기즈칸의 또 다른 손자인 훌라구(Hulagu)는 당시 바그다드의 칼리프였던 알-무타심(al-Muta'sim)에게 자신이 셀주크투르크 지역을 점령했을 때와 마찬가지로 자신을 군주로 받들 것을 요구했다. 하지만 당시의 칼리프는 압바스(Abbasid) 왕조의 37대 후계자였으며 동시에 중동 지역 전체 이슬람 교도들의 지도자였다. 그는 이 지역의 이슬람 교도들이 자신을 도와 이 이교도와 맞설 것이라고 믿었다. 하지만 이슬람 교도들은 칼리프를 돕지 않았고 훌라구는 수십만 명의 기병대를 이끌고 바그다드를 향해 진군했다.

그때서야 칼리프는 자신의 실수를 깨달았다. 칼리프는 훌라구에게 "술탄"의 칭호를 부여했고 금요일 바그다드의 이슬람 사원에서는 기도자들에게 훌라구의 이름이 칭송될 것이라고 말했다. 이후 칼리프는 훌라구를 만나기 위해 찾아갔다. 이 자리에서 그는 몽골 족이 자신들의 목숨을 살려준다면 시민들은 무기를 버리고 항복할 것이라고 말했다. 하지만 칼과 활이 압수된 뒤 이슬람 전사들은 모두 처형당했다. 몽골 족은 일반 시민들도 처형했다. 8천 명의 남녀 시민과 어린이들이 학살당했고 칼리프도 죽임을 당했다.

바그다드에서 유일하게 처형되지 않은 사람들은 기독교인들이었다. 몽카 칸의 어머니는 네스토리우스 교파의 기독교인이었다. 이런 어머니의 재촉으로 몽카 칸은 당시 성지에서 공통의 적인 이슬람 교도들과 싸우고 있던 게르만 족의 왕에게 사자를 보냈다. 몽카 칸은 그리스도교로의 전향을 제안했다. 하지만 그의 제안은 무시당한 것으로 보였고 그는 서쪽 대신 동쪽으로 방향을 잡았다. 몽카 칸이 죽었을 때 그의 군대는 곧 카이로를 공격하려 하고 있었다. 몽카의 다음 칸인 쿠블라이는 몽골의 거점을 베이징으로 옮겼고 원 왕조를 세웠다.

바그다드에는 마치 벌집이 곰들을 끌어들이듯 제국의 설립자들을 끌어들이는 무엇인가가 있다. 바그다드에서 불과 몇 마일 떨어지지 않은 곳에는 크테시폰이라는 고대 도시가 있다. 이 도시는 기원 후 637년 사라센에 의해 점령당한 뒤 파괴되기 전까지 최소 36번이나 주인이 바뀌었다. 로마제국도 이 도시를 2세기에만 3번을 포함해 모두 5번이나 점령했다. 그 전에는 히타이트 인, 아카드 인, 페르시아 인, 파르티아 인, 사산 왕조, 마케도니아 인을 비롯해 많은 세력들이 티그리스와 유프라테스 강 사이에 위치한 이 도시에 족적을 남겼다.

기원 후 116년에는 황제 트라야누스가 크테시폰을 점령하여 로마제국의 일부로 편입시켰다. 하지만 이듬해 히드리아누스는 평화협정을 맺고 바그다드를 파르티아에 돌려주었다. 164년에는 로마의 아비디우스 카시우스 장군이 크테시폰을 점령하였지만 이후 로마는 다시 이 도시를 포기했다. 그리고 197년 셉티무스 세베루스가 이 도시를 다시 점령했을 때 그는 시민 10만 명을 노예로 팔아버렸다.

100년 뒤 바그다드는 다시 역사 속 뉴스에 등장한다. 황제 갈레리우스는 페르시아 군에 패해 도시 밖으로 쫓겨나지만 296년 다시 전쟁을 치르고 이 도시를 손에 넣었다. 그리고는 이 도시를 아르메니아와 맞바꿨다. 이로부터 훨씬 뒤인 627년에는 헤라클리우스가 바그다드를 차지한다. 서구 제국은 이미 한물갔으며 헤라클리우스가 잠시 동안 콘스탄티노플에서 바그다드를 통치했다. 그는 크테시폰을 점령한 지 얼마 되지 않아 이 도시를 포기했다. 10년 뒤 크테시폰은 사라센이 차지했고 곧 멸망했다. 1915년 영국군은 오스만 세력에 패했지만 베르사이유 조약으로 바그다드에 대한 권리를 얻었다. 그후 영국은 이 도시를 지배하는 대가가 얼마나 큰지를 깨닫고 기꺼이 바그다드를 놓아주었다. 이 도시는 1921년 다른 영국령 속국들과 함께 독립했다. 보다 최근에는 다시 한 번 미국이라는 세력에 의해 점령되었다.

제국들은 어디로 사라졌는가

사람들이 20세기 말에 대해 말한 것 중에서 가장 멍청한 소리는 아마도 프랜시스 후쿠야마의 입에서 나온 것일 것이다. 후쿠야마는 겉으로 보이는 미 제국의 성공에 너무 열중한 나머지 지구가 "역사의 종말"에 도달한 것으로 믿었다. 문명과 정부의 흥망, 전쟁과 영웅의 성장과 몰락에 대한 기록을 제외하고 지구의 역사에 대해 논할 수 있을까. 하지만 후쿠야마의 눈에는 미국이라는 새로운 제국이 너무 완벽해 보였다. 그는 미국이 엄청난 중력의 힘을 이기고 떠오른 것으로 생각했다. 따라서 후쿠야마는 민주주의적 자본주의라는 로켓이 너무 견고한 추진력을 가지고 있어서 다시는 땅에 떨어지지 않을 것으로 보았다. 그 무엇도 미국과 경쟁하거나 그 자리를 빼앗을 수 없을 것으로 생각했다.[5]

그렇지만 후쿠야마는 역사라는 것이 어떻게 흘러가는지 제대로 이해하지 못하고 있는 것 같다. 시장이나 남녀간의 연애처럼 정치에는 만족스러운 시기가 있는가 하면 반대로 일시적인 광기로 인한 거품이나 절망의 시기가 찾아오기도 한다. 만일 이런 기간들이 한 세대 이상 지속되면 사람들은 그것이 영원하다고 생각한다. 거품이 있는 경우, 사람들은 새로운 시대가 도래했으며 이제 모든 것이 예전의 모습으로 돌아갈 수 없을 것이라고 믿는다. 1990년대 후반의 기술거품이나 2004년과 2005년 미국의 일부 지역에서 나타난 부동산 거품 같은 거품 마켓은 이따금씩 찾아온다. 사람들은 미친다. 그들은 몇 년 전만 해도 너무 비싸다고 판단했을 가격에 물건을 사려고 한다. 1634년과 1637년 사이에 벌어진 그 유명한 네덜란드 튤립거품 사례에서 사람들은 튤립 한 송이에 5천 길더를 지불하기도 했다. 1711년 영국의 남해 거품사건(South Sea Bubble)에서는 투기적인 거래자들이 1720년 하반기에 가서는 거의 아무것도 남지 않은 주식을 최고 1천 파운드나 주고 매수하기도 했다. 1980년대 말 일본의 거품 상황에서는 투자자들이 도쿄의 땅값을 너무 비싸게 만들어서 일본 국왕의 궁궐 땅값이 캘리포니아 주 전체 땅값보다 비싸다는 얘기가 나올 정도였다.

투자자들이 이처럼 터무니없는 가격을 지불하는 것은 무엇인가 펀더멘탈에 변화가 있으며 또 그 가격이 얼마가 됐든 다시는 그 가격에 살 기회를 잡지 못할 것이라는 생각을 갖고 있기 때문이다. 투자자들은 인간활동을 지배했던 규칙이 바뀌고 효력을 일시 상실하기도 하므로 세계는 결코 동일할 수가 없다고 믿었다.

시장이 의견을 만든다. 경험이 풍부한 사람들은 이렇게 말한다. 이 표현은 이 책에서 자주 듣는 표현이다. 가격이 올라가면, 사람들은 그것이 왜 상승했는지에 대한 이유와 그리고 앞으로도 가격이 계속 오를 것이라는 설명을 만들어낸다. 지난 1990년대 말 IT 기술에 대한 거품이 일었을 때 사람들은 새로 개발된 전자통신 기술이 이전의 관계들을 완전하게 바꿔놓을 것이라고 말했다. 컴퓨터 기기들과 인터넷의 발달로 물질적인 진보는 더 빨라지려고 하고 있었다. 동시에 자산은 보다 높은 가치를 얻으려 하고 있었다. 이 두 가지 사건이 서로 모순된다는 점은 그들에게는 문제가 되지 않았다. 미래가 빠르게 도달하는 사회는 논리적으로 보다 빠르게 현재의 가치가 감소되어야 한다. 생산수단인 공장이나 자본 자산은 빠르게 쓸모없게 될 것이므로 이전보다 높은 가치가 아닌 낮은 가치를 지녀야 한다. 하지만 시장이 상승하고 있을 때는 아무도 냉정하게 생각하지 않는다. 실제로 지난 2004년과 2005년 미국 대륙의 동서부 해안 지역에 부동산 거품이 발생했을 때 사람들이 그랬다. 사우스캐롤라이나 지역의 집값 상승률은 GDP 성장률의 네 배에 달했다. 또 당시 마이너스를 기록중이었던 실질소득 증가율에 비해서는 더 높은 상승률을 기록했다. 그것은 이해가 안 되는 일이었지만 아무도 이것에 대해 말하지 않았다. 가격은 상승했고 사람들은 그 이유를 만들어내는 데 별 어려움을 느끼지 않았다. 사람들은 당시를 새로운 시대라고 칭했고 부동산 가격은 다시는 이전 수준으로 돌아가지 않을 것이라고 말했다.

정치에서도 거품의 시기가 있다. 지평선이 뚜렷하게 보이고 구름 한 점 없는 맑은 날씨일 때면 사람들은 다시는 비가 오지 않을 것이라고 생각하기 시작한다. 옛 사람들의 지혜나 지금까지 그들을 이끌어준 도덕 같은 것들은 더 이상 신경 쓸 것이 아니다. 이제 완전히 새로운 시대이다. 사람들은 제국의 파워와 주도권을 가지고 있는 위세 당당한 우두머리들이다. 그들은 세상의 정상에 있으며 동시에 거기에 영원히 있어야 할 이유를 찾는다. 그 이유는 그들에게 쉽게 다가온다. 사람들이 보는 거울 안에 그 이유가 있다. 거울 속에서 그들은 자신의 얼굴 대신 그들이 쓰고 있는 활기 없고 어리석은 가면만을 본다. 마치 사람들 모두가 대통령 후보자라도 된 듯하다. 오웰의 표현을 빌린다면 "속빈 멍청이"(hollow dummies)다. 그들은 남을 속이기 위해 자신들의 실제 모습보다 이해력이 모자라고 관심이 없는 채하는 성공하지 못하는 사기꾼이다.

사람들은 거울을 들여다보면서 자신들은 너무 똑똑하고 고결하고 또 튼튼하고 근면해서 세계 정상에 오를 자격이 있다고 생각한다. 물론 그들은 지금까지 볼 수 없었던 무엇인가를 창조하기는 했다. 모든 역사는 이런 완벽함을 향해 발걸음을 옮겨왔다. 그런데 갑자기 시간은 멈춰 섰고 역사는 끝에 이르렀다. 더 이상 필요한 것도 없다. 1989년 미국 민주주의 제국은 자신의 적인 "악의 제국"을 상대로 분명한 승리를 거두었다. 이 "선의 제국"은 최후의 승자였다. 신은 우리 머리 위에 빛을 비춰주고 그것을 결코 거두지 않을 것이다.

사람들은 20세기의 어처구니없는 것들을 얘기한다. 대개 그것은 단순한 실수이거나 거짓말들이다. 영국 수상 네빌 챔버레인(Neville Chamberlain)이 "우리 시대의 평화"를 갖게 될 것이라고 말했을 때 그는 예언을 하고 있었던 것이다. 그는 틀렸다. 하지만 미래를 잘못 예측한 사람들을 모두 교수형에 처한다면 월스트리트는 시체로 가득할 것이다. 또 아돌프 히틀러가 독일은 나치의 이념이었던 생활권(lebensraum, 증가하는 독일 인구를 위한 여유 생활 공간)이 필요하다고 말했을 때, 그는 단지 정복에 대한 욕망을 가면으로 살짝 감추고 있었던 것뿐이다. 하지만 베를린 장벽이 무너지고 프랜시스 후쿠야마가 역사의 종말을 선언했을 때 그는 신들에게 웃음을 선사한 것이었다. 이것은 현실을 매우 쓸모 없고 어리석게 반사했다. 그러나 그 거울에는 금이 가 있었다.

후쿠야마는 역사책을 읽지 않은 것 같다. 제국들은 살아있는 생명체다. 태어나고 언젠가는 반드시 죽는다. 정복자는 반드시 다른 누군가에게 정복되어 왔다. 어떤 거품도 터지지 않고 계속 커질 수는 없는 법이다. 이런 법칙은 역사상 예외가 없었다. 모든 제국들은 사라진다. 역사상 존재했던 제국들을

아비시니아 제국 (1270~1974)
아키메니드 제국 (c.550~330 BC)
(보통 페르시아 제국으로 칭함)
아카드 제국 (c.2350~2150 BC)
미 제국 (1917~)
아라비아 제국 (c.630~1258)
아시리아 제국 (c.900~612 BC)
아테네 제국 (c.500~300 BC)
오스트리아헝가리 제국 (1867~1918)
오스트리아 제국 (1804~1867)
아즈텍 제국 (1375~1521)
브라질 제국 (1822~1889)
대영제국 (1583년경~)
영국의 인도통치 (1858~1947)
비잔틴 제국 (395~1453)
중앙아프리카 제국 (1977~1979)
중국 제국 (221BC~1912)
네덜란드 식민 제국(1627~1814)
이집트 제국 (1550~1070 BC)
1기 프랑스 제국 (1804~1815)
2기 프랑스 제국 (1853~1871)
프랑스 식민 제국 (c.1605~1960s)
독일 제국 (1871~1918)
독일 식민 제국 (1884~1918)
나치 독일 제국 (1933~1945)
황금 군단 (1378~1502)
(13세기 유럽에 원정한 몽골 군단)
대동아공영권 (1940~1945)
아이티 제국 (1804~1806)

히타이트 제국 (c.1460~1180 BC)
신성 로마제국 (843~1806)
잉카 제국 (1438~1533)
일칸 왕조 (c.1256~1338)
일본 제국 (1871~1945)
크메르 제국 (802~1462)
콩고 제국 (c.1230~1665)
대한제국 (1897~1910)
마케도니아 제국
(338년경 BC~309BC)
멕시코 제국
(1822~1823, 1864~1867)
모굴 제국 (1526~1857)
몽골 제국 (1206~1294)
고대 바빌로니아 제국
(c.1900~1600 BC)
오스만 제국 (1281~1923)
페르시아 제국 (c.648BC~330BC)
포르투갈 제국 (1495~1975)
로마제국 (31BC~AD 476)
러시아 제국 (1721~1917)
사산 제국 (224~651)
셀레우시드 제국 (323BC~60BC)
셀주크 제국 (c.1037AD~1194AD)
스페인 제국 (1492~1975)
스웨덴 제국 (1561~1878)
티무르 제국 (1401~1505)
우르 3세 왕조 (c.2100~2000BC)
비자야나가라 제국 (c.1350~1700)

표 2.1 역사상 제국들
제국은 스스로의 논리를 가진 생명체다. 제국은 태어나고 반드시 죽는다. 정복자는 반드시 다른 누군가에게 정복되어왔다. 어떤 거품도 터지지 않고 계속 커질 수는 없는 법이다. 역사적으로도 이같은 법칙에는 예외가 없었다.

살펴보자(표 2.1). 오직 하나, 그것도 비교적 최근에 탄생한 것만이 아직 살아있다. 하지만 무덤과 묘비가 이 제국을 기다리고 있다.

후쿠야마의 개념 속에서 권력과 영광, 정복, 복수 같은 파괴, 퇴보와 관련된 어두운 힘들에 대한 욕망은 이미 사라졌다. 이들은 문명화된 미국이 주도하는 진화하는 문명, 민주주의 정부, 시장을 통한 물질적 진보 등으로 대체되었다. 평화와 번영, 이런 것들은 미국이 세계에 제공한 것이다. 하지만 역사적 기록을 대강만 훑어보아도 어떤 제국이나 민주주의도 평화나 번영을 보장해주지 못했다는 것을 알 수 있다.

제국이라는 곳이 대부분 평화롭지 못했다는 것을 입증하기 위해 우리는 로마제국의 역사로 돌아간다. 여기서 독자들에게 역사상 최대 제국의 성장과 몰락을 간략하게 소개할 것이다.

로마제국

기원전 8세기 로마는 티베르 강을 따라 몇 개의 부족으로 이루어진 마을들의 집합체에 불과했다. 이들은 주로 라틴계 및 사빈, 에트루리아 사람들이었다. 로마인들은 점점 그 숫자와 힘을 늘려갔고 거의 모든 이들과 전쟁을 치렀다. 그들은 기원전 5세기가 되기 전에 이미 제국을 건설했다. 당시 유명한 일화로 로마 사람들이 이웃인 사빈 사람들을 연회로 초대한 뒤 그들의 여자들을 빼앗아버렸다는 이야기가 있다. 사빈의 남자들은 화가 났고 원한을 품었다. 그렇지만 유럽은 물론이고 북아프리카와 중동 지역까지 로마가 싸움을 걸지 않은 부족이나 왕국 혹은 제국은 거의 없었다. 사빈과의 전쟁 후 로마는 알비(Albii)와 에트루리아, 볼치(Volcii), 카르타고, 다시 에트루리아, 라틴연맹, 볼스퀴(Volsquii), 에퀴(Equii), 베이에이(Veieii), 갈리아, 삼니

움족, 또 갈리아, 에피리아(Epirians), 다시 카르타고, 또 갈리아, 마케도니아, 시리아, 다시 마케도니아, 시칠리의 노예들, 그리고 파르티아와 전쟁을 치렀으며 심지어는 로마 안에서의 내전까지 경험했다. 아직 카이사르가 갈리아를 상대로 기원전 58년부터 51년까지 치른 전쟁은 언급하지도 않았다. 여기서 로마의 역사는 또 500여년의 전쟁사를 더 가지고 있다.

기원전 1세기에 발생한 로마의 내전은 공화정 체제의 종말을 가져왔다. 카이사르는 루비콘 강을 건넜고 그것으로 로마의 새로운 시대가 열렸다. 이 사건은 마치 토미 프랭크스가 그의 군대를 워싱턴 DC로 이동시키기로 결정하고 통치체제를 자신의 체제로 바꾼 것과 같았다. 일부 사람들은 반대했을 것이다. 물론 자유주의적 신문들도 반대의 목소리를 냈을 것이다. 하지만 많은 사람들은 별로 신경 쓰지 않았다.

고대 로마시대나 현대의 워싱턴에서나 사람들은 마치 옷을 선택하듯 생각을 선택한다. 그들은 실제로 쓸모가 있으면서 동시에 유행하는 것을 원했다. 그리고 동시에 제국주의자들이나 개인들이나 똑같이 시민들의 권리를 존중하는 자유로운 공화국에 사는 체하는 게 유행이었다. 하지만 실제로 정부와 정부의 리더는 아무런 제약 없이 거의 모든 것을 할 수 있었다. 그리고 그들이 즐겨서 하는 것들은 밖으로 나가서 그들이 물리칠 수 있다고 생각하는 사람들과 전쟁을 벌이는 것이다. 그것이 바로 제국들이 하는 일이다.

다시 로마시대로 돌아가서, 당시 전쟁은 돈이 되는 일이기도 했다. 황제 트라야누스가 크테시폰(현재 바그다드 부근)을 점령했을 때 그는 10만 명의 사람들을 붙잡아 노예로 팔아버렸다. 아우구스투스가 이집트를 정복했을 때 그는 나일 강에서 수확한 밀을 늘어나는 로마의 서민 계층들에게 식량으로 공급했다.

하지만 전체적으로는 지금이나 그때나 전쟁은 손해가 나는 경우가 더 많았다. 로마제국이 성장할수록 전쟁 비용도 늘어만 갔고 이 두 가지 모두 괴

기스럽고 지탱할 수 없는 수준에 이르렀다.

기원전 27년 옥타비아누스는 아우구스투스라는 이름으로 황제에 올랐다. 당시 로마인들은 오직 순금과 순은으로 만든 동전만을 사용했는데 아우구스투스는 전쟁과 내정 비용을 충당하기 위해 추가로 돈이 필요했다. 하지만 당시에는 몇 초 안에 100달러짜리 묶음을 찍어낼 수 있는 인쇄기가 없었다. 또 하룻밤 사이에 수십억 달러의 자금을 조달할 수 있는 글로벌 채권시장도 없었다. 그가 오직 할 수 있었던 일은 스페인과 프랑스에 있는 로마제국 소유의 광산에서 추가로 금과 은을 캐내도록 지시하는 것이었다. 광부들은 주야를 가리지 않고 이 귀금속을 캐냈다. 그 결과 이 귀금속으로 만들어진 돈의 공급량은 늘어만 갔다. 어떤 물건의 공급이 다른 물건의 공급보다 늘어나면 전자의 가치는 후자에 비해 감소한다. 로마에서도 같은 양의 소비재를 위해 보다 많은 돈이 필요하게 되면서 물가가 상승했다. 아우구스투스가 집권한 날로부터 예수 그리스도가 태어난 날까지 27년의 기간 동안 소비자 물가는 거의 배로 올랐다. 아우구스투스와 그의 보좌관들은 이같은 문제를 깨달았고 통화공급을 줄여 물가를 안정시켰다.

로마가 하루아침에 세워지지 않았듯이 로마제국의 화폐도 하룻밤 사이에 소실되지 않았다. 네로 황제 시절인 기원 후 64년 아우레우스(고대 로마제국의 금화)는 그 무게가 10% 정도 감소했다. 그 이후로 로마인들은 전쟁이나 공공사업 혹은 복지 서비스에 들어가는 비용이나 무역적자를 충당하기 위한 돈이 필요할 때마다 동전에 들어가는 금속의 비중을 줄여나갔다. 476년 오도아케르가 로마의 마지막 황제를 폐위시킬 당시 로마의 은화인 데나리우스는 단지 0.02%의 은만을 함유하고 있었다.

무적함대

하나의 제국을 건설하는 추진력은 다른 하나의 제국을 해체시키는 추진력만큼이나 강해 보인다. "언제 한 국가가 제국이 되려 하는가?"라는 질문에 대한 대답은 "될 수 있을 때는 언제나"이다.

유럽의 모든 국가는 적어도 한두 번은 제국의 권력을 누려왔다. 이 가운데 포르투갈과 스페인은 방대한 지역의 정글과 늪지 그리고 대초원을 발견했고 이 지역을 정복했다. 그리고 그들을 위한 제국을 건설했다. 더구나 스페인은 그들이 발견하고 정복한 곳에서 막대한 양의 금과 은을 발견해 상당한 이익을 얻기도 했다. 하지만 쉽게 번 돈만큼 한 국가를 빠르게 멸망으로 몰고 가는 것은 없다. 신세계에서 배들이 돌아올 때마다 스페인의 통화 공급량은 늘어만 갔다. 사람들은 부유해진 것 같았고 곧 물가가 치솟았다. 게다가 이렇게 쉽게 유입된 돈은 정당한 방법으로 돈을 벌던 산업을 손상시키기도 했다. 16세기 초 거품 경제 속에서 스페인은 오늘날 미국과 비슷한 무역 적자를 기록했다. 사람들은 돈을 가지고 나가서 해외에서 물건을 사들였다. 신세계의 광산들이 고갈되면서 스페인은 파산하고 말았다. 스페인 정부는 1557년과 1575년, 1607년, 1627년 그리고 1647년에 채무에 대한 불이행을 선언했다. 이로 인한 충격은 심각했을 뿐 아니라 오래 지속됐다. 이베리아 반도는 "유럽의 환자"가 되었고 1980년대까지 침대에 누워 있었다.

제국이 지속되기 위해서는 반드시 그에 대한 대가가 뒤따라야 한다. 하지만 때로는 이 대가가 본토를 파멸시키기도 한다.

1588년 여름, 스페인의 왕 필립 2세의 무적함대는 로 컨트리즈(Low Countries, 지금의 베네룩스 지역에 해당)를 향했다. 여기서 나를 비롯한 독자 여러분들도 어떤 실수를 발견할 수 있을 것이다. 필립은 그의 함대를 "거의 무적인 함대"라고 부르는 것이 더 좋았을 것이다. 하나의 함대를 "무적"이라고 칭하는 것은 마치 월드컴(WorldCom) 앞에 "망하지 않는"이라는 수식어를 붙이는 것과 같다. 이것은 신에 대한 도전이자 스스로 파멸을 초래하는 짓이다.

스페인 함대의 임무는 병사들을 네덜란드에서 영국으로 실어 나르는 단순하지만 쉽지는 않은 것이었다. 그 당시까지 500년 동안 영국 침략을 시도한 사람은 아무도 없었다. 노르망디의 공작인 윌리엄이 주도한 최후의 일격은 큰 성공을 거둔 바 있었는데 필립은 이같은 승리를 다시 거두기 위한 준비가 되어 있었다.

필립이 영국을 공격하려는 이유는 그다지 간단하지 않았다. 오늘날 같았으면 그는 이번 시도에 "테러와의 전쟁"이라는 이름을 붙였을 것이다. 당시 여러 해 동안 영국의 해적들이 스페인 국적의 배들을 노략질해왔기 때문이다. 이 해적들은 영국 황실의 후원을 받을 필요는 없었다. 그들은 단지 알 카에다가 아프가니스탄에서 좋은 대접을 받으면서 숨어 지내듯이 영국 항구의 부둣가에서 안전을 도모했다.

물론 이 밖에도 필립의 영국 침략에는 다른 이유가 있었다. 종교 역시 그 이유 가운데 하나였다. 조지 부시의 테러와의 전쟁 배후에 종교적인 이유가 있듯이 필립의 영국 공격 역시 마찬가지였다. 영국의 헨리 8세는 교황의 권위에 대항하여 스스로를 수장으로 하는 영국 성공회를 설립했다. 그의 딸인 엘리자베스가 라이벌인 스코틀랜드의 메리 퀸에 대해 처벌을 명령했을 때 필립(필립은 30년 전에 메리 1세와 결혼해서 영국 왕을 지내기도 했다)은 드디어 움직일 때가 왔다고 생각했다.

1588년 무렵 스페인은 강력한 제국이 되었다. 새로운 세계의 식민지들은 스페인 본토를 부유하게 만들었다. 마치 미국이 거의 아무런 노력 없이 대형 텔레비전을 수입하듯이 16세기 스페인은 많은 돈을 자국의 금고로 끌어들였다. 얼마나 환상적인 제국의 자금조달 시스템인가. 스페인 선박은 병사들을 싣고 떠나 금과 은을 싣고 돌아왔다. 이것은 현재의 미국이 가진 시스템만큼이나 훌륭하다. 지난해 롱비치와 시애틀을 떠난 배들은 떠날 당시에는 거의 빈 상태였지만 돌아올 때는 아시아산 제품들로 가득 차 있었다. 미국과 마찬가지로 스페인의 무역은 너무 좋아서 믿을 수 없을 정도였다.

반드시 끝에 도달해야 하는 것은 어떻게든 그 끝에 도달하기 마련이다. 거대 제국들은 그들 스스로를 파멸시킬 방법을 찾는다. 그리고 대개 이들은 그 방법을 찾는 데 그다지 어려움을 겪지 않는다. 1588년 스페인은 영국 함대와 북해를 발견했다.

역사는 그레이브라인의 전투(Battle of Gravelines)를 역사상 가장 중요한 해전 가운데 하나로 기록하고 있다. 스페인 군함들은 플란더스 해안에서 위기에 몰렸다. 당시 스페인 함대의 사령관은 함대의 일부를 영국군을 저지시키도록 하고 나머지는 퇴로를 확보하도록 하는 전략을 구사했다.[6]

영국 해군은 10대 1의 수적 우세를 앞세워 스페인군을 몰아붙였다. 곧 스페인 함대의 큰 범선 세 척이 침몰했고 600명의 스페인 병사들이 전사했다. 부상자도 800명이 넘었고 당시 목격자에 따르면 갑판들마다 피가 넘쳐났다.[7]

대부분의 영국 군함들은 임무를 완수하고 그들의 항구를 찾아 나섰다. 반면 패배한 스페인 군함들은 왔던 길을 돌아가다 적과 싸우는 것은 불가능하다고 판단했다. 대신 스페인 군함들은 뱃머리를 북쪽으로 돌렸고 스코틀랜드를 돌아 대서양을 통해 스페인으로 돌아가는 길을 택했다.

영국이 처음을 담당했다면 마무리는 신들이 했다. 1588년 9월 18일 스페인군은 스코틀랜드로 불어닥친 사상 최악의 폭풍우를 만났다. 케이프 래스의 높은 파도 속에서 무적함대는 무너지고 말았다. 일부는 침몰했고 또 침몰하지 않은 배는 식량과 식수가 부족해졌다. 물이 새는 배를 가라앉지 않게 하기 위해 병사들은 밤낮으로 물을 퍼내야 했다. 하지만 대부분이 곧 체력이 바닥나거나 괴혈병과 이질, 열병으로 죽고 말았다.

태양은 결코 필립의 스페인 제국을 공격할 의도가 없었다. 하지만 1588년 스페인 제국은 무적함대와 함께 가라앉고 말았다. 재정적으로도 스페인의 부는 그리 오래 지나지 않아 침몰하기 시작했다.

"브라질 광산들이 포르투갈 몰락의 원인이었다. 마찬가지로 페루와 멕시코 광산은 스페인 몰락의 원인이었다. 당시 모든 제조업은 업신여김을 당했다." 알프레드 태이어 마한(Alfred Thayer Mahan)은 그의 저서 《역사상 해군의 영향, 1660-1783 The Influence of Sea Power upon History, 1660-1783》에서 이렇게 설명했다. "무역은 생산과 해군의 발전에 가장 큰 영향을 준다."[8]

16세기에는 물가가 급격히 상승했다. 식민지에서 유입된 금과 은으로 인해 통화 공급이 증가해 유럽 지역 전체 물가는 400% 상승했다. 그리고 1580년 이후 광산과 제국의 노략질이 주춤해지자 인플레이션 붐은 끝났다. 그리고 이베리아 반도에서는 오랜 경기 불황이 시작되었다. 스페인과 포르투갈 사람들은 자신들의 행운의 피해자였다.

3

제국은 어떤 기능을 하나

다른 생명체가 없이는 아무것도 생성되지 않는다. 선조들과의 연결고리가 없이는 어떤 제국도 결코 형성될 수 없었다. 그러나 미국이라는 제국의 자금조달 체계는 선조들인 대영제국의 체계와 거의 닮지 않았다. 오늘날에는 과거처럼 미국이 싼 가격에 원자재를 사들일 수 있는 식민지도 없다. 그리고 원자재를 사용해 제품을 만드는 공장도 별로 없다. 미국의 통치권은 독일, 오스트리아-헝가리, 로마, 그리스 또는 몽골과 같은 제국의 자금조달 방법과는 공통점을 거의 갖고 있지 않다. 오로지 스페인 식민제국과 약간의 유사점을 갖고 있을 뿐이다.

스페인과 포르투갈의 항구에서 군인과 식료품 그리고 제국의 행정관들로 무장한 배들이 신대륙을 향해 출발했다. 그들은 금과 은 등을 가득 싣고 귀환했다. 금과 은은 실질적인 화폐였다. 그것은 쉽게 복제되거나 위조되지 않으며 키보드를 한 번 두드리는 것만으로 만들어지는 것도 아니다. 당시 상응하는 생산물이 증가하지 않는 상태에서 단순히 화폐가 늘어나는 것은 이베리아 반도 사람들에게 치명적이었다. 그들은 실질적인 소득 없이 소비에만 매달리면서 생산하는 것 없이 다 써버리기만 했다. 손쉬운 돈의 유입이 중단

되는 순간 그들은 금과 은이 그들의 삶을 진정으로 부유하게 만든 것이 아니라 가난하게 만들었다는 것을 깨달았다.

미국이 피폐화되는 과정은 보다 더 우스꽝스럽다. 미국은 금과 은 등 실질적인 돈에 의해서가 아니라 외국의 부에 의해 지탱되고 있다. 달러는 지폐 단위가 전자 등록된 종이 화폐일 뿐이다. 이것은 신기루이다. 어느 곳에도 존재하지 않는 무엇인가를 대표하는 망상이다. 미국 재무부가 달러를 추가로 발행하지만 이에 대해 달러 표시 저축이나 수익, 심지어 달러 지폐 그 자체는 전혀 늘어나지 않는다. 최소한 과거 스페인이 남미에서 가져갔던 금은 오늘날까지도 여전히 그 가치를 지니고 있다. 그러나 미국 재무부에서 만들어낸 달러화는 영원히 사라질 지경에 이르렀다.

미국은 지난 19세기 후반에 제국의 업무를 시작했다. 수년 동안은 제대로 수행해 나갔지만 이후에는 그 업무의 올가미에 저항할 수 없게 되었다. 1917년에서 1971년 사이 미국은 자국의 사업에만 관심을 쏟는 단순한 공화국에서 거대한 제국으로 탈바꿈했다. 이 제국은 이제 다양한 이해관계와 거의 세계 전역에서 실질적인 군대를 보유하게 되었다.

보통 사람들은 정상적인 상황에서 그들이 할 수 있는 최대한을 벌어들여 평범한 삶을 영위한다. 그러나 이 미국이라는 제국은 사람들의 사고방식을 바꾸어버렸다. 보통의 가구주는 이제 보잘것없는 집과 배우자를 떠나 친구나 친척 그리고 인식의 시야를 넘어선 세계의 공정함에 대해 생각하기 시작한다. 그는 밖으로 눈을 돌려 자신과 동료 미국인들이 그들의 방식대로 세계를 운영한다면 세계가 얼마나 살기 좋은 곳이 될지를 이해하게 된다. 그가 세계 문제에서 보다 큰 역할을 해야 한다고 생각하고 세계무대에서 작은 부분이 아니라 주인공으로서 활동해야 한다는 사실도 깨닫는다. 그는 이제 리더 역할을 해야만 하는 것이다.

제국의 시민들은 이제 기계나 논밭 그리고 공장에 집착하기보다 제국의 자금조달 논리에 감사하게 되었다. 그들은 제국의 변방에서 들어오는 전리품을 향유했다. 점차 그들은 자신들의 업무에 태만해졌고 하급자와 하인들에게 의존하면서 자신들을 지원하도록 복종시켰다. 제국의 중심부로부터 나온 행정적인 명령과 관습 그리고 포고는 극단적이었다. 반면에 다른 방향에서 오는 중요한 흐름도 있었다. 로마는 빵을 만드는 데 필요한 밀을 이집트에서 들여왔다. 곡예를 위한 검투사들은 발칸 지역에서 데려왔다. 로마의 군사들은 갈리아 지역에서 왔으며 로마의 돈은 외국의 보물 및 유대지역부터 브리타니아에 이르는 지역에서 세금으로 징수한 것이었다.

신중한 국가는 빚을 지지 않고 살아간다. 1952년 연방정부 부채의 거의 90%는 미국 내 투자자들로부터 빌린 것이었다. 미국인들은 돈을 저축했고 그중 일부로 아이젠하워 행정부의 프로그램을 지원했다. 그러나 2005년의 이 성숙한 제국은 이제 해외 채권시장과 외국인들의 저축에 전적으로 의존하고 있다. 1952년에는 5% 미만의 미국 재무부 채권만이 외국인들의 수중에 있었으나 지금은 그 합계가 45%에 육박한다. 반면 내국인들로부터 빌린 돈의 비중은 거의 절반 정도 감소했다.

미국인들은 아직도 국내에서 밀을 생산한다. 그러나 밀을 운송하는 트럭은 유럽과 아시아에서 만든 것이다. 음식을 조리하는 데 쓰는 팬은 대개 중국에서 만든 것이다. 가전제품은 대만에서, 옷은 말레이시아에서, 자동차는 일본에서 들어온다. 인도에서 과학자들이 들어오고 고전 음악가들은 한국에서 오며 그 모든 것을 가능하게 하는 돈은 동양의 주변국들에서 유입된다.

제국의 역사

제국의 역사를 읽으면서 우리는 주변국들의 힘이 강해지면 질수록 중앙의 힘은 약해지는 경향을 보인다는 것을 배울 수 있다. 마침내 하위 식민 국가들이 제국의 존속을 지원하는 데 싫증을 내기 시작한다. 식민 국가들은 공물을 지불하는 것을 중단하며 결국 로마의 성문 앞에 집결한다.

프랑스와 영국은 18~19세기에 제국을 건설했다. 당시 나폴레옹의 정복이 마무리되기까지는 채 12년이 걸리지 않았다. 그러나 제국의 붕괴는 그 시간보다 더 빨리 이루어졌다. 19세기 말 프랑스 제국에게 남겨진 것이라고는 지도에서는 찾기조차 어려운 몇몇 섬밖에 없었으며 그들은 하느님조차 버린 아프리카의 식민지들을 발견했다는 사실 자체를 후회했다. 프랑스는 거의 모든 식민지들을 잃어버렸고 1960년대에는 반환했다. 이제 남은 것이라고는 루브르 박물관에서 볼 수 있는 것들과 아프리카 이민자들이 프랑스의 사회보장 예산에 엄청난 부담이 되고 있다는 사실뿐이다.

대영제국은 훨씬 더 컸고 훨씬 더 멀리 세력이 뻗어나갔으며 제국이 붕괴되었을 때는 보다 많은 파편을 남겼다. 그러나 그 마지막 결과는 똑같았으며 파운드화는 지위가 떨어졌고 영국인들은 거의 파산했다.

독일의 경우 제1차 세계대전 이후 해외 식민지 대부분을 잃었으나 1930년대 말에서 1940년대 초의 정복으로 또 하나의 제국을 건설했다. 이 모험적인 계획은 동쪽으로는 러시아 제국에 이르렀으며 역사상 가장 크고 피비린내 나는 영토 쟁탈전이란 결과를 낳았다. 종국에는 러시아 지역에서 부분적으로 미국의 개입에 힘입어 독일 제국은 파멸했고 러시아 제국도 44년 후에는 그 스스로의 무게를 감당하지 못해 붕괴했다.

・ ・ ・

로마가 아직도 사비나 인의 엉덩이나 걷어차고 있는 동안 아테네는 이미 작은 제국이었다. 기원전 431년 아테네는 에게 해 지역의 식민지를 보유한 제국이 되었고, 그해 기억할 가치조차 없는 이런저런 구실로 스파르타와 아테네 및 그 동맹국들 사이에 제1차 펠로폰네소스 전쟁이 발발했다.

페리클레스*(아테네 민주정치의 완성자)는 최선의 공격은 훌륭한 방어라고 생각했다. 그는 적군이 무의미한 공격을 하면서 스스로 지치기를 바라면서 아테네 사람들을 도시 성벽 안으로 이동시켰다.

그러나 포위된 도시 안에서 선(腺)페스트가 창궐했고 페리클레스를 포함해 전체 인구의 사분의 일이 사망했다. 그때부터 페리클레스의 조카인 알시비아데스가 아테네 사람들을 자극해 공격적인 군사행동을 주도했으며 아테네의 적과 동맹을 맺은 시칠리의 도시 시라쿠사를 공격하기 위해 거대한 함대가 소집되었다.

하지만 그 군사행동은 완벽한 재앙이었다. 함대는 파괴되었고 군대는 노예로 팔려갔다. 다른 그리스 도시국가들은 바람 속에서 변화를 감지하면서 아테네와 함께 스파르타로 넘어갔다. 기원전 405년 아테네 함대의 남은 배들도 에고스포타미 전투에서 나포됐고 그후 머지않아 아테네의 성벽은 파괴돼 스파르타에 종속되었다.

아테네 제국은 스파르타 제국으로 바뀌었고 궁극적으로 마케도니아 제국이 들어섰다. 마케도니아는 그후 알렉산더 제국이 되었으나 기원전 323년 알렉산더 대왕이 죽었을 때 제국도 수명을 다했다. 제국 역사의 다음 장은 로마인들에 의해 쓰여졌다. 기원전 168년 로마 사람들은 피드나 전투에서 그리스의 후손들을 패퇴시켰다.

하나의 제국이 멸망하면 또 다른 제국이 태어난다. 자연은 진공상태를 견디지 못하지만 독점도 몹시 싫어한다. 제국이 없는 세계는 그 안에 허점을 갖고 있는 세계이며 하나의 제국은 그 약점을 채운다. 그러나 자연은 변덕스러운 여주인과 같아서 제국이 태어나자마자 제국으로부터 얼굴을 돌린다. 하나의 제국은 힘을 사용하는 데 독점권을 갖거나 혹은 가지려고 한다. 제국은 도전적인 태도를 취하는 어떤 힘에 대해서도 선제적인 힘을 사용할 수 있는 권리를 주장하고 자연은 어느 정도 선까지는 그것을 감내한다. 그러나 자연은 곧 그 상대편을 양성하고 경쟁자들에게 용기를 북돋움으로써 그들은 곧 기회를 갖게 된다.

서구 역사에서 아테네는 기록된 최초의 제국이다. 미국은 현재 제국의 위치를 제1차 세계대전 이후 영국으로부터 넘겨받았다. 처음 80년간 미국인들은 그 어떤 제국으로서의 역할이나 화려한 야망을 거부했다. 그러나 21세기 초에 그들은 제국을 향한 기치를 높였다. 2004년 3월 〈뉴욕 타임즈〉는 미국을 하나의 제국이라고 묘사할 만하다고 보도했다. 〈뉴욕 타임즈〉는 "오늘날 미국은 더 이상 초강대국이나 패권국이 아니며 로마나 영국인들의 관념으로 볼 때 만개한 제국이다"라고 묘사했다.

〈뉴욕 타임즈〉의 칼럼니스트는 같은 기사에서 "세계 역사상 로마제국 이래로 어떤 나라도 문화적으로나 경제적으로 또는 기술적으로나 군사적으로 미국처럼 지배적인 영향력을 갖고 있지는 못했다"고 덧붙였다.[1]

로버트 카플란(Robert Kaplan)은 《군사 정치학: 왜 리더십은 이교도의 에토스를 요구하는가 Warrior Politics: Why Leadership Demand a Pagan Ethos》라는 책에서 다음과 같이 접근한다.

미래의 우리 지도자는 미국의 온화한 제국주의 영향력 아래 있는 변방 국가에 번영을 가져올 수 있는 능력과 통찰력 있는 지성 및 끈기로 인해서 칭찬받기보다는 나쁜 역할을 수행하게 될 것이다. 외교정책이 성공적일수록 미국인들은 보다 많은 영향력을 행사하게 될 것이다. 따라서 미래의 역사학자들은 21세기 미국을 공화국일 뿐만 아니라 제국이라고 회고할 것이다. 물론 이 제국은 로마제국이나 역사상 다른 모든 제국과는 다른 성격을 띠고 있다.[2]

2005년 6월 11일, 〈인터내셔널 헤럴드 트리뷴〉은 로저 코헨(Roger

Cohen)의 "글로벌리스트"라는 칼럼에서 "우리는 세계의 안보를 보장하고 우방을 보호하며 주요 해상 항로를 지키고 테러에 맞서 전쟁을 주도한다"라고 제국의 의무에 대해 맥스 부트(Max Boot)가 한 말을 담고 있다. "아시아에서 팍스아메리카나*(미국의 힘으로 유지되는 평화)는 유럽에서와 마찬가지로 반세기 동안 성장과 평화 그리고 번영에 도움이 되었다."[3]

폴 케네디는 더 나아가 로마시대보다 불균형이 한층 심화됐다고 지적했다. 그는 "로마제국은 영역을 벗어나서 뻗어나갔으나 거기에는 또 다른 제국인 페르시아와 더 큰 제국인 중국이 있었다"고 썼다.[4]

미국은 그러나 적수가 없다. 군사적으로 중국은 실질적인 경쟁상대가 되지 못하며 미국의 공격 리스트에 올라 있는 하나의 국가에 불과하다.

미국이 독립한 지 227년이 지났지만, 미국의 주가는 계속해서 상승하고 있다. 미국이 조물주를 귀찮게 할 정도로 많은 것들을 가졌다는 것은 그 누구도 걱정하지 않는다. 또 미국이 몰락할 것이라는 걱정으로 잠을 이루지 못하는 사람도 없다. 미국이 제국으로 존재한다는 것이 반드시 진정한 축복은 아니라는 사실이 대통령이나 장관들을 괴롭히지도 않았다.

1776년 일개 공화국에 지나지 않던 국가는 2005년에는 더 이상 거부할 수 없는 제국의 야망을 가진 거대한 힘이 되었다. 그 시민들이 더 이상 자유롭지 않다는 것은 이해하고 받아들여졌다. 그러나 그들이 보잘것없는 공화국 체제일 때보다 제국의 체제하에서 더 잘살게 되었다고 할 수 있을까? 그들이 더 안전해지고 더 행복해졌다고 할 수 있을까?

만약 그렇다면 불쌍한 스위스 사람들을 동정해야 한다. 그들은 산속 요새에서 꼼짝 할 수 없는 삶을 살았다. 스위스 사람들은 오로지 눈을 즐겁게 해주는 목초지와 호수 그리고 산꼭대기에 둘러싸인 채 고유의 산업으로 일자리와 생계를 꾸리며 살아왔다. 스위스 무장 군인들은 또 얼마나 불쌍한가. 누군가 공격해올 사람을 기다리는 것은 정말 지겨운 일이다. 그곳에서 방어를 한다는 것은 어떤 영예도 없는 일이다. 정말 희한한 일이다. 이는 실로 해가 지지 않는 식민 제국인 대영제국에 감사할 일이다. 나폴레옹 전쟁 이후 세계 인구의 사분의 일이 영국의 통치하에 놓이게 되었다. 그러는 동안 스위스 연방에서는 매일매일 해가 지고 있었다. 그러나 이런 일도 영국 파운드화에 대한 스위스 프랑화의 강세를 막지는 못했다. 1815년 영국의 1파운드화는 13스위스 프랑과 치즈 1/2파운드로 교환할 수 있었다. 오늘날 1파운드는 단지 2.3스위스 프랑과 교환이 가능할 뿐이다. 물론 치즈는 이제 잊어버려야 한다.

20세기 들어 영국의 경제가 둔화되는 동안 스위스 경제는 급속히 발전했다. 20세기 말 영국의 1인당 국내총생산(GDP)은 고작 2만 달러에 불과했지만 스위스의 1인당 GDP는 28,550달러에 달했다.

그러나 이 딱한 요들송 가수들인 스위스 사람들은 결코 제국의 영화 따위는 누리지 못했다. 그들은 지도상이든 뉴스든 어떤 방식으로도 그들 스스로 경탄하거나 놀라지 않았다. 스위스 대통령이 멀리 떨어진 악명 높은 곳에 군대를 보내 평화유지단에 합류하거나 테러리스트를 상대로 싸워서 얻는 게 도대체 무엇이겠는가? 스위스가 그들의 영웅에게 환호하고 그 영웅들의 죽음에 대해 한탄할 일이 얼마나 자주 있겠는가? 누가 스위스의 대통령인지를 알고 있는 사람이 얼마나 되겠는가? 누가 이런 일들을 상관이나 하겠느냐 말이다. 미국인들이 그들 스스로 대중적인 볼거리를 만들고자 할 때 스위스 사람들은 개인의 사생활을 만들고자 하는 것이다.

스위스 사람들은 자신들의 사업에나 신경 쓰면서 그들 곁의 질풍노도의 시기*(Strum und Drang, 18세기 괴테와 실러로 대변되는 독일 낭만주의 문예사조)에 주목한다. 과연 스위스 사람들이 제국을 갖게 된다면 진정으로 더 나은 삶을 살 수 있을까?

역사로부터 얻을 수 있는 증거는 이것저것 서로 섞여 있으며 소문에 의한 것이 많다. 만약 과거가 어떤 지침을 준다면 초기의 군사적 성공은 결국 나중에 불가피하게 굴욕적인 패배를 가져온다는 것을 알 수 있다. 재무상태의 개선은 거의 항상 국가적인 파산상태와 통화가치의 붕괴를 가져온다. 그리고 훌륭한 사람들의 선의는 곧 악의적인 과대망상증에 의해 대체된다. 이런 과대망상증은 전 국민을 황폐화시킨다.

그러나 누가 이런 일들을 걱정이나 하겠는가? 미래를 알고 이에 대처하는 것은 우리들이 아니다. 우리는 대신 쌍안경을 준비하고 볼거리를 지켜볼 준비만 하면 된다.

미래로의 귀환

지정학적인 세계에서 위대한 제국이란 세계경제에서 엄청난 버블과 같은 존재이다. 초기단계에서는 매우 매력적이지만 종국에는 재난이 되며 여기에는 그 어떤 예외도 없다.

피드나(Pydna) 전투 이후 로마는 서구 세계의 주도적인 제국이 되었다. 우리는 상황이 어떻게 전개되었는지를 보여주기 위해 일단 간단한 이야기를 계속하기로 한다.

로마 황제 아우구스투스는 서기 14년에 서거했는데 로마제국을 의붓아들인 티베리우스의 손에 넘겨줬다. 티베리우스는 아우구스투스의 자유분방한 딸인 율리아와 결혼했다. 티베리우스는 경화의 가장자리를 깎아냈다. 즉 값비싼 금속 함유량을 줄인 것이다. 이런 긴축 정책은 국고의 화폐보유량을 엄청나게 증가시켰다. 그가 서기 37년 암살당했을 무렵에는 700만 데나리온이 금고에 쌓여 있었다. 이는 아우구스투스가 서거할 무렵에 비하면 훨씬 많은 규모다.

티베리우스는 제국의 왕위를 칼리굴라에게 넘겨주었다. 그러나 칼리굴라는 모든 저축액을 빠르게 써버렸고 이후 로마는 일련의 사치스러운 통치자로 인해 고통받았다. 부유한 로마 가정의 돈을 몰수하기 위해 칼리굴라는 그들이 칼리굴라에 대해 음모를 꾸미고 있다고 허위로 죄를 씌웠고 클라우디우스와 네로가 그의 뒤를 이었다. 당시 로마의 부채는 심각한 수준이었고 주변국들에 대해 큰 규모의 무역적자를 기록하고 있었다. 이는 오늘날 미국의 상황과 비슷했다고 할 수 있다. 네로 황제는 예로부터 효과적으로 활용해온 경화를 보다 많이 깎아내 금과 은의 함유량을 줄이는 편법을 취했다. 서기 64년 네로 황제는 아우레우스*(고대 로마의 금화)의 무게를 10% 줄인다고 공포했다. 과거에는 1파운드의 금으로 41아우레우스를 주조했다면 이후에는 45아우레우스를 주조할 수 있게 된 것이다.

네로는 결국 서기 68년에 퇴위됐으나 네로가 정한 그 관례는 유효했다. 제국 전체의 질서를 유지하는 데에는 적지 않은 비용이 든다. 로마는 오늘날의 미국처럼 자본과 병력 그리고 재화를 수입에 의존하게 되었다. 로마에는 로마판 중앙은행이 있었고 마치 오늘날처럼 위폐와 관련된 새로운 위기 상황들이 빈번하게 발생했다. 당시 이방인들은 로마와 로마의 통화인 디나리우스를 강탈했다. 디나리우스는 비록 그 가치는 없어졌지만 아직도 죽은 황제의 초상이 표면에 압축된 채로 고대와 동일한 형태를 갖고 있다. 이 화폐는 이후 가치의 99.98%를 상실했다. 인플레이션율이 엄청났던 것처럼 보이지만 현재 미국의 사례에 비하면 그리 심각한 것은 아니다. 100년이 채 안 되는 기간 동안 미국 달러화는 가치의 95%를 상실했다. 이 상황이 향후 150년간 지속된다면 달러화는 디나르가 거의 500년에 걸쳐 가치를 상실한 것을 거의 절반 동안의 시간에 이루게 된다.

토머스 카힐(Thomas Cahill)은 《아일랜드 인들은 어떻게 문명을 보존했나 How the Irish Saved Civilization》라는 책에서 로마의 최후를 다음과 같이 묘사했다.

침투성이 강한 국경지대에 사는 원주민들의 성격변화; 점점 다루기 어렵고 견고한 관료제도의 형성, 그 안에서는 관료들의 생존이 가장 중요한 목표임; 이름 있는 가문은 군대를 혐오하여 병역의무를 거부하고 관청은 사회적 신분이 굳어진 한계 인간들에게 과거에 볼 수 없었던 기회를 제공; 사라진 지 오래된 가치에 대한 입에 발린 호의; 우리가 여전히 과거의 우리 자신과 같은 체하는 것; 부패한 조세제도로 인한 빈부격차의 확대와 그에 따른 절망; 법을 만들어서 집행권을 강화; 대단한 구경거리이기만 할 뿐 효과도 없는 법률의 공포; 사회 상류층의 질서 유지 방기와 서민들의 삶의 고통에 대한 무관심…

카힐은 계속해서 이렇게 썼다.

이런 모든 일은 오늘날에도 매우 흔한 것들이다. 이런 일들은 특정 정당이 신으로부터 받은 특성이거나 정치적 관점이 아니다. 그럼에도 불구하고 우리는 마치 신으로부터 그런 일들을 부여받은 것처럼 행동한다. 최소한 황제는 번영을 위한 장기 국채를 발행해서 경제적인 짐을 가중시킬 수 없었다. 그 당시에는 아직 유동자본이라는 개념이 만들어지지 않았다. 부라고 말할 수 있는 유일한 것은 땅에서 나는 열매였다.[5]

결국 그 비용은 제국을 약화시켰고 이방인들이 들이닥쳤다.
"잔디는 촘촘할수록 낫으로 베기 쉬워진다"라고 서고트 족의 왕인 알라릭(Alaric)이 그를 쫓아내기 위해 온 로마 사신에게 말했다.
로마 사신은 알라릭에게 그의 추악한 이방인 무리들이 물러서지 않으면 로마 군대를 풀어 그를 괴멸시킬 거라고 말했다. 로마 사신은 이어 알라릭이 방향을 바꿔 돌아가는 데 얼마나 시일이 걸릴 것인지를 물었다. 알라릭은 자신의 병사들이 도시를 샅샅이 부셔뜨리고 금과 은을 비롯해 모든 옮길 수 있는 귀중품과 이방인 노예들을 차지할 것이라고 대답했다.

그러자 사신은 그럼 로마에는 무엇이 남느냐고 다시 물었고 알라릭은 당신들의 생명이 남는다고 답했다.[6]

거품 낀 시장처럼 제국은 생겨난 곳에서 끝나게 마련이다. 로마는 양들이 풀을 뜯는 언덕이 있는 테베레 강가의 작은 도시에서 출발했다. 로마인들의 재산 팽창기는 기원전 700년에서 서기 300년까지 대략 천 년 정도 지속되었다. 그리고 이후 최소 천 년 동안은 내리막길이 지속되었다. 18세기 말 로마는 대리석 기둥과 거대한 성벽이 무너지고 다시 언덕배기에 양들이 풀을 뜯는 테베레 강가의 도시가 되었다. 이렇게 된 이유가 있었겠지만 누구도 왜 그랬는지를 돌이켜보지는 못했다.

제국예찬

제국은 교역, 상업, 투자, 이익 등이 번성할 수 있는 법과 질서의 토대를 제공한다. 제국의 건설자와 옹호자들에게서는 한두 개 특징이 포착된다. 심지어 공포의 몽골 통치도 교역의 증가를 이끌어냈다는 평가를 받고 있다. 왜 아니겠는가. 제국주의자들은 생산물에 대해 조공을 부과했다. 그들은 경제성장에 관심이 있었다. 지폐의 가치가 유지되고 재산이 안전하도록 하지 않을 이유가 없었다.

미국 제국의 주요 옹호자 중 한 사람은 디파크 랄(Deepak Lal)이다. 그는 《제국예찬 In Praise of Empires》이라는 책에서 "로마제국이 평화의

시기를 통해 지중해 해안 거주자들에게 천 년간의 끊임없는 번영을 누리게 했다"고 기술했다.[7]

그는 다른 어떤 체제보다 제국 통치하에서 사람들이 물질적으로 풍요롭다는 측면에서 제국은 좋은 것이라고 믿었다. 여기서 그가 틀렸다고 증명하려는 의도는 없다. 경제적인 통계들은 어떤 것을 증명하는 데 있어 충분치 않다. 만약 로마 사람들이 로마에 가만히 머물러 있었더라면 지중해 연안의 거주자들은 어떻게 되었을까? 우리는 모르는 일이다. 또한 로마 통치하에 있지 않은 지역의 상대적 성장률에 대해서도 우리는 충분히 알지 못한다. 결국 그 무엇도 증명할 수 없는 셈이며 이 때문에 증인석에는 디파크 랄 외에 다른 증인을 세울 수가 없다.

제2차 세계대전보다 500년 앞서 경제 전망이 보다 가시적이었을 때 신성로마제국은 무너졌다. 프랑스의 작가이자 철학자인 볼테르가 말한 것처럼 이 제국은 결코 신성하다거나 로마제국이라고 할 수 없었고 게다가 제국답지도 않았다. 신성로마제국 시기에는 다양한 민족의 주권국가들이 증가했다. 그들 중 일부가 드러낸 제국주의적 야망은 거품처럼 도를 지나친 것이었으며 어느 국가도 유럽 국가들에게 스스로를 내세우지 못했고 오랜 기간 존속하지 못했다. 다른 말로 바꾼다면 유럽은 제국주의가 아니었다. 이와 달리 중국과 인도, 중동의 아나톨리아(Anatolia)는 몽골제국과 그 후손의 흔적에 의해 여전히 통치되고 있었다. 이들 중 과연 어떤 문명이 경제적으로 가장 성공적이었을까? 오스만 제국에 대해서는 어떤 통계도 갖고 있지 않다. 그렇지만 중국은 500년간 일인당 순국내총생산액이 감소했다. 디파크 랄이 제시한 수치에 따르면 인도에서는 GDP 증가율이 매우 미미했던 것으로 나타났고 모굴제국 이후 모든 성장은 영국인들에 의해 이뤄졌다. 인도 지역을 고무시킨 것은 제국의 법규가 아니라 영국인들의 투자와 노하우였던 것이다.

랄은 다음과 같이 강조하면서 더 나아가 그것을 무시하라고 한다.

큰 경제 공간에 질서를 창조함으로써 제국은 불가피하게 애덤 스미스의 《국부론 Wealth of Nations》에서처럼 성장을 이룩해왔다. 그러나 송대의 중국을 예외로 한다면 기술적인 진보의 한계를 감안할 때 프로메테우스 식으로 강도 높게 성장한 것은 유럽의 기적으로 남아 있다. 당시 유럽은 로마제국 붕괴 이후 세워진 민족국가들이 무질서하게 혼재된 상태였다.[8]

실제로 프로메테우스적인 성장의 실례는 또 있다. 예를 들면 제2차 세계대전 이후 일본이나 홍콩 그리고 싱가포르의 성장이 그렇다. 그리고 최근 중국은 연간 9%의 성장률을 기록하고 있다. 러시아와 인도의 경우에도 7%의 성장률을 기록하고 있다. 여기에는 그들의 성장이 미국의 제국주의적인 보호주의의 그늘에 힘입은 바 크다는 주장이 제기되고 있다. 그러나 의아한 점은 그렇다면 왜 같은 보호주의 그늘에서도 다른 지역은 그와 같은 성장을 구가하고 있지 못할까? 또한 다른 지역과 비교하여 더 이상 제국주의의 이점을 누리지 못하고 있고 제국주의 체제에 전적으로 무관심한 스위스나 스칸디나비아 국가들이 어떻게 세계에서 가장 부유한 국가의 지위를 얻었을까? 더구나 미국의 절대적 통치권이 보호무역주의를 제공하던 바로 그 시점인 1990년대와 2000년대 중국이 어떻게 그렇게 높은 성장률을 기록하는 게 가능했는지 경이로운 일이다. 분명히 하나의 제국은 그 적대 국가에게도 성장률을 높여줄 수 있다.

랄의 《제국예찬》이 갖고 있는 논리는 그가 초콜릿 케익을 좋아한다는 것과 같은 것이다. 그것은 순수하게 개인적인 취향의 문제일 뿐 그 이상은 결코 아니다. 우리가 경제성장에 대해 알고 있는 것은 제국이 경제성장에 있어 필요조건도 충분조건도 아니라는 것이다.

제국은 마치 주식시장처럼 종종 생성되고 또 소멸한다. 제국이 빠르게 번성할수록 일반적으로 몰락 또한 빠르게 진행된다. 제국이 로마처럼 성장하기까지 수 세기가 걸린 경우에는 그들이 시작한 지점으로 되돌아가기까지도 수 세기의 시간이 걸린다.

비둘기를 이용해 소식을 전하는 방법을 사용함으로써 맘루크 왕조*(이집트의 노예 군인 출신이 세운 이슬람 왕조, 1250-1517년)는 육지와 바다를 오가는 모든 사람들의 소식을 빠르게 알 수 있었고 놀라는 일이 없었다. 그들은 그 어떤 방어나 성벽 심지어 요새조차도 없이 살았다.

몽골을 최후에 파멸시킨 것은 극동 아시아에서 창궐한 흑사병이었고, 다음으로 중국의 화약이었다. 흑사병으로 14~15세기에 몽골인의 숫자가 줄어들었고 그래서 정복한 많은 것뿐만 아니라 대초원 지역도 포기해야 했다. 결국 아시아 지역에서 최상의 목초지 중 일부는 사실상 자연의 품으로 되돌아갔다. 화약은 그들이 더 문명화된 사람들을 공격하는 것을 멈추게 했다. 화약은 이제 그들을 말 안장에서 날려버릴 수 있었다. 인도와 터키의 오트만 제국에서 그들의 후손은 스스로가 밀고 들어갔던 문화에 흡수되고 말았다. 그리고 17~18세기에 몽골 인들은 외롭고 황량한 몽골의 폐허지역에서 말을 돌보는 신세가 되었고 19~20세기에는 러시아와 중국 제국의 설립자들에게 공물을 바치는 처지가 되었다.

위대한 칸*(중세의 몽골과 타타르 등의 황제 칭호)의 시대 이래로 제국은 점차 우리를 즐겁게 해주었다. 이것은 제국의 지배력이 덜 파괴적이었기 때문이 아니라 더욱 더 현실에서 멀어져 갔기 때문이다. 몽골 인들은 칭기즈칸의 제국을 이루고자 하는 명백한 야만성을 그대로 드러낼 수가 없었다. 그들은 가면을 쓰지 않고서는 화려한 귀족의 옷을 입을 수 없었다. 얼마 후 그들의 얼굴은 가면 자체의 모습을 띠게 되었다. 격세유전의 무의식적인 충동을 따르고 본래의 원초적인 본능에 맞는 정직한 목소리를 내기보다는 그들의 신봉자와 희생자를 향해 때때로 치명적인 핑계거리를 제공해야 한다고 느끼고 있었다. 이는 멀리서 보고 있는 관찰자들에게는 아주 재미있고 우스운 일이 아닐 수 없었다.

먼 과거의 선조들과 마찬가지로 근대의 제국주의자들은 보편적인 것들, 예를 들면 명성, 권력, 돈, 지위 등 유전자 계승에 도움을 주는 모든 것들을 갈망했다. 이는 아마도 칸과 카이사르를 유혹했던 바로 그 무의식적인 충동과 같은 것이었을 것이다. 그러나 오늘날 제국주의자들은 이런 것들을 인정하기를 부끄러워한다. 그래서 그들은 사심 없이 세계를 개선하겠다는 동기를 품는 체한다. 실로 이 모든 것은 분명한 사기거나 엄청난 속임수다. 그러나 이로 인해 모든 일들은 신중한 공화국이나 원시적인 제국의 시기보다 훨씬 더 재미있고 즐거워졌다. 근대 제국의 건설자들은 훨씬 허풍쟁이고 우쭐대는 수다쟁이로 그들은 사실상 새의 꽁지깃을 자라게 하고 물갈퀴가 달린 발도 자라게 했다.

근대 제국 건설자의 주된 신조는 세계를 보다 살기 좋은 곳으로 만들겠다는 의무감이었다. 그리고 그가 했던 유일한 일은 다른 사람들에게 그들이 무엇을 해야 할지를 말했다는 것이다. 다른 사람들이 더 나은 세계에 대해 말하고 제국 설립자의 계획이 공허한 취향과 편견에 지나지 않는다고 말하는 것은 상상조차 할 수 없었던 일이다. 이것은 마치 제국의 설립자가 갑자기 그 이웃들에게 나타나서 이번 주말에 그들이 무슨 일을 해야 하는지를 말하는 것과 같았다. 사람들이 자신의 계획을 갖고 있다는 것은 제국 건설자에게 아무런 문젯거리가 아니었다. 그의 의견이 항상 더 중요했기 때문이다.

이것의 매력은 제국의 건설자가 엄청난 혼란을 야기시키는 것을 지켜보는 데 있는 게 아니라 제국 건설자가 무엇을 하고 있는지를 은폐하기 위한 그럴 듯한 거짓말과 정신박약에 있다. 그의 진정한 목표는 몽골이나 그리스 혹은 로마제국의 건설자들이 그랬던 것처럼 세계를 통치하고 주변국 사람들을 감독하며 가슴 위에 메달을 걸어 사람들에 대한 지배력을 갖고 우월감을 느끼는 것이다. 그 논리는 실로 피할 수 없는 것이다. 제국의 건설자는 그가 다른 사람들을 통치하기 때문에 우월감을 느낀다. 그러면 왜 그는 그들을 통치하는가? 바로 그가 우월하기 때문이다.

알렉산더 대왕 시절 이래로 제국의 건설자들은 왜 그들이 우월한가를 증명하기 위해 화려하고 영웅적이며 어리석은 논리들을 개발했다. 그들은 바로 앞에 자신들이 성취한 것에 대한 증거를 갖고 있었다. 그들은 이웃을 그들 발뒤꿈치 아래에 두었다. 역사적인 사건의 무작위성에 바보취급 당하면서 그들은 자신들의 우월성을 설명해주는 이유를 찾고 자신들만의 규칙을 정당화하고자 했다.

어리석은 설명과 위조된 증거만이 제공된다. 전형적으로 신으로부터 직접 통치권을 부여받았다고 믿는 집단이 있다. 여호와는 유대인에게 젖과 꿀이 흐르는 땅에 대한 권리를 부여했다. 같은 권리를 요구한 다른 사람들이 있다는 것이 그들에게는 전혀 문제가 되지 않는다. 유대인의 신은 "그들 모두를 죽여라"라면서 "그들 중 어느 누구도 도망치게 한다면 네게 재난이 있을 것이다"라고 말했다. 유대인들은 자신들이 신과 특별한 서약을 맺었다고 생각했다. 역사가들은 그들의 신이 반대했음에도 불구하고 제국이 된 인종을 찾고자 하나 소용없을 것이다. 어떤 사악한 짓을 해도 사람들은 자신들이 신의 허락을 받았다고 믿는다.

유럽의 식민 제국들은 아프리카와 아시아의 신세계에서 그럴 듯한 변명들을 정당화했다. 스페인 인들은 이교도를 기독교도로 개종시키는 것을 의무라고 생각했다. 영국인들은 빅토리아조 풍의 도덕과 미덕 및 의복을 포함한 모든 훌륭한 장점들을 벌거벗은 야만인들에게 가져다주는 것을 그들의 의무로 보았다.

> 백인의 의무를 다하고 —
> 당신이 할 수 있는 최선을 다하라 —
> 가서 당신 아들을 결박해 추방하고
> 당신 포로에게 필요한 봉사를 하라 [9]
>
> – 루드야드 키플링* (1865~1936, 영국의 소설가)

반면 프랑스 인들은 원주민들이 바게트 빵과 프랑스 시를 좋아하도록 가르쳐야 한다고 생각했다. 프랑스 문화는 매우 우월한 것이기에 그것을 다른 모든 사람과 함께 나눠야 한다고 생각했다. 그들은 말하자면 키케로* (로마의 정치가이자 웅변가) 의 후손이었다. 키케로는 로마제국 통치하에서만 유일하게 문명이 번성할 수 있다고 생각한 사람이었다.

유럽의 제국주의자들은 모든 유럽인이 다른 사람들보다 분명히 우월하다고 생각했다. 그렇다면 그것은 과연 인종의 문제였을까? 아니면 종교? 문화? 그들은 이 중의 하나를 때로는 모두를 주장했다. 유럽인들은 우월한 인종이고 그래서 우월한 형태의 종교와 정부 그리로 문화를 발전시켰다고 생각했다.

그러면 그들의 인종적 우월성은 대체 무엇을 말하는가? 어떤 망상도 터무니없기만 한 것은 아니다. 로마인들이 세계 최고의 위치에 있을 때 그들은 온화한 기후가 세계 최고의 인류를 창조해낸 원동력이라고 생각했다. 그로부터 2천년 뒤 제국의 중심부는 북유럽으로 이동했다. 유럽에서 겨울의 혹독함은 윗입술과 등뼈, 그리고 미덕을 경직시킬 정도다. 영국의 귀부인들은 열대지방을 여행하면서 마치 열대의 태양이 그들을 원주민으로 만들까봐 두려워하면서 긴소매가 달린 셔츠를 입고 파라솔을 들고 움직였다.

이 모든 자기기만의 효과는 제국주의자들을 인종주의의 멍청이로 바꾸어 놓았다. 그들은 자신들이 지배당하는 사람들보다 개인적으로도 집단적으로도 더 우수하다는 식으로 믿었다. 그러나 이는 진실이 아니다. 끊임없는 위선적인 행동은 머리에 해로운 효과를 가져왔고 영혼을 무감각하게 했다. 유럽의 제국주의자들은 아프리카 사람들이나 동인도 그리고 아시아 사람들이 완전한 인류인지에 대해 의구심을 품었다. 그들은 종종 자신들의 지배하에 놓인 사람들을 인간이 아닌 것처럼 취급했다.

오스트리아-헝가리 인

제국주의의 힘을 향한 욕구는 늘 동일하다. 그러나 절대적인 통치권의 유형은 다양하다. 몽골의 순수한 단순성에서부터 오스트리아-헝가리 인들의 난해한 복잡성에 이르기까지 여러 유형으로 나눌 수 있다. 몽골이 힘에 의해 제국을 얻었다면 이중군주국으로 알려진 오스트리아-헝가리 제국(1867~1918년)은 더 나은 방법이 없었기 때문에 그렇게 되었다. 심지어 제국의 공식 명칭도 정보 고속도로 상의 단어들을 나열한 "제국 의회와 신성한 스테판 헝가리 군주의 영토를 대표하는 왕국"(The Kingdoms and Lands Represented in the Imperial Council and the Lands of the Holy Hungarian Crown (of Stephen))이었다. 그리고 지금도 그렇지만 아무도 그 제국을 통솔했던 사람들을 포함해 그 제국이 어떠했는지를 알지 못했다.

그러나 그것은 의심할 여지없는 제국이었다. 스테판 호외(Stephen Howe)는 《제국 Empire》이라는 책에서 다음과 같이 설명했다. 제국에 대한 기본적이고 일치된 정의는 하나의 제국은 본래의 영토 외에 국경 밖의 지역을 통치하는 거대한 정치적 실체를 갖고 있어야 한다.[10] 오스트리아-헝가리 제국은 보헤미아 왕국, 달마티아 왕국, 갈리치아와 로도메리아 왕국, 오스트리아 대공국, 부코비나 공국, 카린티아 공국, 카니올라 공국, 찰쯔부르크 공국, 북 실레지아와 남 실레지아 공국, 스티리아 공국, 모라비아 통치령, 보랄베르크의 영토를 포함한 티롤 왕자령, 트리스테의 도시 그리고 이스트리아의 통치령을 통치했다.

그리고 이것은 단지 오스트리아 쪽에서만 그렇다는 것이다. 헝가리 쪽에서는 중부 유럽과 발칸의 추악하고 서로 반목하는 사람들인 슬로바키아 인, 보헤미아 인, 모라비아 인, 이탈리아 인, 폴란드 인, 우크라이나 인, 세르비아 인, 알바니아 인, 마케도니아 인, 크로아티아 인, 보스니아 인, 헤르체코비나 인, 몬테그로 인, 체코 인, 마자르 인, 그리고 다른 많은 종족들을 지배했다.

각각의 영토는 고유의 언어와 관습을 갖고 있었고 대부분은 서로 매우 반목했다. 그들 모두는 힘을 경계했고 어떻게 힘을 사용하는지를 또한 주목했다. 최상부에는 가장 허약하면서도 난잡하게 대립하는 통치자들이 있었다. 각자는 여러 층의 충성 계층을 갖고 있었다. 즉 자신의 국가와 자신의 계층, 종교, 가족, 지역, 문화 그리고 언어그룹 및 귀족사회에 이르기까지 충성심은 다양했다. 이런 제국을 대체 어떻게 다스릴 수 있었겠는가?

이같은 제국의 장점은 사람이 이것을 통치할 수 없다는 것이다. 거기에는 두 개의 분리된 의회와 두 사람의 총리가 다양한 재능과 책임을 가진 대공들의 모임과 더불어 존재했다. 이론적으로 하나의 왕가인 합스부르크 가가 중앙 행정부, 특히 군대를 관할하는 절대적인 권력을 갖고 있었다. 그러나 실질적으로 돈이 없었기 때문에 거의 아무것도 할 수 없었다. 1897년 4월 5일 오스트리아 총리인 카시미어 펠릭스 그라프 폰 바데니(Kasimir Felix Graf von Badeni)가 보헤미아 지역에서 체코어를 독일어와 병행해서 사용할 수 있다고 선언한 것과 같은 강제적인 포고령이 가끔 정부로부터 공포되었다. 그러나 그 포고령은 엄청난 분쟁을 야기시켰다. 결국 힘없는 바데니는 축출되었고 체코는 전보다 더 억압받았고 체코의 모든 신문들은 독일어로 인쇄되었다.

 이러한 난처한 일에도 불구하고 제국은 어느 정도 성공적이었고 평화롭게 번영했다. 1870~1913년 사이 1인당 국내총생산은 연율로 1.45% 증가했다. 이는 영국이나 프랑스보다 빠른 성장이었고 독일과 거의 맞먹는 수준이었다.

 그러나 제국의 가문들은 분쟁을 좋아하는 나쁜 습성이 있었다. 황제 프란츠 요제프의 외아들은 아직까지도 명료하게 밝혀지지 않은 상황 하에서 죽었다. 황제의 동생은 멕시코 문제에 개입하는 잘못된 판단을 내렸고 발사부대의 총에 맞아 죽었다. 그리고 마침내 황제의 조카이자 상속인인 아키듀크 프란츠 페르디난트는 1914년 보스니아의 민족주의자들이 그를 향해 총을 겨누고 있던 바로 그 순간에 사라예보를 방문하여 결국 피살되는 불운을 겪었다. 그는 사람들이 그를 놓치지 않도록 거대한 타조 깃털로 장식한 모자까지 쓰고 있었다.

제국 만들기

 언제 로마가 제국이 되었는가에 대해 역사학자들은 자연스럽고 물리적인 범위에서 한 시대를 마감하고 다음 시대가 펼쳐지는 특별한 순간을 찾고자 한다. 마치 언제 카이사르가 루비콘 강을 건넜는가 하는 것처럼 말이다. 그러나 제국과 다른 정부 형태 사이의 차이점은 그렇게 단순한 게 아니다. 민주주의나 신권정치 또는 독재체제 사이에는 정확한 경계선이 존재하지 않는다. 정치체제는 인위적으로 분류되고 때때로 독단적인 이론에 의해 분류된다. 민주주의는 피통치자의 동의에 기반을 두고 있으나 독재체제와 전제정치는 그렇지 않다고도 한다. 그러나 반성의 순간이 오면 모든 거짓은 드러난다.

모든 정치체제는 측정에 달려 있다.

  람세이 맥뮬런은 《부패와 로마의 몰락》이라는 자신의 책에서 다음과 같이 지적했다. "국가에 대한 복종을 확실하게 하기에는 제국의 대리인들과 시의 공무원들은 그 수가 적고 보잘것없었다. 따라서 백만장자와 유력자 그리고 다른 모든 저명인사들이 자유로운 의지에 따라 서로 협력했을 것이라."[11] 당신이 어떤 사회를 자유로운 사회, 민주주의, 독재국가 혹은 제국 그 무엇이라 부르는가는 중요하지 않다. 중요한 것은 항상 모든 주민들의 공모와 협력이 필요하다는 것이다.

  맥뮬런에 따르면 제국의 행정관은 그 체제의 아주 작은 몇 곳만을 지배했다. 제국의 황제는 몇 안 되는 집행관만을 거느렸으며 사람들과 접촉할 수 있는 수단은 매우 제한적이고 초보적인 것밖에 없었다. 경찰이라는 것은 실질적으로 존재하지도 않았으며 사회적인 노동자도 경영자도 없었다.[12]

  실질적으로 사건들을 관리했던 사람들은 어떤 공식적인 직분을 갖고 있지 않았고 설사 갖고 있었다 해도 다른 사람들이 그를 그렇게 불러줄 필요를 느끼지 못했다. 전체 제국을 통해 수많은 결정들이 매일 내려졌으나 이런 결정들은 법과 황제 또는 황제의 대리인들보다는 그들의 의지에 따라 내려졌다. 더 나아가 이와 같은 결정들은 재산, 행동거지, 직업 선택, 농장에서의 성공, 상업과 은행업 등과의 관련을 고려하여 이루어졌으며 때때로 사람들의 육체적인 안전까지도 고려되었다.[13]

  제국에서와 마찬가지로 사업에서는 복잡하고 비공식적인 시스템들이 신뢰에 기반을 두고 광범위하게 작동한다. 사람들은 다른 사람들이 그들이 기대하는 만큼 어느 정도 행동할 것이라고 믿는다. 황제는 유대(Judea, 고대 팔레스타인 남부의 로마영토) 또는 갈리아(Gaul, 북이탈리아와 프랑스 및 벨기에 전역과 네델란드, 독일 및 스위스의 일부를 포함하는 지역)에서 벌어지는 일들을 더 이상 통제할 수 없었다. 즉 사람들이 자신들의 햄버거 안에 무엇을 넣을까를 결정하는 것만큼도 통솔권이 없었다는 얘기다. 여전히 우리는 그 햄버거 안에 매우 맛없고 불쾌한 음식은 들어 있지 않았다고 믿고 있다.

로마제국에서 명령은 광범위하게 퍼진 조직인 개인적인 관계, 가족간의 유대, 공식적인 모임, 전통, 습관 등을 통해 전달되었다. 이렇게 전달된 명령은 사상과 절차로 받아들여졌고 추후 발생하는 일들은 사람들이 예상했던 범위에서 크게 벗어나지 않았다. 황제는 그의 부하가 해야 될 일을 하고 있다고 신뢰했을 뿐만 아니라 지역의 주요 인물들이 어떤 공식적인 지위나 권력이 없이도 해야 될 일을 하고 있다고 믿었다. 최하층 노예는 감독관에게 답변하고 감독관은 다시 그의 주인에게 보고하고 주인은 영주를 그리고 영주는 다시 귀족을 상대했다. 귀족은 이어 그의 유력자들, 집정관(consuls), 식민지 총독(proconsuls), 법무관(praetors), 재무관(quaestors) 및 황제에 이르기까지 명령체계가 갖춰져 있었다.

심지어 감옥에서도 죄수들의 협력과 연좌제가 작동했다. 예를 들면 구소련의 굴라그*(Gulag, 옛 소련의 정치범 강제노동수용소)는 군대에 징집되어 시베리아에서 근무하게 된 한 집단의 사람들이 다른 집단의 죄수들을 관리하고 그 죄수들은 다시 교대로 운 나쁜 사람들을 감시하는 체제였다. 아마도 전체 소련 연방이 광범위한 노예사회로 기능했다고 할 수 있다. 그 체제 안에서 모든 사람들은 무엇을 해야 하는지를 지시받았고 어느 누구도 어떤 선택권도 갖지 못했다. 그렇다면 어떻게 그게 가능했을까? 모든 사람들이 속박되어 있었다면 대체 열쇠는 누가 쥐고 있었던 것일까? 왜 교도관들은 1989년에 갑자기 그 자물쇠를 풀어버렸을까?

지금 소련의 체제가 열등하지 않았다고 주장하는 게 아니다. 단지 다른 정치조직 체제가 만들어내는 비참함과 불행의 차이가 우리가 알고 있었던 것만큼 크지 않았다는 것을 말하는 것이다. 언제나 그리고 모든 곳에서 조그만 차이와 독특함이 이론(theory)을 이겼다.

독재자가 혼자서 나라를 통치할 수는 없다. 그는 심복과 교수형 집행인, 군인, 관리자, 세금을 징수하는 징세관 및 스파이들의 도움을 필요로 한다. 나라의 규모에 따라 독재자는 통치와 관련해 수백만 명의 사람을 필요로 할 수도 있다. 마찬가지로 군주는 진정 혼자서 통치할 수 있을까? 태양의 왕 루이 16세조차도 전체 태양계 더 나아가 은하계만큼이나 기라성 같은 지지자와 집행관 및 잡역부들에게 의존했다. 그는 그와 동맹하거나 혹은 반목하면서 그를 주시하는 광범위한 이해관계가 얽혀 있는 조직망을 갖고 있었다. 그 조직망에는 성직자, 명문귀족, 부르주아 계급, 대금업자, 무장군인 그리고 세금징수 청부인까지 포함되어 있었다. 그런 점에 있어서 제국과 공화정 혹은 어떤 형태의 정부 사이에도 분명한 선을 그을 수는 없다. 카리브 해에서 북대서양 쪽으로 항해하면서 여행자는 어떤 중앙 경계선도 넘지 않는다. 그러나 두 곳의 기후는 전혀 같지 않다.

한 나라가 선거를 한다고 해서 진정한 민주주의라고 할 수는 없다. 진정한 의미의 군주국가가 아니더라도 그 나라에 왕이 있을 수도 있다. 심지어 그 나라는 서아프리카 지역에서 몇 개의 부족을 위협하는 중앙아프리카 제국처럼 자칭 제국이라고 부를 수도 있다. 그렇지만 그 나라가 진짜 제국이라는 의미는 아니다.

세상의 정치조직에는 마치 인간이 남아 있는 생애에서 그러하듯이 수많은 사기와 자의적인 해석의 여지가 있다. 율리우스 카이사르는 독재자라고 비난받았다. 그는 공화정을 존속시키려는 그의 오랜 친위병에 의해 살해되었다. 그러나 로마는 카이사르가 태어나기 훨씬 전부터 이미 제국의 길을 선택했다. 오늘날의 미국처럼 당시 로마는 자국을 벗어나 군대를 널리 파병해놓고 있었다. 500년 동안 로마는 현재의 이탈리아 지역을 필두로 알프스 남쪽 지역, 그리스 섬, 아나톨리아(현재 터키) 해안, 그리고 중동 지역에 이르기까지 간섭했다. 카이사르는 갈리아 전쟁에서 명성을 얻었다. 갈리아 사람들은 로마와 다른 언어를 사용하고 관습과 전통, 제도 그리고 행동하는 사고방식까지 모두 달랐다. 카이사르는 자신이 갈리아 사람들에게 로마화의 편의를 가져다주었다고 믿었다. 카이사르에게 로마화는 문명화와 같은 의미였다.

카이사르의 후계자인 옥타비아누스는 자신을 황제라고 부르지 않고 로마가 제국이 될 것이라고 선언하지도 않았다. 그는 그럴 필요가 없었다. 황제(imperator, 로마시대의 황제 칭호)라는 용어는 "군사령관"(general)을 의미했다. 그는 이미 황제였다. 그는 굳이 공화국 지지자들을 자극해 원한을 품도록 할 필요가 없었다. 숙부인 카이사르에게 일어난 일을 통해 이미 경험한 바였다. 그는 제국이란 말은 한마디도 하지 않으면서 로마가 제국으로 발전되도록 했다. 옥타비아누스는 원로원에서 말할 때 처신에 각별히 조심하면서 다음과 같이 말했다. "이제 공화정을 당신들에게 돌려준다. 법과 군대, 국고 그리고 영토는 모두 당신들에게 되돌아갈 것이고 당신들이 그것들을 가치 있게 지켜주길 바란다."[14]

그렇지만 이미 오래된 공화정은 공화국 지지자들의 꿈과 상상 속에만 존재했다. 그들이 무슨 말을 했던 간에 로마는 이제 제국이었다. 원로원은 아우구스투스에게 왕관을 씌워주었고 구 헌법은 잊혀졌다.

"사람들은 쉽게 변하지 않고 그들 고유의 오랜 관습을 사랑한다"라고 아리스토텔레스는 그의 《정치론 Politics》에서 지적했다. 이어 사람들의 생각에 일어나는 변화는 매우 느리다. 그래서 정치권력이 혁명을 일으킨 자의 손아귀로 넘어가도 여전히 과거의 법률이 살아 있다.[15] 로마에 있어서 혁명은 수 세기에 걸쳐 진행되었다. 그러나 미국에서는 1913년에서 1971년까지 단 58년밖에 걸리지 않았다. 두 경우 모두 대부분의 사람들은 거의 인식하지 못했다. 변화는 점진적이었고 일반적이었으며 공감할 만한 것이었기 때문이다.

공화정 또는 군주제 혹은 심지어 독재체제도 비교적 완만하게 진행된 그 체제의 확산은 제한적이고 또한 전제군주에 대한 지도층의 영향력이나 대중들의 여론 형성 등을 통해 통제받을 수 있다. 그러나 제국은 세계무대로 발걸음을 옮기며 시민들의 통제영역 밖으로 역할을 수행하게 된다. 개인의 사생활은 보조적인 것이 되어 거대한 공공의 일이 펼쳐지는 동안 지원하는 역할을 하게 된다. 미합중국 헌법에는 명확하게 국민들이 주권자이지 통치권자는 아니다. 궁극적으로 사람들은 개인의 사생활에서 중요한 것을 원한다. 그러나 이와 같은 생각은 미국 공화국이 생명력을 다하고 제국이 태동했을 때 사라져버렸다. 1960년 존 F. 케네디는 유권자들에게 강연을 하면서 "국가가 당신을 위해 무엇을 해줄 수 있는지를 묻지 말고 당신이 국가를 위해 무엇을 할 수 있는지를 물어보라"고 말했다. 국민의, 국민을 위한, 국민에 의한 정부는 이제 갑자기 그들 앞에서 사라져버렸다. 국민들은 더 이상 자신들이 국가의 주인이 아닌 국가의 종복임을 발견한 것이다.

국민들은 물론 계속해서 신문 편집인에게 편지를 쓰고 투표도 했지만 표현할 수 있는 힘은 이미 없었다. 형태는 거의 같았지만 그 의미는 종전에 뜻했던 것과 반대 의미의 단어로 바뀌어버렸다. 예를 들어 사실상(virtually)이라는 것은 과거에 "틀림없이"(truly)라는 의미였다. 사람들은 정오에 틀림없이(truly) 그곳에 가겠다고 약속했다. 이 말의 뜻은 그러나 시간이 흐르면서 관습을 따르게 됐다. 즉 사실상(virtually)은 틀림없이가 아니라 거의(nearly)와 같은 의미로 바뀌었다. 미국의 의회 또한 마찬가지다. 오늘날 미국 의회는 과거의 의회와는 뭔가 다른 의미를 갖고 있다.

미국 정치에 있어서 또 다른 중요한 사건은 1950년 6월 25일에 발생했다. 이 날 미국 대통령인 해리 트루먼은 의회의 허가 없이 한국전쟁에 관여하기 시작했다. 헌법은 분명하게 국민의 대표자들만이 국민의 생명과 재산이 위기에 처해 있는지를 판단할 결정권을 갖고 있다고 명시하고 있다. 그러나 그날 트루먼은 미군을 파병했고 결국 의회에 통보조차 하지 않은 채 그들을 사지로 내몰았다. 이와 같은 일이 의회 회기중에 발생했음에도 불구하고 미국 하원의원들은 이 사실을 신문을 통해 알게 되었다. 최고 사령관이 의원들에게 말하기 이전까지 일주일 동안이나 미국 하원은 무슨 일이 진행되고 있는지조차 거의 알지 못했다.

사람들이 예상할 수 있듯이 몇몇 의회 구성원들은 싫증을 냈지만 대다수는 찬성했다. 로마의 원로원처럼 그들은 제국의 과실을 따먹었고 그 맛을 좋아했다. 미국의 군대는 빠르게 역습해야 한다고 들었고 그것이 전쟁에서 "신기원"(new era)이라고 그들은 믿었다. 토론할 수 있는 시간은 없었다. 그러나 한국전쟁이 37개월 동안이나 지속되었다. 그러자 비로소 그들이 한국전쟁에 대해 논의할 수 있는 시간을 갖게 되었다.

문제는 세계의 다른 국가들이 많이 변했다는 것이 아니라 미국이 변했다는 점이었다. 미국이 필요성을 느끼는 곳이면 세계 어느 곳이든 개입한다는 트루먼 독트린은 먼로와 제퍼슨의 독트린과는 달랐다. 트루먼 독트린은 제국주의적인 것이었다. 그 당시 미국의 관심은 선출된 대표자를 통해 표현되는 개인적인 소망과 시민들의 여론에서 벗어나 미국 밖의 세계로 옮겨갔다.

사람들이 무슨 생각을 하는가는 더 이상 중요하지 않았다. 대중의 여론은 중요했으나 그것은 단순히 제국주의가 짊어지고 있는 짐의 일부에 불과했다. 제국주의는 그 짐을 운반하고 조작하고 단속해야 했다. 그 결과 1951년에는 거대한 선전기구가 이미 설립되었다. 그 기구는 기밀보고, 언론에 정보유출은 물론이고 홍보전문가와 막대한 인쇄 및 출판 영향력도 보유하고 있었다. 그 정부 조직체는 찬반의 갈림길에 서 있는 유권자들에게 잘 보이기 위해 같은 뉴스를 계속 돌렸다.

유권자들은 별로 귀찮아하지 않았다. 표준적인 미국인들은 보통 로마 사람들이 반응했던 것과 똑같이 대응했다. 군주가 선출됐을 때 일어서서 인사했으며 이런 절차는 그로 하여금 실력자인 것처럼 느끼게 했다. 만약 미국인들이 아시아나 중동 사람들을 지배했다면 그는 자신이 한결 더 중요한 인물이라고 느꼈을 것이다. 군주의 국민들은 세계와 싸워서 승리한 것이었다. 혹시 항상 이기지 않는다 하더라도 군주는 그의 군대를 지원해야 한다는 사실을 알았고 총사령관 뒤를 받치고 서 있었다. 군인들이 전투에 출전할 때에도 그 누구도 트집잡거나 비판하지 않는다. 트집잡는 것은 비애국적인 행위이며 군사들은 항상 전쟁터에 있어야 한다.

제국을 다른 보통 국가와 구분하는 정확한 유전자 테스트를 할 수는 없지만 구분할 수 있는 특성은 있다. 보통의 국가는 단지 그 나라만의 영토를 보유한다. 반면에 제국은 "본국"(homeland)을 갖는 데 그치지 않고 더 나아가 다양한 영토에 관심을 갖는다. 제국은 실질적인 권력을 행사할 수 있는 종속된 속국과 보호국, 식민지, 위성국 또는 다른 예속된 국가들을 보유할 수 있다. 전형적으로 본국 국민들은 주변국 사람들에 대해 우월감을 느낀다. 앞서 언급한 바와 같이 그들은 그들의 우월성에 대해 그럴 듯한 논리와 변명거리를 개발한다. 이런 우월성 논리는 제국의 영토 확장을 정당화시키는 데 이용된다.

미국 제국

미국은 19세기 말 제국을 향한 미숙한 발걸음을 처음 내딛었다. 당시 시어도 루즈벨트 대통령은 하찮은 이유들로 스쳐 지나가는 다양한 나라들의 내정에 간섭하면서 유감스러운 결과를 가져왔다. 훗날 1917년 4월에는 우드로 윌슨 대통령이 빠른 걸음걸이로 뚱뚱한 말 조련사와 함께 숨을 헐떡거리면서 급히 가고 있었다. 윌슨은 미국이 실질적으로 전혀 관심이 없는 멀리 떨어져 있는 한 국가에 대해 의회가 전쟁을 선포해야 한다고 간청했다.

이후 23년 뒤 미합중국은 또 다른 주요 전쟁에 가담했다. 진주만에서 미국 함대가 공격을 받은 이후 대다수 사람들은 제2차 세계대전에 참전할 필요가 있음을 깨달았다. 그 이전까지 미국은 전쟁에 참전하지 않으려 했다. 그러나 미국 해군이 일본의 제국주의적인 야심에 위협이 되자 진주만 공격이 감행되었다. 만약 미합중국이 스스로 제국주의적인 야심을 과시하지 않고 또한 필리핀에 위성국가를 갖고 있지 않았다면 일본의 제국주의적인 야욕에 위험이 되지 않았을 것이다. 미국은 또한 독일을 상대로 전쟁을 해야 할 이유도 없었다. 비록 일본과 동맹관계를 맺고 있었지만 독일이 태평양 전쟁에 끼어들 까닭이 없었다.

제2차 세계대전 이후 미국은 속도를 높였다. 1945년과 2005년 사이에 미국은 111개의 군사 행동에 나섰다.

오늘날 미군은 세계를 네 개의 지역 통솔권역으로 구분하고 각 지역 머리글자를 따서 태평양(PAC), 유럽(EUR), 북중미(CENT), 남미(SOUTH)라고 명명했다. 각 지역에는 최고사령관이 있으며 이는 과거 로마시대의 식민지 총독과 같은 자리다. 미국의 군사기지는 세계 120개 국가에 있으며 공습부대는 순간적인 지시에 따라 지구상 어느 곳으로도 급히 출격할 준비가 되어 있다.

이곳에는 또한 군 공무원, 중개인, 상담역, 자문관, 과학자, 기술자, 하청업자 그리고 참견하기 좋아하는 사람들에 이르기까지 많은 사람들이 있다. 이들은 미국 대학에서 교육받았고 미국 정부나 또는 관련된 미국 회사들로부터 급료를 받으며 특정 계층의 관리자가 되어 제국의 부와 서류를 이동시킨다.

이 사람들의 업무는 존 퍼킨스(John Perkins)의 《한 경제 저격수의 고백 Confessions of an Economic Hit Man》이라는 놀라운 책에 잘 드러나 있다. 한 관리자가 그에게 다음과 같이 설명했다.

내 업무에는 두 개의 주된 목표가 있는데 하나는 엄청난 국제융자금을 정당화하는 일이다. 이 돈은 컨설팅 회사인 메인(MAIN)과 다른 미국 회사인 벡텔(Bechtel), 할리버튼(Halliburton), 스톤 앤 웹스터(Stone&Webster), 브라운 앤 루트(Brown&Root) 등에 거대한 공사와 건설 프로젝트를 통해 분산된다. 두 번째로 나는 융자금을 받은 나라들이 메인과 다른 미국의 계약자들에게 자금을 상환한 뒤 그 나라가 파산하도록 일한다. 그 나라들은 언제까지나 채권자들의 감시 대상이 되고, 우리가 군사적인 기지를 포함해 유엔의 표결 또는 석유나 천연자원에 접근하는 데 지지가 필요할 때는 쉽게 목표가 될 수 있다.

아서 슐레진저 쥬니어(Arthur Schlesinger Jr.)는 "미국 제국의 존재에 대해 누가 의심하겠는가? 비공식적인 제국은 식민적인 정치형태가 아니라 제국주의에 필요한 요소인 병력, 함대, 비행기, 기지, 점령군 사령관, 점령군에 협력하는 사람들을 충분히 갖추고 지구상 곳곳에 펼쳐져 있다"라고 썼다.[16]

미국은 제국이 형성되고 사라지는 데 대해 혼란스럽고 복잡한 감정을 갖고 있었다. 제국의 창시자들은 로마 역사에서 교훈을 얻고 로마의 실패담들을 되풀이하지 않으려 했다. 그러나 제국 창시자들은 동시에 로마의 그 장대함을 열망하지 않을 수 없었다. 그들은 출발점부터 제국의 지위를 갈망했다.

사우스캐롤라이나 최고법원의 윌리엄 드레이튼(William Drayton) 법원장은 1776년에 다음과 같이 썼다.

제국은 절정기와 쇠락기를 거쳐 붕괴된다. 대영제국의 시대는 1758년부터였는데 당시 영국은 의기양양하게 전 세계의 사분의 일을 차지하기 위해 적들을 찾아 나섰다. 전지전능한 신은 현 세대들이 미국 제국을 세우도록 선택했고 새로운 제국은 미합중국이라고 일컬어졌다. 하나의 제국은 성립되자마자 전 세계의 주목을 끌게 된다. 그리고 신의 축복에 의해 기록상 가장 영광스런 제국이 될 듯하다.[17]

존 퀸시 애덤스(John Quincy Adams)는 그러나 미국이 세계의 독재자가 될 수 있음을 우려했다. 그는 미국이 더 이상 미국만의 정신을 지배하는 것이 아니라고 말했다.[18] 200여 년이 지난 후 미국의 정신은 난폭해졌다. 미국은 세계 전역에 군대를 주둔시키고 있다. 미국은 소수의 국민들만이 들어보았고 더 적은 수의 국민들만이 우려하는 지역에 관심을 갖고 있다. 미군은 세계의 모든 구석구석의 길모퉁이와 막다른 골목까지 순찰한다. 2005년 말 미국은 전 세계 다른 국가들이 사용한 방위비의 합계보다 많은 금액을 방위비로 지출했다.

이미 독자들은 스스로 반문했을 것이다. 소련 연방이 무너진 후 미합중국은 세계 유일의 초강대국이며 미국에 심각한 타격을 줄 수 있는 어떤 적도 없다. 그렇다면 대체 누구를 상대로 미국은 스스로를 방어하려는 것인가? 이게 그 핵심이다. 제국주의적 정신은 미국 최고의 것을 앗아갔다. 미국은 더 이상 이해하고 통제하는 역할을 하지 못한다. 이것이 미국의 제국주의적인 힘이다. 미국은 이제 자국의 손아귀에 건네진 답안을 읽어야 한다. 미국은 전 세계에 안전을 제공해야 하며 법과 질서의 공익도 제공해야 한다. 누군가는 그 일을 해야 한다. 미국이 아니면 어느 나라도 그 역할을 할 수 없다. 미국의 바람과는 상관없이 자줏빛 제왕의 옷을 입는 것은 이제 미국의 차례다. 그러므로 미국은 세계의 최고 실권자가 되어야 한다. 더 이상 미국만의 정신이나 자본을 통치할 수는 없다.

우리는 심사숙고 하는 것을 일단 중단했다. 제국을 향한 압박은 공짜 점심처럼 저항할 수 없는 것이다. 남성은 우월감을 느끼면서 뽐낼 수 있는 기회를 그냥 지나치지 않는다. 주홍색 튜니카*(고대 그리스와 로마 사람이 입던 의복)와 타조 깃털은 유행이 지났지만 그 옷을 입었던 사람들은 알라릭과 로마를 약탈했던 사람들과 동일하다. 알라릭은 몽포르트(Montfort) 공작과 함께 알비(Albi)를 무찌르고 제3의 군대와 함께 바그다드로 진격했다. 형식은 바뀌었지만 남성들은 늘 그래왔던 것처럼 탐욕스럽고 뻐기며 허풍을 떨면서 잰 체한다.

바보짓을 하는 또 다른 남성을 관찰하는 것만큼 재미있는 일은 흔치 않다. 이 점이 바로 역사를 재미있게 만드는 요소다. 제국의 역사를 특별히 유쾌하게 만드는 것은 위대한 황제를 관찰하는 것이다. 나폴레옹, 알렉산더, 카이사르, 아틸라스, 아돌프는 모두 자만과 탐욕으로 가득한 학살자였다. 그들은 붉은색 튜니카를 입었고 투구에는 광택이 났으며 백마를 타고 돌벽을 향해 달렸다.

지도자들은 웃음거리가 됐으나 일반 대중은 제국의 영광을 받아 얼굴을 그을렸다. 그가 건장한 군인을 동경하면 할수록 턱은 점점 강인해졌다. 그의 가슴은 승리로 충만해 부풀어 올랐다. 그는 매우 키가 커서 머리는 거의 문설주 꼭대기에 닿을 정도였다. 글을 쓰는 경제전문가인 우리 같은 사람은 거의 웃음을 참을 수 없을 지경이다. 가난한 남자가 망상에 빠지기 쉽다는 것은 분명하다. 그러나 우리가 그렇게 말하는 것에 대해 누구도 높이 평가하지는 않는다. 그들이 얼마나 얼간이인가를 알아챘다는 측면에서 우리는 여전히 우리가 우월하다고 느낀다.

진화론적 생물학자는 제국을 향한 모든 충동을 유전자와 수학 이상은 아니라고 격하한다. 한 사람이 먹을 것을 충분히 갖게 되면 그의 유전자는 사고와 감정을 통해 가능한 널리 씨를 퍼트리는 것 외에는 아무것도 관심이 없게 된다. 가설에 의하면 유전자는 유일하게 복제에만 관심이 있다. 다른 사람들의 주인이 되고자 하는 충동을 포함해 부와 권력의 모든 부속물은 성적 매력을 향한 단순한 대리행위와 대용물에 지나지 않는다. 위대한 통치자가 도시를 정복하는 것은 중년의 변호사가 값비싼 스포츠카를 구입하는 것과 같은 이유다. 공작의 수컷이 꼬리깃털을 펼쳐 보이는 것도 도덕적 철학자가 평판이 좋은 책을 쓰는 것도 역시 같은 배경을 갖는다. 이는 여성들에게 그가 훌륭한 유전자를 갖고 있다는 것을 보여주는 행위다. 위대한 통치자가 패퇴해서 고기를 잡는 갈고리걸쇠에 매달렸을 때 재미있는 일이 벌어진다. 공작이 여우에게 붙잡혔을 때 그리고 빨간색 스포츠카가 걷어차였을 때에도 마찬가지다. (하지만 팔다 남은 책을 파는 책상 위에서 이 책을 발견한다는 것은 유쾌한 일이 아니다!)

윌슨 대통령은 20세기 초에 도움닫기(running start)를 위해 미국의 자기기만에 대해 거침없이 말했다. 1912년 민주당 대통령 후보 지명 석상에서 그는 신이 자유의 미래상을 미국에 심었다고 연설했다. 이어 미국이 신에 의해 선택되었고 세계 다른 국가들이 자유로 가는 길을 갈 수 있는 방법을 보여줄 것이라고 말했다.

그 임무는 매우 가치 있는 것이었고 그래서 얼마나 큰 대가를 지불해야 하는지를 따져볼 필요조차 없었다. 만약 신이 우리를 제국의 길에 앉혀 놓았다면 신은 그 임무를 수행하는 데 드는 비용이 얼마인지를 매우 기분 좋게 계산했을 것이다. 그 당시에도 지금도 미국은 제국의 사업이 어떻게 진행되는지를 이해하려 애썼다. 미국인들은 세계를 위해 호의를 베풀고 있다고 생각한다. 이런 기만은 그 자체로는 중요하지 않지만 미국인들은 핵심을 완전히 잘못 이해하고 있다. 거의 모든 제국주의적 권력은 다른 사람들의 선을 위해 행동해왔다고 주장한다. 그렇지만 결과적으로 그들은 모두 돈벌이가 되는 방법을 찾아낸 것이다. 제국주의적 권력이 돈을 벌지 못하는 순간 사라지게 된다.

마피아처럼 미합중국은 보호사업을 펼치고 있다. 제국주의적인 미국 팍스 달러리움의 보호 아래 교역과 상업은 번성할 수 있다. 사람들은 점점 부자가 되고 서비스에 대해 감사하고 그 대가를 기꺼이 지불할 것이다. 제국주의 권력은 그런 서비스에 대해 대가를 청구해야만 한다. 그렇지 않다면 요점은 무엇인가?

미국은 국제무역에서 직접적인 찬사를 얻고 천국에서 감사를 받을 것이라고 매우 현명하게 스스로를 기만해왔다. 우리는 천국에서 무엇이 우리를 기다리고 있는지 알 수는 없다. 그렇지만 주위를 잘 살펴본다면 미국이 받았던 찬사가 너무나 잘못되어 미국이 더 이상 찬사를 얻지 못한다는 점이 다행이다. 보호를 해주면서 대가를 얻는 대신 미합중국은 주변국과 거래 상대국으로부터 돈을 차입하는 처지가 되었다. 이 모든 생각은 미친 짓이며 터무니없기 짝이 없다. 제국의 권력은 보다 작은 나라를 지배하고 그 나라들을 제국의 목적에 맞게 이용한다. 물론 제국의 권력은 이것을 인정하지 않는다. 정치에 있어 정직함은 결혼이나 카드놀이에 있어서만큼이나 실망스런 것이다. 실제로 잘하기보다는 선을 행하는 체하는 것이 중요하다. 미국의 모순은 미국이 자국에게 불리하고 다른 나라에게 유리하게 행동한다는 것이다. 이것이 이 책의 논제다. 미국을 제국인 권력이라고 부르는 것은 아첨이다. 미국의 별난 제국 형태에서 미국을 통제하는 것은 종속된 자들의 힘이다. 그들은 원할 때는 언제나 미국에게 공물을 지급하지 않을 수 있다.

2005년 5월, <인터내셔널 헤럴드 트리뷴>은 "중국이 미국의 금리를 결정할 수 있을까"라는 기사를 실었다.[19] 기사를 쓴 플로이드 노리스(Floyd Norris)는 미국이라는 제국의 재무상태가 정도를 벗어나 있다는 논리에 주목했다. 그가 깨닫지 못한 것은 중국이 이미 미국의 금리를 결정하고 있었다는 점이다. 2004년 말에 중국은 1,200억 달러의 미국 재무부채권을 보유하고 있었다. 이는 전체 외국인이 보유하고 있는 미국 재무부채권의 10%에 달하는 액수다. 외국인들이 보유한 미국 재무부채권은 전체 발행 금액의 25%에 달했다.[20] 중국이 그 채권들을 사지 않거나 오히려 팔기로 결정했다면 미국의 부채에 대한 심각한 수요 감소가 있었을 것이다. 보다 전통적인 관점에서 보자면 미합중국을 상대로 자금을 빌려주려는 사람은 점점 줄어들었을 것이다. 어느 쪽이든 중국으로부터 돈을 빌린다는 것은 차입 비용을 낮추고 금리도 낮추었다. 아시아의 채권자들 덕분에 미합중국은 금리를 인플레이션율 이하로 낮출 수 있었고 22개월 동안 낮은 수준의 금리를 유지할 수 있었다.[21]

지금 돌아가는 사정들이 이렇다. 노리스는 중국이 세계 대부분의 국가들이 원하는 물건을 팔고 있으며 이때 받은 달러를 이용해 미국 재무부채권을 사들인다고 설명했다. 이는 곧 미국의 금리를 낮게 유지시키고 소비자들의 소비를 자극했다. 미국 사람들은 중국으로부터 보다 많은 물건을 구입할 수 있게 되었다.[22]

이제 중국이 명령하는 위치에 서게 되었다. 미국인들이 소비할수록 중국은 생산설비를 세웠다. 중국은 전자 장식품과 구색을 맞춘 소비재 등 싸구려 물건을 팔면서 점점 부유해졌다. 반면에 제국의 소비자들은 점점 가난해졌다. 2004년에 미국 내 모든 자산 가치의 1%에 해당하는 부가 미국인들의 손을 떠났다.

제국의 재정(imperial finance)이란 개념은 제국 중앙의 권력이 속국의 비용으로 점점 부유해진다는 것이다. 그러나 미국은 반대로 가고 있다. 미국은 하루가 다르게 점진적으로 그리고 절대적으로 가난해지고 있다. 지난 2000년부터 2005년 사이 5년간 명목인 국내총생산(GDP) 증가율은 연율로 평균 4.4%에 그쳤다.[23] 반면 해외 수출에서 벌어들인 돈에 반해 수입 물품에 지급한 돈의 차액인 무역적자는 2004년 24%나 증가해 GDP 증가율을 훨씬 능가했다.[24] 미국이 제국주의적인 역할을 유지하기 위한 비용인

3 제국은 어떤 기능을 하나 119

국방예산은 GDP의 3.3%를 기록했다.[25] 이런 모든 것들은 돈을 잃는 일들이다. 미국은 제국이 돈을 버는 방법을 찾았지만 이는 오직 자신의 경쟁자나 적들을 위한 것이었다.

상황을 더 악화시키는 것은 주변국들의 힘이다. 과거 미국에 종속되었던 국가들은 이제 미국의 지배력을 몰락시킬 수 있게 되었다. 중국을 비롯해 미국 재무부채권을 보유한 나라들이 그것을 매각할 경우 이를 지불하는 과정에서 미국은 지옥이 될 것이다. 금리는 치솟고 주택경기 붐은 주택시장의 폭락으로 돌변할 것이다. 절대적인 통치권은 그 국가들에게 더 많은 신용을 구걸하게 될 것이다.

니알 퍼거슨(Niall Ferguson)은 미국이 지구상에서 제국의 역할을 하는데 있어 효율성과 지속성을 제한하는 구조적인 적자로 고통받고 있다고 설명했다. 일단 미국은 개인과 공공의 소비에 필요한 과도한 자금을 공급하기 위해 외국 자본 의존도가 높아졌다. 외국으로부터 차입에 의존하게 된 뒤 오랜 기간을 견뎌낸 제국은 없었다.[26]

미국은 참으로 상식 밖의 제국이다. 국제무대에서 뽐내면서 활보했던 미국 지도자들은 참으로 많다. 익살맞은 시어도 루즈벨트, 교활한 윌슨, 또 다른 루즈벨트, 트루먼, 케네디, 존슨, 레이건, 부시 부자 등이 그들인데 어느 누구도 제국이 이득을 보는 방식을 이해하지 못했다.

가장 재미있는 특징은 대중들은 스스로 파멸의 길로 달려가고 한때 소중하게 여겼던 제도를 파괴한다는 점이다. 미국에서 사람들은 자유를 사랑한다고 주장한다. 그러나 그들은 일단 제국이 필요로 하는 상황(민주주의를 위해 세계를 안전하게 하는 전쟁을 수행하거나 냉전시대에 적화위협이 있거나 혹은 테러와의 전쟁과 같은 상황)이 닥치면 길게 줄서서 등록하고 신체검사를 받은 뒤 조사받고 승인받은 뒤 공인까지 받으며 기꺼이 참전한다. 그들의 자유는 매우 위대해서 어떤 저항을 해서도 안 되며 자신들이 지지하지 않는 어떤 사람의 침입을 받아서도 안 된다. 또한 이를 위한 자금의 지출에 대해서는 성가시게 질문해서도 안 된다. 제2차 세계대전 이후 미국의 적수였던 소련은 1989년에 항복했다. 소련은 미국과 군사적으로 치열하게 경쟁했을 뿐만 아니라 역사상 거대한 전환점 속에 있었으나 간단하게 국가의 이데올로기를 포기했다. 그것은 거의 유대교인들이 율법을 등지고 야물커*(정통파 남자가 기도할 때 쓰는 작은 테 없는 모자)를 벗은 뒤 연금술사나 여호와의 증인이 되는 일에 비유할 만했다. 더 놀라운 일은 그 다음에 벌어졌다. 16세기 만에 처음으로 아니 역사상 처음으로 세계는 심각한 군사적 위기가 전혀 없는 상황에 처하게 되었다. 미국은 군사적으로 경쟁국이 없어졌다. 어떤 심각한 위협도 없었다. 미국에게 심각한 해를 끼칠 수 있는 국가는 지구상에 없었다. 그렇지만 미국이 안전을 담보 받았다는 의미는 아니다. 게다가 자유무장 폭력단체와 혁명단체들이 서로에게 상처를 입히고 더 나아가 납치와 살해를 일삼았다. 그러나 미국 정부는 걱정할 필요가 없었다. 어떤 국가도 미국에 도전하지 않았다. 그런 미국에 군사비 지출 증가가 왜 필요한가?

미국의 이라크 공격으로 그 모순을 설명할 수 있다. 미국 이전의 수많은 제국주의 권력처럼 미국 군대는 바그다드를 점령했다. 그러면 그 대가는 무엇인가? 노예들이 팔려가거나 유전이 탈취되지는 않았다. 여성들이 유괴되거나 성폭행을 당한 것도 아니며 이라크는 공물도 지불하지 않았다. 미국은 핵심을 놓치고 있다. 미국은 이라크를 침공했고 이제 이라크 사람들한테 공물을 지급하고 있다. 미국은 엔지니어, 의료진, 음식, 토건업자와 관리자를 보냈다. 이라크 사람들이 미국인들을 싫어하지 않게 하기 위해 일주일에 10억 달러의 비용을 쓴다. 만약 이라크 사람들이 미군을 물리쳤다면 미국인들은 경제적으로 더 좋아졌을 것이다. 하지만 미국인들은 너무 오랫동안 "선의"라는 가면을 쓰고 있었기 때문에 얼굴이 거기에 맞게 변해버렸다.

그들은 거울을 보고 오로지 민주주의와 자유 그리고 조화의 세계를 위해 선을 행하고자 하는 제국주의자들의 모습을 발견한다. 그들은 모든 세계를 향해 담배 피우는 것을 금지하고 안전벨트를 맬 것을 요구하고 있다.

미국인들은 그들이 "훌륭한" 제국이 될 수 있다고 생각한다. 명예를 위해서든 돈을 위해서든 결코 살인하지 않고 세계를 보다 나은 곳으로 만들기 위해서 노력하는 제국 말이다.

우리는 그것을 믿기 위해 눈을 비비고 머리를 끄덕여본다.

4
우리가 행진할 때

　독일인은 최근의 세계 역사에서 특별한 위치를 차지한다. "독일인에게 총 한 자루를 주면 그는 프랑스를 겨눌 것이다." 이 말은 지난 세기에 아주 흔한 표현 중 하나였다. "훈족(게르만족의 시조격)은 당신에게 싸우려들거나 혹은 애원하거나 둘 중 하나일 것이다"라는 표현도 있다.
　사람들은 과연 무엇이 독일인들로 하여금 그렇게 열심히 전쟁 준비를 하게 만들었는지 또 어떻게 그런 끔찍한 일들이 국가 차원에서 진행될 수 있었는지에 대해 의아해했다. 독일인들의 혈통이나 문화, 혹은 마시는 물에 어떤 특별한 것이라도 있는 것일까?
　물론 요즘의 훈족들은 많이 온순해졌고 평화주의자들이 되었다. 미국은 독일인들이 이라크 전에 참전하길 촉구했지만 그들은 반대했다. 독일은 이미 충분히 많은 전쟁을 치러왔다. 그래서 방금 한 질문은 전보다 더욱 당혹스럽다. 독일인들의 혈통이 갑자기 바뀌기라도 한 것일까? 그들의 문화가? 또는 경제가?
　존 T. 플린(John T. Flynn)이 제2차 세계대전 중에 쓴 《우리가 행진할 때 As We Go Marching》[1]라는 놀랍고 작은 책은 몇 가지 통찰력을 보여준다. 플린은 파시즘이라는 것이 독일인들과 특별한 연관성을 가지고 있지 않을뿐더러 그들이 특별히 영향을 받을 만한 어떤 특징도 갖고 있지 않다고 주장했다. 대신 이탈리아의 기회주의자인 베니토 무솔리니에 의해 독일인들의 신조가 확장되었다고 강조했다. 장엄한 연극적인 요소를 포함해 파시즘의 주요 부분을 만들어낸 것은 이 강압적인 이탈리아 인 무솔리니였다. 독일인들은 단지 여기에 그들 특유의 사악한 요인을 접목시켰으며 이후 유대인에 대한 탄압과 학살이라는 정책을 추가했을 뿐이다.

그러나 우리의 시선을 사로잡는 것은 파시즘이 뿌리를 내리고 또 번창하게 된 19세기 말과 20세기 초 이탈리아의 경제환경에 대한 플린의 묘사이다. 이탈리아는 1911년 9월에 터키를 침략했다. 그 전쟁은 12개월 이상 계속되었고 나중에는 곧 모두에게 잊혀졌다. 그러나 플린은 이탈리아인들을 처음 전쟁으로 몰아넣은 충동에 주목했다.

> 숙명에 대한 이탈리아 사람들의 복수심은 가라앉기는커녕 영광을 향한 욕구를 자극했다. 그리고 이 영광은 국가 예산에 악영향을 미쳤다. 이제 다시 두렵고 현실적인 평화와 더불어 청구서 수금원이 오래된 문제와 함께 로마로 찾아왔다. 로마의 적자는 매우 커져갔다. 부채도 커져갔고, 다양한 경제정책 입안자들은 자본주의 시스템을 통제하기 위한 결정에서 매우 잔인해졌다.[2]

그들은 금리를 낮춰야 했다. 아니면 중국에게 자국 통화 가치를 절상하라고 압박해야 했다. 아무리 서툴고 형편없는 정책이라도 정책 주도권을 가질 수는 있었다. 플린은 "이탈리아에서는 (지금의 미국에서처럼) 어떤 주요 정당도 경제 시스템이 자유로워져야 한다는 이론에 대해 명확한 입장을 갖고 있지 않았다"고 말했다.[3]

이탈리아는 엄청난 부채의 깊은 수렁에 빠지고 말았다. 이탈리아에 중앙집권화가 형성되기 시작한 1859년부터 1925년 사이 중앙정부가 재정 흑자를 기록한 해보다 적자를 기록한 해가 배 이상 많았다. 다른 사람들에게 돈을 나누어 주는 것에 정치생명을 의지한 정치가들은 더 이상 나누어 줄 돈이 얼마 남지 않았음을 알게 되었다.

"모든 늙은 악마들이 독기를 품고 자라고 있었다"고 플린은 기술했다. "국가의 부채는 불길하게도 계속 늘어났다. 육군, 해군, 사회복지 비용은 국가 수입의 절반 정도를 잡아먹고 있었다. 이탈리아는 그 부유함에 비례하여 유럽에서 가장 무거운 세금을 부과하는 나라였다."[4]

물론 재정적인 리소르지멘토*(Risorgimento, 이탈리아 통일운동 1750~1870년)의 에피소드와 많은 공약들이 순서대로 책에 기술되어 있다. 그러나 어느 누구도 이런 공약에 오래 집중하지는 않았다. 이탈리아 정치가들은 곧 다른 공약들을 만들어냈다.

위대한 공약이 달성되어야 할 때, 부채는 더 쌓이고 따라서 세금을 내는 사람들과 대금업자들의 저항 또한 거세졌다. 특히 보수진영의 저항은 더욱 강했다.

"따라서 기존의 부채와 늘어나는 빚 앞에서 정부의 지출은 점점 더 어려워질 수밖에 없었다"고 플린은 기술했다. "어떤 형태의 정부지출이든 보수진영의 지지를 받을 만한 것을 찾아야 했다. 가난한 사람들에 대한 보조금에 난처해진 정치 지도자들은 곧 정부지출의 가장 쉬운 방법은 군대의 설립과 군사력의 정비라는 것을 깨달았다. 왜냐하면 그것은 정부지출에 반대하던 진영의 지지를 끌어낼 수 있기 때문이었다."[5]

군비지출은 경제에 성장과 번영이라는 거짓된 인상을 심어준다. 사람들은 값비싼 군사장비를 만들지 않을 수가 없다. 조립라인은 기계를 돌리고 굴뚝에서는 연기가 피어오른다. 이런 지출은 국내 내수경제로 이어졌다. 예를 들어 미국인들은 중국으로부터 겉만 번지르르 하고 내실이 없는 물건들을 들여오지만 탱크는 자국에서 만든다.

플린은 전쟁에 대해 다음과 같이 접근했다. 군사적 모험은 자국 내 경제를 자극하고 정부에 대한 강력한 지지를 이끌어내며 곧 "이것은 보다 더 위대한 무엇인가를 위한 시기로 이어졌다"고 말이다. 조반니 파피니(Giovanni Papini)는 전쟁이란 "강한 사람들을 불과 피 위에서 단련시키는 가장 위대한 밑거름이다"라며 전쟁을 격찬했다.[6]

한때는 왕과 왕자, 황제들이 세상을 지배했다. 그때 그들은 있어야 할 자리를 알았다. 그러나 현대사회에서 통치자들은 대중을 속여 복종시키기 위해 다양한 형태로 고안된 프로그램으로 대중을 달래고 진정시켜야 한다. 일단 유권자의 표만 얻으면 불가능이란 없어 보인다.

호세 오르테가 이 가세트(Jose Ortega y Gasset)는 이 장면을 이렇게 묘사한다.

과거 일반인들의 삶은 주변의 어려움, 위험, 빈곤, 운명의 한계를 느끼며 의존했던 반면, 이 새로운 세상에서는 보통 사람들도 실제로 끝없는 가능성을 가지고, 안전하며, 누군가로부터 독립된 지위를 가질 수 있다. 그리고 만일 전통적인 정서가 우리에게 "삶이란 스스로의 한계를 느끼고 우리에게 제한된 것들이 얼마나 있는지를 세어보아야 하는 것이야"라고 속삭였다면, 새로운 목소리들은 이렇게 소리친다. "산다는 것은 그것이 무엇이든지 부족함이 없다는 것이며, 결과적으로 세상에 불가능한 것은 없다. 위험한 것도 없다…"고 말이다.[7]

가세트는 주가상승에는 한계가 없고 어떤 곳에도 위험이란 없다고 보는 현대의 미국 투자자들의 사고방식을 묘사한 것인지도 모른다. 그리고

70년 전의 그도 그랬다.

투표가 실제로 대중들의 삶의 질을 향상시킬 수는 없다. 그것은 시장으로 더 많은 돼지를 가져오지도 못하며, 어떤 기계장치도 만들지 못하며, 식사를 개선시키지도 못한다. 또 투표는 엔진의 효율성을 증가시키지도 못한다. 그러나 대중들은 어떤 것이라도 믿을 것이다. 비스마르크와 가리발디가 의회, 법원 그리고 선거부정이 보다 나은 세계를 제공한다고 믿게 된 후 이런 환상에 호소하는 방법을 찾는 것이 정치인들의 일이 되어버렸다. 21세기의 미국이 그러했듯이 19세기의 이탈리아는 돈을 빌림으로써 무에서부터 소비력을 만들어낼 수 있다는 환상을 만들어냈다.

1859년에서 1925년까지 이탈리아 정부는 46차례나 재정적자를 기록했다. 단지 20년 동안만 예산의 균형을 맞추었을 뿐이었다. 리라는 준비통화가 아니었기 때문에 이탈리아 정치인들은 그들이 할 수 있는 최선을 다 했어야 했다. 하지만 적자는 계속되었고 결국 전쟁으로 이어졌다. 이것은 누군가가 특별히 전쟁이나 부채를 원했기 때문이 아니었다. 단지 전쟁과 부채 중 하나가 증가하면서 나머지 하나도 늘어난 때문이며 동시에 둘 다 민주주의 사회의 자연적인 결과물이었다.

비록 국민들이 찬성하거나 이해할 수는 없었지만 이탈리아 사회에서는 정부는 결의하고 국민들은 이것을 받아들이거나 최소한 거의 저항 없이 단념하려는 성향이 생겨났다. 당황한 정치인들은 정부부채를 늘려 이것으로 수요를 만들어내려고 했다. 원칙적으로는 누구도 이것을 인정하지 않았지만 사람들은 이에 따른 이익을 요구했기 때문에 사실상 어떤 저항도 없었다. 사람들이 정부부채에 대해 별로 저항하지 않은 다른 이유는 정부부채가 사회보장에 대한 믿음을 강화시켜서 불완전하고 실업상태에 있거나 나이 먹고 아픈 사람들의 궁핍함을 덜어줄 것으

로 판단했기 때문이다. 부채와 지출은 정치인들이 기본적으로 갖춰야
할 도구가 되어버렸다. 이런 소비의 필요성은 군국주의와 군국주의의
부속물인 제국주의에 쉽게 굴복하게 만들었다.[8]

부채가 국가 전체를 위협할 때면 창의력이 풍부한 정치인들은 언제나
국민들의 마음을 다른 데로 돌리기 위해 새로운 적들을 찾아냈다. 플린
은 "만일 적이 없다면 적을 만들어야 한다"고 기술했다.[9]

터키와의 전쟁 이후 제1차 세계대전은 국민들의 주의를 딴 데로 돌릴
만한 새로운 요인들을 제공했다. 하지만 전쟁 이후 부채는 더욱 쌓여만
갔다. 전쟁 이전 150억 리라였던 부채는 전쟁이 끝나자 네 배로 불어났
다. 하지만 전쟁 이후 노인연금시스템, 실업보험, 전국건강관리계획 등을
새로 약속했다. 정부의 적자는 1919년 110억 리라에 달했고 1921년에
는 170억 리라로 늘어났다. 이 부채를 어떻게 갚을 수 있을까? 해결책
이 있을지 사람들은 걱정했다.

바로 이때 그 위기에 걸맞는 한 악당이 나타났는데, 그는 상황을 더
악화시켰다. 베니토 무솔리니는 일에 있어서 열정적이고 기회주의적이었
으며 운신의 폭을 제한할 수 있는 양심의 가책이나 정해진 입장 따위는
갖고 있지 않은 사람이었다. 무솔리니는 루즈벨트와 부시 등 20세기 들
어 선출된 다른 정치인들처럼 전임자들의 느슨한 지출정책을 비판하면서
동시에 보다 많은 돈을 지출했다. 그는 이탈리아를 파멸의 벼랑으로 몰
고 간 예산 불균형을 비판하면서 동시에 엄청난 양의 부채를 쌓아갔다.
1921년 무솔리니가 집권했을 때 이탈리아의 빚은 960억 리라였다. 하
지만 <뉴욕 타임즈>에 의하면 1923년에는 빚이 4,050억 리라로 늘어
났고 그해 이탈리아의 적자는 830억 리라였다.

플린은 "소비는 국민 수입을 창출해내기 위한 파시즘 정책의 빼놓을

수 없는 부분이었다"고 결론내렸다. "그러나 파시즘 정부는 나이 든 총리들이 상상할 수 없을 규모의 돈을 지출했다."[10]

당시 이탈리아의 한 정치 평론에는 "우리는 재정정책에 있어서 새로운 전환점을 맞이할 수 있었다"라고 되어 있다. 이어 "이 재정정책은 공공 서비스를 개선하고 국가발전을 촉진하면서 동시에 국가의 일부 지역에 대해 효과적인 정책 수행을 확보하는 것을 목표로 하고 있었다"고 쓰여 있다.[11]

하지만 그 정책은 재앙으로 끝났다. 국내 프로그램들에 대한 정부의 지출은 군사적인 프로그램을 위한 지출로 옮겨갔다. 이탈리아는 곧 다시 전쟁에 참가했다. 유전적인 냉혹함, 수치심, 치욕, 재정적인 파산 속에서 이탈리아는 전쟁에 따른 거래를 청산했다.

군비 지출에 대한 이끌림과 경제적 망상 등 제국의 비현실적인 유혹은 저항하기 힘든 것들이었다. 제1차 세계대전의 처참한 경험에도 불구하고(심지어 유머를 사랑하는 이탈리아인들임에도 불구하고) 그들은 곧 무솔리니의 새로운 통솔하에 다시 군화를 신고 아비시니아(Abyssinia)의 지도 밖으로 행군하였다.

무솔리니는 완벽한 파시스트였다. 미국의 신보수주의자처럼 그는 진정한 좌파였으며, 기회를 잘 포착했다. 또한 마키아벨리를 숭배했으며 "지도자는 모든 인간이 악하다고 보아야 하며 필요할 때면 언제든지 그 본성에 있는 악마적 특성을 이용해야 한다"고 믿었다.

심지어 미국인들마저도 감동 받았다. "무솔리니는 유럽 정치의 활기 없고 오래된 틈바구니에서 뭔가 새롭고 없어서는 안 될 인물이다"라고 1926년 당시 하원 외교관계위원회 의장이었던 솔 블룸(Sol Bloom)은 말했다. "만약 그가 성공한다면, 비단 이탈리아뿐만 아니라 우리 모두에게 그것은 대단한 일이 될 것이다."[12]

전쟁에서와 마찬가지로, 투자에 있어서도 초반의 실패는 종종 후반의 실패보다 더 많은 보상이 따른다. 운 좋게도 이탈리아 인들에게 아프리카 출정은 대참패였다. 몇 년 뒤 무솔리니는 교수형에 처해졌고, 이탈리아 인들은 다시 신발과 핸드백 그리고 파스타를 만드는 일로 돌아갔다.

군사적 모험주의

모든 제국이 갖고 있는 한 가지 특징은 군사계급이 있다는 것이다. 제국 설립자의 필수 사업은 본토를 넘어서 세계의 다른 지역들에 대해서도 그들이 원하든 원하지 않든 간에 안전을 보장해주는 것이다. 제국 설립자의 필수 사업은 군사행동이다. 시간이 지남에 따라 다른 사업이나 교역의 형태는 무시된다. 그러나 군사적인 힘은 경제적인 힘에 의존하게 마련이다.

사람들은 일반적으로 군사적인 모험에 있어서는 얼간이들이다. 그들의 유전자에는 이웃나라 위에 군림하려는 열망뿐 아니라, 국가가 전쟁을 치를 때 개인의 의무를 다하지 않은 사람에 대한 깊은 불신도 포함하고 있다. 이는 제국을 매우 매력적으로 만드는 것들 가운데 하나이다. 이런 과정이 한 번 진행되면 대개 자국 내에서는 별다른 저항에 부딪히지 않는다. 시간이 흘러가면서 다른 형태의 사업과 다른 국내 문제들은 중요하지 않게 된다. 모든 것들, 심지어는 사람들이 싸우는 의미인 자유조차도 전쟁의 신에게 희생된다.

전쟁만이 필요했다. 전쟁을 위해 미국의 제국주의자들은 두 번이나 축복을 받았다. 첫 번째로 1950년 "악의 제국"(Evil Empire)과의 전쟁이 시작되었다. 그것은 거의 완벽한 무력충돌이었다. 그것은 즉각적이지는 않았지만 확실히 미국인들의 삶에 위협으로 다가왔다. 수십억 달러가 국가를 보호하기 위해 쓰였다. 징발할 수 있는 모든 물자와 사람들이 동원되었다. 심지어는 미래 세대들이 벌어들일 것이어서 당시에는 존재하지도 않았던 돈조차도 그들 앞의 당면한 위험을 대처하는 데에는 아주 저렴한 비용에 불과한 것 같았다.

1951년 10월 31일자 <뉴욕 타임즈>는 이런 변화에 대해 언급했다.

한국전쟁은 우리의 역사와 생활방식에 있어서 아주 크고 아마도 오래 지속될 변화를 가져왔다. 그것은 우리에게 미국의 상황과 미국과 나머지 세계와의 관계를 바꾸는 법령들을 채택하도록 강요하고 있었다. 우리는 이미 사용 가능하게 만들어둔 천억 달러가량의 자금을 일부 동원하는 데 착수했다. 우리는 약 250억 달러의 비용으로 동맹관계를 넓히고 활성화할 것을 강요받았다. 이로 인해 이전 적들로 하여금 재무장하도록 자극했고 우리는 전 세계로 우리의 병력을 보냈다. 그리고 마지막으로 징병을 이전 수준 이상으로 확대해야 했고 종합적인 군사훈련 체제를 갖추어야 했다. 이런 정책에서 비롯되는 생산적인 노력과 세금 부담은 이 땅의 경제 패턴을 변화시키고 있다.

국내외를 막론하고 사람들이 명확하게 이해하지 못한 것은 앞서 언급한 조치들이 일시적인 긴급상황에 대처하기 위한 임시변통이 아니라는 것이다. 이 조치들은 미국의 군사상황이 완전히 새롭게 시작되는 것을 의미했다. 이는 분명 앞으로도 오랫동안 계속될 것처럼 보인다.[13]

이 제국이 지속되는 한.

이런 거대한 군사력 동원의 이면에는 같은 이유에서 또 다른 제국적 힘인 소련이 군사력을 동원했다. 미국과 소련은 모두 이를테면 상점들을 보호해주고 그 대가로 돈을 뜯어내는 폭력단 같은 존재였다. 그리고 이 둘은 경쟁관계로 인해 혜택을 입기도 했다. 그러나 소련의 경제는 경제학자와 정부의 정책 입안자들로 인해 몹시 어려웠고 이런 상태는 오래 지속되지 못했다. 1980년대 소련은 더 이상 미국의 상대가 될 만한 경쟁자가 아니었다. 1989년 소련은 정신을 차리고 제국적 사업에서 손을 떼었다. 세율은 전면적으로 41%까지 하락했고[14] 이후 계속 떨어졌다.

한국과 베트남 전쟁의 기간을 포함한 냉전기간(1950~1989년) 동안 미국은 악의 제국으로부터 자유를 지키기 위해 총 5조 달러를 소비했다. 만약 미국이 단돈 10센트조차 사용하지 않았다고 해도, 그 결과는 명백하게 같았을지도 모른다. 그러나 결과를 알 수는 없다.

우리가 아는 것은 구소련 제국이 붕괴된 후, 오직 하나의 제국만이 그대로 남아 있다는 것이다. 하지만 이로 인해 미국은 꼴사나운 입장에 처하게 되었다. 그것은 누군가를 보호해주는 일이었다. 하지만 이제 누구로부터 누구를 보호한다는 말인가? 그 높은 세율은 어떻게 정당화시킬 것인가? 어떻게 계속 병사들을 징집할 것이란 말인가? 클린턴 행정부 시절 몇 년간 미국은 망설였다. 하지만 2004년까지 미국 국방부 예산은 1989년보다 20%나 증가했다.

제국주의자들에게는 다행스럽게도 2001년 9월 11일 작은 이슬람 테러리스트 집단이 역사적으로 가장 대담무쌍하면서도 성공적인 공격을 감행했다. 미국이라는 나라에서 미국이 가진 화학무기와는 비교도 안 될 정도로 보잘것없는 자원으로 민간 비행기를 납치했고, 뉴욕의 상징적인 빌딩에 그 비행기를 충돌시켰다. 그 사건은 전 세계의 텔레비전을 통해서 방영되었다. 순식간에 조지 부시 대통령은 테러리즘에 대항한 새로운 전쟁을 선포했다. 하지만 이것 또한 어리석은 남용이었다. 테러에 대항하여 전쟁을 선포하는 일은 지금까지 없었다. 그것은 마치 해상봉쇄나 일요일에 벌어지는 작은 격투에 전쟁을 선포하는 것과 같았다. 모든 다른 제국들은 그들의 적 또는 친구들과 싸웠다. 부시 행정부는 특별하게 정해진 상대가 없이 모든 사람들과 전쟁을 벌이고 있었다. 모든 전투부대들은 한두 번 정도 테러를 사용한다. 테러라는 것은 거의 누구나 원하는 방식대로 정의할 수 있을 뿐만 아니라 성공하지 못한 채로 있는 테러는 테러로 인정되지 않는다. 메나킴 베긴(Menachim Begin)이 그랬듯이 성공한 테러리스트는 영국여왕과 차를 마실 수 있는 기회를 얻는다.

그러나 누구도 이런 문제에 상관하지 않는 것 같다. 미국 본토에서도 아무도 불평하지 않는다.

"우리는 전쟁과 평화 사이에서 더 이상은 선택할 수 없다. 우리는 계속되는 전쟁들을 받아들여왔다. 우리는 더 이상 전쟁 시기와 여건, 장소 등을 선택할 수 없다."[15] 당신은 이것이 2001년 9/11 테러 이후 한 저널리스트의 문구를 인용한 것이라고 생각할지도 모르겠다. 하지만 실제로 이것은 가릿 가렛(Garet Garrett)이 1952년 냉전에 대해 쓴 글에서 인용한 것이다. 이 문구는 900년 동안의 로마제국에 이어 몽골제국이나 심지어 대영제국에 영향을 미쳤던 것처럼 거의 전 시대에 걸쳐서 영향을 준다.

가렛은 그 시대로부터 또 다른 흥미로운 문구를 우리에게 남겼다.

"외부세력이 어떤 목적을 가지고 우리 국가 안보에 위협을 해온다면 그것은 순전히 허튼소리일 뿐이다"라고 더글러스 맥아더 장군이 말했다. 우리나라가 이제 전쟁 경제를 향해 시동을 걸고 있다는 것은 실로 잘못 인도된 정책의 일반적인 형태이다. 전쟁 경제는 인위적으로 야기시킨 전쟁 히스테리의 중증 정신장애 속에서 태동한다. 또한 끊임없이 두려움을 선전함으로써 전쟁 경제의 발달이 촉진된다. 이같은 경제는 당장에는 그럴 듯한 호황을 구가하는 것처럼 보인다. 그러나 이는 신뢰할 수 없는 착각에 근거한다. 전쟁 경제는 우리의 정치 지도자들에게 전쟁에 대한 공포보다 더 커다란 평화에 대한 공포를 그 보답으로 준다.[16]

그는 과연 1952년에 말했을까 아니면 2002년에 말했을까?
상원의원인 플랜더스는 1951년 이렇게 부연 설명했다.

공포는 펜타곤의 국방부에서 감지되고 확산된다. 부분적으로 이같은 공포의 확산은 의도된 것이기도 했다. 미 국방부는 우리가 엄청난 무력에 직면하게 되었을 때에도 그들이 인력과 군수품을 무제한 공급할 수 있도록 준비하기 전까지는 사람들을 공포상태에 있도록 방치한다… 이런 두려움을 확산시키는 또 다른 중심은 국무부. 우리의 외교정책은 방어적이었다. 국무부가 실제로 의존하고 있었던 것은 무력, 군대 그리고 연합군이었다. 힘을 제외하고는 어떤 자신감도 남아 있지 않았다. 국방부와 국무부의 두려움은 서로를 보완하고 더욱 증강시킨다.[17]

가렛은 "플랜더스 상원의원은 중요한 포인트를 놓치고 있었다"고 말한다. "제국은 반드시 무력을 믿어야 한다. 두려움은 마침내 애국적인 집념으로 나타난다. 그것은 어떤 정당의 힘보다도 강하다."[18]
플랜더스도 맥아더 장군도 미국이 어떤 사업을 벌이고 있는지 깨닫지 못했다.
절대적인 통치권이 군대를 기반으로 움직이게 되면 민간 사회단체들은 기세가 약해진다. 상원의원들은 여전히 특정한 법률 조항의 장점에 대해 논의하고 있으며 포크배럴 프로젝트*(pork-barrel projects, 연방 의회 의원이 선거구의 이익을 위해 정부 보조금을 획득하는 것)를 슬그머니 군대에게 위임한다. 상원의원들은 진정한 입법자가 되기보다는 점점 더 나태한 수다쟁이들이 되어버린다. 심지어 그들은 나라가 매우 혼란스러울 때조차도 이를 막을 능력이 없다. 개릿 개릿은 1950년 3월, 당시 상원의원인 태프트가 한국전쟁의 비용에 대해 논의한 사례를 다음과 같이 언급했다.

"얼마나 오래 이 프로그램이 계속될지 나는 모른다. 그렇지만 우리는 나라를 군국주의 국가로 변모시키지 않을 것이고 나라의 설립 근간인 자유주의의 모든 이상 또한 포기하지 않을 것이다. 그러므로 우리는 우리 나라를 전면적인 전쟁 준비상태로 유지할 수는 없다."[19]

하지만 태프트 상원의원은 제국으로 가는 길을 막으려 하지는 않았다. 그는 세출예산안에 찬성표를 던졌다.

그로부터 55년 뒤 국민의 대표자들은 이제 가장 중요한 이슈들은 다루고 싶어하지 않는다. 너무 중요하고 민감해서 다루지 못하는지도 모른다. 또는 어쩌면 그 중요한 문제들이 그들의 능력 밖에 있다는 사실을 아는지도 모른다. 마치 본능이 그들에게 할 수 있는 일들만 하도록 지시하는 듯하다. 자연은 한 제국의 영원한 독점을 용인하지 않을 것이다. 제국은 반드시 스스로를 종결시킬 방법을 찾아야만 한다. 아무도 그 길을 가로막고 싶어하지는 않는다. 21세기 초의 가장 중요한 대중적인 이슈 두 가지는 공적이든 사적이든 간에 점점 늘어나는 미국의 부채와 세계로 뻗어가는 미국의 군사력이었다. 각각의 이슈는 미 제국을 멸망시킬 잠재력을 갖고 있었고 또한 중대한 문제들을 초래했다. 왜 우리는 전 세계 구석구석에까지 관여하는가? 그리고 어떻게 우리가 만들어낸 모든 약속들을 지켜낼 것인가? 투표로 인해 선출된 공직자들은 이런 문제들을 주장해야 했지만 거의 어느 누구도 그러지 않았다.

심지어 2001년 전쟁문제에 관한 미국의 헌법은 1789년 이래 유지됐던 것과 같은 내용이었다. "국회는 전쟁을 선포할 권한을 가진다"라고 헌법은 여전히 말하고 있다. 대통령이 이 권한을 갖고 있다고는 하지 않는다. 또 재무장관이나 우편공사 총재가 이 권한을 갖고 있다고도 하지 않는다. 헌법은 의회에게만 이 권한을 부여하고 있다.

우리는 전쟁선포보다 더 중요하고 더 심각한 행동은 상상조차 할 수 없다. 우리는 그것이 의회 의원들이 부담해야 할 양심적 책임 같은 것이라고 생각한다. 하지만 합법적인 아프가니스탄 정부 그리고 이어 이라크 정부에 대해 전쟁 선포를 고려해야 할 시기가 됐을 때 98명의 상원의원 가운데 그 누구도 이라크에 대해 군사력을 사용하는 데 반대표를 던지지 않았다. 그리고 아무도 전쟁선포를 요구하지 않았다.

국내 정책에 있어서도 마찬가지로 제국의 임무가 수행되면서 의회는 점점 주변으로 밀려나고 있다. 물론 이것이 특별히 문제가 되는 것은 아니다. 국민들의 투표에 의해 선출된 집단이 내린 결정이 독재자나 전제군주가 내린 결정보다 반드시 나은 것은 아니다. 우리는 단지 제국이 발전할수록 중앙행정부의 힘이 더욱 커지면서 사방으로 확산된다는 것을 지적하고자 한다. 아직까지는 제국 이전의 모습들이 남아 있다. 하지만 그것들은 점점 의미가 없어지고 있다. 행정부는 제국의 심장부라고 할 수 있는 군대를 통솔하기 때문에 행정부가 좋아하는 일을 할 수 있다.

제국이 경제발전과 부를 증진시킬 수 있다는 점에서, 로마제국은 사회질서를 확립하고 국민들이 제국의 사업을 원만하게 유지할 수 있게 하여 경제적인 발전을 꾀했다. 로마의 세율은 심지어 몽골 인들이 요구했던 조공보다 적은 GDP의 평균 5%에 불과했다. 제국적인 관료주의가 발전함에 따라 증가하는 세부적인 통제 사항들은 무역의 배관을 막았다. 하나의 법령은 공무원들에 의해 차례로 개선되는 과정을 거쳐 결국 대안이 제시된다. 또 다른 법령이 시행되면 이번에는 보다 심한 대안 제시 요구가 생기며 결국 사람들은 눈코 뜰 새 없이 바빠진다.

이것이 로마에서 일어난 일이다. 네로 황제부터 디오클레티아누스 황제 시대까지 동전 부피가 줄어들면서 인플레이션은 통제 불능 상태가 되었다. 점점 많은 동전들이 유통되었다. 매년 똑같은 물건을 사는 데 보다 많은 돈이 들었다. 결국 디오클레티아누스 황제는 인플레이션을 잡기 위해 최고가격령*(Edict of Price, 서기 301년 물건값을 일일이 법으로 정한 법령)을 선포하기에 이르렀다. 임금을 포함한 모든 물가가 통제되었다. 상상해볼 수 있듯이 그 결과는 재앙보다 더 끔찍했다.

닉슨 행정부 시대에는 미국에서 물값이 급등했다. 우리는 여기서 수도 배관에 대해 조사하자는 것이 아니라 헌법의 시스템에 대해 이야기하고자 한다. 미국의 헌법에는 대통령이 마치 로마 황제라도 되는 양 마음대로 물가를 고정시키도록 허용하지는 않고 있다. 하지만 리처드 닉슨이 한 것이 바로 그런 일이었다. 그 조치는 무모한 것이었고 불법이었으며 동시에 너무 무분별한 것이어서 재정적인 자멸로 이어졌다. 하지만 누가 반대했는가? 공화당에서는 아주 극소수의 불평가들만 그나마 대항했을 뿐 대부분의 의회 멤버들은 거의 신경 쓰지 않는 것처럼 보였다.

II

우드로 윌슨, 루비콘 강을 건너다

WOODRAW CROSSES RUBICON

선의가 지옥으로 향하는 길을 닦을 수도 있다.

5
지옥으로 가는 길

죽은 사람들이 우리를 미행한다. 파리의 옛 사무실에서 거리를 내려가면 존 로*(John Law, 프랑스에서 활동한 영국의 재정가)가 지은 세계 최초의 중앙은행 자리가 있다. 그는 예전에 중앙은행을 떠나 도시 밖으로 나가라는 압력을 받았다. 우리의 새 사무실 건물의 모퉁이를 돌면 크리용(Crillon) 호텔이 있다. 이 호텔에서 미 해군 차관보인 시어도 루즈벨트는 호화스러운 만찬을 들면서 제1차 세계대전에 참전한 미국 보병들의 참호 속 생활에 대한 실상을 처음 알게 된 것처럼 행동했다. 그 다음 전쟁에서 나치가 라인 강을 향해 떠나자 어니스트 헤밍웨이는 크리용 호텔의 바를 나치로부터 자유롭게 해야 한다고 주장했다.

그렇지만 유령이 우리를 가장 괴롭힌 곳은 볼티모어와 메릴랜드이다. 역사를 연구하는 사람에 따르면 바로 볼티모어와 메릴랜드의 사무실에서 우드로 윌슨(Woodraw Wilson)은 벨기에 주재 미국 대사인 시어도 마버그(Theodore Marburg)와 가장 하고 싶었던 일, 즉 국제연맹을 창설하는 일에 착수했다.

국가 정치에서 정직하고 올바른 사람이 설 자리는 없다. 이성적인 사람은 정치를 하기에는 너무 신중하다. 그는 일종의 위선적 행위 때문에 괴로워한다. 이성적인 사람이라고 나라를 어떻게 다스려야 하는지에 대해 다른 사람보다 더 나은 생각을 갖고 있는 것은 아니다. 그 자신도 그 사실을 안다.

위선적인 행동은 뻔뻔한 거짓말쟁이와 비열한 돌대가리에 의해 이성적인 사람이 축출될 때까지 그를 조금씩 파멸시킨다. 거짓말쟁이는 유권자가 듣고 싶어하고 결국 파멸을 초래하게 되는 계획에 대해 말할 것이다. 돌대가리는 아무런 계획도 어떤 정해진 사상도 없다. 그들은 그저 악수를 나누고 자신들의 머리속에 있는 터무니없는 생각들을 쓸데없이 지껄일 뿐이다. 거짓말쟁이는 결코 훌륭한 대통령이 될 수 없으며 돌대가리의 경우에는 종종 가능하다.

최고의 대통령들

가필드(Garfield), 하딩(Harding), 아서(Arthur) 같은 미국 최고의 대통령들은 거의 언급조차 되지 않는다. 반면 링컨, 윌슨, 시어도 루즈벨트는 국가적인 영웅으로 판에 박힐 정도로 묘사된다. 어느 대통령이 나라를 위해 진정으로 좋은 일을 했고 어느 대통령이 나쁜 일을 했는지는 누구도 정확하게 알지 못한다. 하지만 백악관의 대통령 집무실에 있는 사람이 다른 선택을 했을 때 어떤 일이 생겼을지에 대해 우리는 알아야 한다. 링컨이 남부 사람들을 완패시키지 않았다면 미국이 더 살기 좋은 곳이 되었을까? 윌슨이 제1차 세계대전에 가담하지 않았더라면 세계 역사는 더 불행해졌을까? 우리는 해답을 알 수 없다. 다만 추정할 수 있을 뿐이다. 그러나 이런 문제들을 추론하는 역사가들은 평범함에 대해서가 아니라 어리석음에 대해 더 많은 관심을 갖는다. 정직하지 못한 살인자처럼 그들은 가장 큰 양의 머리를 최상급 소고기라고 선전한다. 역사가들은 이런 선전에 무게를 더하기 위해 자신들의 엄지손가락으로 역사의 저울을 누른다. 위대하다고 선택된 사람들은 최상의 고기 덩어리를 준 사람들이다. 즉 대중들에게 가장 큰 구경거리를 만들어준 사람들이다.

대부분의 역사가들은 링컨과 윌슨 그리고 프랭클린 루즈벨트를 최고의 미국 대통령으로 평가한다. 그렇지만 그들은 모두 태만과 심한 무능력 및 반역으로 비난받아 마땅하다. 최고의 대통령들은 각자 한 번 이상 헌법을 어겼고 피할 수 있는 상황에서도 국가를 전쟁으로 내몰았으며 실질적으로 나라를 파산시켰다.

여론의 기초가 되는 것은 대통령이 직면한 도전이다. 대통령은 그가 얼마나 도전에 잘 대처했는가로 평가받는다. 대통령이 직면하는 최대의 도전은 그저 외딴 시골구석에 사는 루이스나 찰스가 맞닥뜨리는 도전과 다르지 않다. 모든 사람들은 그들 나름대로의 도전에 직면한다. 사람들은 또한 계획을 갖고 있으며 스스로가 이끌어야 할 개인의 삶이 있다. 가장 마지막으로 필요한 것은 대통령이 세계를 더 살기 좋게 해야 한다는 것이다. 생각할 수 있는 모든 진보는 시민들이 큰 대가를 치루어야만 이루어질 수 있다. 진보가 만약 다리라면 시민들은 그 건설비용을 지불해야 한다. 진보가 어떤 것을 금지하거나 또는 규제하는 법이라면 그것을 막는 것은 시민들의 활동이다. 진보가 전쟁이라면 죽어야 하는 것도 시민들이다. 거짓 사회개량주의로 가는 모든 조치들은 개인의 진정한 진보를 방해한다.

이는 왜 아무 일도 하지 않는 대통령이 진짜 보물 같은 존재인가를 설명하는 것이다. 윌리엄 헨리 해리슨(William Henry Harrison)은 국가 지도자의 본보기라 할 수 있다. 대통령으로서는 드물게 그는 약속한 것을 이행했다. 그는 유권자들에게 어떤 상황하에서도 단임 이상으로 일하지 않겠다고 말했다. 가장 결정적인 방법으로 그는 약속을 이행했다. 이 불쌍한 사람은 취임 연설식장에서 폐렴에 걸렸고 취임한 뒤 31일이 되지 않아 사망했다.

제임스 A. 가필드(James A. Garfield)는 또 다른 위대한 지도자였다. 그는 1881년 3월에 대통령 집무를 시작했다. 그는 한 손으로는 라틴어를 쓰고 다른 한 손으로는 그리스어를 동시에 쓸 수 있는 경이로운 인물이었다. 가필드는 7월에 총에 맞고 3개월 후에 죽었다. 권위 있는 역사서에서는 "가필드는 그의 계획을 달성할 시간이 없었다"고 기술하고 있다. 다행스런 일이다.

밀러드 필모어(Millard Fillmore)는 미국의 가장 위대한 대통령 중 한 사람이다. 그는 남북전쟁이 한창이던 시기에 평화를 보존한 것 외에는 거의 한 일이 없다. 평화를 보존하는 것은 하나의 성취였다. 그렇지만 역사학자들은 찬사를 보내는 대신 그를 사기꾼이라고 했다. 칭송은 에이브러햄 링컨에게 돌아갔다. 미국은 링컨을 경호하는 것이 가장 힘들었다. 아직까지도 선동하는 무리들과 반항자들이 자주 가는 곳은 필모어 기념관이 아니라 링컨 기념관이다. 필모어가 평화를 유지하고 백악관에 처음 욕조를 설치하여 수돗물이 나오도록 했음에도 불구하고 그의 기념비는 어디에도 없다. 필모어는 겸손한 사람이었다. 옥스퍼드 대학은 필모어에게 명예학위를 제안했으나 그는 라틴어를 읽을 줄 몰랐다. 자신이 읽을 줄 모르는 학위는 원하지 않는다면서 학위 증서를 거부했다.

필모어가 라틴어를 읽을 줄 몰랐다면 앤드루 존슨은 운 좋게도 읽을 수 있었다. 그는 정규 학교에 다닌 적이 없었으나 아내가 그를 가르쳤다. 앤드루 존슨은 실패한 대통령의 표상으로 자주 제시된다. 그러나 실상 그는 미국 사람들을 위해 최상의 거래를 한 사람이다. 바로 러시아로부터 알래스카를 720만 달러에 사들인 장본인이다. 그후 그렇게 넓은 땅을 미국에 추가시킨 사람은 없었다. 누가 실제로 미국을 더 부유하게 만들었는가? 존슨은 나라를 위해 엄청난 봉사를 한 것이다. 그러나 아직까지도 존슨은 존경과 감사를 거의 받지 못하고 있다.

그러나 우리가 진정 좋아하는 대통령은 워렌 가마리엘 하딩*(Warren Gamaliel Hardding, 미국의 제29대 대통령)이다.

말콤 글래드웰(Malcolm Gladwell)은 성공작인 《블링크 Blink》[1]에서 어떻게 해리 도티(Harry Daugherty, 오하이오 주의 공화당 리더)가 1899년 오하이오 주 리치우드의 글로브 호텔 뒤쪽 정원에서 워렌 하딩을 만났는가에 대해 썼다. 그곳에서 두 사람은 모두 구두닦이에게 구두를 닦고 있었다. 이때 도티는 깜짝 놀라서 대통령감인 사람을 만났다고 생각했다.

신문기자인 마크 설리반(Mark Sullivan)은 그 순간을 다음과 같이 묘사했다.

하딩은 주목할 만한 가치가 있는 인물이었다. 당시 그는 대략 35세 정도였다. 그의 지력과 용모는 준수했으며 사람들의 주목을 끌었고 서로 조화를 이루고 있어 어느 곳에서 그 누구와 견주어도 손색이 없을 정도였다. 후에 그가 지역사회를 벗어나 유명인사가 되었을 때 "콧대가 높은"(Roman)이라는 말은 그를 묘사하는 말로 종종 사용되었다. 그가 단상에서 내려올 때 그의 다리는 공격에 굴하지 않았고 균형잡힌 적당한 비율의 몸을 유지했다. 하딩의 발걸음은 경쾌했고 똑바로 선 몸가짐은 품위와 남자다움을 한결 강화시켰다. 하딩의 융통성, 훤칠함, 크고 넓으며 다소 강렬하기까지 한 눈, 매우 검은 머릿결 그리고 구릿빛 피부는 인디언 같은 수려함까지 느끼게 했다. 하딩이 자리를 다른 사람에게 넘겨줄 때 그의 태도는 모든 사람들에게 실로 친근하고 호의적이었다. 하딩의 목소리는 특이하게 울림이 있었고, 남성적이었으며 온화했다. 구두닦이가 민첩하게 먼지를 털어냈을 때 그가 느낀 만족감은 소도시 사람의 독특한 옷차림에 대한 의식을 반영하는 것이었다. 팁을 건넬 때 하딩의 태도는 너그러웠고 편안함과 마음에서 우러나는 감사를 표시하듯 만족한 표정이었다.[2]

하딩은 용모와 풍채가 훌륭했을 뿐만 아니라 반항아적인 이미지도 갖고 있었다. 글래드웰은 "하딩이 유별나게 머리가 좋은 것은 아니었으며 포커게임과 술을 좋아했고… 여성들에게 구애하기를 좋아했다. 하딩의 성적인 욕구는 화젯거리가 되기에 충분했다."[3]

하딩의 지위는 차츰 높아졌으나 그는 결코 두드러지지 않았다. 연설은 공허했고, 그는 다양한 생각을 하지 못했으며 그나마 생각한 것들도 옳지 않았다. 1916년 도티는 하딩이 공화당 전당대회에서 연설하도록 주선했을 때 어떤 일이 일어날지 짐작하고 있었다.

목격자들은 "아마도 대통령이 되어야만 할 것처럼 보이는 한 남자가 있었다"고 말할 것이다. 그날 시카고 블랙스턴 호텔의 담배연기 자욱한 방에서 정계의 막후 실력자들은 그들이 가진 문제가 무엇인지 알았다. 바로 아무도 반대하지 않을 사람을 찾는 것이었다. 그들이 찾아낸 사람은 바로 하딩이었다.

계속해서 글래드웰은 하딩이 1921년 대통령이 되었다고 썼다. 글래드웰은 이어서 "하딩은 뇌졸중으로 급작스럽게 죽기 전까지 2년간 대통령직을 수행했다. 대부분의 역사가들이 동의하는 것처럼 하딩은 미국 역사상 최악의 대통령 중의 한 사람이었다"고 기술했다.[4]

겉으로 보아 하딩은 최고의 대통령처럼 보였다. 하딩이 통치하는 동안 어느 누구도 체포되거나 고소되지 않았다. 워싱턴이나 다른 어떤 지역에도 "하딩 건물"(Harding Building)이라고 명명된 건물은 없다. 하딩이 발발시킨 전쟁은 하나도 없었고 그가 시작한 정치 일정 따위도 없었다.

우리가 알고 있는 한 워렌 하딩이 취임한 뒤 미국도 미국 국민들의 생활도 전혀 나아진 데가 없었다.

하딩은 적당한 재능을 지닌 괜찮은 사람이었다. 그는 백악관에서 2주에 한 번씩 포커게임을 즐겼다. 하딩은 기회만 있으면 저속한 버라이어티쇼로 살짝 도망쳤다. 이런 기분전환용 오락은 하딩에게 충분해 보였다. 이런 오락들은 하딩이 자신의 역할들을 수행하는 데 도움이 되었고 다른 일에 눈을 돌리지 못하게 했다. 또 다른 장점은 하딩은 그의 생각을 다른 사람이 알아차릴 정도로 분명하게 생각하고 말하지 않았다는 것이다. 하딩은 군대를 소집하거나 그의 의견을 따르도록 지시하지도 않았다. 그는 아무 일도 하지 않았다. 심지어 하딩이 어떤 일을 시도했다 해도 사람들은 그를 이해하지 못했을 것이다.

H. L. 멩켄(H. L. Mencken)은 단지 우롱하기 위해 하딩의 중간 이름을 가마릴리스*(Gamalielese, 하딩의 중간 이름인 가마리엘을 조롱하기 위해 멩켄이 만들어낸 말. 멩켄은 그가 들은 것 중에 하딩이 최악의 영어를 구사한다고 생각했음)라고 부르곤 했다.

> 나는 정부가 사람들의 마음을 달래기 위해 할 수 있는 최대한의 역할을 해주기를 기대한다. 그러면 공동의 선을 위해 서로의 관계를 이해함으로써 우리에게 부과된 일은 해결될 것이다.[5]

이 문장은 매우 바보스럽고 의미 없어 보인다. 이것은 우리의 현직 대통령 입에서 나온 말이다. 그러나 군중들은 대통령이 이런 식으로 말하는 것을 좋아하는 것 같다. 대통령은 매우 강한 신념을 갖고 그렇게 말했다. 이에 대해 멩켄은 대장장이가 쇠망치를 달걀에 내리치는 것처럼 보인다고 말한다.[6]

하딩은 우뢰처럼 큰 목소리로 허튼소리를 해댔다. 그는 사무실로 태풍처럼 쳐들어왔으며 그가 죽을 때까지 가랑비는 계속 내렸다. 브라보! 잘했다.

윌슨, 루비콘 강을 건너다

펜실베이니아 가를 따라 지구상에 깊은 족적을 남기고 그들의 길에 방해가 되는 사람들을 짓밟아버렸던 다른 볼품없는 거인 대통령들과는 다른 사람들이 하딩과 아서(Arthur), 필모어(Fillmore)였다. 이 꼬마 난쟁이들은 거의 흔적을 남기지 않은 채 국가 최고의 사무실 백악관을 그들 방식대로 꾸려나갔다. 말하자면 그들은 국가를 그저 방치한 것이다.

"죽은 대통령들"(dead presidents), 즉 미국의 달러 지폐 어디에서도 꼬마 난쟁이들의 모습은 찾을 수 없다. 또한 다코타 언덕의 우뚝 솟은 바위에서도 끌로 조각한 그들의 반면상은 찾을 수 없다. 대신 그곳에서는 시어도 루즈벨트 같은 허풍선이와 에이브러햄 링컨 같은 숭고한 사기꾼을 볼 수 있다. 미국 역사상 최악의 대통령을 향한 경쟁자들로 가득 찬 이 들판에 한 사람이 서 있었다. 세계를 개선하는 사람으로서 그의 위업은 세계적이었다. 그는 유머가 없고 볼품없었으며 독선적이었다.

그가 바로 최악의 정치인인 우드로 윌슨이었다. 그는 결코 거짓말을 하지 않았고 이해할 수 없는 인물이었다. 그는 선의로 가득 찬 사람이었기에 사실상 스스로 지옥으로 가는 길을 닦았다.

20세기의 출발과 제2차 세계대전의 종전 사이에 미국은 세계에서 가장 부자가 되었고 발전했으며 역사상 가장 힘 있는 나라가 되었다. 많은 사람들이 과거 어느 때 그 어떤 나라에 진 것보다 더 많은 빚을 미국에게 지고 있었다. 많은 이들이 과거 어느 나라를 대할 때보다 미국을 호의적으로 대했다. 미국인들은 선의를 갖춘 거대한 대국으로 지구상에 우뚝 솟아 있었다.

그러나 암초가 없는 희망은 없는 법이다. 미국은 너무 운이 좋았다. 그로부터 불과 60년이 지난 현재 미국은 세계 최대의 채무국이 되었다. 세계에서 가장 많이 소비하는 "세계의 입"이다. 미국은 이제 세계에서 가장 공격적이고 간섭하기 좋아하는 군사대국이 되었다. 지구상의 어떤 국가도 미국의 관심을 피할 수 없게 되었고 너무 가난해서 미국에게 돈을 빌려줄 수 없는 나라도 없다. 과거 미국은 지구상에서 가장 자유로운 국가였다. 이제 미국은 어느 나라보다 많은 사람들을 감옥에 가둬놓았다 (그들 중 일부를 고문한다). 미국은 참견하기 잘하는 무리들과 밀고자들을 고용했다. 동성애자(consenting adults) 사이의 매춘(commercial act)은 6개의 주요 규정을 거쳐야만 가능한 것으로 정했다. 우리는 일순간 멈추서서 어떻게 우리가 여기까지 오게 되었는지 의아하게 생각한다. 분명히 몇몇 끔찍한 범죄가 행해졌다. 이제 그 증거를 찾아 나선다. 거기에서 우리는 몇몇 실례를 찾았고 이를 실험실로 가져간다. 이제 여기서 무엇을 찾게 될까? DNA 샘플들은 토머스 우드로 윌슨의 것들이다.

우리는 윌슨을 비난하지 않는다. 혹은 유례없이 그에게 책임이 있다고 생각하지도 않는다. 해군에서 그의 정치적인 문하생이었던 프랭클린 루즈벨트는 그의 열렬한 공모자였다. 린든 존슨은 도주하는 차를 몰았으며 로널드 레이건과 앨런 그린스펀, 조지 W. 부시는 그 갱단에 후일 합류했다. 그러나 윌슨이 주모자였다. 미국 정부 시스템의 개선을 결정한 것은 그였다. 많은 세계를 개선하기로 결정한 것 또한 윌슨이었다. 윌슨은 마치 이전의 모든 미국인 세대들과 미국 이외의 세계 모든 사람들은 바보 멍청이 무리라고 생각하는 것 같았다. 그는 명백하게 자신만이 전 세계에 필요한 모든 것을 볼 수 있는 능력을 부여받았다고 생각했다. 그래서 가장 기초적인 방법으로 미국의 헌법을 고치는 일에 착수했고 수천년 간 발전되어온 국제관계 체계를 다시 정립하는 일에도 돌입했다.

1944년 판사인 러니드 핸드(Learned Hand)는 자유의 정신은 그것이 옳은 것이라고 지나치게 확신하지 않는 정신을 말한다고 했다.[7] 그러나 이런 겸손함은 미국의 28대 대통령인 윌슨에게는 결코 고민거리가 아니었다.

현대 정신분석학의 아버지인 프로이트는 우드로 윌슨을 다음과 같이 묘사한다. "정신적으로 아프고 무자비하며 허언증을 앓고 있는 사람은 그들이 신과 직접적인 의사소통의 통로를 갖고 있다고 믿는다. 그는 자신의 밖에 존재하는 지적인 힘에 의해 그가 인도받고 있다고 생각했다."[8] 그러나 윌슨에 대한 프로이트의 판단은 너무 관대했다. 윌슨은 자기만족적이고 신성한 체했으며 망상적인 실수를 하는 사람이었다. 그는 실제로 당연하다는 듯이 혼자 힘으로 나라를 거짓된 겉모습으로 바꾸어 버렸다. 우리는 대통령 선거 승리 이후 윌슨이 말한 것으로 알려진 다음의 인용어구부터 조사하기 시작했다. 윌슨은 "신이 나를 미국의 차기 대통령으로 임명한 것을 기억한다. 당신도 또는 세상의 어떤 사람도 이것을 막을 수는 없다"고 말했다.

윌슨이 제정신이 아니라는 데에는 의심의 여지가 없다. 그는 민주당원이라고 주장했다. 훗날 그는 세계를 "민주주의를 위해 안전한" 곳으로 만들겠다고 주장했다. 그러나 바로 여기서 그가 리더십 문제를 결정하는 데 있어 신의 섭리를 믿었음을 알 수 있다. 그는 사람들에 의해 선출된 것이 아니었다. 신에 의해 선택된 것이었다. 그러면 선거는 도대체 왜 해야 하는지 이해할 수 없다.

우리는 또한 과거 대학교수였던 사람이 어떻게 신의 마음을 알 수 있는가에 의아스러움을 감출 수 없다. 우리는 여러 차례 알고자 했다. 신이 주식 가격을 오르도록 하는가에 대해 스스로에게 질문해보았다. 신이 이 비행기가 무사하게 착륙하도록 할 것인가에 대해서도 최근 의구심을 가졌다. 신은 대체 어디에다 자동차 열쇠를 놓아두었는가? 좋은 뜻으로 그 방법을 생각하고자 시도했지만 우리는 결코 신의 마음을 알 수 없었다.

우드로 윌슨은 신과 함께 식사한 것임에 틀림없다. 아마도 그는 신의 귀와 혹은 신의 목구멍을 갖고 있을 게다. 우리가 마치 텅 빈 맥주잔을 보는 것처럼 그는 쉽게 미래를 바라볼 수 있는 능력을 갖고 있는 것 같다. 우드로는 자신이 대통령이 될 운명이었다는 것뿐만 아니라 신이 그에게 준 것보다 더 나은 세계를 건설했다. 그는 미래를 검토했고 상황이 발생하기 이전에 개선했으며 자신의 희망과 목표를 수백만 명의 것으로 대체했다.

연준리의 시스템이 국가의 통화량을 조절하게 되면 세계가 보다 나은 곳이 될 것이라는 사실을 윌슨은 어떻게 알았을까? 윌슨에게 우호적인 카란자*(Carranza, 멕시코의 입헌주의자. 초대 대통령)가 아니라 후에르타(Huerta) 장군이 권좌에 있는 한 멕시코가 미국에게 위험한 국가라는 사실을 어떻게 알았을까? 멕시코 사람들이 어떤 형태의 정부를 가져야 하는가에 대해서 멕시코 사람들보다 윌슨이 더 나은 판단을 할 수 있다고 생각하게 만든 근거는 무엇일까? 입헌군주제보다 민주주의가 더 우월하며 미국이 참전한다면 제1차 세계대전이 잘 끝날 것이라는 것을 그는 어떻게 알았을까?

1917년 4월 2일 연설에서 윌슨은 미국이 참전할 것을 촉구했다. 그는 러시아 사람들이 실제로는 민주적이었다고 지적했다. 윌슨은 계속해서 지난 수 주 동안 러시아에서 놀랍고 고결한 일들이 발생했다고 했다.[9]
러시아에서 일어난 일은 후일 볼셰비키 혁명이 된 반란의 시초였다. 반면 독일은 미국이 적군 쪽에 가담해 전쟁에 뛰어드는 것을 두려워했다. 독일은 동부전선을 하루빨리 안정시켜서 새로운 위협이 되고 있는 서방 쪽에 총력을 기울이고자 했다. 독일의 수법은 파멸을 초래하기에 충분할 정도로 매우 영악했다. 독일은 수 년 전에 러시아로부터 추방된 바람같이 거센 혁명가인 레닌을 발견했다. 레닌은 독일에서 자금을 지원 받았고 분쟁을 일으켜야 한다는 긴급한 목적을 갖고 기차를 타고 러시아로 돌아왔다. 레닌이 일으킨 분쟁은 볼셰비키 혁명이었으며 이 혁명은 독일이 원하던 대로 러시아를 전쟁에서 몰아냈다.

윌슨은 단서를 갖고 있지 않았다. 어디서 무슨 일이 발생할지를 알 방법도 없었다. 그는 단지 다른 모든 사람들처럼 추정했고 그 추정은 거의 항상 틀렸다. 많은 독자들은 성급하게 판단하고자 할 것이다. 사람들은 윌슨이 실수를 했다고 말할 것이다. 또는 "러시아 혁명이 지구 역사상 탐욕스럽고 악한 정부가 꾸민 가장 잔인하고 모순된 사건 중 하나에 의해 일어났다는 것을 어떻게 알겠느냐"고 말할 것이다. 그것을 아는 게 불가능하므로 사람들은 "당신의 일에 최선을 다하고… 더 나아가 행동에 나서야 한다"고 말할 것이다.

공적 업무를 실천하는 데는 언제나 편견이 작용하며 이 편견은 또한 끊임없는 실망을 낳는다.

물론 윌슨은 미래에 어떤 일이 일어날지에 대해서는 알지 못했다. 다른 경우를 생각하는 것은 무의미했다. 그러나 윌슨은 달리 생각했고 아이티, 멕시코 및 니카라과에서 역사가 기술되기 이전에 역사를 편집하기로 결심했다. 그는 유럽 국가들의 성장기 역사도 편집했다. 윌슨은 심지어 볼셰비키를 패배시키기 위해 러시아에 군대를 파병했다. 이것이 전형적인 윌슨의 행동이었다. 그는 어디든지 간섭하고 싶어했다.

몬테주마의 영웅들

미국인들은 멕시코의 포르피리오 다스(Porfirio D'az) 정부에 대해 완벽하게 만족했다. 그러나 멕시코의 선동자들은 국가의 가장 중요한 산업을 비멕시코 인들이 소유하고 있다는 문제를 제기하기 시작했다. 경제적인 측면에서 자본가들이 어떤 나라의 여권을 소지했는가는 거의 문제되지 않았다. 그러나 정치인들은 내국인들이 국내 산업을 소유하는 것을 선호했다. 그래야만 자본가들에게 기대기가 수월했기 때문이다. 더 나아가 외국인들의 산업 소유권은 군중을 선동하는 데 있어 유용한 미끼가 된다는 점을 멕시코 인들은 발견했다. 멕시코의 새 대통령인 프란시스코 마데로(Francisco Madero)는 포르피리오 정부가 전복된 뒤를 이어 1910년에 취임했다. 그는 대부분 미국인이었던 외국인의 소유권을 박탈하고자 애썼다.

소유권을 박탈당한 사람들은 당시 미국 대통령인 태프트(Taft)에게 신뢰할 수 있는 독재자(dictator)를 세우라고 말했다. 마데로는 1913년 2월에 축출되었고 빅토리아노 후에르타(Victoriano Huerta) 장군에 의해 살해되었다. 새로 취임한 미국 대통령 윌슨은 당시 멕시코의 정치체제를 좋아하지 않아 이를 승인하기를 거부했다. 대신 윌슨은 베누스티아노 카란자(Venustiano Carranza)와 그의 정당이 이끄는 반대파 진영을 지원했다. 윌슨은 자신이 "감시대기"*(watchful waiting, 외교군사에서 사용) 정책을 수행하고 있다고 말했다. 그러나 그는 얼마 후에 기다리는 데 지쳐버렸다. 1914년 4월 21일 월슨은 행동하기로 결정했다. 그는 베라 크루즈(Vera Cruz)에 폭격을 명령했다. 다른 나라의 도시를 폭격하는 것은 애매한 행동이 아닌 결정적인 전쟁 행위였다. 미국 헌법은 의회만이 전쟁을 선포할 수 있다고 구체적으로 명시하고 있다. 그러나 윌슨은 기다릴 수가 없었다.

멕시코의 "위기" 상황은 수 개월간 잠복해 있었다. 외국 배들은 몇몇 멕시코 항구의 해안에서 떨어져서 분쟁이 발생하기를 기다리고 있었다. 탐피코(Tampico)에서 일단의 미국 선원들이 멕시코 군에게 감금되는 사고가 발생하면서 분쟁에 불이 붙었다. 선원들은 곧 사과와 함께 풀려났으나 윌슨은 사건이 무사하게 해결되도록 놔두지 않았다. 윌슨은 후에르타 정부에게 탐피코에서 미국의 깃발을 게양하고 모욕을 당한 사람들에게 속죄하기 위해 21개의 총으로 경례할 것을 요구했다. 후에르타는 말도 안 되는 소리라면서 거절했다.

이에 윌슨은 미 해군을 파견했다. 그러나 탐피코는 그들이 상륙하기에 적당한 지역이 아니었다. 대신 베라크루즈가 선택되었다.

윌슨이 베라크루즈를 공격한 직접적인 이유는 독일 함대의 접근이었고 멕시코 정부를 위해 군대를 파견했다. 멕시코는 미국과 교전을 벌이는 것이 아니었고 미국은 독일과 전쟁을 하는 것이 아니었다. 그 어느 나라도 교전 상대가 없는 전쟁을 벌이고 있었다. 멕시코는 어느 나라든 원하는 나라로부터 병력을 살 수 있었다. 윌슨의 간섭은 실로 터무니없는 것이었다.

베라크루즈 전투에서 90명의 미국인이 죽었고 멕시코 인은 300명 이상이 사망했다. 그들이 과연 무엇을 위해 죽었는지는 아무도 알지 못했다. 윌슨의 군사적인 간섭은 그가 기대했던 것과 정 반대의 결과를 가져왔다. 윌슨의 사람이었던 카란자는 아연실색해서 적대자와 힘을 규합해

멕시코 세력을 단일화한 뒤 미군의 철수를 요청했다. 멕시코 정부는 미국과 외교 관계를 단절했고 멕시코 내 미국인들의 재산을 몰수했다. 이제 두 나라 관계는 진짜 전쟁으로 치달았다. 과연 무엇을 위한 전쟁이었을까? 윌슨은 후에르타 장군이나 카란자 모두 만난 적조차 없었다. 우리가 알고 있는 한 윌슨은 멕시코를 방문한 적이 없었다. 그는 멕시코 음식인 타코조차 먹어본 적이 없었으며 데킬라 한 모금도 삼켜본 적이 없는 사람이다. 그러면서도 여전히 윌슨은 누가 리오그란데(Rio Grande) 남쪽 국가의 수장이 되어야 하는지를 잘 알고 있다고 생각했다.

모든 사건은 그 시작처럼 불합리했고 감정적으로 끝났다. 유럽에서 전쟁이 시작되었고 윌슨의 부인이 죽었다. 대통령은 더 이상 멕시코에서 더 나은 세계를 건설할 시간도 에너지도 갖고 있지 않았다. 일련의 협상이 진행되었고 윌슨은 기자회견 자료를 다음과 같이 준비했다.

카란자 장군과 아구아스칼리엔테스(Aguascalientes)의 대표자는 모두 우리가 요청한 내용을 보증하고 보장하겠다고 밝혔다. 요청한 내용은 11월 23일 월요일자로 베라크루즈로부터 미군을 철수시킬 목적으로 작성된 것이다. 미국 정부가 개인적인 신병 안전을 책임지고 있는 그곳의 모든 사람들은 이제 베라크루즈를 떠난다. 그곳에 피신해 있는 성직자와 수녀 그리고 그들의 안전문제를 우려하는 사람들은 지금 본국으로 향하고 있다.[10]

그렇지만 윌슨의 간섭은 끝나지 않았다. 베라크루즈 사건을 해결한 후 윌슨은 카란자의 맞수인 화끈한 성격의 프란시스코 판초 빌라라는 사람을 지원했다. 판초 빌라는 한때 푸줏간 체인점을 소유했던 사람이다. 빌라는 체 게바라*(Che Guevara, 아르헨티나 출신의 쿠바 정치가이자 혁명가,

1960년대 저항운동의 상징)의 초기 역할 모델과 같은 사람이었음에 틀림없다. 그는 평판을 중시했으며 오로지 신문에서 자신의 이름을 찾기 위해 전투를 연출해 기소되었다. 헐리우드는 그를 숭배했다. 만약 1916년에 티셔츠 산업이 있었다면 그의 모습을 수백만 장의 티셔츠에서 볼 수 있었을 것이다. 그러나 빌라는 익살맞았을 뿐만 아니라 결국 죽을 운명이었다. 1916년 1월 10일 버려진 광산인 산타 이사벨(Santa Ysabel)을 재건하기 위해 미국 광산 기술자들이 초대되었을 때 빌라의 무리들은 그 기술자들을 공격했다. 빌라는 그들 중 18명을 살해했다. 그리고 3월 9일에는 더 도발적으로 움직였다. 빌라 휘하 사람들은 국경을 넘어 뉴멕시코 콜럼부스에 있는 소규모 주둔군을 공격했다. 마을은 불탔고 17명의 미국인이 살해되었다. 이미 미국 전역의 국민들은 입에 거품을 물고 잔뜩 화가 나서 전쟁을 열망했다. 다시 한번 윌슨은 "지켜보기" 정책을 포기했고 존 J. 퍼싱(John J. Pershing, 일명 블랙 잭)을 장군으로 임명한 뒤 판초 빌라의 머리를 가져오라고 했다. 그러나 이것도 역시 오류였다. 1만2천 명의 군인을 강제로 징집했음에도 불구하고 판초 빌라는 항상 멀리 있었다. 퍼싱은 윌슨에게 빌라는 어느 곳에나 있는 것처럼 보이나 또 그 어디에도 없다고 말했다.

퍼싱은 9개월 동안 빌라를 추적했다. 퍼싱은 윌슨이 새로운 개입을 위한 계획을 발표하기 2개월 전에 본국으로 송환되었다. 윌슨의 새로운 개입은 메이저리그 사업이었다. 그러나 빌라도 오랫동안 도망쳐 있을 수는 없었다. 그는 수 년 뒤에 습격당했고 결국 살해되었다.

속임수로부터 어리석은 짓과 끔찍한 재난에 이르기까지 윌슨은 거의 모든 미국 제국주의 군대의 모험담 각본을 도맡아 썼다. 윌슨은 멕시코뿐만 아니라 니카라과, 아이티 그리고 도미니카 공화국에 이르기까지 군대를 파병했다. 그러나 라틴 아메리카에 대한 윌슨의 개입 효과는 그가 기대했던 것과는 정반대로 나타났다. 이 지역에서 미국의 우방이 늘어나기는커녕 적의 숫자가 기하급수적으로 늘어났다. 다음 두 세대 동안 "양키 고우 홈"(Yanqui go home)이라는 표현은 라틴아메리카에서 강낭콩만큼이나 친숙한 표현이 되었다.

위대한 전쟁

역사학자인 폴 존슨(Paul Johnson)은 우드로 윌슨이 이기적인 오만함과 자부심, 정의로운 체 가장하는 특성을 갖고 있었다고 말했다. 이런 윌슨의 특성들은 바뀌지 않았고 힘의 실천과 더불어 커져만 갔다. 이는 다른 모든 위대한 제국의 설립자들에게서도 공통적으로 발견되는 점이다. 윌슨은 그가 세상을 더 나은 곳으로 만들고 있다고 확신했다. 그는 부르주아 사회의 의례적인 속박이나 단순한 진실 그리고 합법적인 정부 따위는 필요없다고 생각했다. 윌슨은 자신의 첫 부인에게 말하기를 그가 세계에서 위대한 사건들을 실행할 수 있는 열정을 갖고 있다고 했다. 윌슨은 여론의 큰 흐름에 영감을 불어넣기를 원했다.[11] 라틴 아메리카의 스페인계 하급귀족을 쥐고 흔드는 것으로는 충분치 않았다. 윌슨은 유럽을 호령하겠다는 훨씬 더 큰 야망을 갖고 있었다. 경제적으로 미국은 이미 세계 최고의 위치에 있었다. 미국의 국내총생산(GDP)은 1910년 영국의 GDP를 상회했다. 모든 젊은이들이 늙은 상사에게 도전하고자 하듯이 미국은 군사적으로 세계 주요 열강의 틈바구니에 모습을 드러냈다. 왜 미국이 20세기 들어서야 비로소 나라 밖 일들에 간섭하기 시작했느냐고 묻는다면 답변은 간단하다. 그것은 미국이 그제서야 간섭할 수 있는 능력을 갖췄기 때문이다.

1917년 4월 2일 토머스 우드로 윌슨은 의회의 상하원 합동 회기에 출석해 과장되고 점잔빼는 태도로 의회를 놀라게 했다. 그는 거의 말을 하지 않았다. 동물들은 이미 코를 쿵쿵거리면서 앞발로 땅을 차고 있었다. 유럽의 힘은 쇠했고 미국이 전투에 참여할 기회를 갖게 되었다. 이는 전 세계의 우두머리가 되겠다는 윌슨에게는 기회로 다가왔다.

윌슨은 흥분된 감정을 버려야 한다고 말한 뒤 그 동안 주장했던 것 중에서 가장 강하게 군중을 선동하는 선언을 발표하기 시작했다. 윌슨은 의회가 독일에 대해 전쟁을 선포할 것을 촉구했다. 이어 훈족들은 이기적이고 독재적인 힘의 지배를 받고 있다고 말했다.[12] 그들을 죽여야 한다고 내세우는 논리는 큰 논란거리였다. "싸우는 밥"(Fighting Bob)이라는 별명을 가진 위스콘신 주의 상원의원인 로버트 라 폴레트(Robert La Follette)는 독일 사람들이 그 어떤 일도 하지 않았다고 생각했다. 독일 사람들은 벨기에에서 어린이들에게 총을 겨누고 어린 소년들의 팔을 잘랐다고 비난 받았다. 그러나 미국 신문기자들이 문제의 본질을 파헤치기 위해 사실 확인 작업에 나섰으나 아무 단서도 찾지 못했다. 훗날 스콥스 재판*(Scopes Trial, 1925년 테네시 주 고등학교 일반과학 교사인 스코프 씨가 불법으로 학교에서 진화론을 가르쳤다 하여 일어난 소송)에서 윌리엄 제닝스 브라이언(William Jennings Bryan)을 바보 취급한 클라랜스 대로우(Clarence Darrow)는 누구든지 자신의 팔이 독일인들에 의해 잘려나갔다고 나서는 사람에게 1천 달러를 제공하겠다고 말했다. 당시 연준리의 업무가 거의 정착되지 않은 시점에서 1천 달러는 오늘날의 2만 달러에 버금가는 큰돈이었다. 그러나 여전히 그 누구도 자금을 청구하는 사람은 없었다.

독일 사람들은 또한 몇 척의 배를 침몰시켰다. 당시 유럽은 전쟁중이었다. 독일은 당시 갖고 있던 유일한 무기인 잠수함을 갖고 영국 해안을 봉쇄했다. 따라서 영국으로 항해를 시도하는 것은 위험했다. 특히 무기를 실은 배는 더더욱 위험했다. 영국도 역시 독일 해안을 봉쇄했다. 두 나라 사이에 차이점이 있었다면 영국 해군의 전력이 우세했고 그래서 해안 봉쇄에 있어 독일보다 한 수 위였다는 점이다. 그러나 해군 봉쇄 그 자체에는 새로운 것은 없었다. 링컨도 남북전쟁 당시 남쪽을 봉쇄했던 적이 있었다.

이는 길고도 복잡한 얘기다. 회고해 보면 미국은 해외에서 확실히 더 좋은 성과를 냈다. 상원의원인 로버트 라 폴레트는 그렇게 생각했다. 그는 자신의 말을 경청하는 사람이라면 누구에게든 유럽에서의 투쟁을 정치적이고 상업적인 적대행위로 이해하는 것이 최선이라고 말했다. 독일인들은 어느 곳에서든지 영국 사람들에게 도전했다. 독일 경제는 빠르게 성장하고 있었다. 독일은 영국보다 훨씬 늦게 산업화되었지만 특유의 철저한 행동력으로 산업화를 진행했다. 1855년부터 1913년 사이 독일에서 생산은 600% 증가했다. 반면 대영제국은 정점을 지난 것처럼 보였다. 독일인들은 새로운 공장을 짓고 새로운 시장을 발전시키고 있었다. 1870년대 막바지 영국은 전 세계 제조업의 삼분의 일을 책임지고 있었다. 그러나 1910년에는 영국의 비중이 1870년대 말에 비해 절반 수준으로 떨어졌다. 반면 독일과 미국은 더 많이 생산했다. 아프리카에서 독일의 식민주의자들은 영국의 영토를 위협했다. 제1차 세계대전이 발발하기까지 1년에 두 차례나 위협했고 아프리카의 위기는 열강들을 거의 전쟁으로 치닫게 했다. 유럽에서는 독일 제조업자들이 영국인 제조업자들에게서 시장을 빼앗고 있었다. 공해상에서는 독일 해군이 영국 해군에게 점점 더 위협적인 존재가 되었다. 결국 영국과 독일은 서로 앙갚음을 했고 라 폴레트는 그들을 내버려두라고 했다.

그러나 우드로 윌슨은 본인만의 생각을 갖고 있었다. 그는 정치인들에게 문명화 자체가 불안정해 보인다고 했다. 이어 항상 가슴속에 있는 민주주의를 위해 싸워야 한다고 말했다. 윌슨은 권위에 복종해버린 사람들의 정부에 목소리를 낼 수 있는 권리 및 약소국들(이 대목에서 그는 멕시코나 아이티 혹은 니카라과를 거론하지는 않았다)의 권리와 자유를 위해서도 싸워야 한다고 했다. 마지막으로 윌슨은 세계 모든 국가에 평화와 안정을 가져다주고 궁극적으로 세계를 자유롭게 함으로써 결국 자유로운 국민들의 협조를 통해 전 세계에 대한 지배권을 확보하고자 싸워야 한다고 주장했다.[13]

윌슨이 연설을 끝마쳤을 때 대부분의 의원들은 기립박수를 보냈다. 그중 많은 사람들의 얼굴에는 눈물이 흘렀다. 마침내 미국은 참전하게 되었다. 200만 명의 사람들이 이미 전쟁에서 사망했다. 그 이유는 누구도 확실히 알지 못했다. 윌슨은 이를 설명하기 위해 호언장담과 헛소리를 해야 했다. 그때까지 이 전쟁은 또 하나의 멍청한 유럽의 전쟁에 지나지 않았다. 미국 건국의 아버지들이 후손들에게 피하도록 촉구한 바로 그런 종류의 전쟁이었던 것이다. 괴물들을 죽이는 일을 위해 앞으로 나서지는 말라고 애덤스는 말했다. 그러나 행복한 순간이 도래했다. 미국은 이제 준비가 되어 있었고 윌슨은 괴물을 찾아냈다. 이제 신을 찬미하는 수밖에 없었다.

그때까지 이 전쟁은 유럽에서 일어난 또 하나의 전쟁에 불과했다. 처음도 아니고 마지막도 아닌 전쟁 말이다. 1870년 프랑스와 독일은 전쟁에 발벗고 나섰다. 프랑스가 공격했고 독일은 매우 훌륭하게 반격했다. 독일은 파리를 에워싼 뒤 공격했다.

미국은 프랑코-프러시아 전쟁에 끼어들 생각이 없었다. 미국은 여전히 남북전쟁으로 인한 상처로 어려움을 겪고 있었다. 그리고 프랑스도 1870년 전쟁이 끝났을 당시 배상금을 지급하라는 압력을 받고 있었다.

그러나 독일에 지급된 돈은 빠르게 프랑스로 다시 들어왔다. 독일이 프랑스에서 재화와 서비스를 사들였기 때문이다. 프랑스가 전쟁에서 패배한 것이 승리한 것만큼이나 좋은 결과를 낳은 것이다. 프랑스 경제는 활황을 보였고 독일도 마찬가지였다. 그 전쟁을 제외하면 유럽은 평화와 번영의 세기를 즐기고 있었다. 뇌의 상층부는 잘했다고 생각하면서 앞으로 계속 안정을 누릴 것으로 생각했을 것이다. 그렇지만 대뇌 변연계 아래쪽에는 소박하고 원시적인 충동이 부풀어 오르고 있었다. 오랫동안의 평화 이후의 전쟁은 새로운 활력소였다. 오랜 기간의 번영 이후 사람들은 부채와 파괴, 파산이 과격하게 부르는 소리를 들었다.

1914년 6월 28일 오스트리아-헝가리 제국의 대공인 프란츠 페르디난트와 그의 부인은 가브릴로 프린십(Gavrilo Princip)이라는 반주류파의 총에 맞아 살해되었다. 이 일에 대해 미국에서는 누구도 특별히 신경 쓰지 않았다. 미국에게 중요한 것은 오로지 대초원지대(프레리 지역)였다. 미국인들은 농장의 황소(duke)를 공작이라고 부르면서 이들을 먹이고 응접실이나 휴게실의 장식품으로 사용하곤 했다. 유럽인들이 왜 전쟁을 하는지 관심을 가진 이들은 거의 없었다. 미국 건국의 아버지들은 미국 사람들이 미국의 문제에만 관심을 가져야 한다고 경고했다. 미국은 세계에서 가장 역동적인 경제였다. 미국 사람들은 수많은 사업거리를 갖고 있었다. 미국에서 지각 있는 사람들은 스스로의 문제에나 신경 쓰는 것을 여전히 최선의 외교정책으로 생각했다.

그러나 신문 사설들은 싸움에 뛰어들어야 할 갖은 이유를 들이대면서 큰소리쳤다. 민족주의, 경제적인 경쟁, 군국주의, 비밀 조약, 고귀한 이상, 비열한 비밀거래, 배반행위, 대립관계 등 대답들은 마치 고층건물에서 나오는 비닐봉지처럼 튀어나왔다. 그리고 이 해답들은 곧 나뭇가지나 전봇대에 걸렸다.

오늘날에도 당신은 온 나라를 돌아다니면서 대체 왜 미국이 참전했으며 그것도 독일이나 오스트리아 편이 아닌 영국과 프랑스 쪽으로 전쟁에 끼어들었는가를 물어볼 수 있다. 해답은 여러 가지가 있다. 그러나 거의 50만 명의 미국인들이 사망했다는 사실을 정당화하기 위해서는 한 가지 이유만으로는 불충분하다. 하지만 해답을 얻는 일은 쉽지 않다. 답은 존재하지 않기 때문이다.

프린십은 실패하지 않았다는 사실만 제외하면 체홉(Chekov)의 연극에 나오는 인물 같았다고 역사학자인 A.J.P.테일러(Taylor)는 말했다. 프린십의 목적을 달성하기 위해서 50만 명 이상의 미군들이 희생됐다는 게 말이 되는가? 그가 형편없는 사수였다면 전쟁이 시작되었겠는가? 그것이 전쟁이 시작된 진정한 이유일까?[14] 프린십의 사격술이 전쟁을 촉발시켰다기보다는 전쟁을 시작하도록 허용했다고 할 수 있다. 열강들 중에 어느 나라도 진심으로 전쟁을 원한 나라는 없었다. 전쟁으로 인해 그들이 어떤 이익을 기대했다고 보는 것은 상식적으로 맞지 않다. 열강 중 어느 나라도 전쟁을 준비하고 있지 않았고 어느 나라도 전쟁을 멈추게 할 만큼 잘 대처하지도 못했다. 갑자기 군대가 발칸 지역에 동원되었다. 독일의 빌헬름 2세 황제는 위급한 상황을 깨닫고 이를 멈추려 했다. 7월 30일 새벽 2시 55분 빌헬름 2세는 오스트리아 주재 독일 대사에게 긴급 전보를 보내 중재하라고 지시했다.

그러나 어느 나라도 진정으로 사태를 깨닫지는 못했다. 영국, 프랑스, 오스트리아-헝가리, 러시아, 독일 등 모든 나라는 거듭해서 서로의 의중을 잘못 판단했다. 그들은 자신들의 행동이 어떤 영향을 줄지에 대해 잘못 계산했고 더 나아가 각국은 서로 곤경에 빠졌다고 완전히 잘못 이해했다. 당시 유럽의 많은 사람들은 노만 엥겔(Norman Angell)의 책에 크게 영향을 받았다. 엥겔은 전쟁이 실질적으로 불가능하다고 믿었다. 엥겔은 좋은 논쟁거리를 만들었다. 현대 경제는 교역과 상업, 제조업에 기반을 두고 있다. 부는 이제 차압당할 수 있는 토지에 더 이상 연연하지 않았고 공장과 철로, 자본 및 사업관계 등에 의존했다. 전쟁은 자본을 파괴했고 경제활동을 억눌렀다. 그러므로 사람들은 전쟁을 발발시키지 않으려 했다. 전쟁에는 너무 많은 비용이 들었고 전쟁은 논리적이지도 합리적이지도 않았다.

노만 엥겔의 책인 《위대한 환영 The Great Illusion》은 7개 언어로 번역되었으며 많은 사람들에게 극찬을 받았다. 가장 눈에 띄는 숭배자는 영국의 전쟁평의회 의장인 비스카운트 에셔(Viscount Esher)였다. 에셔 경은 케임브리지와 소르본 대학에서 새로운 사상에 대해 강의했다. 그는 수강생들에게 새로운 경제 요소들이 침략 전쟁의 무의미함을 분명하게 증명한다고 말했다. 엥겔은 "전쟁은 사람이라면 누구나 등을 돌리고 싶은 상업적인 참상과 재정적인 몰락 및 개개인의 고통을 유발하기 때문에 어느 누구도 전쟁을 원하지 않는다"고 말했다. 엥겔은 이어 현대적인 전쟁에 관한 모든 사상은 힘을 억제하려는 내용으로 가득 차 있어서 전쟁은 곧 과거의 행위가 될 수밖에 없다고 설명했다.[15]

과학기술이 전쟁을 억제한다는 논란도 있었다. 20세기 초 윈스턴 처칠(Winston Churchill)은 인류가 하늘을 날 수 있는 기계를 만들 수 있다는 사실을 알게 되었다고 말했다.

처칠은 "인류의 모든 가능성과 장래성은 끝없이 크게 자라나며 지식의 확충 또한 믿을 수 없을 정도의 비율로 빠르게 진행된다"고 했다.

그는 이어 "인류가 지배력이 증대하고 있다는 환상을 소중하게 여기고 그의 새로운 사격표적기에 기뻐하는 동안 인류는 시류에 희롱당하고 시류의 희생양이 된다. 이 소용돌이와 폭풍우의 한 복판에서 인류는 오랫동안 그래왔던 것보다 훨씬 더 무기력해졌다"고 말했다.[16]

새로운 세기로 진입한 지 얼마 되지 않아 오르빌과 윌버 라이트는 그들이 약속했던 항공운송이 현실임을 실제로 보여주었다. 노스캐롤라이나의 바람받이 둑에서 역사상 처음으로 비행기가 이륙한 뒤 조종사에 의한 비행이 완수되었다.

약속은 이행되었다. 비행기는 작동했다. 처음 출현한 지 30년 만에 비행기는 전쟁중에 런던 처칠의 은신처 위에 폭발물을 투하했다.

처칠은 "우리는 과학이 우리에게 끊임없는 혜택과 축복을 줄 것이라는 점을 믿어 의심치 않는다"면서 그러나 "과학은 사람의 정신적인 발달 또는 사람의 능력이나 혹은 도덕적인 특성에 진보를 주지는 못했고 사람의 뇌는 더 나아진 게 아니라 더 어수선해지기만 했다"고 했다.[17]

다른 사람들은 문명의 발달이 전쟁을 한물간 것으로 만들기를 기대했다. 프로이트는 이런 정서를 1915년 봄에 다음과 같이 설명했다.

> 원시인과 문명인 사이의 전쟁, 피부색에 의한 인종간의 전쟁, 문명이 덜 발달됐거나 상실된 유럽 국가들 사이의 전쟁 혹은 유럽 국가들에 대항한 전쟁이 미래의 인류를 점령하게 될 것 같다. 그러나 우리는 스스로 다른 희망을 갖고자 했다. 우리는 백인종이 지배하는 위대한 세계를 기대했다. 그러나 인류에 대한 그들의 지도력은 땅에 떨어져버렸다. 그들은 세계에 대한 폭넓은 관심을 가지고 있었다. 자연을 통제하려는 기술 발달뿐만 아니라 문명의 예술적이고 과학적인 기준은 그들의 창의력에 기인했다. 우리는 이런 사람들이 오해와 이해관계의 충돌을 바로잡는 다른 방법을 찾아내기를 바랐다…[18]

제1차 세계대전의 주요 참전국 중에 단지 미국과 프랑스 두 나라만이 공식적인 민주주의 국가였다. 다른 모든 나라들도 민주주의를 향해 나아가고 있었다. 모든 나라에 의회(parliaments and public assemblies)가 있었다. 투표도 시행되었다. 여론은 등록되었다. 신문들은 편파보도를 일삼고 최근의 잘못된 정보들을 생산해냈다. 국가의 수장들은 망설였다. 전제군주들은 그들의 각료와 자문관들에게 조언을 구했다. 유럽 어느 지역에서도 진정한 절대군주는 없었다. 언론, 교회, 입법부, 노동조합, 귀족, 부르주아, 자본가, 은행가와 고리대금업자에 이르기까지 모두가 발언권을 갖고 있었다.

전쟁이 세계를 민주주의를 향해 안전하게 나아가게 할 것이라고 윌슨이 선언한 뒤 사람들은 민주주의가 전쟁을 예방할 수는 없는지를 생각하기 시작했다. 윌슨은 자치국가는 이웃나라를 밀정으로 들끓게 하지는 않는다고 말했다. 이는 CIA를 염두에 두고 한 말은 아니었다. 윌슨은 또한 자치국가는 교활하게 속임수나 침략행위를 꾸미지 않는다고 말했다.[19]

러시아의 온건파 혁명론자인 케렌스키*(Kerensky, 알렉산드르 케렌스키. 제정러시아의 정치가)는 민주주의는 결코 상호간의 전쟁을 촉발시키지 않는다고 선언했다. 남과 북이라는 두 개의 민주주의가 4년째 남북전쟁을 통해 스스로를 난타하면서 북미 대륙에서 사상 유례없는 피비린내 나는 전쟁을 수행하던 미국조차도 케렌스키의 사상을 믿었다. 완전한 민주주의 국가는 아니지만 역사상 다른 어느 때보다도 민주적인 나라들이 바로 자신의 코앞에서 역사상 최악의 전쟁이 일어나고 있는 것에 대해 어느 누구도 궁금해하지 않았다.

심지어 오늘날에도 사람들은 민주주의가 다른 정부 형태보다 평화적이라고 믿는다. 미합중국은 자기 나라의 민주주의 형태가 세계의 평화와 번영에 있어 매우 중요하므로 다른 국가들을 그것에 동참시키겠다고 주장한다. 그렇지만 이 문제는 아직 진지하게 다루어지거나 증명되지도 않았다.

우리가 알고 있는 사실은 민주주의가 널리 확산된 뒤에도 전쟁이 거의 줄어들지 않았으며 심지어 폭력은 더 증가했다는 것이다. 폭군이나 전제군주와 달리 민주주의의 시민들은 보다 적극적으로 기꺼이 전쟁에 참전한다. 사람들은 위협을 느끼거나 대립 상태라고 느낄 때 그들의 힘과 재산을 승리를 위해 바치려는 경향이 있다. 신문과 텔레비전은 사람들을 폭력으로 내몰리도록 부추긴다. 허튼소리를 들으면 사람들은 삶뿐만 아니라 지갑도 넘겨줄 것이다. 프랑스는 전쟁 비용의 83.5%를 차입으로 충당할 수 있었다. 휴 스트라한(Hew Strachan)은 대중의 부를 동원하는 데 있어 프랑스는 적은 액면금액의 국가방위채권을 발행해 성공을 거뒀다고 말했다.[20]

조지 오웰은 어떻게 영국이 제2차 세계대전에서 독일에 승리를 거둘 수 있었는지 의아해했다. 사회주의가 전시에 사람들의 재산을 모으는 데는 훨씬 더 나았기 때문이다. 그러나 그가 깨닫지 못한 것은 전시에 영국과 미국은 배급제, 검열제, 경제계획, 가격통제와 같은 사회주의 사회의 많은 속성을 빠르게 받아들였다는 사실이다. 오웰은 또한 국가가 손에 넣을 수 있는 것은 단순히 그 사회 생산량의 일정비율이 아니라는 점을 깨닫지 못했다. 국가는 전체 생산량을 움켜쥘 수 있었다. 이 두 가지 점은 20세기 세계 정치발전에 있어 중요한 요소가 되었다.

또 다른 각도에서 이 문제에 접근하면서 우리는 자문해본다. 만약 민주주의가 그렇게 좋은 사상이라면 왜 사람들은 수백 년 동안 다른 정부형태를 참고 견뎠는가 하는 점이다. 죽은 사람들에게 고개를 돌려 질문해보자. 우리가 얻게 되는 해답은 대부분 사람들이 민주주의에 대해 곰곰이 생각해본 일이 없다는 것이다. 민주주의에 대해 생각했던 사람들은 그것이 나쁜 정부형태라고 생각했다.

그리스 사람들은 민주주의를 도입했다. 그러나 그들의 민주주의는 오늘날 우리가 정의하는 민주주의와 같은 것이 아니었다. 심지어 미국을 설립한 사람들도 대중적인 민주주의에 대해 깊은 불신을 갖고 있었다. 제임스 메디슨은 민주주의란 개인의 안전이나 소유권과는 양립할 수 없으며 또한 수명이 짧아서 사멸하는 시점에는 폭력적이 된다고 썼다. 토머스 제퍼슨은 개개인을 탄압하는 다수는 유죄이며 힘을 남용하고 사회의 근간을 흔든다고 믿었다. 독립전쟁이 끝났을 때 독립선언문을 만든 사람들은 선거에 의한 독재정치는 그들이 추구하는 정부가 아니라고 논쟁했다. 공화정체제에서 그들은 소수의 사람이 투표하도록 밑그림을 그리고 논의했다. 그리고 국민정부에는 하원 하나만 만들었다. 상원은 각 주에서 뽑았다.

만약 미국식 민주주의가 현재까지 고안된 정부형태 중에서 최고의 것이라는 점이 명백하다면 왜 중국은 이 제도를 도입하지 않았겠는가? 왜 중국은 4천년 이상의 문명화된 사회를 거쳐오면서 민주주의를 결코 추구하지 않았겠는가? 분명히 누군가는 민주주의를 생각했을 것이다.

우리가 어떻게 민주주의가 최고의 정부형태라고 확신할 수 있겠는가? 이것이 우리 선조들을 모욕하는 것은 아닌가? 사람들이 처음 두 다리로 직립한 이래 바로 엊그제까지 다른 나라들의 똑똑한 사람들은 그렇게 빛나도록 성공적인 정부형태를 왜 거의 실험조차 하지 않았을까? 이 정부형태는 우리 모두가 알다시피 평화와 번영을 촉진할 뿐만 아니라 사람에게 긍지를 느끼게 하고 사람들을 지구상에서 존재했던 모든 것들 중에서 가장 고귀하게 만들어주는데도 말이다.

우리는 제안할 수 있는 해답을 갖고 있다. 민주주의는 진정한 신의 선택이 아니다. 그것은 전 세계에 한결같이 적용되는 것도 아니다. 민주주의는 어느 시대 모든 사람에게나 완벽한 형태는 아니다. 그것은 단지 비즈니스 정장이나 랩 음악과 같이 어떤 사람들에게 이따금 어울리는 진화적인 발전일 뿐이다. 현대 사회에서 민주주의를 성공적으로 만드는 것은 시민들로부터 자금을 조달하는 데 있어 군주제나 독재체제보다는 민주주의가 낫기 때문일 것이다. 물론 민주주의에서 아주 많은 재원을 조달하는 경우는 드물다. 구소련과 같은 전체주의 체제에서는 시민들이 만들어내는 거의 모든 재산을 국가가 수취할 수 있다. 그러나 이는 민주적인 체제에서 더 적은 비율을 가지고 오는 것에 비해 경쟁에서 진다. 또한 민주주의는 지난 200년 동안 극적으로 발전해왔다. 우드로 윌슨이 민주주의를 다시 정의했다고 하는 것은 무의미하다. 21세기 미국의 체제는 설립자들이 만들었던 그 체제와는 더 이상 같지 않다. 이는 마치 뉴 메르세데스 마이바흐가 틴리찌*(T형 포드 자동차 애칭으로 일반적으로 소형 싸구려 자동차)와 같이 않음과 동일한 이치다.

제1차 세계대전 중에 전쟁을 방지하기 위해 고안되었던 민주주의를 포함한 거의 모든 혁신과 진보는 실제로 전쟁을 더 길고 더 잔인하게 만들었다.

상호조약들은 어느 한 국가가 전쟁을 일으키는 것을 막기 위해 체결됐으나 결과적으로 더 많은 전쟁을 야기시켰다. 현대적인 생산방법들은 전쟁경비를 매우 경제적으로 만들 것으로 생각됐으나 각 나라들은 전쟁터에 보다 큰 살인적 무기들을 가져왔다. 각국은 경제호황으로 과거 어느 때보다 전쟁에서 소비할 수 있는 부를 훨씬 더 많이 축적해놓았고 더 오랜 기간 동안 지출을 감당할 수 있었다. 중세의 군대는 불과 수개월 동안만 들판에서 버틸 수 있었고 이후 이내 지쳐버렸다. 그들에게는 또한 악천후 속에서의 전쟁이란 거의 드물었다. 중세의 군대에는 한 마디로 악천후에 버틸 수 있는 수단이 없었다. 심지어 현대전에 있어서도 극도의 악천후는 매년 겨울 러시아의 베어마흐트(Wehrmacht)의 전투에서 그랬던 것처럼 전쟁에 종지부를 찍게 한다. 현대 기술과 운송 및 생산방법은 모두 군인들의 소모품에 더 많은 재원을 투입할 수 있게 한다. 현대 민주주의도 마찬가지다. 깨우친 자와 깨우친 민주정부는 제1차 세계대전에서 승리하기 위해 더 많은 자금, 자원 및 군사 등에 훨씬 더 많은 대중적인 참여를 유도했다. 이 모든 요소들은 각 나라들이 더 오랫동안 전쟁을 수행할 수 있도록 했다.

그러나 이 모든 요인들에도 불구하고 독일, 오스트리아-헝가리, 러시아, 영국, 프랑스가 전쟁에서 버틸 수 있는 능력은 사람들이 생각하는 것보다 훨씬 제한적이었다. 특히 재정문제가 심각했다.

전쟁경비는 모든 사람이 생각하는 규모를 훨씬 초과했다. 1871년 프랑스를 패퇴시킨 뒤 독일은 프랑스로부터 받은 돈을 전쟁자금 1억2천만 마르크를 지불하는 데 사용했다. 이 자금은 스판다우(Spandau)의 율리우스 타워(Julius Tower)에 보관되어 있었다. 제1차 세계대전 전날 밤 이 돈은 금화 2억4천만 마르크로 두 배가 되어 있었고 추가로 은화 1억2천만 마르크도 마련되어 있었다. 이는 매우 많은 돈처럼 보였다. 1913년 제국은행은 전쟁에 소요될 돈(전비 손실은 말할 것도 없이)이 어림잡아 18억 마르크라고 추산했다. 1914년 8월 실제 지출된 돈은 20억4700만 마르크였다. 아직 전쟁은 거의 시작조차 하지 않은 시점이었다. 전쟁 기간 동안 독일의 연간 지출은 평균 457억 마르크로 전체 전쟁 자금의 200배를 넘어서는 규모였다. 전쟁은 4년 동안 지속되었다. 다른 전쟁 당사국의 상황도 크게 다르지 않았다. 전쟁 비용은 예상보다 훨씬 많았고 일반시민의 지지가 필요할 뿐만 아니라 세계 최대의 민주주의 국가인 미국의 지원이 절실했다.

어떤 일이 발생할지 아무도 확신하지 못했다. 그러나 미국의 재정적이고 물질적인 지원이 없었다면 전쟁은 훨씬 빨리 끝날 가능성이 높았다.

게다가 전쟁의 민주화는 다른 방식으로 확대되었다. 영국과 독일, 러시아의 통치자는 모두 서로 혈연관계였다. 독일의 빌헬름 2세와 영국의 조지 5세는 모두 빅토리아 여왕의 손자들이었다. 러시아의 차르 니콜라스 2세는 사촌과 결혼했다. 니콜라스는 조지 5세의 어머니인 미망인 황후 마리의 사촌이었다. 전쟁 발발 이전에 빌헬름은 "빌리"(Willy, 빌헬름)로부터 "니키"(Nicky, 니콜라스)에게라는 일련의 편지들을 보내면서 러시아가 독일과 공동 전선을 펴도록 끌어들이려 했다. 우리가 곧 알게 되겠지만 빌리와 니키는 모두 필요하다면 서로 전쟁을 할 준비가 되어 있었다. 그러나 그들 중 어느 누구도 사촌인 조지 5세까지도 자신들의 지위와 제국이 그 정도로 위험에 빠지고 유럽의 왕실이 파괴될 것이라고는 생각하지 못했다. 정확하게 말하자면 전쟁이 지속되고 확대되면서 그들의 힘은 약화되었고 셋 중 둘은 왕위를 잃었을 뿐만 아니라 왕실이 완전히 없어지게 되었다. 우리가 알 수는 없지만 생각할 수 있는 것은 민주주의와 우드로 윌슨이 전쟁을 보다 크게 확전시키지 않았다면 윌리는 니키와 조지에게 편지를 써서 모든 것에서 손을 떼라고 했을 것이란 점이다. 그러나 그렇게 하기엔 너무 늦었다. 이는 사람들 사이의 전쟁이지 왕실간의 전쟁이 아니었다. 다시 말하자면 윌슨이 이 전쟁에 코를 박기 이전부터 이미 이 전쟁은 대규모의 민주적인 전쟁이었다.

진보주의자들은 확고하게 증가하는 사회주의가 역시 전쟁을 불가능하게 만들 것이라는 관점을 유지했다. 평화주의는 항상 사회주의 행동강령에서 주요 부분을 차지한다. 사회주의자들은 전쟁을 자본주의의 경쟁과 부르주아 민족주의의 부산물로 여긴다. 이 두 가지가 모두 제거되고 혁명이 도래했다. 그러나 대공세가 펼쳐졌을 때 모든 나라의 사회주의자들은 흔들리기 시작했다. 러시아의 케렌스키 정부는 국왕의 체포 이후 전쟁에 계속 참전하기로 결정했다. 케렌스키 정부는 민중에게 싸울 것을 요청했다. 그들은 "러시아의 행복과 번영을 갈망하는 소작인들과 노동자들은… 정신을 강하게 단련하고 모든 힘을 모을 것이며 나라를 방어하여 해방시켜야 한다"고 말했다.

후에 제2차 세계대전에서 러시아가 완전히 자유화된 이후 스탈린도 역시 나라를 그의 휘하에 두기 위해 기본적인 감정인 애국주의적 정서를 자극해야만 했다. 수년간의 숙청, 궁핍 그리고 사회주의자들의 인기를 끌기 위한 언동을 경험한 뒤 러시아 사람들은 더 이상 사회주의 이념을 위해 싸우려 하지 않았다. 그들은 여전히 조국을 위해 싸우려 했다.

러시아와 독일(이탈리아도 마찬가지)은 모두 부드럽고 선의를 가진 사회주의 지식인들을 받아들였고 그들에게 제복을 입게 했다. 그 변화는 큰 성공을 거두었다. 진화하는 특징 때문에 애국적인 사회주의는 제2인터내셔널*(각국 사회주의 정당과 노동연합 등의 완만한 연합체로 1889년 7월 파리에서 결성)의 이상주의적 세계주의자들이 꿈꾸는 것보다 훨씬 더 견고하고 공격적이었다. 결과는 다시 기대했던 것과 정반대로 나타났다. 사회주의는 평화를 증진하기보다 지구상에서 가장 군국주의적이고 전쟁 도발적인 신조가 되었다.

제1차 세계대전 이후 20년이 지난 뒤에도 미국 정부는 어떻게 그렇게 무의미하고 비용이 많이 드는 일에 관여했는지를 의아해하며 여전히 골머리를 썩고 있었다. 의회 위원회가 그 문제를 조사하기 위해 발족하였다. 2년 뒤 나이위원회*(Nye Committee, 1934년 미국 연방의회 상원에 설립된 군수산업조사 특별위원회)는 1915년과 1917년 4월 사이에 미국이 독일에 2,700만 달러(인플레이션을 감안해 환산하면 2005년의 4억7천만 달러에 해당)를 빌려주었다고 보고했다. 같은 기간 동안 미국은 영국과 그 동맹국들에게는 23억 달러(인플레이션을 적용해 2005년의 달러가치로 환산하면 400억 달러)를 빌려주었다. 그 위원회는 미국인들이 상업적인 이유로 전쟁에 뛰어들었다고 결론내고 미국은 연합국 쪽에 85배나 많은 돈을 걸었다고 지적했다.

　최소한 그 수치는 미국의 시각에서 보면 이해할 만했다. 정말 이해하기 힘든 사실은 왜 유럽인들이 처음부터 전쟁에 뛰어들었는가 하는 점이다. 이 문제에 대해 많은 책들은 불충분하기 짝이 없다. 문제는 그 책들이 틀렸다거나 충분한 설명을 하지 못한다는 게 아니다. 그 책들은 다른 어느 책보다 근거가 있었음에도 불구하고 충분하지가 않았다. 거의 100년이 지난 지금 되돌아볼 때 우리는 무엇 때문에 사람들이 그토록 열심히 전쟁에 나섰는지를 알 길이 없다는 것이다. 그것은 장미전쟁 또는 알비파*(Albigensians, 12세기 카타리파 이단의 추종세력)에 대한 십자군전쟁 등과 같은 종교적인 전쟁이었다고 하는 게 나을 것이다.

　전쟁은 냉정한 사고를 갖고는 거의 일어나지 않는다. 마치 TV에서 존엄함을 찾는 것처럼 머리속을 들여다보면서 전쟁의 이유를 찾으려는 것은 무의미하다. 일단 군중들의 정서가 전쟁을 향하도록 기울어지면 실질적으로 이를 멈추게 할 수가 없다. 전쟁에서든 주식시장에서든 군중심리는 전염성이 있다. 전체 인구가 군복과 살인을 강력하게 요구한다.

　1914년 7월 28일 윈스턴 처칠은 아내에게 "아름답고 하나뿐인 내 사랑…"이라는 말로 편지를 쓰기 시작했다. 그는 "모든 것은 파국과 붕괴로 치닫고 있고 나는 이에 대비하고 있으며 행복하다"고 썼다.[21] 흥분이 몰려왔고 1914년 여름 유럽 전체를 휩쓸었다. 뭔가 새롭고 거대하며 기막힌 일이 진행중이었다.

　오스트리아의 유대인 작가인 스테판 츠바이크(Stefan Zweig)는 "거리에서 낯선 사람끼리 이야기한다"고 썼다. 후에 그는 대중운동에서 도망치지만 1914년 상황은 그의 취향에 맞았다. 그는 "수년 동안 서로 피하기만 하던 사람들이 악수를 나누고 어디에서나 들뜬 얼굴들을 볼 수 있다. 개인들은 자아가 한껏 고취되는 것을 경험했으며 더 이상 과거의 고립된 사람이 아니었다. 개인은 또한 대중들과 섞여 있었다. 한 개인은 사람들의 일부였으며 그가 아는 사람은 물론이고 그가 지금까지 알지 못했던 사람들도 의미를 갖기 시작했다"고 썼다.[22]

텅 빈 삶에 전쟁처럼 의미를 가져다주는 것도 없다.

비스마르크는 전쟁이란 국가의 건강상태라고 말했다.[23] 유럽의 국가들은 제1차 세계대전 시작 당시에 최고의 감정을 느끼고 있었다. 정치가라는 단어는 모든 신문에 보도되었다. 그렇지 않았다면 결코 대중들에게 알려지지 않았을 사람들이 록음악 스타나 운동경기의 영웅으로 취급되었다. 젊은이들은 군대에 자원병으로 입대하고자 길게 줄을 섰다. 젊은 여성들은 간호협회에 참여했다. 그들의 목표는 사람들을 돌보는 것이 아니라 부상당한 병사들이 가능한 빠른 시간 내에 전선에 복귀하도록 하는 것이었다. 어머니들은 기꺼이 아들들을 전쟁에 희생시켰다는 측면에서 존경받았다. 심지어 공장 노동자들은 그들이 전쟁에서 사용되는 물자를 공급한다는 생각에 본인들의 일이 숭고하고 영예롭다고 생각하며 고무되기까지 했다. 갑자기 모든 사람이 할 일, 그것도 아주 중요한 직업을 갖게 되었다.

전쟁이 정신과 영혼에 좋다는 관념까지 생겨났다. 시인들은 "평화가 주는 풍부"(opulence of peace)를 전쟁이 끝내주기를 갈망했다. 시인들은 늘어나는 울타리, 부패한 사무직원, 의례적인 저녁식사에서 퇴폐풍조 증가 등 부르주아의 번창으로 인해 자신들이 고통받고 있다고 생각했다. 데조 코스츠톨라니(Dezso Kosztolanyi)는 전쟁이 발발한 직후 "오늘날 사람은 온실에서 자라서 활기가 없으며 차나 홀짝거리므로 건전한 잔인성에 열광적으로 환호한다. 폭풍우가 와서 우리 응접실을 휩쓸고 지나가게 하자"고 썼다. 철학자 막스 쉴러(Max Scheler)는 전쟁을 "나른한 잠을 자는 존재를 깨우는 형이상학"이라고 묘사하며 환영했다. 윈드햄

루이스(Wyndham Lewis)는 누군가를 죽이는 것은 현존하는 최고의 즐거움에 틀림없다고 썼다. 그것은 자기보존의 본능에 관심이 없어 스스로 자살한다거나 또는 자기보존의 본능 그 자체를 파멸시키는 일이다.

시인 라이너 릴케(Rainer Rilke)의 표현에 따르면 지식인들이 전쟁을 매우 활기 있는 행위로 보았다면 보통 남자들과 여자들에게도 전쟁은 기분 좋은 자극이었다. 정육점 주인과 사무원들은 활기 넘치는 새로운 유니폼을 입고 집으로 돌아갔고 부인들과 계속해서 사랑을 나눴다. 프로이트는 그의 리비도*(인간의 모든 행동의 숨은 동기가 되는 본능적 활동력과 욕망)가 전시 체제로 편성되어 있다고 말했다.

지도자들은 그들만의 개인적인 기쁨과 슬픔이 있었다. 그들은 또한 채워야 할 그들만의 공허한 삶이 있었다. 윌슨의 첫 부인은 1914년 초에 죽었다. 독일의 수상인 테오발트 폰 베트만-홀벡(Theobald von Bethmann-Hollweg)의 부인은 1914년 5월에 죽었다. 그녀가 6월까지 살아 있었다면 그가 7월에 전쟁을 하지 못해 그렇게까지 광분했을까? 프란츠 콘라드 폰 핫첸도르프(Franz Conrad von Hotzendorf) 백작은 전쟁영웅이 되어 가장 사랑하는 지나 폰 라이닝하우스(Gina von Reininghaus)의 마음을 사로잡으려 했다고 알려졌으나 그는 형편이 되지 않아 다른 사람과 결혼했다. 그리고 불쌍한 빌헬름 황제는 어머니가 그를 거부하지 않았더라면 전쟁을 피하면서 더 나은 길로 갈 수 있었다(황제는 어머니의 냉대 때문에 어깨가 쇠약해졌다고 전해진다). 빌헬름은 당시 상황 판단에서 제 정신이 아니었다. 비스마르크는 그에 대해 말하기를 "황제는 풍선 같았다. 만약 당신이 풍선의 끈을 잡고 있지 않다면 그것이 어디로 나아갈지 결코 알 수 없는 것처럼 말이다"라고 했다.[24]

왜 그런 불합리한 전쟁의 원인을 역사책에 나오는 무슨 "주의"(ism) 안에서만 찾고자 하는가? 실제 원인은 손아귀 가까이에 있다. 실제 원인은 윌슨과 같은 현학자의 과장된 비난 또는 시어도 루즈벨트의 공감, 빌헬름의 불안정한 과시 그리고 베트만 홀벡의 부서진 가슴 속에 있었다. 그들과 보다 많은 수백만 명의 사람들은 짧고 깔끔한 전쟁이 유쾌하게 기분전환을 시켜줄 것으로 전망하고 있었다.

윌슨의 전쟁

미국은 유럽의 전쟁에서 어떤 이해관계도 갖고 있지 않았다. 1916년 미국의 재선 레이스에서 우드로 윌슨은 대중의 마음을 정확하게 읽었다. 그의 캠페인 선전문구는 "그가 우리를 전쟁에서 지켜줄 것이다"였다.

그러나 옆에 비켜 앉아 있을 때에는 어떤 영광도 없었다. 윌슨은 전쟁에 가담하면 그 판도를 변화시킬 수 있고 세계는 전쟁에서 벗어날 것이라고 생각했다. 첫째, 그 전쟁은 세계대전이었지 유럽에 한정된 전쟁이 아니었다. 둘째, 그것은 세계를 폭정에서 자유롭게 한다는 고결한 목표를 갖고 있었다. 그 이전에는 그렇게 고결한 동기를 갖고 있는 것처럼 보이는 일이 이처럼 피비린내 나는 엄청난 계획으로 진행된 적이 없었다.

그 이유는 단지 보잘것없는 것이었다. 진짜 이유는 항상 사람을 전쟁과 파멸로 끌어들이는 탐욕스럽게 얽히고설킨 본능이었다. 심지어 말 못하는 시시한 생물들도 시작과 끝이 있다. 시시한 생물들도 그들을 이끄는 지도자와 게으름뱅이 또는 고집쟁이들이 있게 마련이다.

"이 평화로운 사람들을 끔찍하고 비참한 전쟁으로 이끈다는 것을 두려워한다면 문명 그 자체는 언제나 불안할 것이다. 그러나 정의는 평화보다 소중한 것이고 우리는 가슴에 항상 갖고 있는 것을 위해 싸워야 한다"고 윌슨은 말했다.

윌슨은 이어 "그러한 과업을 향해 우리는 현재 우리의 삶과 갖고 있는 모든 재산을 바칠 수 있다. 미국은 미국의 탄생과 행복 그리고 우리가 소중히 여기는 평화를 가져다준 신념을 위해 목숨과 힘을 사용할 특권이 있다는 자부심을 가져야 한다. 신이 미국을 돕고 있는데 미국이 다른 일을 할 수는 없다"고 말했다.[25]

이 마지막 과장된 말소리로 윌슨 수사학의 텅 빈 거품이 사실상 터져 버렸다. 게티스버그 연설 이래로 미국 역사상 어느 누구도 공식적으로 그렇게 비상식적인 말을 한 적은 없었으나 연설 이후 이를 업신여기는 웃음소리는 전혀 들리지 않았다. 그러나 미국 사람들이 이런 연설을 들은 게 이번이 마지막은 아니었다. 1961년 케네디 대통령은 미국의 지배력을 증대시키기 위해 또 다른 백지수표를 제공했다. 그는 생존을 보장하고 자유를 지키기 위해 어떤 대가도 치르고 어떤 짐도 짊어져야 하며 역경과 마주치고 우방을 지원하는 한편 그 어떤 적에게도 맞서야 한다고 말했다.[26]

(과학은 누적되는 것이지만 전쟁과 돈 그리고 사랑은 주기적으로 움직이는 것이다. 베트남 전쟁에서 14년간 대가를 지불한 뒤 미국은 긴축해야 될 시기임을 인식했다. 리처드 닉슨(Richard Nixon)은 1973년 취임 연설에서 당시의 정서를 설명했다. 그는 미국이 모든 다른 나라의 분쟁을 미국의 것으로 만들고 또한 다른 나라의 미래를 미국의 책임으로 만드는 시기는 지났다고 말했다. 그는 다른 나라 사람들에게 어떻게 그들이 자신들의 문제를 다뤄야 하는가에 대해 말해야 한다고 생각했다.[27] 닉슨은 틀렸다. 그 시기는 지나간 게 아니었고 그것은 거의 시작조차 하지 않은 것이었다.)

냉소적인 사람은 윌슨의 고상한 생각을 완전히 알맹이 없는 방책이라고 폄하할 것이다. 그러나 그것은 사실 그 이상이다. 정치학 교수였던 윌슨은 하나의 아이디어를 가지고 와서 그것을 뒤집었다. 그는 이제 미국인들의 피는 미국의 탄생을 가져다준 원칙과는 정 반대되는 쪽에 써야 한다고 제안했다. 그리고 그 과정에서 미국이 소중히 여겼던 행복과 평화를 여기저기로 퍼뜨리자고 제안했다. 미국의 설립자들은 독일이나 영국 정부의 구조에 대해서는 말할 것도 없고 어느 나라가 전쟁에 이길 것이라는 점에 대해서도 전혀 관심이 없었다. 설립자들은 윌슨의 주제넘은 참견을 틀림없이 싫어했을 것이다. 만약에 설립자들이 윌슨이 비판을 억누르기 위해 고안한 스파이 활동법 및 선동법의 적용을 받았다면 그들은 아마도 다시 반란을 일으켰을 것이다.

그리고 이제 비평가들은 윌슨의 전쟁 열병의 큰 가지들을 난도질했다. 이것 외에 비평가들이 할 수 있는 일이 무엇이 있었겠는가? 그들은 수많은 이유들에 도전장을 냈다. 그들 중 누구도 유해한 본질을 찾아내지는 못했다.

윌슨의 연설 이후 사실상 모든 의회 구성원들은 운이 좋았다. 전쟁의 비명소리 속에서 세계에서 가장 큰 토론 기능을 가진 이 단체는 흥분으로 들끓었다. 마침내 전쟁은 시작되었다.

그렇지만 거기에는 하나의 중요한 예외가 있었다. 그것은 상원의원인 로버트 라 폴레트였다. 미국 진보당의 설립자였던 폴레트는 우드로 윌슨이 1등으로 당선될 수 있게 한 요인 중 하나였다. 진보당은 공화당 투표자들의 표를 두 개로 쪼갰고 결국 민주당 후보였던 윌슨에게 다수인 42%의 지지가 돌아갔다. 그래서 윌슨은 뜻밖의 행운으로 승리했다. 라 폴레트는 독일계 미국인 인구가 많은 위스콘신 주를 대표했다. 그러나 전쟁 열병에 대한 저항은 그의 재산 때문인 것처럼 보였다. 그는 정치적으로 필요한 것보다 더 오래 전쟁에 반대했다. 그는 동료들이 그가 정치적인 자살행위를 시도하고 있다고 생각할 정도로 매우 강하게 전쟁에 대해 반대했다. 많은 사람들은 놀라지 않을 수 없었다. 라 폴레트가 미쳤을까? 몇몇 신문에 따르면 그는 "베니딕트 아놀드"*(Benedict Arnold, 미국 독립전쟁 당시의 장군으로 영국군과 내통한 반역자)에 다름없었다. 그는 "유다 이스카리옷"*(Judas Iscariot, 예수를 배반한 유다)이었다. 매사추세츠공대(MIT) 학생들은 그의 초상화를 불태웠다. 그리고 라 폴레트가 전쟁에 대해 용기 있는 도전장을 내놓은 뒤 의사당을 떠났을 때 다른 동료는 그에게 교수형에 쓰는 올가미 줄을 건넸다.

그러나 호전적인 밥(Bob, 로버트 라 폴레트의 애칭)은 쉽게 위협당하지 않았다. 그는 심지어 켄터키 주의 상원의원인 올리 제임스(Ollie James)가 손에 총을 들고 그에게로 돌진한 뒤에도 마찬가지였다. 위스콘신 주 대표인 라 폴레트에게는 다행스럽게도 오레곤 주의 상원의원인 해리 레인(Harry Lane)이 자료를 갖고 제임스를 공격했고 다른 몇몇 상원의원들도 제임스와 맞붙었다.

사람들은 의심할 마음이 없었다. 의심은 전형적으로 나중에 따라오는 것이다. 거품 속에서 또는 제국 치하에서는 모든 것들이 번성하는 것처럼 보이나 다른 상황 하에서는 불합리한 것처럼 보이게 마련이다. 200배의 수익을 남겨주는 주식과 뚜렷한 이유 없이 사람들을 죽게 만드는 일 따위는 아주 흔해빠진 것이다. 의심과 회의는 열병에 꺾인다.

현인인 아이오와 주의 상원의원 윌리엄 스퀴어 케년(William Squire Kenyon)은 "지금은 대통령과 내각 그리고 의회를 비난할 시기가 아니라 미국정신에 100퍼센트 집중해야 할 때"라고 말했다. 그는 그때 술에 취하고 맨몸으로 난로 주변에서 춤을 춰야 할 때라고 말했을지도 모른다. 주요 정치인들은 이성을 잃은 상태에서 어떤 일도 할 준비가 되어 있었다. 광신적인 애국자들은 권력을 얻으려 애썼고 150퍼센트의 미국정신을 향해 시동을 걸었다. 독일이 멕시코 인과 니그로로 구성된 무장조직으로 멕시코에서 침략을 선동하고 있다는 소문이 있었다. 시범경기에서 야구의 전설적인 인물인 티 콥(Ty Cobb)은 벅 헤어조그(Buck Herzog) 선수를 "독일놈"(German)이라고 크게 소리치면서 물리쳤다. 전쟁에 반대했던 사람들은 이제 비겁하다고 비난받았다.

오클라호마의 툴사(Tulsa)에서 군중들이 불가리아 이민자를 술집에서 끌어내어 죽였다. 그들은 그를 독일 사람으로 오해했다. 나라 전역을 통틀어서 사람들은 그들이 독일인들을 싫어한다고 강조했지만 그 누구도 왜 싫어하는지는 알지 못했다. 사람들은 지나치게 독일어 식으로 소리나는 것을 피하기 위해 그들의 이름도 바꿨다. 〈뉴욕 트리뷴〉은 독일의 한 공장에서 사람의 시체로 비누를 만들었다는 날조된 이야기를 취급했다. 어처구니없는 이야기들뿐이었다.

(전쟁이 끝난 뒤에도 증오의 요소가 없어지기까지는 수년이 걸렸다.) 영국은 계속해서 독일 해상을 봉쇄했고 휴전조약이 공표된 뒤에는 봉쇄 조치를 한층 강화시켰다. 수천 명의 독일인들, 특히 아이들은 굶주린 채 죽었다. 한 영국 기자는 쾰른의 산부인과 병원을 방문했다. 그는 열이 있는 어린이들이 음식을 기다리면서 줄지어 있고 어린이들의 작은 손발이 가느다란 지팡이처럼 되어 기진맥진해 있는 것을 발견했다. 독일인들의 말투는 희망이 없어 보였고 얼굴은 고통으로 가득 차 있었다. 그렇지만 클레망소*(Clemenceau, 프랑스의 정치가이자 수상)는 그게 대체 뭐가 문제냐는 반응을 보였다. 클레망소는 너무 많은 2천만 명의 독일인들이 있다고 생각했을 뿐이다.

대통령의 전쟁 참전 요청이 있은 지 이틀 뒤인 4월 4일 오후 4시에 마침내 상원의원인 라 폴레트는 상원에서 발언했다. 그는 왜 의회가 대통령을 지지해야 하는지를 알고 싶어했다. 다른 일들에서 잘못했던 윌슨이 이번에 다시 잘못하지는 않을 것인가?

독일의 힘이 약해지고 있다는 설명은 맞는 것인가? 전쟁에 참전하고 있는 나라들은 이제 어떻게 할 것인가. 영국은 독일에 봉쇄조치를 취했다. 독일도 봉쇄조치로 앙갚음했다. 미국 배들은 봉쇄조치를 침범하지 않으려고 했다. 그렇지만 그들은 참을성 있게 영국의 독일 봉쇄에 동의할 수만은 없었으며 독일의 영국 봉쇄에 대해서는 분개했다.

라 폴레트는 2시간 45분 동안 연설했다. 그는 자신의 말이 충분하지 않았다는 것을 알았기 때문에 눈물을 흘리면서 연설을 마감했다. 그는 아마도 왜 그들이 토끼를 도망가도록 내버려두어야 하는지를 사냥개 무리에게 설명하는 것 같았다. 길슨 가드너(Gilson Gardner)는 그것은 "우리가 들었던 것 중에서 최고의 연설이었다"고 말했다. 그러나 이미 미국 전역은 들끓고 있었다. 라 폴레트가 말한 것은 더 이상 문제가 아니었다. 그는 시간만 낭비한 것이다.

라 폴레트가 우려했던 것은 대부분 누구에게 전쟁의 책임이 있는가에 대한 것이었다. 윌슨과 전쟁 도발자들은 독일의 책임이라는 관점을 유지했다. 독일은 가난하고 작은 나라인 벨기에를 침범했다. 벨기에의 중립성은 독일을 포함해 다른 모든 열강에 의해 보장되어 있었음에도 말이다. 벨기에는 그러나 그때까지 완전히 중립적이지는 않았다. 벨기에는 영국과 비밀협정에 서명했다.

윌슨주의자들은 독일이 전쟁을 시작했다고 말했다. 그러나 증거에 따르면 독일군은 그 누구보다도 더 이상의 전쟁을 원하지 않았다. 황제 스스로가 전쟁을 멈추고자 했다. 전쟁은 엄청난 군병력의 동원과 최후통첩 그리고 사방에서 개전을 선언하면서 시작되었다. 전쟁을 발발시킨 진짜 죄인은 누구였을까? 누가 참략자였을까?

알버트 아인슈타인(Albert Einstein)은 독일이 결백하다고 주장하는 선언서에 서명했다. 벨기에를 침략한 사실은 국제법을 어긴 게 아니었다고 그 선언서의 문장에서는 서술하고 있다. 독일은 벨기에와 프랑스의 일반 시민들에게 어떤 잔학행위도 하지 않았다. 사실 그 선언서는 유럽의 일반 시민들의 미래가 독일의 승리에 달려 있다고 주장했다. 사실상 모든 독일 대학의 교수들은 그 내용에 동의했다.

오랜 적들조차도 독일이 그 누구보다도 더 이상 비난받아서는 안 된다고 인정했다. 영국의 전 수상인 로이드 조지(Lloyd George)는 1933년 그의 언행록 도입부에서 어느 누구도 제1차 세계대전을 원하지 않았으며 어느 누구도 전쟁을 기대하지 않았다고 언급했다. 대신 유럽의 국가들은 단지 벼랑 끝으로 미끄러지듯이 나아갔다.[28]

이제 미국도 역시 벼랑 끝으로 미끄러지듯이 나아가려고 준비하고 있었다. 단지 라 폴레트와 소수의 회의론자들만이 미국의 앞길에 방해가 되고 있었다.

대통령은 독일의 잠수함이 영국을 봉쇄해 모든 나라에 대해 전쟁을 야기했다고 주장했다. 라 폴레트는 왜 미국만이 독일 잠수함의 봉쇄에 반대하는지 알고 싶어했다. 스칸디나비아 3국과 라틴 아메리카, 스페인 등 세계의 모든 다른 나라들도 완전히 똑같은 방법으로 영향을 받았다. 그렇지만 그들 중 어느 한 나라도 독일의 결정에 항의조차 하지 않았다. 확실히 그들 중 어느 나라도 전쟁 선언의 움직임을 보지 못했다.

그리고 당시 독일이 프러시아의 독재정치에 유린되어 있었다는 주장이 있었다. 그래서 그것이 무슨 문제란 말인가? 그게 라 폴레트가 하고자 했던 말이었을 것이다. 독일이 자신을 어떤 방식으로 통치하든 그것이 미국과 무슨 관계가 있는가. 위스콘신 주의 상원의원인 라 폴레트는 미국 사람들이 독일의 전쟁에 끼어들려는 윌슨을 지원하는 것보다 보통의 독일 사람들이 독일 정부의 전쟁 시도를 더 많이 지지했을 것이라고 추정했다. 만약 윌슨이 그 반대의 경우를 확신했다면 그가 그것을 증명하게 하자. 이 문제를 국민투표에 맡겨야 한다는 것이다.

그러나 제1차 세계대전이 되어버린 전쟁에 미국이 가담하는 문제는 일반 대중의 투표에 붙여지지 않았다. 민주주의는 사람들이 가고자 하는 방향으로 사람들을 이끌 수만 있다면 매우 좋은 제도다. 게다가 시골뜨기가 중요한 사안에 대해 투표한 것조차 신뢰하는 장점을 갖고 있다. 윌슨은 모든 사람을 위한 최선의 방안이 무엇인지 알고 있었다. 독일인들뿐만 아니라 미국의 유권자들을 위해서 말이다. 좀더 많은 논쟁을 펼친 뒤 미국의 의회는 대통령을 지지하기로 투표했다. 아마도 라 폴레트 이외에 단 한 사람만이 무엇이 문제인가에 대해 생각하는 것처럼 보였다. 미주리 주의 윌리엄 J. 스톤(William J. Stone)은 동료들에게 "만약 이 전쟁에 뛰어든다면 우리는 결코 이 오래된 공화국과 동일한 나라를 갖게 될 수 없으므로 나는 이 전쟁에 찬성하는 투표를 할 수 없다"고 말했다.[29] 신문들은 그를 거의 반역자라고 비난했다.

스톤은 옳았다. 미국을 제국으로 만드는 것이 그 전쟁의 핵심이었다. 알렉산더 대왕이 헬레스폰트를 건너고 카이사르가 루비콘 강을 건넜던 것처럼 윌슨은 대서양을 건널 것을 제안했다.

모든 위대한 대중적인 움직임과 제국들 대부분은 속임수 속에 시작해서 광대극으로 발전하고 대재앙으로 종말을 맞는다. 윌슨의 전쟁도 전혀 다르지 않았다. 민주주의를 향해 세계를 안전하게 만들겠다는 생각은 완전히 사기였다. 유럽인들은 2년 동안 싸워왔었다. 그것이 민주주의를 향한 싸움이었다면 이는 유럽인들에게 뉴스거리가 됐을 것이다. 싸움이 끝난 뒤 프랑스와 영국은 윌슨을 비웃었고 프랑스와 영국이 관심사에 대해 다툴 때마다 윌슨의 14개 조항은 무시되었다. 클레망소는 "윌슨은 그의 14개 조항으로 나를 귀찮게 한다"고 했다. 클레망소는 미국인들의 물거품 같은 계획에 일침을 놓으면서 "왜 전지전능한 신은 단지 십계명만을

갖고 있느냐"고 말했다.[30]

윌슨은 아연실색했고 굴욕감을 느꼈다. 그는 일격으로 상처를 입었고 결코 회복되지 못했다.

종국에 세계는 민주주의를 향해 보다 안전한 곳이 되었는가? 그랬다는 증거는 어디에도 없다. 그와는 정반대로 전쟁의 여파로 그리고 윌슨의 서툰 조정으로 민주주의의 가장 공격적이고 잔인한 적수가 나타났다. 그 적수는 스스로 제국을 향한 야망을 가졌던 사람들이며 소수만이 그것을 달성하는 데 양심의 가책을 느끼고 있었다.

휴전조약일

미국이 참전한 지 18개월이 지나서야 마침내 전쟁이 끝났다. 유럽 대부분 지역에서 전쟁의 종결은 여전히 회자되고 있다. 프랑스에서는 매년 11월 11일 오전 11시에 종이 울린다. 영국에서는 모든 것이 침묵한다. 회상은 1914년 8월에 제복을 입기 시작했던 수백만 명의 젊은 남자들을 위한 것이다. 이 축축하고 모골이 송연한 남자들은 유럽 전역의 마을에서 뽑혀 기차를 타고 전쟁터로 갔다. 고향에서는 어머니, 아버지 그리고 술집 주인들이 지도를 펴고 사랑했던 자식과 남자들의 이동경로를 손가락으로 추적하면서 전쟁의 영광과 위험성을 그려보곤 했다.

이 전쟁은 세계가 예전에 경험했던 그 어느 전쟁과도 달랐다. 나이 먹은 장군들은 전쟁 상황이 어떻게 진척됐는가 하는 단서를 찾기 위해 미국의 남북전쟁 또는 1870년의 프랑코-프러시아 전쟁에서 교훈을 찾고자 시선을 돌렸다. 그러나 이전의 전쟁에서는 어떤 선례도 찾을 수 없었다. 이것은 전쟁에 있어 신기원이었다.

사람들은 이미 기계문명 시대의 약속에 익숙해져버렸다. 그들은 기계 문명의 시대가 도래하고 발전하며 오랫동안 번성하는 것을 보았다. 심지어 사물이 어떻게 작동하는가에 대한 새로운 이해를 반영하여 지금까지 사용하던 언어조차도 바꿔버렸다. 에드워드 챈슬러(Edward Chancellor)는 그의 책 《악마는 가장 후방에 있는 사람을 데려간다 Devil Take the Hindmost》에서 어떻게 철도 투자 열풍이 사람들로 하여금 "증기를 일으키기"(getting up steam) 또는 "선로로 들어서기"(heading down the track) 혹은 "올바른 선로에 있기"(being on the right track)를 촉발시켰는가를 회상했다.[31] 이런 모든 새로운 은유법은 산업화 시대 이전에는 수수께끼 같이 터무니없는 것이었다. 새로운 기술은 사람들이 생각하고 말하는 방식을 바꾸어버렸다.

제1차 세계대전은 새로운 패러다임이 기대 이상의 치명적인 힘을 갖고 있음을 보여주었다.

전쟁 발발 당시 독일군은 알프레드 폰 슐리펜(Alfred von Schlieffen)의 계획을 추종했다. 그들은 북쪽에서부터 압박해서 프랑스 군대를 그들 앞으로 몰아넣었다.

곧 프랑스 인들은 파리 인근의 마른(Marne) 계곡으로 퇴각했다. 독일은 곧 승리할 것처럼 보였다.

독일 장군들은 프랑스가 격침됐다고 믿었다. 자신감을 얻은 폰 클룩(von Kluck) 장군은 파리를 접수하려던 계획을 바꿨다. 그는 프랑스 군을 완전히 섬멸시킬 수 있다는 희망을 갖고 파리에 근접한 곳으로 퇴각하던 프랑스 군을 뒤쫓기로 결정했다. 그런데 이상한 일이 일어났다. 보통 파괴된 군대는 많은 포로를 남기는데 그곳에는 뜻밖에도 포로가 별로 없었다.

프랑스 군은 패퇴하지 않았다. 프랑스 군대는 순조롭게 퇴각했다. 그리고 늙은 프랑스 장군인 갈리니(Galieni)는 어떤 일이 발생했는지를 목격했다. 독일군은 파리에서 불과 몇 마일 떨어지지 않은 마른 협곡 쪽으로 이동하고 있었다. 갈리니 장군은 "제군들이여 그들은 우리에게 자신들의 옆구리를 내주었다"는 그 유명한 말을 했다.

갈리니는 군사들을 파리의 최전방으로 밀어붙이면서 공격했다. 독일군은 패퇴해서 물러났고 전쟁은 이제 기관총, 미란성 독가스, 가시철사, 대포들의 악몽같은 참호전이 되어버렸다.

미국이 처음 참전할 당시 시인 루퍼트 부르크(Rupert Brooke)는 이미 죽었고 최전방 군인의 예상 수명은 단지 21일이었다.

집에 있는 가족들은 하나씩 하나씩 전보와 편지를 받았다. 교회의 종이 울렸고 검은 상복이 등장했다. 그리고 지도들은 하나씩 말아 올려졌다. 손가락은 지도를 잊었고 신경질적으로 십자가를 꼭 끌어안은 채 담배를 폈다. 눈물 이외에 어떤 영광도 남아 있지 않았다.

또 다른 시인의 어머니는 휴전조약일에 슬픈 뉴스를 들었다. 가족들에게 윌프레드 오웬(Wilfred Owen)의 죽음을 알리는 전보가 도착했다. 전쟁이 끝나는 마지막 날 전보가 도착하면서 비탄은 이루 형언할 수 없었다. 그들은 그저 놀랄 따름이었다.

윌프레드 오웬도 놀라기는 마찬가지였다. 그의 시는 전쟁의 영광을 조롱했다. 그는 독가스에 중독된 군인들이 오염된 폐로 인해 죽음으로 이르게 되는 여정을 목메인 소리로 절규하고 있었다고 묘사했다. 오웬은 많은 사람의 죽음을 목도했다. 그가 목격한 것은 영광스러운 것이 아니라 무시무시한 것이었다.

많은 사람들이 아무것도 아닌 일을 위해 죽어야 한다는 것은 정말 옳지 않다. 사람들은 그런 생각을 참을 수가 없다. 아무 일도 아닌 것을 위해 죽는다는 것은 머리로 힘들어서 채워야 하는 커다란 텅 빈 공간과 같다. 그렇지 않으면 죽음은 아무 의미가 없다. 용기와 자기희생 자체에 대해 인정하는 것만으로는 충분치 않다. 그것은 타당해야 한다. 실없는 소리는 집어치워라. 2004년 11월 우리는 캐나다 해변에서 신문을 읽고 있었다. 캐나다 방송사는 독자들에게 "기념일에는 자유와 국가를 지키기 위해 죽은 많은 캐나다 인들을 회상하기 위해 잠시 시간을 보내야 한다는 사실을 잊어서는 안 됩니다"라고 상기시켰다.

윌슨주의에 심취한 사람조차도 북미대륙에서 자유가 위태롭다고 말하지는 않을 것이다. 독일군들이 뉴브룬스윅이나 뉴욕을 공격하기 위해 대서양을 건너지는 않을 것이다. 미국과 캐나다 사람들을 위태롭게 하는 것은 그럼 대체 무엇인가? 아무 것도 없다. 그러나 사람들은 생각하는 것보다 죽는 게 쉽다는 것을 안다. 그리고 대부분의 사람들은 죽는 것을 더 선호하는 것 같다.

제1차 세계대전에 참전했던 캐나다 최후의 노병 중 한 사람이 106세를 일기로 타계했다고 신문이 보도했다. 이제 겨우 10명만이 살아 있었다(프랑스에서는 2004년 11월 현재 36명이 살아 있었다). 늙은 군인들은 빨리 죽는다.

캐나다 군인들은 식민지 군대 중에서 최고에 속했으며 살해됐을 확률이 매우 높다고 언론이 보도했다. 만약 전쟁에서 죽는 게 달콤하다면 뉴펀들랜드 사람들은 가장 많은 충치를 갖게 되었을 것이다. 뉴펀들랜드 군사들은 6천 명 중에서 네 명 당 한 사람 꼴로 고향에 돌아오지 못했다. 그러나 <토론토 글로브 앤 메일>은 "1916년 7월 1일 서부전선의 버몬트 하멜(Beaumont-Hamel)에서 있었던 대량학살의 사상자 수에 맞먹는 것은 아무것도 없었다"면서 "대략 800명의 뉴펀들랜드 사람들이 참호 밖에서 독일 기관총의 격렬한 총포를 향해 돌격했다. 그들은 독일 병력이 강력한 포격에 의해 약해졌고 두꺼운 가시철사로 된 치명적인 줄은 사라지고 또 다른 연대가 뉴펀들랜드 사람들과 합류할 것이라고 들었다. 그러나 그중 어느 것도 사실은 아니었다. 다음날 아침 무리 중 단지 68명의 사람들만이 점호에 출석해 대답할 수 있었다.

한 목격자는 뉴펀들랜드 사람들이 마치 바다의 폭풍우를 견디듯이 아래턱을 목을 향해 바싹 잡아당긴 뒤 우박같이 쏟아지는 총알을 향해 진격했다고 말했다.[32]

그리고 늙은 병사는 비바람처럼 총알들을 꿀꺽 삼킨 채 누워 있었다.

프랑스의 작은 마을에서는 해를 입지 않은 가족이 거의 없었다. 모든 작은 도시는 그 중심부에 영웅의 기념비를 갖고 있었다. "우리의 영웅들… 프랑스를 위해 죽다." 이따금 그 명부에 있는 이름은 현재 인구 명단보다도 길어 보였다. 지금도 사람들은 대체 무슨 일이 있었는지 의아해한다. 윌슨의 사이비 설명이나 혹은 수백 가지의 설명 중 한 가지 정도는 참조할 수 있다. 자본주의자들이 비난을 받아야 한다. 그것은 독일의 잘못이다! 만약 유럽의 국가들만이 민주주의였다면! 만약 프린십이 그의 표적을 놓쳤더라면!

제1차 세계대전을 이해하기 위한 또 다른 방법이 있다. 1914년 8월 파멸 속에서 강세장이 시작되었다. 미국의 신선하고 새로운 자금이 없었다면 강세장은 아마도 1916년이나 1917년에 끝났을 것이다. 윌슨은 전쟁에 의미를 부여함으로써 세계를 개선하고 주도권을 가진 힘으로 미국을 탈바꿈시키고자 했다. 윌슨은 그가 해야 했던 모든 일은 전쟁의 조기 종결을 막는 것이라고 생각했다. 타협된 평화보다 완전한 승리를 얻기 위해 프랑스와 영국을 돕도록 전쟁은 윌슨에게 시간을 주었다. 그리고 그는 진정한 승자가 될 것이라고 믿었다. 윌슨은 마치 가톨릭 학교 소풍에 온 대천사처럼 유럽에 올 수 있었다. 그는 대서양을 가로질러 와서 그의 14개 조항을 세계에 부과했다. 마치 신이 그 14개 조항을 진흙 명

판에 써서 그에게 건넨 것처럼 말이다.

민주주의를 향한 안전한 세상 만들기

우드로 윌슨이 의회에 섰을 때 그리고 독일에 대한 전쟁 선포를 요청했을 때 사용한 단어들은 머리의 발달된 부분에서 나온 것이었다. 사람들은 과거 정치학 교수였던 이 사람으로부터 훌륭하고 다양한 음절로 구성된 라틴어 풍의 말을 기대했을 것이다. 그렇지만 그것은 기대했던 것처럼 단순하거나 정직하지 않았으며 대신 교활하고 의미 없었다. 윌슨이 사용한 단어들은 전형적으로 고상한 사설 지면에서 찾을 수 있는 허튼소리와 같았다. 대통령이 입을 열자 외양만 그럴 듯한 거품이 갑자기 꺼지는 것과 같았다. 즐겁게, 가볍게… 거품은 군중 위로 떠올랐다. 감탄과 경외 속에서 군중들은 목을 길게 빼었다. 사람들은 그 말이 공허한 것이라는 데 개의치 않는 것 같았다. 윌슨의 말은 화려했고 그것만이 중요한 것처럼 보였다.

민주주의를 위해 세계를 안전한 곳으로 만들겠다던 윌슨의 말은 허풍에 불과했다. 그는 영국 사람들과 같은 편으로 전쟁에 뛰어들 것을 제안했다. 영국은 바로 그 시점에 전 세계에서 민주주의를 억압하고 있었다. 아일랜드 인과 인도 인, 이집트 인에 대해서 미국 대통령은 언급조차 하지 않았다. 만약 뇌의 상층부가 제대로 작동했다면 윌슨이 분명 민주주의를 향해 세계를 안전한 곳으로 만들기를 원했는지를 물어보았을 것이다. 윌슨은 또한 민주주의로 향하는 것을 저지하고 있는 국가를 상대로 질문을 던졌어야 했다. 논리적으로 보면 윌슨은 영국에 대항해 독일 쪽으로 전쟁에 가담하는 편이 나았을 것이다.

그러나 대통령의 교활한 머리속에는 마그나 카르타, 영국 판사들의 법복과 가발, 사보이에서 마시는 홍차와 샌드위치, 디킨즈*(Dickens, 찰스 디킨스)와 새커리*(Thackeray, 윌리엄 새커리, 영국의 소설가) 등의 이상적인 그림이 깊이 박혀 있었다. 고지식하고 감동하기 잘하는 뉴저지 프린스턴 대학 교수 출신인 윌슨은 영국 상류사회의 모든 부속물을 마음에 그리고 있었다. 대통령과 그의 자문관들, 내각과 그의 연합국들은 아주 나쁜 영국 숭배 성향을 갖고 있었다. 그들은 실제로 더듬거리면서 아주 감동한 것처럼 말했다. 그들이 거창한 말로 민중을 자극할 때에는 전쟁이 시작되었다는 징후 이상은 아무 의미도 없는 말들을 해댔다. 가난하고 어리석은 민중의 피는 이미 끓어올랐다. 민중은 전쟁 논리를 받아들였고 이미 죽을 준비도 되어 있었다.

　두뇌 상층부 측면 전두엽의 피질에 있는 일부 신경세포의 연접부에 불을 지핌으로써 진정한 사고의 순간이 가능해졌고 이는 유럽 전쟁이 얼마나 잘못된 것인가를 보여주려 했다. 그러나 떠오른 모든 생각들은 측면 전두엽의 피질이 아니라 대뇌의 변연계로 깊이 빠져버렸다.

　윌슨은 이미 결정을 내린 상태였다. 대중도 역시 곧 동참했다. 대포가 정렬되었고 훈장이 만들어졌다. 게 눈 감추듯이 빠르게 사람들은 무릎을 꿇고 전쟁 준비에 전력할 것을 맹세했다. 재산을 포기했고 아들과 생활의 온전함도 포기했다. 나라 주변에는 광신적 애국자들이 담벼락에 구멍을 뚫어 바우어나 펠트겐하우어 같은 독일식 이름으로 가장해 이웃에 간첩 노릇까지 하려 했다. 볼티모어에서는 전 시장이 독일에 동조했다는 명목으로 고발된 뒤 머리를 쏘아 자살했다. 감히 비웃거나 우는 사람이 있었다면 곧 속죄하거나 복역했어야 했다.

　전쟁은 새로운 신발 한 켤레처럼 대뇌 변연계를 움직이는 힘이 있었다. 광신적 애국자들은 전쟁이 선포됐을 때 한층 의기양양해졌다. 사람들은 길거리를 걸을 때 거만한 군인들 같았다. 광신적 애국자들을 둘러보면서 사람들은 잘 닦인 놋쇠장식과 공중에서 폭발한 폭탄의 섬광이 빛나는 것을 본다. 그리고 사람들은 지옥의 번득이는 입구로 향하는 죄인과 같은 광신적 애국자들에게 시선이 끌린다. 정치인들은 강압적인 행위를 설명하고 정당화하고 숨기기 위해 고상한 옷을 입고 잔혹한 죽음의 악취를 감추기 위해 향수를 뿌릴 필요성을 느꼈다. 그렇지만 그러한 말은 중요하지 않았다. 마치 보통사람이 그의 신용공여 한도의 증액을 갈망하는 것처럼 대뇌 변연계의 감정도 전쟁을 갈망할 준비가 되어 있었다.

제1차 세계대전은 윌슨의 약속만큼이나 의미 없고 무분별한 대참사로 판명났다. 그것은 미국의 절대적 통치권의 시작을 알리는 징조였다. 전쟁은 오늘날의 세계를 설명하는 데 도움이 된다. 이제 광신적이고 거친 애국자들은 "윌슨을 숭배하고 모방하는"(Wilsonian) 새로운 관료집단에 환호했다. 다시 한 번 광신적 애국자들은 그들이 민주주의를 향해 세계를 안전한 곳으로 만들고 있다고 생각했다. 광신적 애국자들은 그들이 상상하는 보다 나은 세계의 이로움을 생각하면 어떤 대가를 치르도 지나침이 없다고 믿었다. 그리고 다시 한 번 그들은 국가 지도부를 부드럽게 달래서 자신들이 생각하는 보다 나은 세계를 위해서 국가의 돈을 사용하고자 했다.

그러나 세계는 더 이상 1917년의 그 세계가 아니다. 지금은 윌슨의 세계이고 그가 만들고자 했던 세계다. 미국은 더 이상 떠오르는 열강이 아니며 중국이 부상하고 있다. 미국은 이제 제1차 세계대전 당시 영국의 위치에 있다. 당시 영국은 보다 공격적인 상대인 신흥세력에 대해 통상교역에서 우위를 지키고자 했다. 미국인들은 더 이상 일과 수익에 기대거나 목말라 하지도 않는다. 이제 그들은 지구상에서 가장 풍요로운 사람들이고 열심히 일하는 다른 사람들에게 얹혀사는 데 점점 익숙해지고 있다. 고든 튤록(Gorden Tullock)은 "대가를 지불하는 게 미덕이다"라고 말했다. 미국 사람들이 지불했던 대가는 고된 노동, 검약, 자제 그리고 자신들의 사업에 전념하는 미덕이었다. 미국인들은 윌슨이 권력을 획득하기 이전까지는 덕이 있는 사람들이었다. 윌슨의 취임 이후 미국인들은 지금 그들이 나라 안팎에서 지불하는 것처럼 보이는 간섭, 차입, 소비 등을 위해 과거 지불했던 것들을 포기했다.

개인의 사적인 영역에서 남을 기만하는 사람은 곧 친구도 없고 권력도 희망도 없이 피폐화된다. 그가 할 수 있는 일이라고는 관공서에 응시하는 일이 고작이다. 이는 공공 생활에서는 어리석은 논쟁들이 바로 결론을 얻게 되는 경우가 점점 줄어들고 있기 때문이다. 사람들이 각자 이유를 갖고 서로에게 유리하게 하는 게 공공 생활이다. 피터 게일(Pieter Geyl)은 "역사는 끝없는 논쟁"이라고 말했다. 그는 한 국가가 "거실"(living room)이 필요하기 때문에 이웃나라들을 지배해야만 한다는 논리를 펼친다. 또 다른 사람은 한 나라는 이웃나라들을 지배해야만 하는 명백한 운명을 갖고 있다고 말한다. 한 대중 지도자는 "지구 공동번영"을 창조해야만 한다고 말한다. 또 다른 사람은 그가 민주주의를 향해 세계를 안전하게 만들 것이라고 말한다. 이들의 화려한 몸짓 어디에도 논리와 근거가 없으며 고약한 냄새가 나는 검은 흙만 잔뜩 묻어 있다.

모든 세계 개선자와 제국의 설립자에게는 자만심이 강한 동물이 꼬리 깃털을 과시하려는 본능이 숨어 있다. 모든 민주적인 집합에서는 수컷 무리들이 머리를 뿔로 받아 대중들에게 볼거리를 만들어줄 기회를 기다리고 있다. 세계를 돌아가게 하는 것은 사랑이나 돈이 아니라 허영심이다. 윌슨은 어떤 특별한 애정도 충분한 돈도 갖고 있지 않았다. 조지 5세는 윌슨을 아주 냉정한 교수로 마음에 들지 않는 사람이라고 불렀다. 그러나 윌슨은 충분한 허영심도 갖고 있었다.

전비 지불

그 어떤 것도 전쟁처럼 빠르게 돈의 가치를 떨어뜨리지는 않는다. 포탄은 돈을 분쇄한다. 총알은 돈에 구멍을 낸다. 군인들은 돈 위에서 행군한다. 그리고 정치가들과 중앙은행 사람들은 돈이 찢어질 때까지 접힌 곳을 편다.

1914년 7월 모든 주요 교전국들은 금본위제도를 갖고 있었다. 다른 44개 국가도 마찬가지였다. 그 체제는 단순하고도 효과적이었다. 그것은 국제적인 금융환경이 발달하도록 촉진하여 자산과 교역의 증대에 매우 도움이 되었고 대부분의 서방 국가들은 그 이전 어느 때보다 번성했다. 여러 국가들의 중앙은행은 그들의 금고에 금을 보유하고 있었다. 금은 경화를 뒷받침했다. 만약 한 나라가 해외제품을 구매하는 데 너무 많은 돈을 사용하면 그 나라의 통화가 외국으로 흘러들어가게 된다. 이 통화는 본국이 재화나 서비스를 공급하게 되면 그 대가로 다시 본국으로 되돌아온다. 불균형이 발생하게 되는 경우, 다시 말해 어느 나라가 자신들이 소비할 수 있는 재화나 서비스보다 많은 타국의 통화를 갖게 되면 결과적으로 잉여 통화는 금으로 대체되어 중앙은행에 예치된다. 금은 위조하거나 발행할 수 있는 게 아니므로 모든 국가의 불균형은 이런 방법으로 해결된다. 만약 한 나라가 지속적인 무역적자를 기록하게 되면 그 나라는 금을 빼앗기게 된다. 금본위제도는 이같은 일을 방지하기 위해 중앙은행이 어떤 대책을 수립하도록 한다. 일반적으로 금리가 오르게 되며 이는 저축을 촉진하고 자금 유출 가능성을 둔화시키는 효과를 가져온다.

금본위체계는 적절하고 정직하다. 그것은 전쟁의 필요성과 제국의 설립자들에게는 잘 맞지 않았다. 전쟁은 특히 비참할 정도로 그 대가가 비싸다. 정치가들은 전제군주가 오래 전에 그랬던 것처럼 국민들이 대포의 불꽃에 마음을 사로잡힌다고 생각한다. 그러나 국민들은 그 대가를 지불하는 것은 반기지 않는다. 영국 전쟁의 자금조달에 대해 연구했던 R. S. 해밀턴 그레이스(R. S. Hamilton-Grace)에 따르면 통상적으로 전쟁 비용의 삼분의 일은 차입으로 충당된다.

금은 잘 알려진 대로 협조적이지 않다. 금은 아첨도 기술 발달도 낳지 않는다. 금은 금 이상으로 가치가 있는 양 행동할 수 없다. 얇은 외양으로부터 더 많은 금을 산출해낼 수도 없다. 1온스의 금은 상당한 비용을 들여서 땅 아래에서 파내는 것이다. 매우 영광스럽고 중요한 이유가 있다 해도 통화 공급을 늘리는 것은 어려운 일이다. 중앙은행은 단지 많은 금을 갖고 있을 뿐이다. 그들이 더 많은 금을 원한다면 그것은 어딘가로부터 와야 한다. 금은 안전하게 지켜지고 보관되며 저장되어야 한다. "거저 얻을 수 있는 것은 아무것도 없다"는 옛말은 이 노란 금속을 묘사하기 위해 만든 말인 것 같다. 금은 온스 당 1온스의 검약과 1파운드의 자제 그리고 1톤의 인내를 나타낸다. 금은 새 옷, 총, 음식 또는 파티, 숙박, 연장, 도로 혹은 매우 많은 다른 잠재적인 사용처에 소비되지 않은 돈을 대표했다. 금은 중앙은행이 그것을 방출하기를 꺼려했기 때문에 취득하기가 쉽지 않았다. 왕은 왕립조폐소의 관리인들이 속임수든 주의 소홀이든 금을 사라지게 하면 그들을 해고하곤 했다. 중앙은행 관료들은 자연스럽게 금에 주의를 기울이게 되었다. 그들의 피 속에는 경계감이 흐르곤 했다. 그들이 너무 많은 지폐를 발행하면, 즉 그들이 금에 대해 너무 많은 청구를 허용하면 그만큼 금을 넘겨줘야 될 위험을 감수해야 한다는 사실을 잘 알고 있었다.

반면 전쟁 또한 심각한 문제였다. 중앙은행들은 재정적으로 전쟁을 도울 것을 요청받았다. 이 어려운 상황은 1914년 전쟁 위협이 주가급락을 야기했을 때 더욱 심각했으며 대부분 유동성은 전비자금으로 흡수되었다.

유럽 국가들은 전비를 충당하기 위해 어마어마한 자금을 빌려야 했다. 그러나 각각의 추가 통화발행은 금으로 담보되는 부분을 더 줄이거나 자금을 빌리는 국가가 현금으로 부채를 상환할 수 있는 능력을 약화시켰다.

독자들은 2005년 세계의 금융체제와 일치하는 부분을 빠르게 알아차릴 것이다. 당시 유럽인들은 전쟁 물자 소비를 늘리기를 원했다. 지금 미국인들은 마치 그들의 삶을 위해 싸웠던 것처럼 다른 물건들을 소비한다. 대포나 총알은 대형 스크린 TV나 자동차와 다르지 않다. 대형 TV나 자동차는 어떤 경제적인 발전도 없이 빠르게 소비되는 것이다. 1914년부터 1918년 사이 프랑스와 영국은 분수에 넘치는 전쟁을 수행하기 위해 미국의 자금을 필요로 했다. 이제 미국은 아시아의 주요 제조업자들에게 의지하고 그들에게 신용을 요청하고 있다. 아시아의 도움이 없이는 미국은 현재와 같은 수준으로 계속해서 소비할 수 없다. 1914년 세계의 가장 중요한 제조업자는 미국이었다. 프랑스와 영국 그리고 러시아(그보다 훨씬 덜한 범위로 전쟁 초기의 독일)는 미국에게 공급을 의지했다. 그러나 그들이 벌어들이는 것보다 더 많이 소비하기 시작한 이래로 이 유럽 국가들의 금 보유고는 위기상황에 처하게 되었다. 프랑스는 이 문제를 금본위제를 중단함으로써 초기에 간단히 처리했다. 영국은 전쟁기간 내내 금본위제를 유지했으나 이는 미국이라는 채권자의 덕택으로 가까스로 유지할 수 있었다.

영국에게는 다행스럽게도 미국은 이 문제를 강요하지 않았다. (90년 후 미국에게도 다행스럽게 아시아의 주요 채권자들은 이 문제를 강요하려 하지는 않는 것 같다. 최소한 지금은 아닌 것 같다. 심지어 금본위제도가 없이도 중국과 일본은 언제라도 원하는 때 달러 가치를 대혼란으로 밀어넣어 파멸시킬 수 있다. 1914년부터 1916년 당시의 미국처럼 중국과 일본은 주문을 받고 시장 점유율을 높이는 데 만족해한다. 중국이나 일본은 그들이 보내는 모든 물건에 대해 주요 고객인 미국이 진짜로 자금결제를 못하지는 않을 것으로 생각한다.)

전쟁이 점점 험악해지면서 금본위제도의 정직한 돈은 대부분 참전국들에서 포기됐을 뿐만 아니라 결제를 위한 금의 수출도 명백하게 금지되었다. (금이 적의 수중으로 들어갈 수 있다는 두려움을 핑계 삼아서 말이다.) 각국은 보다 많은 지폐를 발행하고 점점 더 많은 돈을 외국(대부분 미국)과 국내 조달원으로부터 빌리는 한편 분수 이상으로 소비하면서 통화공급을 늘리기 시작했다.

전쟁이 시작됐을 무렵 프랑스는 부채 합계가 1914년 7월 270억 프랑에 달하는 등 이미 거액의 부채를 지고 있었다. 연체금도 9억6,700만 프랑에 달했다. 통상적으로 프랑스의 의회는 약하게나마 많은 돈을 지출하는 계획에 저항했다. 그러나 전쟁이 그들의 귓전에 고함치고 독일군이 소메(Somme)에 이르자 의회는 그들에게 닥친 어떤 요구에 대해서도 단지 형식적인 승인을 하는 데 그쳤다. 그들은 1915년 228억45만 프랑을 빌리는 데 찬성했다. 금액은 해마다 증가했고 1918년에는 545억 3,710만 프랑에 달했다. 실제 정부는 "예산외"(off budget) 계정이라고 불리는 특별계정을 이용해 투표에서 결정됐던 금액보다 훨씬 많은 돈을 사용했다. 이는 오늘날 부시 행정부가 이라크 전쟁에서 이용하는 방법과 유사한 것이다. 1920년에 300억 프랑이 특별 계정으로 통과됐다. 300억 프랑은 전쟁 이전에 프랑스 국가 전체의 부채와 거의 맞먹는 액수다.

전쟁에 참가했을 때 미국의 지출은 다른 참전국들의 지출을 훨씬 능가했다. 1917년 7월부터 1919년 6월까지 미국은 일평균 4,280만 달러를 지출했다. 1916년부터 1919년까지 3년간 연방지출은 2,454% 증가했다. 미국 연준리는 점점 더 많은 중기 국채를 발행했다. 1917년 3월부터 1919년 12월 사이 채권 공급량은 754% 증가했다. 전체적인

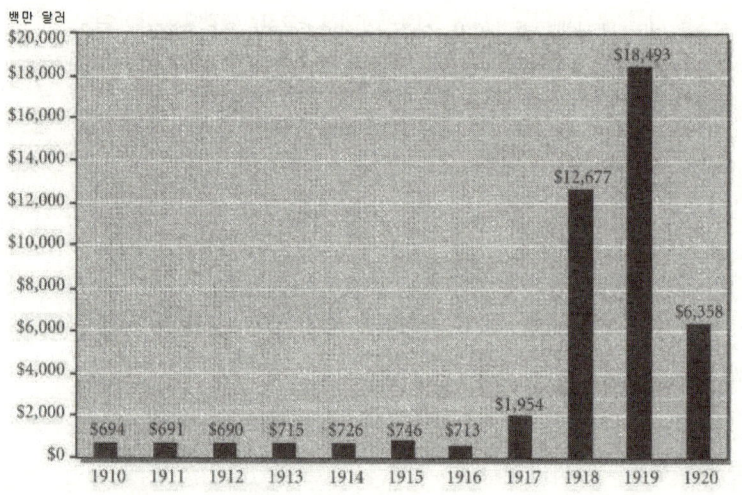

도표 5.1 미국 연준 지출액, 1910~1920년

우드로 윌슨은 그의 욕망인 "민주주의에 안전한 세계를 만든다"는 말로 가장 잘 기억된다. 그러나 제1차 세계대전 참전은 많은 비용이 드는 일이었다. 전쟁이 가져온 유일하게 중요한 점은 전쟁이 미국을 제국으로 변모시켰다는 것이다.

출처: 역사 일람표(Historical Table), 미국정부예산

통화공급량은 1913년부터 1918년 사이에 60% 증가했다. 반면 이 기간 중 국내총생산(GDP) 증가율은 13%에 그쳤다. 정부는 국민들에게 세금을 훨씬 더 많이 부과하는 한편 부분적으로는 국민들로부터 돈을 빌려서 통화공급을 늘렸다. 전쟁기간 중에 네 가지 종류의 "자유융자금" (Liberty Loans)이 있었고 전쟁이 끝났을 때는 "승리융자금"(Victory Loan)이 제공되었다.

이 모든 차입금, 소비 그리고 세금은 세계 주요 경제권, 특히 유럽 경제권을 매우 허약하게 했다. 전쟁이 끝난 뒤 세계 주요국들은 모두 전쟁 이전 상태로 돌아가기 위해 애썼다. 금본위제는 상당히 오랫동안 잘 기

능했다. 그러나 북동부 프랑스의 농부들이 들판에서 쟁기질하기 위해 나가는 것처럼 주요 경제권은 폭발하지 않는 폭탄을 계속해서 작동시키려 하면서 그들 스스로가 폭발할 지경에 이르렀다.

윌슨의 간섭은 사실상 한 가지만 제외하면 모든 관점에서 파괴적이었다. 전쟁은 그후로도 18개월간 이어졌다. 유럽의 어느 정부도 전쟁 이전 상태로 돌아가지 못했다. A.J.P. 테일러는 "1914년 유럽은 단일 문명화된 공동체였다"면서 "러시아와 오트만 제국에 이르기까지 개인은 여권 없이 대륙 어디든지 여행할 수 있었다. 일을 하기 위해 혹은 휴식을 위해 법적 절차 없이 외국에서 정착할 수 있었다. 모든 통화는 금과 다름없었다"고 썼다.[33]

1919년 유럽의 문명은 파괴되었고 그로부터 새로운 협박이 계속 등장했다. 처음에는 러시아와 이탈리아, 독일이 등장했다. 전쟁이 끝날 무렵 모든 통화의 가치는 과거보다 떨어졌다. 미국을 제외한 모든 주요 교전국들은 금태환을 포기해야 한다는 압력을 받고 있었다. 전쟁이 가져온 단 한 가지 유일하게 중요한 사항은 전쟁이 미국을 제국으로 변모시켰다는 것이다.

이제 여기서 우리는 지나간 흔적을 발견하고 미국을 부채의 제국으로 이끈 돈을 추적해본다.

6

1913년 혁명과 대공황

이 책의 독자들은 자신들이 매디슨과 제이, 그리고 해밀턴이 독립선언문*(the Federalist Papers, 헌법과 함께 미국에서 손꼽히는 가장 신성한 글로, 연방 대법원이 헌법 해석을 위해 인용하는 권위있는 주석서)에서 주장한 정부 시스템 하에서 살아보지 않은 사실에 대해 좀처럼 생각해보지 않았을 것이다. 이에 대해 존 플린은 "우리 조상들이 미공화국으로 알고 있던 이런 사회를 당신이 경험하지 못했다는 사실을 듣는 것은 큰 충격이다"고 말했다. 유명 주간지인 <새터데이 이브닝 포스트>의 편집장이던 플린은 1955년에 이미 이같은 결론에 도달했다. 그는 저서인 《미공화국의 몰락 The Decline of American Republic》에서 "미국인들은 한때 미국 헌법을 토대로 하고 미국 독립전쟁의 결과인 자유사회라는 훌륭한 지적 건물 속에 살았지만 이제는 전쟁으로 황폐해지고 빚에 허덕이며 세금을 약탈해가는 부서진 건물의 잔해 속에 살고 있다"고 기술하고 있다.[1]

하나의 제국은 군사행동과 규제정책 그리고 내정에 필요한 자금을 조달하기에 충분한 소득원을 필요로 한다. 또 야심차게 마련한 새로운 프로그램들을 실행하기 위해 강력한 중앙 집권력도 필요로 한다. 미국은 작가 프랭크

초도로프(Frank Chodorov)가 "1913년의 혁명"이라고 칭한 이 짧은 12개월 동안 제국은 제국이 되기에 필요한 도구들을 얻어냈다. 1913년은 유럽 지역 국가들이 제1차 세계대전에 대비해 금본위제도를 포기한 해이기도 하다. 이 해 옛 공화국은 사라지고 말았다.

돈은 어디에서 오는가

현재 미국의 소득세 시스템은 20세기에 와서 만들어진 것이다. 이전까지 전국적인 세제를 마련하려는 시도는 설립자들이 기초로 여겼던 미국 헌법의 이념을 위반한다는 이유로 실패로 돌아가거나 부결되곤 했다. 건국 초기 100년 동안 미국 사회는 오늘날 우리가 죄악세(sin taxes)라고 부르는 담배나, 술, 설탕 등에 붙는 세금으로 연방정부를 지원했다. 하지만 1817년까지 국내의 모든 세금은 의회에 의해 폐지됐고 정부를 지원하기 위한 수단으로는 해외 수입 제품에 부과되는 관세만이 남았다.

공화국 초기 시절 첫 소득세는 남북전쟁 비용을 조달하기 위해 의회에 요청하여 시민들에게 부과되기 시작했다. 1862년에는 600달러에서 1만 달러 사이의 소득에 3%의 세율이 과세되었고 또 그해 미국의 국세청인 IRS(Internal Revenue Service)가 설립되었다. 남북전쟁에는 하루 175만 달러의 비용이 들었다.[2] 정부는 땅을 팔았고 막대한 자금을 차입했으며 여러 공공요금을 부과했다. 또 소비세를 늘려보았지만 이런 조치들만으로는 충분하지 못했다. 이런 상황에서 소득세는 전쟁비용을 조달하고 5억5백만 달러에 달하는 막대한 부채의 이자를 지급하기 위해 도움이 되는 유일한 방법으로 보였다. 물론 이 세금은 전쟁이라는 특별한 상황 하에서 부과된 것이었다. 1872년 재건사업*(the Reconstruction, 남부주의 재건)에 전력한 이후 의회는 이 "임시세금"을 철폐시켰다.

하지만 그것이 끝은 아니었다. 소득세는 그 하나만으로도 전쟁비용을 조달할 수 있다는 점에서 제국의 설립자들의 마음을 끌었다. 하지만 그와 동시에 일반시민들에게는 도둑질을 당한다는 심정과 시기심을 불러일으켰다. 1893년 금융공황을 겪은 뒤 캔자스 주 상원의원인 윌리엄 페퍼(William Peffer)는 누진 소득세를 이런 식으로 지지했다.

> 뉴욕에서 부가 축척된 것은 그곳 사람들이 우리보다 근면하거나 현명하기 때문이 아니다. 그들은 교역을 하고 물건을 사고팔며 고리 대금업을 하기 때문이다. 뉴욕 사람들은 다른 사람들이 벌어놓은 돈을 운용하면서 생계를 이어간다. … 결국 서부와 남부 사람들이 그들을 부유하게 만들어주고 있다.³

이런 정서는 미국 헌법에서 요구한 "평등과세"의 원칙에 맞서 당시의 누진세를 선호한 네브라스카 주의 호전적인 정치가 윌리엄 제닝스 브라이언(William Jennings Bryan)에 의해 더욱 확산되었다.

> 만일 이 법으로 인해 다른 주들보다 뉴욕과 메사추세츠 주가 더 많은 세금을 낸다면 그것은 그들이 보다 많은 과세 소득을 가지고 있기 때문일 것이다. 가장 많은 것을 즐기는 지역은 가장 많은 세금을 내야 한다.⁴

이 논리는 단순하다. 보다 생산적인 사람들이 전체 사회의 공공비용 가운데 많은 부분을 담당해야 한다는 것이다. 하지만 모든 인간이 평등하게 태어난 것으로 간주되는 자유공화국에서는 이런 논리가 존재하지 않는다. 만일 모든 인간이 평등하다면 모두가 각자 중앙 정부의 부담을 똑같이 담당해야 한다. 그러나 새 제도 하에서 사람들은 더 이상 평등하지 않으며 선출된 심부름꾼의 일시적 기분에 근거해 각기 다른 세 부담이 주어진다.

상당한 선견지명을 가진 한 하원 의원은 이렇게 내다보았다.

소득세 부과는 사람들을 타락시킬 것이다. 소득세를 부과하면 첩자와 밀고자가 생길 것이다. 또 조사권을 가진 일단의 관리들이 생겨날 것이다. 이것은 중앙집권화를 향한 하나의 단계가 될 것이다. 또 세금 징수의 비용이 비싸다는 점과 공정하게 부과될 수도 없다는 점에서 소득세 부과는 과세의 기본 규범을 무너뜨릴 것이다. 그리고 마지막으로 이것은 공화국 정부의 원칙과 전통에 어긋나는 것이다.[5]

소득세가 다시 도입된 1894년 미국 대법원으로 이의 신청이 제기됐고 1895년 대법원은 5대 4의 판결로 소득세 부과에 대해 위헌을 선언했다. 당시 다수 의견을 기술한 스테판 J. 필드(Stephen J. Field) 판사는 자신의 주장을 뒷받침할 다른 사례를 인용했다.

우리 국가 이론에는 의회가 무제한적인 과세권한을 갖고 있다는 조항이 없다. 모든 자유주의 정부가 가진 권력에는 한계가 있기 마련이다. 개인의 권리는 보호되어야 하며 그렇지 않으면 사회가 존재할 수 없다. 과세권은 이런 한계에 직면하게 된다.[6]

하지만 제국의 바람이 불면서 미국 헌법의 정신은 날아가버렸다. 1907년 공황을 겪고 난 뒤 시어도 루즈벨트 대통령은 미국 헌법을 고쳐 전국적인 소득세를 허용하려는 민주당 편을 들었다. 1909년 미국의 제27대 대통령 태프트는 미국 국민의 절대다수가 중앙정부에 소득세를 부과할 수 있는 권

리를 주는 것에 찬성하고 있다는 데 점점 더 확신하게 됐다고 말했다.[7]

물론 정치인들은 항상 국민들이 정부가 더 많은 권력을 갖기를 바란다고 주장하고 싶어한다. 유권자들은 그 대가로 공짜 점심을 먹을 수 있다면 그것에 찬성할 것이다. 윌슨 대통령이 세계무대에 나타난 1913년까지 소득세를 법제화시키기 위한 16번째 수정조항은 충분히 많은 주들로부터 비준을 얻었다. 헌법 수정안 내용은 다음과 같다.

의회는 소득의 원천이 무엇이든지 간에 일부 몇몇 주들에 분담하지 않고 인구조사 결과와 관계없이 소득세를 부과하고 징수할 권리를 갖는다.[8]

의회가 새로운 권력을 행사하기까지 그다지 오랜 시간이 걸리지 않았다. 심지어 윌슨 대통령은 16번째 헌법 수정에 의한 첫 조세법을 빨리 통과시키기 위해 임시국회를 소집하기까지 했다. 이 법으로 3천 달러 이상의 소득에 대해서는 1%의 세율이 부과되었고 더 많은 소득에 대해서는 최대 7%의 세금이 부과되었다.

이처럼 세율이 적당할 때는 소득세가 시민들을 크게 불편하게 하지 않았다. 하지만 1916년부터 최고 세율은 7%에서 배 이상 늘어난 15%로 높아졌다. 그리고 프랑스로 각종 무기를 보내기 위한 돈이 필요해지자 세율은 1917년 무려 67%가 인상되었고 1918년에는 77%로 인상률이 치솟았다. 그리고 처음 1%의 세율도 제2차 세계대전이 끝날 무렵에는 23%까지 상승했다. 하지만 그때까지 공화국의 국민들은 소득세를 필요악으로 받아들일 수 있을 만큼 성장했다. 이제 공화국은 하나의 제국이 되었고 돈이 필요했다.

우리가 살고 있는 지금 시대에는 미국 국세법(Internal Revenue Code)이 복잡하여 전문화된 변호사와 회계사 사단이 생겨났다. 조세개혁 시도조차 이제는 마음대로 되지 않는다. 용어 첨삭을 위한 서류도 이미 900페이지가 넘고 있다. 사실 21세기가 시작되면서 세법은 700만 단어를 넘어섰다. 이는 성서의 9배에 해당하는 분량이다. 그리고 미국 국세청(IRS)은 매년 30만 그루의 나무들을 희생시키면서 약 80억 페이지 가량의 서식과 지침을 내놓는다. 이로 인해 미국인들은 새로운 세제를 따르기 위해 매년 약 54억 시간을 소비한다.

소득세는 1913년부터 2005년까지 연방정부와 각 주정부, 그리고 지방정부에게 그 권한을 주었고 이로 인해 민간 기업과 수백만 명의 시민들에게 소득세가 부과되었다. 그리고 이 기간 동안 정부 지출은 무려 13,592%나 늘어났다.

소득세는 연방정부에게 백지수표를 발행해 돈을 쓸 수 있게 하며 심지어 현재 돈을 갖고 있지 않아도 지출을 가능하게 해준다. 연방정부는 자국 시민들의 미래 경제활동에 대한 소유권을 주장하고 있는 것이다. 연방정부의 막대한 부채는 아직까지 태어나지도 않은 이들의 향후 소득을 담보로 하고 있다. 소득세는 경제수단일 뿐 아니라 정치적인 무기로도 쓰일 수 있다. 예를 들면, 경우에 따라서는 특정 집단에 대한 보상이나 징계 차원에서 세율이 조작될 수 있다.

1789년 미국 헌법이 발의되었을 때 신대륙의 식민지 개척자들은 그들을 위한 자유와 독립 수단을 얻었다고 믿었다. 벤저민 프랭클린은 "당신들이 그것을 유지할 수 있을 때에야 비로소 공화국이라고 할 수 있다"(A Republic, if you can keep it)라고 강조했다. 그로부터 124년이 지난 1913년, 미국인들은 그들의 공화국을 잃은 것에 행복해했다. 미국인들이 원한 것은 하나의 제국이었다.

미국의 카이사르

하지만 소득세는 시작에 불과했다. 제국의 특징으로 정의된 것 가운데 하나가 자금조달의 원천이 무제한적이라는 것이라면 또 다른 특징은 입법부에서 중앙행정부로 권력이 이동하는 것이다. 1913년 제2차 헌법 수정은 18세기 후반의 논의에서는 거의 상상할 수 없었던 방법으로 권력의 무게 중심을 워싱턴 쪽으로 기울게 만들었다. 미국 헌법 제정자들이 상원의원 선출방법에 대한 원칙을 정했을 때 그들은 각 주의 권리와 중앙정부 사이의 균형을 예상했었다. 미국 헌법의 원본은 다음의 문구를 담고 있다.

미국 상원은 각 주에서 선출된 두 명의 상원의원으로 구성되며 그 임기는 6년이다. 그리고 각 상원의원은 한 표의 투표권을 갖는다. 각 주의 선거인단은 주 의회 대부분의 분과 선거인단에게 요구되는 자격을 갖추어야 한다.

공석이 생겼을 경우 해당 주정부는 공석을 채우기 위한 투표를 실시한다⋯.

미국의 헌법 제정자들은 상원의원을 주의회를 통해 간접선거로 선출함으로써 힘의 균형을 유지하고 주정부가 연방의회의 각 분과들을 관리할 수 있을 것으로 생각했다. 상원은 본래 다음과 같은 두 가지 역할을 담당할 것으로 기대되었다.

한 쪽 눈은 그 주의 권익에 초점을 맞추고 다른 눈은 행정부와 연방법원 그리고 하원을 주시해야 한다. 이 때문에 상원의원들은 하원이나 주 의회 구성원들보다 나이도 많고 현명해야 하며 경험도 많고 더 나은 자질을 가져야 하는 것으로 여겨졌다. 또 상원의원으로 선출된 인물은 다수의 관심을 끌고 있는 당면 문제에 대해서는 어느 정도 거리를 두어야 할 것으로 기대되었다. 상원의원들은 주의회에 그들의 정치적 행위에 대해 답변하고 대중과 유권자들에게는 간접적으로만 답변한다.[9]

"정부기관으로서 각 주를 보호하는 것은 필요불가결한 것이다." 1787년 미국 헌법 제정 당시 델라웨어 주 대표였던 존 디킨슨(John Dickinson)은 이렇게 말했다. "그것은 서로 다른 주 정부 사이의 갈등을 만들어낼 것이며 이 갈등은 서로를 견제하기 위해 존재해야 하는 것이다."[10]

미국 헌법 초안의 기초를 마련한 제임스 매디슨은 간접선거가 국민들을 일시적인 실수와 착각으로부터 보호해주는 역할을 할 것이며 안정과 자유를 조화롭게 할 것이라고 말했다.[11]

주 정부는 그 주의 상원의원이 어떻게 쟁점들에 대해 투표할 것인지 그리고 어떻게 해당 주의 이익을 가장 잘 대변할지를 지시할 권리를 가져야 했다. 그러나 위대한 협잡꾼인 윌리엄 제닝스 브라이언이 다시 등장했다. 그는 상원이 타락한 주의회의 통제를 받고 있다고 주장했다. 1896년과 1900년, 1908년 대통령 선거에 출마했던 그에 대해 C. H. 호베케(Hoebeke)는 〈Fellow in Constitutional History at the Center for Constitutional Studies〉에서 다음과 같이 묘사하고 있다.

브라이언 장관은 당시 개혁안을 위해 노력했던 사람들의 기대대로 개혁안에 도장을 찍었다. 이 개혁안은 정당 대표들과 정부 기관의 지배를 종결시키고 상원의 부당한 특권을 진압하면서 동시에 상원을 국민의 뜻에 보다 잘 부응하게 만드는 것이었다. 이는 물론 상원의원으로 선출되기 위해 엄청난 돈을 들여야 했던 혐오스러운 관행도 근절시키는 것이었다.[12]

제7차 헌법수정은 선거를 보다 민주적으로 만들면서 상원의원을 선출하는 방법을 개선했다. 그 이후로 상원의원은 해당 주의 주민들이 직접 선거를 통해 선출하게 되었다. 간접 민주주의의 나쁜 점이 직접적인 민주주의로 인해 치유된 것이다.

세계가 지금까지 발전해오면서 원래의 병폐보다 그 치유 결과가 더 나빴던 적이 종종 있었다. 부패와 부당한 억압은 헌법 수정에 의해서도 고쳐지지 않았다. 부패와 부당한 위압이 워싱턴으로 이동했을 뿐이다. 주의 역할은 이전 수준으로 축소되었다.

제6차 헌법수정과 제7차 헌법수정은 중앙 정부가 가진 부의 힘을 엄청나게 증대시켰다. 원래의 헌법 시스템은 주정부에게만 과세권을 인정하고 있었다. 그리고 군대를 모집하거나 해안 지역을 방어할 때 혹은 화폐를 발행할 때 등 미국 전체를 위한 돈이 필요할 때는 주 정부들이 거둬들인 세금을 연방정부에 제출하는 식이었다. 하지만 1913년 이후로는 이 과정이 완전히 반대가 되었다. 이제는 연방정부가 소득세의 형태로 대부분의 세금을 거두어들이고 이 가운데 일부를 각각의 주에 나눠준다. 그나마 여기에도 보통 많은 단서나 지시 조항들이 포함된다. 이런 시스템은 중앙정부가 개별 주에 대해 자금조달을 비롯해 헌법에는 언급되지 않은 여러 분야에서 영향력을 행사하도록 했다. 이를테면, 고속도로의 속도 제한, 교육, 의료, 무기 소유권, 식약품 감독, 치안 및 법 집행, 환경, 기업들의 관행 등 리스트는 엄청나게 길다. 그리고 이제 국토보안법과 애국법으로 인해 이 리스트는 더욱 길어졌다.

새로운 돈

중앙은행은 그 이름이 의미하듯이 한 국가의 통화량을 조절하는 중추 역할을 한다. 중앙은행은 각각의 주 정부와 주립 은행의 자금 교환을 중재하고 자국 은행들 간이나 자국과 다른 국가 정부 사이의 채권 거래를 관리한다. 미국이 공화국의 성격을 유지했던 지난 1913년까지 미국은 중앙은행의 개념과는 불편한 관계를 맺었다.

미국의 첫 재무장관이었던 알렉산더 해밀턴은 독립전쟁으로 야기된 막대한 부채로 인해 고심했다. 그는 전쟁으로 인한 부채를 관리하고 단일 화폐를 만들어내기 위한 중앙은행 설립을 제안했다. 1791년 의회는 미국 최초의 중앙은행인 First Bank of the United States의 설립을 위한 허가서 초안을 마련했다. 하지만 1811년 국가 비상 상황이 어느 정도 진정되자 의회는 그 은행이 더 이상 존재할 이유가 없다고 판단했고 결국 이 은행은 사라졌다.

중앙은행이 문을 닫으면서 결과적으로 지역은행들이 번성했다. 그들은 은행권을 발행했고 부채에 기반을 둔 다양한 거래 시스템이 은행 자체 규모를 넘어서기도 했다. 이 시스템은 마치 주키니*(오이와 비슷한 서양 호박)처럼 성장했다. 저명한 경제학자 존 케네스 갤브레이스(John Kenneth Galbraith)는 "당시에는 교회나 선술집 혹은 대장간을 차릴 정도의 공간이면 은행을 세우기 적당한 장소로 여겼다"고 말했다.[13] 이런 은행들이 은행권을 발행했고 이 점에 있어서 이발사나 바텐더들도 은행들과 경쟁했다.

하지만 아무나 은행 일을 할 수 있던 이런 상황은 오래 지속되지 않았다. 예상대로 1812년의 전쟁은 막대한 전쟁 부채를 남겼고 인플레이션은 연간 14%로 치솟았다. 제임스 매디슨 대통령은 1816년 전쟁으로 인한 부채를 관리하기 위한 목적으로 다시 Second Bank of the United States를 설립하는 새로운 법안에 서명했다. 하지만 1820년대 말에는 이 은행과 앤드류 잭슨 대통령 사이에 갈등이 커졌다. 잭슨은 이 은행의 시스템이 공화국의 가치를 위협한다고 생각해 은행이 해체되어야 한다고 주장했다. 결국 잭슨의 주장대로 이 은행의 설립 허가서는 1832년 거부되었고 은행은 1836년에 문을 닫았다.

이후 1837년부터 1862년까지는 "살쾡이 은행"*(1863년 은행법 제정 이전에 지폐를 남발한 은행들을 가리킴)의 시대로 알려져 있다. 오직 주 정부에 의해 허가된 은행들만이 영업할 수 있었고 그나마 각주의 법에 의해 영업도 많이 제한받았다.

화폐를 발행하기 위한 법적 근거는 헌법에 의해 제한된다. 헌법 제1조 8항은 의회가 동전을 만들어 그 가치를 규제할 수 있도록 허용하고 있으며 10항은 개별 주들에 대해서는 이런 권한을 갖지 못하도록 했다. 하지만 일단 합의된 매개물은 가치교환의 수단인 돈과 우리를 연관시킨다는 목적을 충족시켰다. 이에 따라 주 은행들의 은행권 발행을 절대적으로 금지할 수는 없었다. 마찬가지로 일반 개인들이 약식차용증서를 발행할 수 없는 이유도 없었다.

살쾡이 은행 시대의 초기에는 연방 대법원이 주 은행들에게 교환수단으로서의 은행권을 발행할 수 있게 허용했다. 미시건이 하나의 주가 된 1837년 미시건 주는 주의회의 승인이 없어도 특정 기준들을 충족하기만 하면 은행업을 허가했다. 은행들은 손톱을 다듬어주는 곳(nail salons)처럼 사업이 불안정했다. 1838년부터 1863년 사이에 4개 주 709개 은행을 대상으로 실시한 연구 결과 그 가운데 절반이 사업에 실패했고, 1/3은 은행권을 금이나 은으로 상환해 달라는 요구에 따를 수 없었다. 그 기간 동안 은행들의 평균 수명은 5년에 불과했다. 이따금씩 지불준비금도 적립하지 않은 채 널리 통용되었던 은행권은 전국적인 화폐로 대체되었다. 주 정부는 당시 만연했던 위조 기술과 부풀려진 은행권의 가치, 그리고 자유시장의 불안정한 성격 등으로 고심했다.

하지만 남북전쟁은 "살쾡이 은행" 시대를 종결시켰다. 1863년 첫 번째

전국은행법은 은행업에 대한 통제권을 다시 한 번 연방정부로 가져다주었다. 아울러 단일화된 전국 은행 시스템이 생겨났고 전국적인 단일 화폐가 만들어졌다. 뿐만 아니라 이 새로운 법은 전쟁으로 인해 늘어가는 부채를 조달하기 위해 미국 국채의 유통 시장을 제공하기도 했다. 이런 변화는 점진적으로 일어났다. 1870년에는 미국 전역에 1,638개의 전국적 은행이 있었고 주 은행은 325개에 불과했다. 하지만 주 은행들은 영업을 계속했고 기존의 은행권 시스템은 당좌예금이라는 새로운 컨셉으로 대체시켰다. 1890년까지 미국의 통화공급 가운데 화폐가 차지한 비중은 단 10%에 불과했다. 그 나머지는 은행의 당좌예금을 통해 거래되었다.

그후 이와 같은 금융 위기들은 소득세에 대한 전국적인 지지를 일으켰고 결과적으로 영구적인 전국 은행 시스템을 선호하는 쪽으로 여론이 기울어졌다. 1907년 월 스트리트 패닉은 당시까지 미국 역사상 최악의 경기 불황의 원인으로 꼽혔다. 실업률은 20%에 달했고 수십 개의 은행들이 파산했다. J.P.모건은 개인 대출을 양도해주면서 뉴욕의 몇몇 은행들을 파산의 위기에서 구해주었다.

1910년경 월가의 경영자들과 워싱턴의 정치인들은 기회를 보고 있었다. 그들은 조지아 해안에 위치한 한 섬에서 비밀리에 만나 중앙집권적인 통화 기구의 구성에 대해 논의했다. 상원의원 넬슨 알드리히는 오늘날 씨티뱅크나 모건뱅크로 알려진 금융기관의 경영자들을 만났다. 소위 "알드리히 플랜"(Aldrich Plan)은 전국적인 이사회에 의해 통제되는 15개의 지역 은행 구성을 제안하고 있었다. 이 은행들은 회원들에게 긴급 자금을 대출해 주고 유연한 통화를 창출하는 등 연방 정부의 통화 담당 기관 역할을 수행하게 된 것이다. 비록 이 원래 계획이 하원에서 부결되기는 했지만 이 방안은 오늘날 연방준비제도이사회 시스템의 모델이 되었다. "통화법안"(Currency Bill) 혹은 오웬-글래스법(Owen-Glass Act) 등 다양한 이름으로 불린 이 법안은 1913년 연방준비제도이사회법이라는 이름으로 등장했다. 이 법안으로 대통령이 임명하는 의장이 조정하는 12개의 지역 연방은행이 탄생했다. 헌법은 의회에게 발권력을 부여하고 있지만 이 연방준비제도이사회법 하에서 의회는 발권력을 의회 소속이 아닌 연방준비제도이사회에 위임하는 안건을 승인했다. 미국 달러는 미국 재무부 대신 민간 기관에 의해 발행된다. 그리고 이 민간 기관은 은행 금리나 통화량 그리고 심지어는 미국 내 물가상승률에까지 영향력을 행사한다. 수 개월 간의 의회 증언과 각종 논의를 거치고 3천 페이지 이상의 청문회 자료들이 작성된 후 이 법안은 1913년 12월 23일 의회의 최종 승인을 거쳐 대통령의 서명을 받았다. 사상 처음으로 민간단체에 의해 화폐가 발행되었지만 이 화폐는 정부의 완전한 신용과 신뢰에 의해 그 가치가 보장되었다.

앞으로 살펴보겠지만 연방준비제도이사회라는 시스템은 미국의 독특한 제국적 자금조달 시스템을 형성하는 데 특별한 역할을 하고 있다.

안전망

1913년이 제국을 위한 사전 준비의 해였다면 1930년대는 중요한 과정이 이루어진 시기였다. 프랭클린 루즈벨트의 뉴딜 정책은 여러 가지 요인들로 구성되어 있지만 그 무엇보다도 이 정책은 제국의 임무 수행을 위한 정부를 조직했다. 예전의 공화국 시절 정부는 개인이나 주 정부 사이를 중재하는 역할을 했다. 법률은 처음부터 비교적 중립적인 규칙이었다. 또 당시에는 대부분의 사건을 규칙을 만드는 사람들의 능력 범위 밖에 있는 일로 여겼기 때문에 통과되는 법안이 상대적으로 적었다.

하지만 이런 정부의 개념은 1930년대에 들어 급격하게 바뀌었다. 정부는 더 이상 단지 법을 만들고 집행하는 기능만을 가진 단체로 묘사되지 않았다. 새로운 정부는 모든 것을 개선하고자 했다.

지금은 거의 거론되지 않지만 뉴딜 프로그램이 법안으로 통과되었을 당시 대부분의 사람은 이 프로그램이 일시적인 수단으로 의도된 것이라고 믿었다. 이것이 미국 본토에서 벌어질 장기간의 변화를 위한 초석이 될 것으로 생각하는 사람은 거의 없었다.

1935년 미국의 사회보장법이 통과되었을 때 모든 미국인들은 적어도 안정적인 최소한의 연금을 보장받았다(그들이 평균수명 이상을 살면서 은퇴연령인 65세 이상 살았을 경우에 해당). 정부는 병과 무주택, 장애, 그리고 빈곤 등 나이가 들면서 발생할 수 있는 일반적 불안들을 제거하고자 했다. 이것은 미국 사회 전통으로부터 급격한 이탈이었다. 뉴딜 정책은 영구적이고 아버지 같은 중앙정부를 만들어냈다. 그리고 이 정부는 그 이후 점점 더 중앙집권적이고 더욱 가부장적인 존재로 성장했다.

사회보장에 대한 프랭클린 루즈벨트의 계획은 새로운 시스템이 단순한 사회안전망 이상이었다는 점에서 국가라는 개념을 완전히 다시 생각한 것이었다. 이 정책은 미국 헌법 제정자들이 상상도 못했던 방법으로 보통 시민들을 연방정부의 틀 안에 가두었다. 사람들은 그들의 일용양식을 국가에 의존하게 되었고 국가에 더 많은 관심을 갖게 되었다. 근검, 독립성, 자존 등의 전통적인 미덕은 정치적 행동주의, 정치체제를 건 도박 등 새로운 덕목들로 대체되었다. 그리고 루즈벨트의 집권 2기에 들어서 국민들은 국가가 미국 영토 안의 것들을 보호해줄 것으로 기대했다. 그 이후에는 미국 정부가 미국 본토 밖에서도 더 나은 세상을 만들 것으로 기대하게 되었다.

대통령 선거운동에서 루즈벨트는 후버 대통령을 낭비벽이 심하다고 비난했다. 1932년 대통령 선거전에서 민주당 진영은 다른 것보다 정부지출을 최소 25%는 줄일 것과 불필요한 위원회나 사무실을 폐쇄할 것 그리고 연간 예산 균형 등을 요구했다. 하지만 당시 미국은 한창 대공황 상태였다.

이 대공황의 원인에 대해서는 계속해서 뜨거운 논란이 진행되고 있다. 그런 논의들은 이 책의 범위를 넘어서는 것이다. 하지만 대공황으로 인한 경제적 퇴보의 결과로 미국이라는 국가는 그 제국적 임무에 한걸음 더 다가서게 되었다. 1929년 주식시장이 붕괴되고 1930년대 미국이 디플레이션의 불황 시기에 진입한 뒤 이 부채 거품의 여파를 피하기 위해 루즈벨트가 할 수 있는 일은 거의 없었다. "모두가 나에게 무엇이 문제인지를 얘기하지만 아무도 나에게 무엇을 해야 하는지는 말하지 않는다." 루즈벨트 대통령은 자신의 임기에 바로 앞서 내각에 이렇게 불평했다. 그러자 곧 워싱턴은 대통령이 무엇을 해야 하는지를 말하고 싶어하는 사람들로 넘쳐났다.

1932년부터 새로운 책들이 출판되면서 이들을 인도했다. 《새로운 공화국 The New Republic》의 조지 소울(George Soule)은 미국을 "계획된 사회"라고 일컬었다. 스튜어트 체이스(Stuart Chase)는 《뉴딜 A New Deal》이라는 책을 저술했다. 곧 루즈벨트는 새로운 아이디어의 물결에 휩싸였다. 1913년에 얻은 새로운 수단으로 루즈벨트는 경제 전반을 압박하고 화폐의 구매력을 강화시킬 수 있었다. 그가 어떻게 새로운 아이디어에 저항할 수 있었겠는가? 이 아이디어들 가운데 캘리포니아 주 의사였던 프랜시스 타운센드가 주장한 견해가 채택되었다. 타운센드 플랜이라고 불린 이 계획은 가난을 영원히 사라지게 하겠다는 것을 목표로 했다. 루즈벨트 대통령은 처음에는 반대했지만 이 계획이 대중적인 지지를 얻자 결국 2년 뒤 유권자들의 압박 속에 사회보장법을 도입했다. 타운센드 계획을 세운 사람들은 이 프로그램의 주요 혹평가들이 되었고 이 법이 충분한 지원을 받지 못했다고 불평했다.

이 제도의 가장 기초적인 혜택인 노인보험에 이어서 의회는 4년 뒤 조항을 수정해 여기에 유족들의 보험을 추가했다. 1965년에는 의료비 혜택이

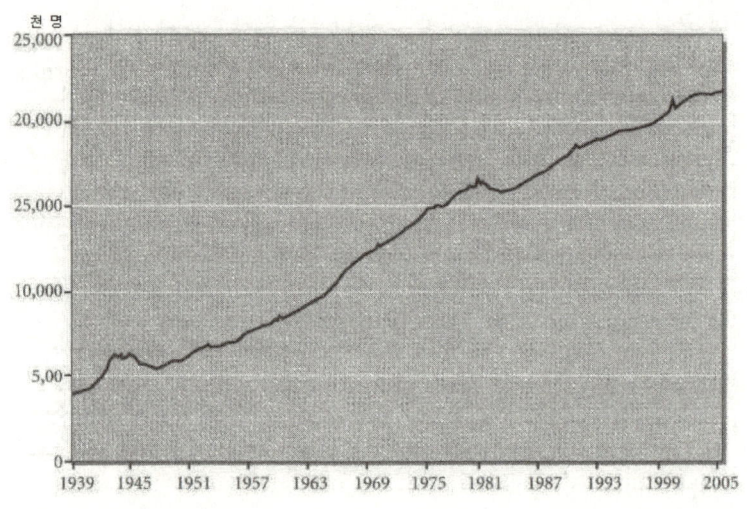

표 6.1 정부 고용, 1939~2005
1930년대에 만들어진 정부 프로그램들은 공무원 수를 늘렸다. 사회보장에서 파생된 이 모든 프로그램은 오늘날 확대되어 로마인들이 빵과 유희(panem et circensis)라고 불렀던 크고 복잡하며 비용이 많이 드는 시스템과 닮았다.
출처: 노동통계국

추가되었다. 2005년까지 사회보장 및 의료보험제도는 연방정부 예산의 27%를 차지할 정도로 늘어났다. 이 프로그램은 초기에 참신한 아이디어였지만 동시에 납입한 돈으로 충분한 보험금이 지불될지를 둘러싸고 논란이 벌어졌다. 반면 이 제도가 장기적으로도 지불 능력을 가질 수 있을지에 대해서 사람들은 별로 신경쓰지 않았다.

이외에 새로 도입된 프로그램에는 연방고용보험법(Federal Unemployment Insurance Act, FUTA)과 자녀양육지원제도(Aid to Dependent Children, ADC) 등이 더 있다. 이로 인해 사회보장 및 다른 관련 법안들은 이미 이 제도의 가장 큰 부문인 노인보험 및 의료보험을 넘어설 정도로 커졌다. 이 법은 두 개의 바퀴로 굴러갔는데, 하나는 노인보험과 관련 혜택 등을 제공하는 부문이고, 다른 하나는 방대한 네트워크를 위해 달러 매칭을 하도록 구성된 부문이었다. 오늘날에는 최저임금제도 및 어린이노동법, 연방장애인보험, 국민의료보조제도, 공공주택임대, 식량배급 등의 프로그램이 추가되었다. 사회보장에서 파생된 이 모든 프로그램은 오늘날 과거 로마인들이 빵과 유희(panem et circensis)라고 불렀던 크고 복잡하며 값비싼 시스템을 닮을 정도로 확대되었다(표 6.1 참조).

빵과 유희

정부가 가난하고 몸이 불편한 사람들을 책임져야 한다는 생각은 전혀 새로운 것이 아니다. 1597년 영국에서는 엘리자베스 빈민법(Elizabethan Poor Laws)이 실시되었다. "자비로운 일곱 가지 일"을 제공해야 하는 개인적 임무는 현대사회보다 더 앞섰다. 이 일곱 가지 일은 가난한 자에게 먹을 것을 주는 일, 목마른 자에게 마실 것을 주는 일, 이방인을 환대하는 일, 헐벗은 자들에게 입을 것을 주는 일, 아픈 자들을 문안가는 일, 죄수를 찾아가는 일, 죽은 자를 묻어주는 일이었다. 이런 생각에 새로운 것이 있다면 그것은 국가가 국민들을 일차적으로 보살펴야 한다는 것이다.

엘리자베스 빈민법은 어려움에 처한 사람에 대해서는 그 가족이 일차적으로 도와야 할 책임이 있다는 전제를 바탕으로 하고 있었다. 나이든 가족들은 젊은 가족들이 보살펴야 했다. 또 어려운 사람들의 구호 임무는 교회가 일차적인 책임을 담당하고 있었다. 사실 이 엘리자베스 빈민법 하에서는 교회의 교구 커뮤니티가 기본적인 책임 소재 단위였다. 이후 1601년까지 구호 업무가 자주 중단되었고, 강도와 약탈자들이 늘어났으며, 이 시스템을 악용하는 사람들을 다루기가 어려워지면서 이 법은 정리되었다.

제10차 헌법수정안은 다음과 같이 선포하고 있다. "헌법에 의해 미합중국에 위임되지 않았거나 헌법에 의해 금지된 권력은 각각의 주 정부나 개인들이 갖게 된다."[14] 넓은 의미에서 이 헌법수정안의 의도는 명확하다. 이전 공화국 시대의 연방정부는 시민들의 복지에 신경쓰려 하지 않았다. 하지만 지금의 정부는 우리가 상상할 수 없을 정도의 많은 복지 프로그램을 운영한다. 이 프로그램의 이름을 하나하나 기억하는 것은 로그함수 표를 외우는 것만큼이나 어렵고 쓸데없는 짓이다. 주 정부 프로그램은 존재하기는 하지만 단지 부수적인 보충 역할에 그친다. 많은 경우, 주정부 프로그램에 들어가는 자금은 연방정부에서 나오며 여기에는 항상 많은 조건들이 붙는다.

일자리를 제공하고 연수를 시키기 위해 만들어진 조직의 어지러움은 심지어 믿기지 않을 정도다. 이 기구들에는 토목사업국(the Civil Works Administration), 민간자연보존단(the Civilian Conservation Corps), 국가청년관리국(NYA-the National Youth Administration), 공공사업촉진국(Works Progress Administration) 등 연방정부 산하의 관청들이 포함되어 있다. 그리고 이 단체들은 제10차 헌법수정안에 의해 "각각의 주들에게 부여된" 서비스를 제공하고 있다.

가장 많은 법안이 백일의회(Hundred Days)로 알려진 첫 번째 의회 회기 중 통과되었다(1933년 3월 9일~6월 16일).

3월 9일 비상은행법(Emergency Banking Act, 은행 감시 확대)
3월 20일 경제법(Economy Act, 연방정부의 급여 수준과 재향 군인들의 복지 혜택을 재구성)
3월 22일 맥주-와인 세법(Beer-Wine Revenue Act, 알코올 음료에

대한 세금을 신설)

3월 31일 민간자연보존단법(Civilian Conservation Corps Act, 18세부터 25세 사이의 남성 25만 명을 훈련시키기 위한 캠프를 만들고 민간자연보존단을 창설함)

5월 12일 연방긴급구호법(Federal Emergency Relief Act, 주 정부 및 지방 정부들에게 5억 달러를 분배하기 위한 시스템을 설립함)

5월 12일 농업조정법(Agricultural Adjustment Act, 농업 부문 보조금을 신설함)

5월 18일 테네시 강 유역 개발 공사법(Tennessee Valley Authority Act, 연방 정부에 댐과 발전소를 건설하기 위한 권한을 부여하고 테네시 강 유역 개발 공사를 시행함)

5월 27일 연방증권법(Federal Securities Act, 증권 산업에 새로운 규제 조치들을 신설하고 미국을 금본위제도에서 제외시킴)

6월 6일 전국고용시스템법(National Employment System Act, 미국 고용서비스(US Employment Service)를 창설함)

6월 13일 주택 소유자 리파이낸싱법(Home Owners Refinancing Act, 비농업 주택 론의 리파이낸싱을 위한 Home Owners Loan Corporation을 창설함)

6월 16일 글래스-스티걸 은행법(Glass-Steagall Banking Act, 연방 예금보험공사(FSIC)를 설립하고 은행 개혁을 실시함)

6월 16일 농장신용법 (Farm Credit Act, 기존 농장 대출에 리파이낸싱을 부여하는 조항을 만듦)

6월 16일 긴급철도수송법(Emergency Railroad Transportation Act, 철도 및 운송 업체들에 대한 연방 규제를 확대)

6월 16일 전국산업회복법(National Industry Recovery Act, National Recovery Administration과 Public Works Administration을 설립)

대법원 판사수 늘리기

뉴딜 법안이 의회의 승인을 거치는 동안 루즈벨트 대통령과 연방 대법원 사이에는 갈등이 커지고 있었다. 1935년에는 대법관들이 뉴딜 정책의 많은 조항들에 대해 위헌 판결을 내렸다. 그해 법원은 철도 근로자들의 연금 계획을 설정한 1934년의 철도은퇴법(Railroad Retirement Act)을 부결시켰다. 아울러 1933년의 전국산업회복법(National Industrial Recovery Act) 등 뉴딜 정책의 핵심 법안들을 부결시켰다. 1936년에는 1933년의 농업조정법(Agricultural Adjustment Act)에 대해 위헌 결정을 내렸다.

당시 대법원은 지금과 마찬가지로 다른 사법 기관들에 대한 최종 판결권을 가지고 있었다. 이 기관은 마치 고대 사회의 원로원처럼 나이 들고 현명한 사람들로 구성되는 것이 보통이었다. 당시 연방대법원 판사 9명 가운데 6명이 이미 70세가 넘었다. 그들은 매우 현명하여 대통령의 야심적인 새로운 프로그램들과 함께 하는 것이 좋지 않다는 것을 충분히 알고 있었다. 1937년 초반, 루즈벨트 대통령은 보좌관들과 함께 대법원 판사들을 70세에 은퇴하도록 하는 새로운 임시 법안을 논의했다. 이 임시 법안에 따르면, 판사들이 70세가 되어도 은퇴하지 않을 경우 대통령이 판사를 새로 임명할 수 있으며 이로 인해 대법원 판사 수는 최대 15명까지 늘어날 수 있었다.

1937년 루즈벨트는 그 유명한 노변담화*(Fireside Chat, 루즈벨트 대통령이 라디오를 통해 국민들에게 직접 소신을 호소한 담화)를 통해 대중들에게 직접 호소했다. 이를 통해 루즈벨트는 자신이 제안한 새로운 법안을 설명했고 아울러 나이든 사람들의 지혜를 경멸했다.

미 국민들은 경기 불황을 통해 교훈을 얻었다. 지난 세 번의 총선거에서 국민 가운데 절대 다수는 의회와 대통령이 몇 년간의 토론을 거친 뒤가 아니라 지금 당장 국민들을 보호하는 임무를 시작해야 한다는 데 표를 던졌다. 하지만 법원은 국민들이 선출한 의회가 과연 현재의 사회 및 경제 상황에 적절하게 대처할 수 있는지에 대해 의구심을 가지고 있다. 입법행위를 통해 사회적 그리고 경제적 진보를 위한 움직임이 나타난 이래로 법원은 보다 자주 그리고 보다 강력하게 의회나 주 입법기관들이 통과시킨 법에 대해 거부권을 주장하고 있다. 사법부로서의 기능을 적절히 수행하는 것 외에도 법원은 한 판사가 "슈퍼 입법부"라고 칭한 것처럼 헌법 조항을 존재하지도 않고 당초 의도되지도 않은 의미로 해석하면서 자신들을 상하원에 이어 의회의 세 번째 집단으로 만들고 있다.

내가 제안하고 있는 것은 무엇인가. 이것은 아주 간단하다. 어떤 연방 법원의 판사나 법관이 70세에 도달해 은퇴할 수 있는 기회를 이용하지 않는다면 대통령이 미국 헌법이 요구하는 대로 상원의 승인을 얻어 판사를 새로 임명하는 것이다.[15]

한 판사가 70세가 되었을 때 은퇴하는 것이 강제 조항이 아니라면 이 제안의 궁극적인 결과는 명백했다. 결국 법원의 판사가 그 나이에 도달하면 대통령이 새 판사를 임명하겠다는 것이다. 그렇게 되면 미국은 계속해서 15명으로 구성된 젊고 보다 협조적인 법원을 갖게 되는 것이다. 대법원의 입장에서는 이같은 계획은 곧 판사들의 현재 나이와 70세에 이르기까지의 시간을 재겠다는 압력의 의미였다. 그리고 나서 대통령은 대법원에 영향력을 행사할 것이다. 루즈벨트 자신도 같은 연설에서 법원에 대한 은근한 협박으로 이런 점을 인정했다. "새로 임명될 판사가 몇 명이 될지는 전적으로 현재 70세가 넘거나 곧 70세에 이르는 판사들의 결정에 달려 있다."[16]

하지만 의회는 루즈벨트의 손을 들어주지 않았다. 이 법안에 대해 몇 달 동안 심리한 끝에 상원은 루즈벨트의 계획을 투표 결과 70대 20으로 부결시켰다. 이 제안은 다시 위원회로 돌아갔고 이후 위원회에서는 아무것도 다시 나오지 않았다.

그러나 제국의 바람은 계속해서 강하게 불어왔다. 경제학자와 철학자, 급진주의자들이 중앙집권적인 경제통제에 대한 계획을 가지고 워싱턴으로 몰려들었다.

루즈벨트 대통령은 취임하면서 과거 공화당 소속 대통령들이 정부지출을 너무 많이 한 사실을 비난했다. 연방정부의 빚은 과거 143년 만에 190억 달러로 늘어났다. 그러나 루즈벨트는 단 4년 만에 정부의 부채를 자신의 전 대통령들이 기록한 만큼 더 늘려놓았다. 당시 루즈벨트와 의회 의원들은 이 문제로 고심하고 있었고 그때 그들에게 필요한 아이디어가 하나 떠올랐다. 루즈벨트와 의원들은 새 정부의 엄청난 부채를 용인할 수 있는 아이디어가 필요했다. 그들은 곧 "하나의 정부는 개별 주체들과는 달리 파산의 걱정 없이 무제한적인 차입과 지출이 가능하다"라는 사실을 발견했다. 정부가 자국의 국민들에게 돈을 빌리면 이 빚에 대한 부담을 결국 국민들이 떠안게 된다. 따라서 그 빚이 얼마나 커지든지 간에 정부나 국민들에게 미치는 재정부담은 무시할 수 있게 된다. 만일 이 빚이 해외 채권 보유자들을 상대로 한 것이라면 어떤 일이 벌어질 것인가 라는 주제는 루즈벨트 시대의 제국 건설자들이 전혀 신경 쓰지 않았다.

"이런 교활한 원리의 주창자는 하버드의 앨빈 한센 박사였다"고 존 T. 플린은 진술하고 있다. "한센 박사의 문하생들에 의해 쓰여진 책이 출판됐을 때 워싱턴은 즉시 한센 박사를 불러들였다. 그는 이어 새로운 제도의 경제적 철학자로서 연방준비제도이사회에 자리를 잡았다. 이제 루즈벨트는 혼란 속을 헤쳐나갈 총명한 안내자를 얻게 되었다"고 플린은 밝혔다. "미국 경제 시스템은 워싱턴에서 계획하고 실행했으며 정부의 지출을 위한 무한의 자금조달은 역시 끝없는 차입으로 충당되었다."[17]

만계명(Ten Thousand Commandments)

사회보장 시스템은 루즈벨트 시대의 위대한 업적으로 여겨지고 있다. 이 제도는 은퇴한 사람들에게 노후에도 기본적인 생활이 가능하도록 금전적인 완충 작용을 제공한다는 데 의미가 있었다. 하지만 지금까지 세계를 개선시킨 사람들이 주조한 빛나는 종 가운데 어딘가에 금이 가지 않은 것은 없었다. 경제학자인 마틴 펠트슈타인은 만일 우리가 사회보장제도를 통해 받는 돈에 의존할 수 있다면 우리가 저축할 필요를 덜 느끼게 될 것이라고 지적한다. 저축이 적어진다는 것은 전체 경제에서 새로운 산업에 투자될 돈이 줄어든다는 것을 의미한다. 또 투자될 돈이 적다는 것은 생산성이나 임금의 저하로 연결된다. 만일 정부가 사회보장시스템에 자금을 정직하게 적립했다면 "사회보장신탁펀드"(Social Security Trust Fund)는 공적 저축으로 채워졌을 것이다. 그러나 이 시스템에는 자금이 적립되지 않았다. 그 펀드 안에는 저축 대신 다른 정부 부서들에서 빌려온 채무만이 남아 있다. 사회보장제도는 자본의 가용성을 낮추었고 동시에 간접적으로 설비투자도 줄어들게 만들었다. 다른 세금과 마찬가지로 사회보장제도는 경제 성장률을 위축시켜 사람들을 가난하게 만들었다.

실업자들에 대한 보상제도에도 비슷한 비난이 쏟아졌다. 사람들이 일을 하지 않고서도 돈을 기대할 수 있다면 많은 사람들이 실업 상태를 선택하게 되어 생산적인 경제에 분명한 걸림돌로 작용한다. 수십만 개의 엉터리 같은 규칙이나 법, 규제 등은 경제에 있어 보풀이 일어난 공에 붙어 있는 벨크로* (접착 테이프, 상표명으로 물건의 수선과 접착 등에 사용)처럼 작용한다*(공에 붙어 있는 접착 테이프가 공을 제대로 차는 데 악영향을 준다는 의미로 비유). 21세기 초까지 연방정부의 경제 규제 조치에 들어가는 총 비용은 거의 계산하기가 불가능할 정도였다. 카토 연구소 등 두 곳의 연구소에서 발표한 "만계명"이라는 한 연간 보고서에서 저자인 클라이드 웨인 크루 주니어는 놀랄 만한 추측을 했다. "연방 규제의 정확한 비용은 알 수 없다. 환경 및 안전, 보건 그리고 경제규제에 들어가는 비용은 매해 공식적인 전체 연방지출과 맞먹는 수천억 달러에 이른다." 이 보고서는 다음과 같이 이야기를 이어간다.

* 2004년 연방관보(Federal Register)는 2003년의 71,269페이지보다 6.2% 증가한 75,676페이지다. 이는 사상 최고치에 해당한다.
* 2004년 정부 기관들이 제정한 규칙은 4,101건으로 2003년보다는 1% 줄어들었다.
* 그해 규제 기관들이 4,101건의 최종 규칙을 제정한 반면 의회가 승인하고 대통령이 서명한 법은 299건으로 비교적 적었다.
* 2004년 통합비망록에 50개가 넘는 연방정부기관 및 위원회가 보고한 실행 단계에 있는 여러 규제 사항은 4,083건으로 전년도의 4,266건보다 4% 감소했다.
* 4,266건의 규제 사항 가운데 135건은 최소 1억 달러 이상의 경제적 임팩트를 가져올 "경제적으로 중요한" 규칙들이었다. 이 규칙들은 이후 매해 135억 달러 이상의 예산외 비용을 발생시킬 것이다.

사람들을 감시하는 데는 많은 비용이 들어간다. 얼마나 될까?

* 경제학자 토머스 홉킨스와 마크 크레인에 의하면 2004년에는 규제 비용이 8,770억 달러에 이른 것으로 추정된다. 이는 2004 회계연도의 전체 정부지출의 38%에 해당한다.
* 규제 비용은 4,120억 달러의 예산 적자의 배가 넘는다.
* 8770억 달러의 규제 비용은 2003년의 미국 GDP로 추정되는 10조 9800억 달러의 7.6%에 맞먹는 금액이다.

* 8770억 달러의 연방 규제 비용과 2조2,920억 달러의 정부지출을 더하면 전체 경제에서 연방정부가 차지하는 몫은 27%이다.
* 규제 비용은 2002년에 7,450억 달러를 기록한 모든 기업들의 세전 이익을 넘어선다.
* 또 규제 비용은 2004년의 개인 소득세 합계인 7,650억 달러보다도 많으며 법인세로 거둬들인 1,690억 달러를 크게 상회한다.

1913년의 혁명과 뉴딜 정책 기간 사이에 미국은 "빚의 제국"으로서 새로운 역할을 준비하고 있었다.

7
맥나마라의 전쟁

　지난 2004년 3월 스페인 마드리드에서 열차폭발 사건이 일어났을 때 인터넷에서는 다음과 같은 농담이 유행했다. "마드리드에서 일어난 테러 사건에 대응해 프랑스 정부는 경계경보 단계를 '뛰어'(run)에서 '숨어'(hide)로 바꾼다고 발표했다. 그리고 사건의 추이에 따라 경계경보 단계를 '항복'(surrender)이나 혹은 '협조'(collaboration)로 바꿀지도 모른다."
　미국인들이 가지고 있는 여러 망상 가운데 하나는 특히 프랑스를 비롯한 다른 국가들이 위축되어 있는 동안 자신들은 전 세계 테러리스트들의 위협에 용감하게 맞서고 있다는 것이다. 그러나 미국인들은 허영심을 용기로 잘 못 알고 있다. 다른 사람들이 어떻게 살아야 하는지에 대한 자신들의 견해가 너무 우월해서 그러한 임무를 자신들이 맡을 준비가 되어 있다고 생각한다. 그렇게 하지 않으면 경우에 따라서는 자신들의 생활이 위험에 처할 수도 있다고 생각한다.
　거의 비슷한 시기에 〈인터내셔널 헤럴드 트리뷴〉의 편집장은 민주당의 유력한 대통령 후보자였던 존 케리의 선거 캠페인에 큰 문제가 있다는 내용의 편지를 한 통 받았다. 그의 외모가 너무 "프랑스적"이어서 유권자들의 눈에 그것이 "약함"의 상징으로 보일 수 있다는 것이었다.

우리는 제 자리에 멈춰 섰다. 숨을 죽였다. 역사책을 조금이라도 읽어본 사람이라면 프랑스 역사가 피로 얼룩져 있다는 사실쯤은 알 것이다. 서로를 살육하는 문제에 있어 프랑스 사람들이 알지 못했던 것은 아마도 알 만한 가치가 없었던 것일 게다. 프랑스는 로마, 영국과도 전쟁을 치렀고 종교전쟁, 왕자들 그리고 왕국간의 전쟁 그리고 겉으로 드러난 이유가 없는 전쟁들도 벌였다. 약하다고? 또 겁쟁이라고? 작은 마을의 경찰 병력보다도 많지 않은 노르만 프랑스의 전사들은 잉글랜드를 침공해 모든 지역을 장악해버렸다. 보나파르트 나폴레옹은 유럽 전역을 차지했고 거의 다 무찔렀다.

마르보 장군은 나폴레옹의 러시아 원정 도중 한 무리의 프랑스군이 본대에서 떨어지게 되었을 때의 일화를 이렇게 기록하고 있다. 본대로부터 지원을 기대할 수 없다는 사실을 깨달은 이 부대는 보나파르트에게 다음과 같은 메시지를 보냈다. "곧 죽을 운명인 우리들은 당신께 경의를 표합니다." 그들은 최후의 한 사람까지 싸웠다.

그리고 카메론의 전투가 있었다. 나폴레옹의 조카는 1860년대 멕시코로 군대를 파병했다. 푸에블라를 포위하고 공격하는 과정에서 60명의 프랑스 병사들이 본대에서 떨어져 2천 명의 멕시코 군과 맞서게 되었다. 멕시코 군의 사령관은 투항할 것을 촉구했다. 하지만 프랑스 병사들은 죽을 때까지 싸우겠다고 다짐했다. 한 여인숙 건물에 갇힌 프랑스 병사들에게는 마실 물이나 먹을 음식이 없었다. 멕시코 군은 그 건물에 불을 질렀다.

인터넷의 한 리포트는 당시 상황을 이렇게 설명하고 있다. "멕시코 군이 지른 불로 인한 열기와 연기에도 불구하고 프랑스 병사들은 저항했고 그들 가운데 대부분이 죽거나 부상을 입었다. 1863년 4월 30일 오후 5시경에는 모데 소위를 비롯해 12명의 병사들만이 싸울 수가 있었다. 이때 멕시코 군의 사령관은 병사들을 불러 모아놓고 저렇게 적은 수의 상대를 무찌르지 못한다면 그보다 더한 망신이 어디 있겠냐고 강조했다. 멕시코 군은 안마당 벽에 나 있는 구멍을 통해 총공격을 단행할 셈이었다. 그들은 다시 한 번 모데 소위에게 투항을 요구했다. 하지만 모데는 다시 적을 경멸하며 거절했다."

마침내 최후의 공격이 단행되었고 모데의 옆에는 5명의 병사들만이 남았다. 그들은 단 한 발씩의 총알만을 남겨두고 있었다. 안마당의 한 쪽 구석에서 그들은 벽을 뒤로 하고 여전히 적에 맞서 총기를 점검했다. 명령이 떨어지자 그들은 나머지 한 발의 총알을 발사하고 적을 맞아 싸웠다. 곧 모데 소위와 두 명의 병사가 치명적인 부상을 입고 쓰러졌고 남겨진 세 명의 병사도 곧 죽게 될 처지에 놓였다. 그때 멕시코 장교가 외쳤다.

"투항해라."
"우리가 부상당한 동료들을 데리고 가서 치료하게 허락해주고 우리 총을 우리에게 남겨둔다면 그렇게 하겠다."
"너희 같은 사람들에게는 아무것도 거절할 수가 없구나." 멕시코 장교는 대답했다.[1]

최근에는 디엔비엔푸*(베트남 북서부의 도시. 인도차이나 전쟁에서 프랑스 군기지. 1954년 월맹군에게 함락됨)의 전투(1954년 5월 7일)가 있었다. 작가 그레이엄 그린(Graham Greene)은 총격전이 시작되기 전 프랑스 군 진영을 방문했다. 그는 프랑스 군이 4만8천 병의 와인을 갖고 있을 정도로 보급이 잘 이루어지고 있음을 발견했다.

당시 프랑스 군은 10년 뒤 미국이 지녔던 이점들과 비슷한 많은 유리한 점을 갖고 있었다. 그들은 하늘을 장악했고 공군력을 이용해 1만5천 명의 병력과 식량을 멀리 떨어져 있는 하노이 비행장으로 수송했다. 이런 아이디어는 프랑스 군을 그곳에 정착할 수 있도록 만들었고 베트민*(호치민을 지도자로 하는 1941~54년의 베트남 독립 동맹군) 군의 사령관 인지아프 장군의 보급로를 차단해 그가 라오스로 이동하는 것을 막았다. 그리고 그를 프랑스 군의 우수한 화력으로 박살낼 수 있는 총력전으로 끌어낼 수 있었다.

"패배는 승리로부터 태어날 수 있다." 2004년 5월 7일 <피가로>의 50년 전 회고 기사는 이렇게 시작한다. "디엔비엔푸의 전투를 이해하기 위해서는 반드시 나산의 전투를 기억해야 한다. 프랑스 군의 승리로 끝난 이 전투는 다른 것을 설명해주며… 그리고 모든 것을 재난으로 이끌었다. 이 전쟁은 프랑스 군과 베트남 군을 18개월 동안 격리시켰다. 지아프 장군은 이 18개월의 기간을 그의 패배로부터 배움을 얻는 기간으로 이용했다. 반면 프랑스 군의 고위 간부들은 그 어느 때보다 자신만만해졌다."[2]

나산 지역에서 프랑스 군은 고원지대에 진지를 구축하고 있었다. 지아프가 공격해왔다. 프랑스 군은 진지를 지킬 수 있었고 반면 베트민 군은 무너져버렸다. 하룻밤 사이, 지아프는 3천 명의 병력을 잃었다. 만일 프랑스 군이 동남아시아 지역에서 스스로를 파멸로 몰고 가려 했다면 그들은 좀더 나은 방법을 찾아야만 했다. 그들은 이 방법을 디엔비엔푸에서 찾았다. 디엔비엔푸의 전투에 대한 대강의 윤곽은 다음과 같다. 크리스티앙 드카스트리 대령이 이끄는 1만5천 명의 병력에 이어 프랑스 낙하산병들이 하노이 비행장의 통제권을 장악했다. 프랑스 군은 참호를 파고 여자 이름을 붙인 진지들을 구축했다. 디엔비엔푸는 평지가 아닌 정글로 뒤덮인 언덕으로 둘러싸인 움푹 파인 지역에 자리잡았다.

만일 베트민 군이 중화기포를 가지고 있었더라면 프랑스 군은 몰살당했을 것이다. 하지만 카스트리를 비롯한 프랑스 군의 고위 장교들은 지아프가 그렇게 할 수 있을 것으로 생각하지 않았다. 그리고 놀라운 일은 1954년 3월 14일에 시작되었다. 지아프의 대포들이 위장막을 벗어 던지고 오후부터 불을 뿜기 시작한 것이다. 1분마다 10발의 포탄이 쏟아졌고 이같은 폭격은 이후 56일 동안 불규칙적으로 계속되었다. 그리고 나서 지아프는 보병부대를 투입했다. 캠프 "가브리엘"은 베트민 군에 점령된 뒤 다시 프랑스 군이 재탈환했지만 프랑스 군은 이를 다시 포기했다. 베아트리체 진지는 그곳의 사령관이 사살된 뒤 빼앗겼고 다음으로 "앤 마리" 진지도 내주고 말았다.

프랑스 군은 숨을 죽이고 있었지만 베트민 군의 올가미는 더욱 조여왔다. 3월 26일 부상병들을 실은 비행기 한 대가 겨우 이륙할 수 있었다. 그것이 마지막 비행이었다. 그 이후 프랑스 군은 비행장에 대한 통제권을 잃었다. 보급품을 얻을 수 있는 유일한 방법은 하늘에서 떨어뜨리는 것이었다. 하지만 그나마 그런 방식으로 전해진 보급품들도 종종 적의 수중으로 떨어졌다. 결국 프랑스 군은 본대와의 연락이 끊기고 말았다. 하지만 그들은 외교적인 해결 방법이 나타날 것이라는 희망을 갖고 버텼다. 그러나 해결 방법은 나타나지 않았다.

"날씨도 프랑스 군에게 적대적으로 바뀌었다"고 〈피가로〉는 기술했다. 그들은 엄청난 폭염 속에서 싸웠다. 그리고는 비가 내려 병사들은 무릎까지 진흙에 빠지게 되었다. 의사들도 그 위에 서서 치료를 했다. 5월 6일 지아프는 총공격을 명령했고 "도미니크"와 "엘리안느"가 순식간에 점령됐다. 5월 7일에는 군수품을 못 쓰게 만들라는 명령이 내려졌다. 피로스 대령은 자살했다. 비록 "이자벨" 진지는 다음날 오전 1시까지 버텼지만 오후 5시 30분경 사격중지 명령이 내려졌다.

56일간의 포위 기간 뒤 프랑스 장군 드 카스트리는 하노이에 있는 상관에게 무전 연락을 했다. 그는 나폴레옹 같은 말투로 "군사 시설들을 폭파하는 중입니다. 탄약과 식량들은 이미 폭파했습니다. 안녕히 계십시오."

"그럼… 안녕히"라는 답이 돌아왔다.[3]

수천 명의 프랑스군이 포로로 잡혔다. 하지만 베트민군은 포로들에게 특별하게 짓궂은 짓을 하지 않았으며 별다른 관심도 보이지 않았다. 전투에서 승리한 베트민 군은 먹을 것이 충분하지 않았고 의약품도 거의 갖고 있지 않았다. 대부분이 부상을 입었던 프랑스 군 포로들은 빠르게 죽어갔다. 그들은 500~600킬로미터의 행군을 강요받았고 그들 가운데 많은 병사들이 제대로 따라가지 못했다. 프랑스로 송환된 포로들은 3,900명에 불과했다. 하지만 프랑스는 환호해야 한다. 이런 피해는 "우리의 환상을 종결시키는 데"대한 대가로는 작은 수준이다. 반세기가 지난 뒤 <피가로>는 그 당시 상황을 이렇게 묘사했다.[4]

지아프 장군은 상당히 운이 좋았던 것이다. 다른 많은 식민지들처럼 베트남 역시 프랑스 정부 하에서 크게 번성했다. 하노이에는 술집과 매음굴, 노천 카페들이 있다. 품위 있는 호텔과 잘 차려입은 여성들이 있으며 바닷가에는 그럴 듯한 해변 주택들이, 언덕 위에는 화려한 주택들이 자리잡고 있다. 사람들은 그들이 만족할 만큼 점잖게 행동할 수 있다. 프랑스는 인도차이나의 토착 주민들에게 문명을 가져다주었다. 토착민들은 이에 대해 많은 감사를 표시하고 있다. 호치민은 프랑스 어를 배워 파리로 갔다. 그리고 겨우 1~2년이 지났을 때 그는 자국의 국민들에게 프랑스 인들을 쫓아낼 것을 촉구하는 내용의 인쇄물을 발행했다.

후에 호치민으로 이름을 바꾼 위응 신 컹(Nguyen Sinh Cung)은 1890년 5월 19일에 태어났다. 그는 학업에 우수한 자질을 보였지만 애초부터 세계의 진보에 대한 욕망을 가진 것처럼 보였다. 전기 작가인 윌리엄 J. 듀이커에 따르면 젊은 호치민은 학교에 다니면서 이런 욕구가 더욱 강해졌다고 한다. 그는 위에(Hue)에 위치한 프랑스 국립 아카데미에서 장학금을 받았다. 프랑스에서 돌아온 호치민은 다른 학생들로부터 시골뜨기라며 놀림을 받았다. 한 번은 그가 화를 못 이기고 동료 학생을 때렸는데 그때 한 선생님이 그에게 "너의 능력을 세계정세에 대한 연구 같은 보다 유용한 목적에 사용하라"며 조언했다.[5]

만일 그 선생님이 조언 대신에 호치민에게 단순하게 화를 관리하는 방법을 알려주었다면, 아마 프랑스는 지금까지 베트남을 지배하고 있었을지도 모른다. 베트남 사람들은 그 전에도 그 후에도 이토록 좋았던 적은 없었다. 호치민은 현실을 그냥 내버려두어야 했다. 20세기 베트남의 역사는 현실에 만족해야만 하는 사람들의 역사였다. 나이든 호치민은 스스로를 가두어둘 수가 없었다. 제2차 세계대전의 종료와 함께 호치민이 통치권을 넘겨받게 된 뒤에는 프랑스 인들이 현실에 만족해야 했다. 그리고 프랑스 인들이 쓸려간 뒤로는 미국인들이 현실에 만족해야 했다. 시간이 지날수록 세계 발전의 역사는 "그대로 내버려두어라"(leave well enough alone)라는 똑같은 교훈을 낳고 있다. 그리고 시간이 지날수록 세계를 발전시키는 사람들은 이것을 무시한다. 그들은 항상 더 나은 것을 안다는 듯이….

호치민이 성년이 되었을 때 유럽 국가들의 식민지 전역에는 독립에 관한 이야기들이 마치 조류독감처럼 널리 퍼지고 있었다. 약간의 교육 혜택을 받은 지역들은 이런 사상에 빠르게 전염되었고 종종 유혹에 빠졌다. 호치민은 독립 사상에 열광한 수천 명의 사람 가운데 한 명이었다. 그는 유럽으로 가서 우드로 윌슨의 "자유"라는 공허한 노래를 듣게 되었다. 때는 막 제1차 세계대전이 끝난 뒤였다. 파리는 젊은이들을 우쭐하게 만드는 습성을 갖고 있었다.

다른 사람들과 마찬가지로 호치민의 머리도 빠르게 돌아갔다. 곧 그는 안남애국연맹(Annamite Patriots League)과 공산당에 가입했다. 당시 급진 세력들 가운데 볼셰비키 파 사람들이 가장 큰 진보적 마인드를 지니고 있었다. 전쟁이 끝나갈 무렵 모든 역경을 딛고 그들은 세계에서 가장 큰 국가를 차지했고 그 국가를 인정사정없이 개선시켜 나갔다. 나머지 진보 세력들은 그것을 감탄하며 지켜보고 있었다. 그리고 배움과 돈을 위해 모스크바로 향했다. 호치민도 예외는 아니었다.

호치민은 다른 세계가 어떻게 돌아가는지를 보기 위해 또 인도차이나를 프랑스로부터 자유롭게 만드는 데 유용한 교류를 위해 여러 곳을 여행했다. 한 번은 뉴욕과 보스턴을 여행하면서 보스턴의 파커하우스 호텔에서 주방보조로 일하기도 했다. 그는 또 미국의 남부 지역으로 여행을 떠나 한 번은 흑인들이 큐클럭스클랜*(미국의 천주교도, 유대인, 흑인 등을 배척하는 백인지상주의 비밀 결사)으로부터 구타를 당하는 장면을 목격하기도 했다고 말했다(하지만 이 말은 사실이 아닌 것 같다. 큐클럭스클랜은 매일 누군가를 구타하지도 않으며 베트남에서 온 젊은이가 선 채로 큐클럭스클랜이 행동하는 것을 지켜본다는 것도 상상하기 힘든 일이다). 호치민은 제1차 세계대전 기간을 대부분 런던에서 보냈다. 그는 칼튼 호텔에서 아우구스테 에스코피어라는 유명한 요리사 밑에서 조리장의 부책임자로 일했다. 호치민이 자기 자신을 "바"(Ba)라고 부른 자서전의 일부에서 우리는 세상이 그다지 신통치 않은 급진주의자 대신 훌륭한 패스트리 요리사를 얻을 수 있는 쪽에 가까이 있었음을 보았다.

우리는 각각 순서를 정해 청소를 해야 했다. 웨이터들은 고객을 상대하고 난 뒤 모든 접시들을 치워야 하며 그 접시들을 자동기계를 통해 주방으로 보내야 했다. 그리고 나서 사기제품과 은제품을 구분하여 설거지를 했다. 그것이 바의 차례가 됐을 때 그는 매우 신중했다. 그는 스테이크 조각이나 닭고기 등 접시에 남은 음식들을 버리지 않고 깨끗하게 정리해서 다시 주방으로 보냈다. 이것을 본 주방장 에스코피어가 바에게 물었다. "왜 다른 사람들처럼 남은 음식을 버리지 않는 거지?"

"이것들을 버려서는 안 돼요. 우리는 그것들을 가난한 사람들에게 줄 수도 있어요."
"이봐 젊은 친구, 내말 잘 들어." 에스코피어 주방장은 만족한 듯 보였고 웃으면서 이렇게 덧붙였다. "너의 그 혁명적인 아이디어는 잠시 접어 두게. 내가 너에게 요리 기술을 가르쳐주지. 그러면 많은 돈을 벌게 될 거야. 어때?"

그리고 주방장은 바를 접시 닦는 곳에 남겨두지 않고 케이크 부서로 데려갔다. 그곳에서 바는 종전보다 높은 임금을 받았다. 그 주방에서 이같은 일은 정말 대단한 사건이었다. 그 주방장이 이런 처분을 내린 것은 그게 처음이었기 때문이다.[6]

아아, 좋은 일에 대한 달콤한 향기는 뺑 오 쇼꼴라* (pain au chocolat, 초콜릿이 빵 사이에 들어간 제과류) 보다 매혹적이었음에 틀림없다. 세계는 훌륭한 패스트리 요리사를 잃었고 대신 나쁜 행동주의자를 얻었다. 기껏해야 수백 명, 많아야 천 명 정도의 고객들에게 즐거움을 선사하는 일 대신 이 안남의 윌슨*(여기서는 호치민을 가리킴)은 정치에 뛰어들기로 결심했고 이어 수백만 명을 죽음과 비극으로 몰고 간 정치운동을 시작하려고 했다. 런던에서 그는 아일랜드의 독립과 다양한 진보적 사상을 주장하는 거리시위를 통해 몸을 풀었다. 마르크스와 다른 혁명주의적 사상가들의 책을 읽었을 때 호치민의 머리는 너무 많이 돌아서 목이 거의 부러질 지경이었다. 거기에는 전체 세상을 어떻게 개선시킬 것인가에 대한 위대한 이론을 갖춘 사람들이 있었고 이 바싹 여위고 가난한 젊은이가 한 나라를 차지하는 것을 도와줄 사람들이 있었다.

호치민은 인도차이나로 돌아와 베트민을 조직하고 독립을 위한 장기간의 운동을 시작했다. 그 투쟁은 쉽지 않았고 짧지도 않았다. 만일 그가 마피아의 두목이 되려 했다면 다른 많은 두목들을 제거해야 했을 것이다. 제일 먼저 그는 프랑스 인들을 제거했다. 그리고 나서는 일본인들을 처치했고 중국인들도 제거했다. 그리고 베트남 민족주의자들을 정리했고 다시 프랑스 인 그리고 또 많은 베트남 인들을 제거했다. 그리고 마지막으로 미국인들을 처리했다. 그가 죽기 전까지 그는 알렉산더 대왕이나 폴포트*(캄보디아의 공산당 지도자, 국민 대학살 자행) 만큼이나 많은 사람들을 묻어야 했을 것이다.

호치민의 짧은 미국 방문은 미국이라는 나라에 대해 그로 하여금 다소 고심하게 만들었다. 호치민은 당시까지 자유의 땅에서 윌슨주의의 진보와 교류가 없었다. 그가 1945년 8월 혁명에 이어 바딘 광장에서 연설했을 때 그는 당시의 미국이 아닌 이상적인 미국에 대해 얘기했다. 그가 언급한 미국은 윌슨이 개선시키기 전에 존재했던 미국이었다. 아울러 자신의 문제에만 신경쓰고 제국을 향한 지도를 갖지 못했을 때의 미국이었다.

"모든 인간은 동등하게 태어났다"고 호치민은 말했다. "우리는 모두 창조주로부터 양도할 수 없는 권리를 부여받았다. 이 권리들에는 생명, 자유, 그리고 행복에 대한 추구 등이 포함되어 있다." 이런 내용은 1776년 미합중국의 독립선언문에 등장했었다. 보다 넓은 의미에서 이것은 지구상의 모든 인간은 태어날 때부터 평등하며 모든 인간은 살 권리와 행복하고 자유로울 권리를 갖고 있다는 것을 의미한다.

프랑스 인권선언과 시민들은 프랑스 혁명 시기인 1791년 "모든 인간은 동등한 권리를 갖고 자유롭게 태어났으며 항상 자유로운 상태와 평등권을 유지해야 한다"고 밝혔다.

이 짧은 연설을 통해 호치민은 두 국가에 손을 내밀었다. 그 중 하나는 이미 단지 하나가 아닌 몇 개의 제국을 거느린 국가였다. 그곳은 프랑크 사람들의 제국의 본거지였고 신성로마제국의 본거지이기도 했다. 보나파르트 나폴레옹은 자신만의 제국을 만들었고 그의 조카가 잠시 그것을 부활시켰다. 다른 하나의 국가인 미합중국은 불과 몇 년 전만 해도 보통의 공화국이었지만 지금은 지구 전체에 걸쳐 제국적인 책임감을 갖고 있다. 호치민은 이것을 알지 못했다. 하지만 만일 그가 인도차이나를 지배하기 바랐다면 그는 이 두 국가의 엉덩이를 걷어차 버려야만 했다.

8월 혁명은 신속하게 이루어졌고 비교적 피도 흘리지 않았다. 8월 14일에는 일본인들이 항복해왔다. 갑자기 제국의 힘이 자리잡고 있던 곳에 빈 구멍이 생겼다. 일본은 무기를 버리고 항복했다. 베트남에서 그들은 항복하기를 바랐지만 누구에게 항복해야 할지 몰랐다. 프랑스 관리들은 여전히 일본인들이 가두어놓은 감옥 안에 있었다. 다른 연합군 병력도 같은 감옥 안에 있었다. 장개석의 국민당 소속 부대도 곧 일본인들의 추방을 지켜보기 위해 도착할 예정이었다. 프랑스 인들은 곧 감옥에서 풀려날 것이었다. 호치민의 베트민 군은 빠르게 행동에 나서야 했다. 1945년 8월 25일 아침 호치민의 방어부대는 신속하게 베트남 내의 모든 정부시설과 기관들을 장악했다. 몇 시간 안에 베트남은 베트민의 통솔 하에 놓이게 되었다. 보구엔 지아프는 바딘 광장의 즐거운 풍경을 이렇게 묘사했다.

하노이는 붉은 장식천으로 뒤덮였다. 깃발과 손전등, 꽃들의 세상이었다. 펄럭이는 붉은 깃발이 온갖 지붕과 나무들을 장식했다.

장식 리본이 도로와 거리마다 넘쳐났고 베트남 어와 프랑스 어, 영어, 중국어, 러시아 어로 된 슬로건이 내걸렸다. "베트남을 베트남 인들에게", "프랑스 식민주의를 타도하라", "독립이 아니면 죽음을", "임시정부를 지원하라", "대통령 호치민을 지지하라" 등등.

공장과 상점들은 규모에 상관없이 일제히 문을 닫았다. 시장에는 인적이 끊겼다. 남녀노소 할 것 없이 전 시민이 거리로 나섰다. 많은 인파들의 행렬이 모든 방향에서 바딘 광장으로 몰려들었다.

흰색 셔츠와 파란색 바지를 입은 근로자들이 자신감과 힘에 가득 차 열을 맞춰 행진해왔다. 십만 명이 넘는 농부들이 시 외곽에서 몰려들었다. 민병대들은 육척봉*(농민들이 사용하는 무기 가운데 하나)과 검, 언월도 등 각종 무기들을 지니고 있었다. 심지어 일부는 사원의 무기고에서 가져온 곤봉이나 장검 등을 들고 있기도 했다. 여성 농부 가운데는 축제 의상을 입은 사람도, 노란색이나 밝은 녹색의 머리띠를 두른 사람도 있었다.

가장 신이 난 것은 어린이들이었다. 그들은 지도자들의 휘슬 소리에 맞춰 행진하며 혁명가를 불렀다.[7]

그 당시, 1만5천 명가량의 프랑스 인들이 하노이에 살고 있었다. 그리고 5천 명의 프랑스 포로들은 일본의 포로수용소에 당시 호치민 정부에 대한 반대를 준비하고 있었던 베트남 민족주의자들과 함께 수용되어 있었다. 하지만 호치민은 자신의 사람들에게 외국인들을 관용과 존중으로 대할 것을 지시했다. 또 호치민은 미국에게서 지원을 기대했다. 물론 독립전쟁을 인기 있게 만든 미국은 그를 지원해줄 것이었다. 호치민은 트루먼 정부에 도움을 요청하는 몇 통의 편지를 썼다. 그 중 하나는 베트남 북부에서 굶어 죽어가는 국민들을 위한 식량을 요구하는 것이었다. 1945년, 100만 명이 넘는 베트남 인들이 굶어 죽었다. 또 다른 편지는 미국의 인도주의적 이상을 칭송하고 미국인들에게 새로운 정부를 지지할 것을 촉구하는 내용의 것이었다. 하지만 이 편지들에 대한 대답은 없었다.

미국인들은 세상을 새로운 시각으로 바라보게 되었다. 그들은 하나의 제국이었다. 즉 그들은 한 사람처럼 생각해야 했다. 몰락하는 제국을 상징하는 윈스턴 처칠은 미주리의 풀턴에서 군중들 앞에서 "철의 장막"이 내려와 하나의 제국을 또 다른 제국과 갈라놓고 있다고 말했다. "자유세계"를 위협하는 "공산주의 블록"이 있다. 공산주의는 반드시 견제되어야 한다. 그렇지 않으면 전 세계를 차지할 것이다. "냉전"이라는 새로운 전쟁이 시작되었다.

전형적으로 제국의 설립자들은 이 지구를 아주 단순한 기준으로 생각했다. 그것은 그들이 이해할 수 있는 유일한 방법이자 그들의 헛되고 터무니없는 개입을 정당화시킬 수 있는 유일한 방법이었다. 베트남에는 "철의 장막"이 없었다. 단지 다른 나머지 세계와 마찬가지로 투명한 직물로 덮여 있었다. 1945년 9월 30일 호치민은 이것을 미국 관리인 아르키메데스 패티에게 설명했다.

대화를 마치면서 호치민은 이 방문자에게 혁명론자로서의 자신의 일생에서 중요한 몇 가지 사건들을 설명해주었다. 그는 많은 미국인이 자신을 "모스크바의 꼭두각시"로 여기고 있다는 것을 인정하면서도 자신은 미국인들이 생각하는 그런 공산주의자가 아니라고 부인했다. 15년 간 당에서 일하면서 소련에 대한 빚은 이미 다 갚았으며(호치민은 코민테른의 요원 생활을 한 적이 있었다), 이제 자신을 자유의 몸으로 간주하고 있다고 말했다. 그는 최근 몇 달 동안 베트남 민주공화국(DRV, the Democratic Republic of Vietnam)이 소련보다는 미국으로부터 더 많은 지원을 받았다는 점을 지적했다. 어떻게 모스크바에 신세를 졌다고 생각하겠냐는 의미였다.

호치민은 패티와 헤어지면서 베트남 국민들은 항상 미국에서 받은 원조에 감사할 것이며 오랫동안 미국을 친구이자 동맹자로 기억할 것이라며 독립을 위한 미국인들의 투쟁정신은 항상 베트남 국민들에게 좋은 본보기가 되고 있다는 메시지를 미국 본토에 전해줄 것을 요청했다. 몇 주 후, 또 다른 미군 장교가 호치민의 편지를 투르먼 대통령에게 전달했다. 하지만 미국의 지원 가능성은 빠르게 사라져갔다. 패티의 행동들은 미국과 중국에 있던 미국 관리들 사이에서 의심을 증대시켰다. 그래서 패티의 후임자가 워싱턴에 베트남은 분쟁을 중재하기 위한 미국의 노력을 환영할 것이라는 메시지를 전달했을 때 베트남의 제안이나 이전 호치민의 편지들은 무시되었다.

미국인들은 다시 망설이거나 자제할 수 없는 분위기에 놓였다. 조셉 맥카시 상원의원은 전쟁을 위한 조사 준비에 착수했다. 어린이들은 국기 앞에서 충성을 맹세하고 핵 공격에 대비해 책상 밑으로 숨어들었다. 적은 바로 문 앞에 있었다. 당시는 바로 "100% 아메리카니즘"을 위한 시간이었다.

힘없고 늙은 호치민은 포기해야만 했다. 몇 주 후, 프랑스 인들은 포로수용소에서 도망쳐 나와 다시 그들의 진지를 구축했다. 다소 어색하고 불편한 시간도 있었다. 잠정협정(modus vivendi)이 프랑스와의 사이에 맺어졌다. 프랑스 인들은 관대하게 취급되었고 주제넘게 나서서는 안 된다고 합의되었다. 10월 18일 프랑스 선박 뒤몽 뒤르빌 호는 파리에서 평화회의를 마치고 돌아오는 호치민을 태우고 캄란베이 항을 향했다. 하지만 평화는 없었다. 프랑스 군은 점점 더 강요했다. 프랑스 군은 미국산 지프를 몰았고 미국산 무기들을 사용했다. 호치민은 미군이 어느 쪽에 있는지를 의심하기 시작했다.

다시 미국은 제1차 세계대전 때처럼 많은 생각 없이 동맹국을 얻는 것처럼 보였다. 인도차이나에서는 이후 25년간 당시 주요 열강들이 서로 충돌한다. 호치민은 베트남을 식민주의의 굴레에서 자유롭게 만들고 싶었다. 카톨릭 교인이나 불교인 그리고 자본가나 전통적 민족주의자 등 다른 베트남 인들은 호치민으로부터 자유로워지기를 원했다. 반면 프랑스는 베트남 인들이 자유로워지는 것을 절대로 원하지 않았다. 프랑스는 베트남 인들에게 프랑스가 극동 지역에 건설한 제국의 착한 신하들이 될 것을 강요했다. 그러면 미국은 무엇을 원했을까? 미국은 자신이 무엇을 원하는지 정확하게 알지 못했다. 하지만 미국은 틀림없이 권력을 휘두르고자 했다.

호치민은 1946년 1월 정당하게 선거를 통해 당선되었다. 한 나라의 대통령으로서 지역 선거에 출마한다는 것이 좀 이상했지만 호치민은 그렇게 하기로 결정했고 98.4%의 득표율로 당선되었다. 프랑스는 이 선거를 무효화시키려 했고 다시 지배하려고 했다. 당시 미국은 호치민의 편을 들거나 아니면 적어도 이 일에 상관하지 않을 것으로 생각되었다.

　미국이 제1차 세계대전 중 세계에서 가장 큰 두 식민제국을 민주주의의 이름으로 지원했지만 미국 외교정책의 위선에는 한계가 없었다. 게다가 다시 한 번 미국은 크고 화려한 야심을, 그리고 헛된 거짓 약속들을 쳐다보았다. 그리고 미국은 혼수상태에 빠져들었다. 이번에 미국은 민주주의에 대해 아무 말도 하지 않았다. 분위기는 변했다. 이번에 그 야심은 "붉은색의 위협"을 말했다.

　첫 번째 인도차이나 전쟁은 베트민이 하노이의 지방 발전소를 폭발시킨 1946년 12월 19일에 시작되었다. 그리고 89개월 후인 1954년 5월 디엔비엔푸에서 프랑스 군이 패하면서 끝났다. 그리고 그 다음은 미국이 참견할 차례였다.

　인도차이나에서 패한 뒤 프랑스는 외교정책에서 "문명화 임무"를 포기했다. 그런데 이제 세상을 좀 더 살기 좋은 곳으로 만들겠다고 주장한 것은 미국이었다. 하지만 멍청이 같은 호전성과 무모한 용기에 대해서라면 미국인들이 프랑스 인들에게 가르칠 만한 것은 없었다. 나폴레옹의 위대한 전쟁들에 비교하면 미국의 초기 전쟁들은 시시한 사건에 불과했다. 멕시코나 스페인을 상대로 한 전쟁도 영광스럽기보다는 야비함에 가까웠다. 심지어 독립전쟁조차도 나폴레옹의 전쟁들에 비하면 사소한 전투에 불과했고 그나마 프랑스 군이 결정적인 순간 미국을 대신해 위험을 감수했기에 미국이 승리할 수 있었다. 여기서 우리는 찰스 W. 엘리엇의 글을 인용한다. 그 글에서 엘리엇은 어떻게 애국자들이 워싱턴의 그 확고함에서부터 낙담의 상태로 추락했는지와 대륙의 군대, 프랑스의 도움 등을 묘사하고 있다.[8]

　제1차 세계대전 중 프랑스는 독일에 맞서 2년간 싸웠다. 그리고 미국의 퍼싱 장군이 프랑스에 상륙하기 전까지 사상자 수는 미국이 지금까지 치른 전쟁으로 인한 사상자를 모두 합친 것보다 많았다. 다시, 제2차 세계대전이 발발했을 때 미국인들은 전쟁에 참가한 국가들의 힘이 약해질 때를 기다려 건강한 장병들과 거의 무제한적인 지원이라는 특별한 유리함을 안고 전쟁에 참가했다.

미국인들은 역사를 가지고 있지 않다. 아마 그렇게 말해도 좋을 것이다. 반면 프랑스 인들은 너무 많은 역사를 갖고 있다. 실제로 파리에 있는 모든 거리들은 프랑스 인들에게 전쟁을 생각나게 한다. 개선문이나 앵발리드*(프랑스의 군사 박물관, 나폴레옹의 무덤이 있음), 또 수십 개의 돌무덤 그리고 독일이나 스페인, 이탈리아, 폴란드, 러시아 심지어 북아프리카 지역의 도시 이름에도 새겨져 있다. 이것들은 각각 국가의 중요한 목적을 위해 일찍 하늘나라로 떠난 수천 명의 프랑스 병사들의 죽음을 간직하고 있다. 프랑스의 도시나 시골구석의 조그만 마을에는 몸이 갈기갈기 찢겨 죽었거나 전쟁터에서 질병으로 죽어간 이들의 이름이 새겨진 대리석 기둥이 지역 중앙부에 자리 잡고 있다. 모든 인종의 고아들이 제1차 세계대전 이후 자라났고 지하철에는 전쟁으로 상처를 입은 이들을 위한 특별 좌석이 마련돼 있다.

프랑스는 적어도 지금까지는 충분한 전쟁을 치러왔다. 그들이 자기 힘으로 얻은 비겁함을 즐기도록 놔두자.

맥나마라의 전쟁

1995년 5월 1일에 전 세계에서 모인 사람들은 미국 텍사스 주 오스틴의 LBJ 도서관에서 좀처럼 보기 힘들고 놀랄 만한 일을 목격했다. 로버트 S. 맥나마라가 눈물을 흘린 것이다. 그는 1961년부터 1968년까지 미국 국방장관으로 재직하는 동안 자신이 한 일이 얼마나 "끔찍하게 나쁜 일"이었는지를 설명했다.

"전쟁 범죄자는 미안하다고 말하고 흐느껴 울었다." 2004년 2월 9일 알렉산더 콕번은 <네이션>의 칼럼에서 당시 장면을 이렇게 묘사했다. 미국의 대통령이나 장관, 장군들은 종종 사람들을 죽게 만든다. 하지만 이에 대해 사과하는 일은 거의 없다. 만일 그들이 운이 좋다면 전쟁은 마음먹은 대로 진행되고 그들은 사과할 필요가 없다. 만일 그들이 운이 좋지 않다면 무솔리니처럼 교수형을 당할 수도 있고 아니면 히틀러처럼 자신을 향해 방아쇠를 당길 수도 있다. 맥나마라는 교수형을 당하지도 자신을 향해 방아쇠를 당길 필요도 없었다. 북베트남 인들은 미국에 실질적인 위험을 가한 적이 없다. 따라서 북 베트남에 폭탄을 투하한다 해도 중국이나 러시아가 미국에 위협을 가하거나 북미 대륙을 향해 핵폭탄을 발사하지 않는 한 절대로 큰 위험은 없었다. 호치민과 북베트남 국민들이 미국의 지도자들을 전쟁 범죄자로 법정에 앉힐 수 있는 방법은 없다. 또 맥나마라나 케네디, 존슨 등 베트남 전쟁에 관여한 주요 인물들은 자발적으로 전면에 나서지도 않았다. 만일 누군가가 죽어야 한다면 그들은 아닐 것이다. 또 그들이 전쟁에 대한 대가를 지불하지도 않을 것이다.

맥나마라는 실제로 제국의 건설자로 적당한 사람은 아니었다. 그는 너무 신중했다. 자신이 세계를 발전시킨다고 생각하는 제국의 건설자들은 전형적으로 죽을 때까지 다른 사람들을 위해 일한다고 믿으며 가끔씩은 사람들이 그에 대해 감사하지 않는다고 불평기도 한다. 1945년 소련군이 베를린을 침략하고 베를린 시민들이 아사직전에 있을 때 아돌프 히틀러는 독일인들이 은혜를 모른다며 불만을 터뜨렸다.

윌슨 대통령 역시 민주당이 1920년 대통령 선거에서는 뇌손상을 입은 자신과 관계를 맺지 않으려 했으며 자신이 제안한 국제연맹을 의회에서 거부한 것에 대해 소외감과 배신감을 느꼈다.

"네가 틀릴 수도 있다는 것을 고려해보기를 간절히 바란다"[9]라는 올리버 크롬웰의 경고는 실질적인 제국의 건설자들에게는 아무런 효과가 없다. 차라리 선원들에게 상륙 허가 시간 동안 술을 마시지 말라고 하는 것이 더 먹혀들지도 모른다. 당신이 무슨 말을 하든 선원들은 자기 자신을 곤란에 빠트릴 방법을 찾아낼 것이다.

맥나마라 스스로의 기억에 따르면 그는 의심으로 인해 항상 불안했다. 그는 미국 국방부와는 아무런 관계도 없는 점잖은 사람처럼 보인다. 맥나마라는 케네디 대통령이 국방부 장관직을 제의했을 때 "나는 그만한 자격이 없습니다"라고 말했다. 하지만 그는 그 제의를 수락했고 이후 7년간 자신이 한 말을 입증시켰다.

맥나마라가 자신의 잘못에 대해 고백한 것은 그 자체가 특별한 것이고 그를 대부분의 공무원에 비해 특별한 범주에 넣게 만드는 이례적인 것이었다. 하지만 맥나마라의 고백과 관련해 더욱 놀라운 것은 그가 중대한 실수를 저질렀음을 인정했다는 것이 아니다. 보다 놀라운 것은 이성적이고 신뢰할 수 있어야 하는 정부라는 조직이 사람 목숨이 달려 있는 중요한 결정을 어떻게 내리는지에 대한 맥나마라의 솔직한 기록이다.

맥나마라가 국방부 장관으로 취임했을 때 그가 무슨 준비를 하고 있었겠는가? 그가 전쟁에 대해 무엇을 알았을까? 전략? 전투의 역사? 그는 단지 제2차 세계대전 중 통계분석을 담당한 하급 장교의 경험이 있었을 뿐이었다. 그리고 나서 맥나마라는 포드 자동차의 경영자가 되었다. 손자*(Sun Tzu, 중국 고대 병법가)나 클라우제비츠*(독일 출신의 18세기 유명한 서양 전략가), 마키아벨리 혹은 나폴레옹이나 카이사르에 대한 책을 읽거나 했을까? 수백 건의 전쟁과 수천 번의 전투, 수백만 명의 병사들의 죽음으로부터 무엇이라도 배우려고 노력한 적이 있을까? 만일 그렇다면 맥나마라는 전쟁에 대해 언급하지 않았을 것이다.

맥나마라는 이렇게 말했다. "나는 군사 업무와 은밀한 작전들에 대해서 이해력이 부족한 상태에서 펜타곤에 들어갔다."[10]

베트남은 어떤가? 맥나마라는 그곳에 대해 아무것도 몰랐다. 하지만 그는 케네디나 당시 국가안전보장 담당보좌관 맥조지 번디, 군사보좌관 맥스웰 테일러 등도 마찬가지였다고 지적했다. 서양에서 그나마 베트남에 대해 조금이라도 아는 사람들은 프랑스 인들밖에 없었다. 그런데 미국인들은 이미 패배자였던 프랑스 인들을 무시하기로 결정했다. 당시 프랑스는 군사행동에 대해 냉소적으로 변해가고 있었다. 나폴레옹 시대 이후로 프랑스가 참가한 전쟁은 비록 그들이 이겼더라도 결과가 좋지 않았다. 반면 미국은 최소한 남북전쟁 이후 치른 전쟁들에서는 비교적 성공적이었다. 미국인들은 빛나는 눈과 넘치는 에너지와 야심 그리고 "할 수 있다"는 정신으로 무장되어 있었다. 로버트 맥나마라는 미국인들을 자랑스럽게 만들어주는 총명하고 훌륭한 인물 가운데 하나였다. 그는 문제 해결사였으며 실천가였고 지도자로서의 자질을 가진 인물이었으며 동시에 미국 역사상 가장 젊은 국방장관이기도 했다. 하지만 맥나마라는 자신보다 훨씬 더 멍청이 같은 인물들에 둘러싸여 있었다. 그들은 자신들이 동남아시아 지역에서 공산주의의 확산을 막고 있다고 생각했다. 그것이 가능했을까? 왜 그들은 그렇게 행동하고자 했을까? 만일 그들이 그렇게 행동하지 않았다면 어떤 일이 일어났을까? 그 멍청이 같은 인물들이 공산주의의 확산을 막을 수 있었다면 어떻게 되었을까? 사람들을 죽이거나 엄청난 돈을 쏟아붓지 않고도 공산주의의 확산을 막을 수 있는 방법이 있었을까?

당신은 똑똑하고 훌륭한 사람들이 이런 기본적인 문제들을 철저하게 논의했을 것으로 생각할 것이다. 하지만 분명히 그렇지 않다. 물론 충분한 토론이 있었지만 중요한 문제들에 대해서는 답이 나오지 않았다. 무엇이 달라졌겠는가? 대신 그들은 비난에 부딪힐 때마다 임시 대응에 나섰다. 이같은 대응들은 대부분이 왜 베트남이 미국에게 있어 중요하냐에 대한 이유들이었지만 그것은 모두 보편적이었고 이론적이었다. 아이젠하워는 "만일 베트남이 무너진다면 다른 동남아시아 지역이 도미노처럼 무너질 것이다"라며 자극했다. 하지만 그것이 진실이라 해도 동남아시아 지역을 어떤 정부들이 통치하느냐가 미국에게 무슨 문제가 된단 말인가? 미 공화국에게 그 나라들은 아무런 이해관계가 없었다.

하지만 새로운 제국에게는 어떤 조그만 충성의 변화도 경보 소리로 들렸다. 윌슨의 외교정책의 충실한 지킴이들이었던 맥나마라와 케네디, 존슨은 이 경보소리를 듣고 서둘러 행동에 나섰다. 그들은 자신들이 어떤 일에 관여하고 있는지 희미하게나마도 알지 못한다는 사실을 깨닫지 못했다. 국무장관 딘 러스크는 "동남아시아 지역을 공산주의자들이 침략하도록 놔두는 것은 미국과 자유세계에 재앙이 될 것임을 확신한다"고 말했다. 왜? 누가 호치민과 얘기를 나누기 위해 베트남에 가기라도 했는가? 호치민의 계획이 미국의 이익과 상반되는지를 생각해보기라도 했는가? 이런 것들은 미국의 정치인들에게는 문젯거리가 아니었다. 또 그들이 취하고 있는 조치들이 자신들의 공식적인 목표와 모순된다는 점도 문제가 되지 않았다.

존슨 대통령은 1964년 이렇게 말했다. "일부에서 갈등을 더욱 증폭시키려 하고 있다. 그들은 아시아 청년들이 해야 할 일을 미국 청년들이 하도록 해야 한다고 촉구하고 있다. 그러한 행동은 베트남의 실질적인 문제해결에 절대 도움이 되지 않을 것이다. 남베트남 국민들은 자신들의 자유를 방어할 기본적 책임을 갖고 있다."[12]

존슨 대통령은 이처럼 앞서 케네디가 말했던 것과 모든 미국인들이 마음속으로 생각하고 있던 말을 반복했다. "만일 남베트남이 독립을 원한다면 그들도 우리처럼 독립을 위해 싸울 수 있다." 이런 심정 뒤에는 실용적인 고려 사항이 있었다. 만일 남베트남이 스스로를 보호하기 위한 군대를 조직하지 못한다면 외국인들에게도 베트남을 위해 군대를 조직하는 일을 하는 게 불가능할 것이란 얘기다.

아무도 자신이 자만심과 자존심을 이유로 전쟁에 나선다는 것을 인정하는 것을 좋아하지 않는다. 그러한 종류의 야심은 잘못된 성형수술만큼이나 보기 흉한 것이다. 평범한 시민들이라면 그에 대해 반대할 것이다. 그들은 자신의 아들이 죽을 수 있고 또 겉만 번지르르한 군사행동을 지원하기 위해 자신의 돈이 새어나가는 것을 좋아하지 않는다. 따라서 진짜 야심은 대개 잘 숨겨져서 지도자들도 그 안에 숨어 있는 자만심을 보지 못한다. 1965년 백악관 군사보좌관인 맥스웰 테일러 장군은 이렇게 설명했다. "베트남의 상황이 점차 악화되고 있다. 미국이 새로운 행동에 나서지 않는다면 미국의 국제적인 위신과 미국의 영향권이 될 수 있는 지역이 직접 위험에 놓이게 된다. 협상을 통한 병력 철수는 그 동안의 계획을 포기하는 것을 의미한다."[13]

존슨뿐만 아니라 맥나마라와 테일러도 그들의 자존심, 아니 국가 전체의 자존심을 걸었다. 맥나마라의 전쟁에는 싸워야 하는 그럴 듯한 이유가 결코 없었다. 하지만 미국인들의 마음 속에는 만일 미국이 이를 극복하지 못한다면 다시는 고개를 들고 다닐 수 없을 것이라는 감정이 자리잡기 시작했다.

그렇지만 존슨은 1964년까지는 아시아 젊은이들이 하고자 하지 않고 할 수도 없었던 싸움에 50만 명의 미국 젊은이들을 보내야 한다는 사실을 받아들이지 않았다. 미국은 제국이었지만 아직 완전한 제국은 아니었다. 물론 존슨은 그 사실을 몰랐을지 모른다. 게다가 당시는 그런 언급을 하기에 적절하지 않은 시기였을지 모른다. 맥나마라는 의회 국방분과위원회를 상대로 진술에 나섰지만 파병군의 임무가 어느 정도가 될 것인지는 밝히지 않았다. 맥나마라는 1965년 8월 4일 상원 세출위원회의 국방분과위원회를 상대로 17만 5천 명의 병력이 11월까지 파병될 것이며 그 뒤를 이어 이듬해 10만 명이 추가로 파병될 것이라고 진술했다. 하지만 이미 34만 명의 추가 병력이 필요한 것으로 평가하고 있다는 얘기는 하지 않았다.

2년 뒤 맥나마라는 상원 군복무위원회를 상대로 진술에 나섰다. 베트남 전쟁 비용을 월별로 분석한 자료를 제시할 수 있냐는 질문에 맥나마라는 "그것을 연 단위로 구분하는 것은 거의 불가능하며 월 단위로는 더더욱 불가능하다. 월간 국방비로 우리가 얼마를 지출하고 있는지는 물론 말할 수 있지만 그것을 베트남 관련 비용과 그렇지 않은 비용으로 구분하는 것은 솔직히 거의 불가능하다"라고 대답했다.[14]

윌슨은 자신의 두 번째 임기를 위한 선거유세에서 "그는 우리를 전쟁으로부터 지켰다"라는 슬로건을 내걸었다. 프랭클린 루즈벨트도 선거운동에서 자신은 유럽의 전쟁에 군대를 보내지 않겠노라고 말했다. 그리고 1964년 린든 존슨은 계속해서 그 전쟁은 베트남의 전쟁이지 미국의 전쟁이 아니라고 강조했다. 하지만 제국의 정신은 이들 모두를 이겼다. 우리가 베트남 전쟁에 참가하기를 원하든 원하지 않든, 우리는 베트남 전쟁에 대한 이유와 논쟁 근거를 찾을 수 있다. 하지만 그 논쟁들은 그다지 문제가 되지 않았다. 이미 분위기가 무르익고 있었다. 전쟁의 열병은 모든 지역에서 끓어올랐다.

린든 존슨은 1964년 선거유세에서 "지구상 어떤 지역에서든 침략과 격변은 우리의 자유나 문명화 자체를 파괴시킬 씨앗을 퍼뜨린다. 다정하게 비꼬는 사람들이나 사나운 적들이나 모두 종종 미국의 역사라는 천(fabric)을 구성하는 도덕적 목적이라는 실(thread)을 무시하거나 저평가한다"며 윌슨의 추종자 같은 말을 했다.[15]

1960년대 초까지, 거의 모든 사람들은 미국이 위험한 상황에 놓여 있다고 생각했다. 훈족이 서구 문명을 위협했듯이 이번에는 공산주의자들이 미국을 위협했다. 사람들은 이런 소식을 텔레비전을 통해 들었고 심지어 <뉴욕 타임즈>도 이런 뉴스를 전했다.

오늘날 현대 민주주의 사회에서 대중을 어리석은 쪽으로 선동하는 것은 비교적 쉽다. 국민들은 모두가 국영 텔레비전 방송 속으로 빠져들었고 또 신문을 읽었다. 1917년 미국인들이 자신들의 생활방식이 독일인들에 의해 위협받고 있다고 믿었듯이 이제 공산주의자들이 중대하고 점점 커가는 위협이라고 믿었다. 신문은 베트남에서 공산주의자들을 막지 않으면 공산주의자들이 캘리포니아에 상륙할 것이라고 보도했다. 그것은 터무니없는 얘기였지만 이로 인해 그 신문들의 인기가 없어지지는 않았다.

1960년대 중 후반에는 베트남 전쟁이 당시 미국이 직면한 가장 크고 긴급한 외교적 시련으로 간주되었다. 프랑스 군은 떠났고 이제 베트남은 미 제국에 편입될 수 있었다. 미국인들의 마음에는 프랑스도 실패한 일을 미국이 과연 성공할 수 있을까 라는 의문은 거의 없었다. 물론 예상 밖의 일은 아니었지만 기묘하게도 베트남 전쟁에 대한 대중적 지지도는 미국이 전쟁에 점점 더 가담할수록 점점 더 확산되었다.

"왜 우리가 이 전쟁에 참가하고 있는 거지?"라는 가장 큰 질문은 "어떻게 이 전쟁에서 이길 수 있을까?"라는 더 긴박하고 실용적인 질문에 의해 밀려나 사라졌다. 이런 상황 속에서 경제적인 측면들, 즉 전쟁에 들어가는 비용이나 전쟁으로 인한 이익의 요구 수준 등은 고의적으로 낮춰졌다. 만일 실제 전쟁에 들어가는 비용이 알려진다면 전쟁에 대한 대중들의 지지는 분명히 기대하기 힘들었다. 당시 경제자문위원회 의장이었던 월터 헬러(Walter Heller, 그는 1966년 사임했고 가드너 애클리가 그 뒤를 이었다)는 1965년 이렇게 말했다.

베트남 전쟁에 얼마의 비용이 들지에 대해서 우리는 구체적인 아이디어가 없었다. 첫째, 나는 기본적으로 전쟁비용이 처음부터 낮게 평가되고 있다고 생각한다. 그리고 두 번째로, 예측치 가운데 일부는 봐줄만 하지만 다른 것들은 펜타곤과 행정부 청사 사이의 포토맥 강을 제대로 건너지 못하는 것처럼 어

림없는 수치들이다. 어쨌든, 위원회는 부분적으로 어둠 속에서 작업을 하고 있었다.[16]

프랑스군을 지원한 뒤로, 미국은 베트남에서 디엠 형제(Diem Brothers) 정권을 지지했다. 충실한 카톨릭 신자이자 보수주의자였던 이들은 부패에는 재능을 보였으나 정치에는 서툴렀다. 그 중 한명은 마담 "누"로 알려진 여성 마술사와 결혼했다. 공산주의자들을 막기 위한 방패로서 디엠 정권은 너무 변덕스러울 뿐만 아니라 비효율적이기도 했다. 미국은 일부 장군 집단들에게 디엠 형제를 대신하라고 신호를 보냈다. 이 결정은 다른 많은 경우처럼 최고 의사 결정자들이 신중한 대안을 고려한 뒤 내린 것이 아니었다. 맥나마라는 이것이 케네디와 맥나마라 그리고 다른 주요 의사 결정자들이 휴가를 간 사이 하급 공무원들이 추진한 것이라고 말한다. 그런데 그 결정은 그 자체로 모멘텀을 얻었다.

1963년 11월 2일, 일부 장군들의 무리가 응오딘 디엠과 마담 누를 붙잡았다. 그들은 등 뒤로 손이 묶인 채 운송차량에 실렸다. 그들을 태운 차량이 총사령부에 도착한 뒤 디엠과 누를 총살당했다. 마담 누는 게다가 몇 차례 칼로 찔리기도 했다. 남베트남 인들은 그것이 자살이었다고 말했다. 물론 이 두 인물은 대단히 악영향을 미칠 수 있었다. 하지만 손이 등 뒤로 묶인 사람들이 자살하기란 좀처럼 쉽지 않다. 이 사건의 공식적인 해석은 베트남 전체의 위험을 무릅쓴 행동을 칭송한다는 것이었다. 이 모험은 도저히 믿을 수 없는 일이었고 최악의 경우 범죄였다.

그러는 동안, 전쟁은 미국 선박들을 두 번이나 공격한 통킨 만 사건 이후 새로운 단계로 접어들고 있었다. 그 공격 중 하나는 결코 확인되지 않았다. 많은 사람들은 공격이 없었다고 생각하고 있다. 나머지 다른 공격도 오해일 가능성이 크다. 북베트남은 자신들은 미국 선박을 공격하는 일을 허락한 적이 없다고 말한다. 미국인들은 베트남이 의도적으로 전쟁을 확대시키고 있다고 말했다. 미국은 특별한 이유가 있어서가 아니라 그렇게 해야 할 것 같은 느낌이 들기 때문에 그리고 그 외에 무엇을 해야 할지 모르기 때문에 보복을 생각했다. 얼마 지나지 않아, 미국은 베트남 주둔 병력을 20만 명으로 늘렸고 하노이에 대폭격을 가했다.[17]

마침내 베트남에 주둔하는 미군이 50만 명에 달하고 5천억 달러에 육박하는 돈을 쏟아붓고 한 주에 1,000명꼴로 민간인들이 죽거나 심각한 부상을 입은 뒤에야 미국인들은 정신을 차렸다. 이상주의자들은 국무부와 국방부를 떠났다. 헨리 키신저를 필두로 한 현실주의자들이 들어섰다. 그들은 남베트남의 동지들을 어떻게 포기할 것이며 또 어떻게 하면 최대한 덜 민망스러운 방법으로 전쟁에서 발을 뺄 수 있을지를 연구했다.

그리고 베트남은 공산주의자들의 손에 넘어갔고 미국의 옛 동지들은 재교육을 받았다. 세상이 더 나아졌는가 아니면 더 나빠졌는가? 아무도 모르고 아무도 신경쓰지 않았다. 미국이 베트남에서 철수한 뒤, 전쟁 중 행방불명자나 전쟁포로에 대한 지루한 논의를 제외하고 베트남은 뉴스에서 사라졌다. 그리고 미국인들이 그렇게 걱정했던 일이 벌어졌다. 호치민이 승리한 것이다. 하지만 이 일은 아무한테도 어떤 변화를 가져오지 않았다. 동남아시아가 도미노처럼 차례차례 쓰러졌는가? 그렇지 않았다. 캄보디아는 살인사건으로 지도자를 잃었다. 이것이 베트남과 어떤 관계가 있는지는 매우 불확실하다. 베트남 공산주의자들이 질서 회복을 위해 캄보디아로 침입했을 때 세계는 안도의 한숨을 내쉬었다.

적을 향하여

사반 세기 후인 1995년과 1998년 사이 맥나마라와 그의 제휴자들은 옛 적대자인 보 니엔 지아프가 이끄는 팀과 하노이에서 개최된 일련의 모임에서 마주쳤다. 당시의 교류는 뭔가를 배우려는 시도라고 선전되곤 했다. 이런 사실은 맥나마라가 쓴 책인 《끝없는 논쟁: 베트남 비극의 해답을 찾아서 Argument without End: In Search of Answers to the Vietnam Tragedy》에 기록되어 있다. 이 책의 초반부에는 세계의 주요 개선자인 우드로 윌슨의 사진이 몇 장 실려 있다. 우리는 로버트 맥나마라가 윌슨으로부터 어떤 영감을 얻었는지는 알지 못한다. 그러나 그 영감이 최악의 것이었음은 추측할 수 있다. 윌슨은 모든 전쟁을 끝내기 위한 전쟁인 제1차 세계대전에서 이기려는 노력의 일환으로 11만2천 명의 미국인들을 사지로 내몰았다. 결과는 윌슨이 의도한 것과 정반대로 나타났다. 그렇지만 윌슨이 얼간이라는 명백한 결론에 도달하는 대신 맥나마라는 서둘러 매우 어리석은 다른 일에 착수했다.

1969년 4월 전쟁이 한창일 때 베트남에 있는 미국 군대는 54만3천 명이었고 연간 경비는 610억 달러에 달했다. 이는 앞서 1965년 행정부가 추산한 연간 공급가능 금액인 50만 달러를 훨씬 초과하는 금액이었다(이 수치는 맥나마라와 다른 사람들이 제공한 미확정의 일반화된 수치 중 몇 번이고 되풀이해서 나타난 것이다).

맥나마라의 책은 읽는 즐거움을 선사한다. 이 책은 베트남 사람들에게 비극적 전쟁의 책임이 베트남에게 있다고 하려는 미군 진영의 헛된 노력을 묘사하고 있다. 베트남 사람들은 어떤 비극도 목격하지 않았고 어떤 비난도 받아들이지 않았다. 대신 베트남 사람들이 맥나마라의 책을 보는 방식은 그들의 나라가 외국인들에게 공격받았다는 것이다. 그 외국인들은 처음에는 프랑스 인이었고 이어서 일본인, 그리고 다시 미국의 지원을 받은 프랑스 인과 미국인들이었다. 베트남 사람들은 그들의 조국을 자유롭게 하기 위해 군사력이 월등히 높은 상대를 대상으로 길고도 비용이 많이 드는 전쟁을 치뤘다. 이것은 비극이 아니라 범죄였다.

미국 쪽의 맥나마라와 제국주의 동지들은 토론에서 도덕성을 유지하기로 했다. 그들은 모든 문제를 일련의 불운한 실수나 계산착오 또는 오해라고 간주했다. 맥나마라와 그 동지들은 과거의 적을 죄인이나 범죄자로 대하지 않고 무능력자로 대했다. 베트남 사람들이 자신들도 비극을 초래한 오해를 제공하는 실수를 했다고 인정하는 것처럼 행동하자 맥나마라와 그의 동지들은 거의 필사적인 것처럼 보였다. 그러나 이 늙은 베트남 사람들은 협조하지 않았다.

예를 들어 북베트남 사람들이 1965년 3월 5일에 시작된 존슨 대통령의 급격한 군사행동강화(Rolling Thunder라고 불린다)가 의미하는 신호를 잘못 판단하지 않았느냐는 질문을 받았을 때 베트남 사절들은 이의를 제기했다. 그들은 그것이 신호라는 것을 알지 못했다. 북베트남 사람들은 미국인들이 그들을 죽이려 한다고 생각했다.

거의 모든 경우에 맥나마라와 미국 팀은 전략적인 문제와 외교적 주도권, 자원, 생산, 원료처리량 그리고 다른 미신 숭배물에 대해 토론을 계속하고자 했다. 30년이 지났고 대중들의 침울함에도 불구하고 맥나마라는 그가 사람을 죽이기 위해 사람들을 보냈다는 것을 거의 알아채지 못하는 것 같았다. 사람들은 그들이 누구를 죽였는지에 대해 늘 매우 상세하게 아는 것은 아니다. 이웃에서 사람을 칼로 찌르면 무슨 일이 벌어지고 있는지를 속이는 것은 쉽지 않다. 그런 사건이 바로 맥나마라 앞에서 발생했다. 그러나 클라우제비츠(Clausewitz)가 말했듯이 전쟁은 그 자체의 혼란으로 인해 전쟁 상황을 정밀하게 파악하기가 어렵다. 미국 백악관 집무실이나 국방부 군사작전실에서는 베트남에서 발생한 상황을 "비용"(costs) 혹은 "손실"(losses) 또는 "부수적 피해"(collateral damage)로 처리했다. 이것은 마치 그들이 보험회사를 경영하는 것과 같았다. 손실은 마음 아픈 것이었지만 용서할 수 있는 일이었고 일반적으로 잊혀졌다.

1961년부터 1975년까지의 베트남 전쟁은 우리가 익숙하게 생각하는 것보다 훨씬 더 잔인했다. 미국은 5만8천 명의 병력을 잃었다. 맥나마라에 따르면 380만 명으로 추산되는 베트남 사람들이 사망하거나 실종되었다. 어떻게 전쟁에 관여하게 되었는가에 대한 맥나마라의 설명을 읽으면 마치 그는 죽은 사람들 중 어느 누구도 결코 만난 적이 없는 것처럼 보인다. 전쟁에서 모든 인간은 전쟁물자로 취급된다. 인간은 폭탄과 캔콜라처럼 자원에 불과하다. 군대의 대차대조표에서는 사람들을 자산으로 취급하며 마치 남발된 통화처럼 소비한다.

로버트 맥나마라는 전쟁을 약진하는 기술적인 문제로 본다. 그는 전쟁이 합리적이기를 기대한다. 또한 전쟁이 표준화할 수 있고 실질적인 계획과 논리적인 추론을 가져오는 시스템이길 기대한다. 맥나마라는 베트콩과 북베트남 사람들에 대한 비용지출을 늘림으로써 단순히 전쟁에서 이길 수 있기를 기대한다. 어떤 면에서 비용은 받아들이기 힘들 정도로 많다.

이런 의미에서 맥나마라는 1990년대 후반에 롱텀캐피털매니지먼트를 나락으로 몰고 갔던 천재들 같았다. 그들은 금융의 세계를 과학처럼 표준화할 수 있다고 생각했다. 그들은 가격이 오르고 내리는 투자의 확률을 마치 북대서양의 빙산을 내리칠 확률을 계산하는 것처럼 계산할 수 있다고 논리적으로 판단했다. 그러면 당신은 조용히 과학적으로 돈을 걸 수 있을 것이다. 결국 이것은 단지 발전된 수학에 불과했다.

롱텀캐피털매니지먼트의 과학자들 중에는 두 사람의 노벨상 수상자가 포함되어 있었다. 그러나 그들의 이론은 틀린 것이었다. 투자나 전쟁수행은 모두 자연과학이 아니다. 이것은 아마도 과학보다는 예술에 가까운 인문과학이다. 차이점은 분명하다. 당신은 물을 화씨 212도로 가열할 수 있으며 물은 매 번(끊임없는 압력을 가정하면) 끓게 된다. 그렇지만 사람에게 열 또는 압력을 가하면 개개인은 판이하게 다르고 예측불허인 데다 비합리적이고 완전히 상반되게 반응할 것이다.

1965년과 1975년 사이 미국은 살인작전에 단계적으로 돌입했다. 미국의 압력이 증가할수록 수백, 수천 명의 베트남 사상자들이 고통 받았다. 미국은 온도를 높여 펄펄 끓일 준비가 되어 있었고 북베트남 사람들을 억지로 협상 테이블로 끌어들이고자 압력을 행사했다. 협상의 장이 마련되었다. 그렇지만 아무도 나타나지 않자 미국 사람들은 놀라움을 금치 못했다. 마치 얼마나 온도가 뜨거운지에 대해 북베트남 사람들은 전혀 개의치 않는 것처럼 보였다. 그들은 마치 미국이 가져온 물자 부담과 자신들이 입고 있는 손실을 무시하는 것처럼 보였으며 계산할 줄 모르는 사람들 같았다.

맥나마라는 이런 상황을 이해할 수 없었다. 그래서 그는 30년이 지난 뒤 하노이에서 반대편에 앉아 있던 베트남 사절에게 질문했다. 어떻게 미국이 베트남 인들에게 가했던 고통에 대해 베트남 인들은 타협을 요구하지 않았는지를 말이다. 트란 쿠앙 코(Tran Quang Co)는 대답했다.

나는 맥나마라 씨의 질문에 대해 대답하고자 한다. … 나는 맥나마라 씨의 이 질문이 우리가 문제를 더 잘 이해하도록 해줬다고 감히 말할 수 있다. 휴식시간에 한 미국인 동료는 지난 수 일 동안 대화를 통해 내가 미국에 대해 무엇을 알게 됐는지를 물어왔다. 나는 많은 것을 배웠다고 대답했다. 그러나 이 특별한 질문에 감사하게도 나는 여전히 우리가 미국에 대해 더 많이 알고 있다고 믿는다. 우리는 지금 미국이 베트남에 대해 매우 적게 이해하고 있음에 비해 미국에 대해 더 많이 알고 있다. 심지어 이 회견에서도 미국은 베트남에 대해 아주 조금밖에 이해하지 못하고 있다.

미국이 베트남 북부에 폭탄을 투하했을 때 그리고 군대를 남쪽에 파견했을 때 그것은 물론 우리에게 매우 불쾌한 움직임이었다. 그러나 베트남에 대한 미국의 공격은 일정 부분 긍정적인 면도 있었다. 과거 어느 때에도 베트남 사람들은 위부터 아래에 이르기까지 미국이 베트남에 폭탄을 투하했던 그 몇 년 동안처럼 하나가 된 적은 없었다. 자유와 독립보다 더 중요한 것은 없다고 호소한 1966년 말 호치민 의장의 말은 그 어느 때보다 베트남 사람들의 가슴에 가장 진실되게 파고들었다.[18]

베트남 전쟁은 단순한 비극이 아니었다. 범죄는 더더욱 아니었다. 그것은 어리석은 짓이었다. 미국은 그들이 알지도 못하는 사람들을 죽이고자 한 번도 가본 적이 없는 나라에 군대를 파병했다. 파병된 군인들 중 누구도 파병된 이유를 이해하지 못했다. 호치민은 미국이 그를 파멸시키는 것이 아니라 그를 돕기 위해 왔다고 생각했다. 그러나 맥나마라와 존슨 대통령은 매우 설득력이 없는 사고를 기반으로 사람들을 죽이기 위해 군대를 보냈다. 그들은 전쟁이 끝나면 사람들이 흔적조차 없이 사라질 것이라고 생각했다. 전쟁은 점차 실수에 기초하여 단계적으로 확대되었고 불명예스러운 참패가 절정에 달하면서 일련의 잘못들이 계속 부각되었다. 매번 미국 군대와 관료들은 적을 잘못 이해하고 과소평가했다.

1967년 7월 윌리엄 웨스트모어랜드(William Westmoreland) 장군은 의회에서 다음과 같이 브리핑했다. "상황이 교착상태는 아니다. 우리는 천천히 그러나 점진적으로 승리하고 있다. 그리고 만약 우리가 부대를 증강하면 승리는 훨씬 빨라질 것이다"라며 "우리에게 필요한 유일한 것은 전쟁자원"이라고 했다.

웨스트모어랜드는 20년 전 프랑스 장군 라울 살랑(Raoul Salan)의 공식 성명서를 한 마디도 빠짐없이 되풀이함으로써 스스로를 구할 수 있었다. 그 당시 살랑은 베트민은 도망갔다고 하면서 남은 일련의 무리들은 경찰 병력으로 처리할 수 있다고 보고했다.

브루스 팔머(Bruce Palmer) 장군은 "참모들이 최고사령관이나 국방장관에게 가장 가능성 높게 수행된 전략이 실패했다거나 미국이 그 목표를 달성하기는 불가능하다고 알린 적이 전쟁기간 동안 단 한 번도 없었다"고 그의 책《25년간의 전쟁 Twenty-five Year War》에서 말했다.[19]

목표를 달성한다고? 아무도 미국의 목표가 무엇인지 알지 못했다. 그 목표는 이루어질 수 있는 것이었을까? 그 목표는 미국인 누구에게 진정으로 의미있는 것인가? 미국은 그 누구도 거의 알아채지 못하는 가운데 제국이 되었다.

미국의 목표는 더 이상 자국민이 아니라 제국 그 자체였다. 제국은 관례적으로 그리고 습관적으로 주변부를 지배하고자 한다. 제국의 국민은 그 일정을 따라가기 위해 뭘 믿어야 하는지를 거의 생각조차 할 수 없었다.

미친 짓은 과거 아이젠하워 행정부의 지나친 단순화로부터 시작되었다. 1954년 아이젠하워 대통령은 만약 남베트남이 공산주의에 패퇴하면 인도차이나 반도 전체가 함락될 것이라고 설명하면서 당시 그 유명했던 "도미노" 연설을 했다. 1995년 11월에 보난자 장군은 맥나마라에게 다음과 같이 상세히 썼다.

도미노 이론은 환상이었다. 베트남에서 무슨 일이 발생하든 그것은 라오스나 인도네시아에서 벌어지는 일과는 전혀 관련이 없었다. 나는 심지어 당신처럼 머리가 좋은 사람들조차도 도미노 이론을 믿는다는 데 놀라움을 금치 못하겠다.[20]

도미노 이론을 믿는다고? 거기에 믿을 게 대체 뭐가 있는가? 물질적일 뿐만 아니라 추상적인 다양한 문화를 가진 3천5백만 명의 사람들(1965년에), 언어, 종교, 민족적 그리고 인종적 그룹, 정치적인 선호도, 근대화, 그리고 성적인 선호, 12만7천 평방마일의 영토에서의 삶(대략 뉴멕시코만한 크기), 산과 늪, 해변, 평원, 정글, 작은 마을로 구성된 한 국가와 도시들은 두 개의 색깔로 칠해진 조그마한 삼차원의 목적물인 한 정부를 갖고 있는 것으로 이해할 수 있었다. 이런 생각은 어리석은 것은 아니었다. 그것은 단지 불합리했을 뿐이다. 아인슈타인은 사물은 가능한 한 더 이상 단순해질 수 없을 정도로 단순하게 만들어져야 한다고 말했다. 1960년대 미국이라는 제국의 설립자들은 너무 앞서 나갔다. 이는 마치 제국 설립자들이 "유대인들은 성지에서 엉덩이를 걷어찬다"면서 《구약성서》를 단순화한 것처럼 보인다. 미제국의 설립자들은 관심을 끌 만한 함축성과 상세한 세부항목을 잃어버렸다.

라오스 또는 캄보디아가 베트남 사태에 영향을 받았는지에 대해 아무도 말할 수 없었다. 그들이 확신을 갖고 말할 수 있었던 것은 베트남의 경우는 도미노는 아니었다는 점이다. 만약 근접성이 한 나라의 정치체제를 바꾸도록 영향을 준다면 서독도 동독처럼 됐어야 한다. 스위스는 중앙정부에 의해 둘러싸여 있을 때에도 연방체제를 유지했다. 도미노가 단지 한 쪽 방향으로만 작용한다고 할 수는 없는 것이다. 만약 남베트남이 공산주의로 존재하는 것이 태국을 공산주의로 기울게 했다면 태국이라는 존재가 국경지역에서 남부 베트남을 입헌군주국으로 만들게 할 수는 없었을까?

도미노 이론에 의해 사람들이 미친 듯이 죽어나간 것이 아니었다. 사람들을 죽게 만든 것은 윌슨주의였다. 그렇지만 광기에 한 번 사로잡히면 멈출 수가 없게 된다. 곧 지껄이기 좋아하는 부류의 모든 사람들은 실제로 그리고 분명하게 사실이 아닌 것도 (누군가에게는) 갈망할 만한 가치가 있다고 결정했다.

그후 30년이 지나서 맥나마라는 왜 그와 동료들이 그 문제를 그토록 절대적으로 중요하다고 생각했는지 회상하기를 거북해 하는 것 같았다. 그들은 공산주의자들이 모든 곳을 어느 곳이든 점령하고 있다고 생각했다. 베트남 또한 공산주의로 함락된 것은 재앙이다. 왜 그랬는가는 아무도 기억해내지 않았다.

그렇다. 거기에는 도미노가 있었다. 만약 베트남이 공산주의가 됐으면 모든 동남아시아 국가도 그렇게 될 수 있었다. 우리는 지금 그것이 상식적으로 말이 안 된다는 것을 안다. 그러나 그것이 사실이었으면 어떻게 할 것인가? 만약 동남아시아 사람들이 공산주의자가 되고자 한다면 누가 그들을 말릴 수 있는가? 그 문제가 제기된 것은 단지 미국이 제국을 생각하고 있었기 때문이다. 제국은 주변의 종속 국가를 지배하기 위해 끊임없는 무력충돌에 관여하게 된다. 전형적으로 새로운 조공을 거둬들일 수 있는 원천을 획득할 뿐만 아니라 제국은 질서를 유지하게 된다. 그렇지만 우리의 해답은 실제로 존재하지 않는 하나의 논리를 가정한 것이다. 제국은 독특하고 논리적인 이유가 있어서가 아니라 단지 그들이 제국이기 때문에 도미노를 우려해 싸운다.

맥나마라는 지도적인 지식인들, 대중매체들, 정치인들, 정책입안자들 그리고 심지어 거리의 부랑자들까지도 전쟁을 공산주의와 자유세계 사이의 전투로 보고 있다는 사실을 지적한다.

베트남이 독립국가가 되지 못했다면 냉전시대에 중립을 지켰을까? 베트남은 여전히 낙후되고 대부분 농업에 종사하는 국가였는데 그게 왜 문제가 되는 것일까? 베트남이 냉전시대에 공산주의와 자유세계 중 어느 쪽에 충성했으며 베트남이 지지한 쪽은 과연 무엇을 얻었는가? 어느 쪽도 이런 질문을 하지는 않은 것처럼 보인다.

맥나마라는 "나는 중립적인 해법에 대한 우리 사고의 모자람에 깜짝 놀란다"고 기술했다. 그는 이어 "왜 우리는 하노이를 향해 그들이 생각하고 있었던 미래 모습에 대해 완전한 설명을 요구하지 않았는가? 만약 우리가 물어봤더라면 그리고 만약 그들이 예를 들어 재통일은 수 년 혹은 심지어 수십 년이 걸린다고 본다며 우리를 확신시켰더라면 우리가 그 곳에 쉽게 뛰어들었겠는가?"라고 했다.[21]

전쟁이 끝난 뒤 30년이 지나서 나온 대화와 고백들에서 베트남 사람들은 미국이 제안하도록 기회를 열어두고 있었다고 말했다. 회상해보면 모든 싸움, 특히 최소한 잔혹한 싸움은 단지 앉아서 몇몇 사안에 대해 체계적으로 조사만 했었어도 피할 수 있었다. 그러나 당시 미국의 외교정책을 수행하던 멍청이들은 성가시게 질문조차 하려들지 않았다. 그것은 의심할 여지없이 맥나마라와 그 진영 사람들의 오만함이었다. 이런 오만함은 행정부 내의 어느 누구도 비인간적인 힘 대신에 대화하는 것을 심각하게 고려하지 못하도록 했다.

나쁜 사상, 어리석은 이론, 잘못 생각한 군사행동, 잘못 이해한 신호 등 베트남 전쟁은 거의 총체적인 무지 속에서 시작되었고 악화되었다. 그 누구도 알아야 할 가치가 있는 것은 전혀 알고 있지 않았다. 어느 누구도 이해해야 될 사항을 전혀 이해하고 있지 못했다. 그리고 해야 될 일을 전혀 하지 않았다.

그러나 우리는 다시 중요한 질문으로 되돌아온다. 미국인들은 베트남이 공산주의로 가는 것에 반대해서 죽었는데 왜 그랬냐는 것이다. 만약에 오하이오 주 콜럼부스에서 한 무리의 사람들이 재산을 공동출자해서 공동으로 생활하기로 결정한다고 해도 거기에 어떤 끔찍한 항의도 없을 것이다(비록 결국 연준이 그들에게 무기를 갖추게 하거나 세금을 부과했겠지만 말이다). 공산주의에 반대하는 유일하게 그럴 듯한 이유는 공산주의자들은 거의 언제나 똑같이 그들 스스로가 세계를 개선하는 사람들이었다는 것이다. 그들은 자신들의 재산을 모으는 데 만족하지 않았고 다른 사람들의 재산도 모아야 한다고 주장했다. 그리고 공산주의자들이 그들의 조국에 혼란을 야기할 때에는 옆에 있는 나라에도 시선을 돌린다는 것이다.

공산주의를 야만적으로 만든 특징은 사람들이 같은 칫솔을 공유했다는 게 아니라 수익창출 동기를 거부했다는 것이다. 대신 공산주의는 원하는 것을 얻기 위해 냉혹한 힘을 사용할 준비가 되어 있다는 야만성을 표시했다. 반면 문명화된 사회의 특성은 힘의 사용을 꺼리고 무력과 기만행위보다는 설득과 협력을 선호하는 것이다.

인생에서 원하는 것을 얻을 수 있는 방법은 단지 두 가지밖에 없다. 사람들은 그것을 경제적인 방법이라 할 수 있는 교역과 노동 또는 다른 매매계약을 통해 정직하게 얻을 수 있다. 그게 아니면 원하는 것을 다른 사람으로부터 훔치거나 빼앗는 방법을 통해 부정직하게 얻을 수 있다. 이것은 정치적인 방법을 통해 얻는 방법이다. 기적 이외에 다른 방법은 없다. 이 차이는 자동차나 위스키와 같은 유형의 물건들에서 효력을 발휘한다. 이것은 또한 섹스, 야망, 허영 같은 무형의 소유욕에도 적용된다. 우리는 경제적인 방법을 통해 명성과 자존심을 세울 수 있다. 즉 열심히 일함으로써 돈을 벌고 다른 사람보다 우월하다고 느끼게 되는 것이다. 혹은 우리가 그들을 물리칠 수 있다는 것을 증명하기 위해 다른 사람과 맞붙어 싸우기도 한다. 폭탄으로 가득한 북베트남을 석기시대로 돌려놓으려는 노력은 어떤 범주에 해당할까? 베트남에 미국이 연루된 것은 다분히 선의에서 나온 것이지만 미국은 핵심을 놓치고 있었다.

마틴 루터 킹은 그의 유명한 연설에서 모순과 싸웠다. 그는 다음과 같이 말했다.

내가 전쟁에 반대하는 것은 지난 3년간 특히 지난 세 번의 여름 동안 북쪽의 소수민족 빈민가에서 경험한 일들 때문이다. 나는 자포자기 상태의 사회에서 쓸모없는 취급을 당하는 분노한 젊은이들 사이를 걸으면서 그들에게 화염병과 소총은 문제를 해결하는 데 도움이 안 된다고 말했다. 나는 사회적 변혁은 비폭력적인 활동을 통해 가장 의미있게 이뤄진다는 내 신념을 유지하면서 그들에게 나의 깊은 연민을 표현하고자 했다. 그렇지만 그들은 내게 베트남에 대해 적극적으로 물어왔다. 이 분노한 젊은이들은 우리나라가 원하는 변화를 가져오기 위해서 문제를 해결하는 데 대규모의 폭력을 사용하지 않을 수 있느냐고 물었다. 그들의 질문은 급소를 찔렀고 나는 다시는 슬럼가를 누르고 있는 폭력을 향해 내 목소리를 키울 수 없다는 것을 알았다. 나는 먼저 오늘날 세계에서 폭력의 위대한 전도사가 되어버린 내 정부에 대해 분명하게 말해야 했다. 그 소년들을 위해 그리고 이 정부를 위해 또한 폭력 아래에서 떨고 있는 수백 수천 명을 위해 나는 침묵하고 있을 수가 없다.[22]

만약 서구의 민주주의가 덕을 갖추고 있다면 그것은 그들이 문명화된 것이 점진적이고 합의에 의한 것이었다는 얘기다. 만약 다수의 미국인들이 급작스럽게 머리가 붉은색인 사람들을 단두대로 보내겠다고 결정한다면 비록 그것이 공정하게 투표로 결정한 것이라 해도 이는 문명화된 행동은 아니다. 그것은 최후의 방법이다. 사람들이 폭력에 호소하지 않고 서로 사이좋게 지내는 것이 바로 문명화된 사회를 만드는 것이다. 하루하루의 일상에서 특히 대중들에게 문득 마음에 떠오른 생각들이 일련의 입법화 시도를 통해 법제화된다는 사실이 문명화된 사회를 만드는 것은 아니다. 베트남 북부에 폭탄을 투하함으로써 서구 문명을 방어하는 것은 프랑스 왕인 클로비스가 기독교 신자가 되어 예수의 수난을 알게 된 뒤에 제안한 것과 같다. 클로비스의 말은 전설이 되었는데 그는 "만약 내가 나의 군대와 그곳에 있었더라면 나는 유대인들에게 복수했을 것이다"라고 했다.

그의 사생활에서 린든 존슨은 베트남 전쟁이 미국에게 실로 어떤 의미를 갖는가를 이해하고 있었다.

나는 베트남 전쟁이 싸울 만한 가치가 있다고 생각하지 않으며 우리가 전쟁에서 빠져나올 수 있다고도 생각하지 않는다. 그것은 단지 내가 지금까지 본 전쟁 중에서 최악의 저주스런 혼란이다. 우리는 단지 이렇게 생각할 수밖에 없다. 나는 오늘 아침 내 하사관을 눈여겨보고 있었다. 그에게는 여섯 명의 어린아이들이 있었는데… 그는 나에게 내 소지품과 내가 밤에 읽어야 할 것들을 가져왔다. … 그리고 나는 문득 그의 아이들에게 그곳에 있으라고 지시하는 것에 대해 생각했다. 대체 무엇 때문에 나는 그에게 거기에 있으라고 명령하는가? 대체 베트남 전쟁은 내게 무슨 가치가 있는가? 라오스는 무슨 가치가 있으며 이 나라는 또한 나에게 무슨 의미가 있는가? 아니다. 우리는 조약을 맺었다. 그렇지만 젠장 모든 사람이 조약을 맺고 있지만 그들은 그 조약에 대해 아무것도 하지 않고 있다.[23]

그러나 미국은 어쨌든 참전했다. 그리고 병사들의 시체는 비닐봉지에 담긴 채 되돌아왔다. 그리고 심지어 30년이 지난 뒤에도 맥나마라는 그가 뭔가 잘못된 일을 했다고 생각하지 않는 듯 보였다. 그의 분석적인 머리에는 옳고 그른 것이 자리잡을 공간이 없어 보인다. 대신 그는 어떻게 그가 일을 잘 수행했는지와 어떻게 전쟁에서 보다 효과적으로 싸웠으며 왜 그는 적은 비용으로 전쟁을 끝낼 수 있는 기회를 놓쳤는지에 대해 의아해했다. 그는 단지 실질적인 것 이외에 어떤 도덕적인 교훈도 얻지 못했다. 맥나마라는 죽은 사람들로부터 어떤 지혜도 찾지 못했다. 그는 단지 살아있는 사람들로부터 어떻게 하면 이기는지에 대한 힌트를 얻었을 뿐이다. 맥나마라가 만약 좀 더 많은 정보를 얻었더라면 세계를 개선하겠다는 그의 계획은 좀 더 나은 결과를 가져왔을 것이다.

트란 쿠앙 코(Tran Quang Co)는 맥나마라를 겨냥했다.

맥나마라는 실수를 인정했다. 우리는 그 점을 높이 평가한다. 그러나 그는 불행하게도 대부분의 실수를 잘못된 판단과 계산착오로 돌렸다. 우리는 그 의미와 목적에 대해 또한 물어보아야 한다. 내가 이해하는 한 한 국가의 독립을 의미하는 민족자결권은 세계 공동체의 보편적인 가치에 속한다. 제2차 세계대전 이후 프랑스 식민주의자들은 미국이 지지하는 것은 프랑스 고유의 민주적인 전통에 저항하는 것이 아닌가? 베트남 전에 대한 미군의 직접 개입, 즉 남부 베트남 사람들을 찾아서 죽이기 위해 미군을 파견했다는 사실은 어떤가? 베트남의 영원한 분단을 추구하고 북부 베트남에 폭탄을 투하해 석기시대로 되돌려놓으려 했던 미국의 정책은 또 어떤가? 우리는 이런 정책들이 도덕적인 가치에 부합하는 것이었는지를 물어보아야 한다.[24]

원칙일까? 도덕일까? 제국을 수립할 때에는 헌법적인 제한, 믿을 만한 가치 혹은 실질적인 미덕을 추구할 수 있는 여지가 전혀 없다. 감정은 이성을 압도한다. 대중적인 잡담은 개인의 사고를 제압한다. 공공의 선전문구가 품위와 용기있는 개인의 행동을 몰아낸다. 공허한 말과 위대한 이론이 실질적인 사고를 대체한다. 대중은 매료되고 골탕먹으며 결국 약탈당하거나 살해되든지 혹은 약탈과 동시에 살해당하기도 한다.

미국인들은 프랑스의 경험에서 아무것도 배운 게 없다. 드골은 케네디에게 베트남은 미군들에게 묘지가 될 수 있음을 경고했다. 드골은 베트남은 부패한 나라라고 말하면서 서구방식의 전쟁이 적합치 않은 곳이라고 했다. 그러나 처음으로 군사와 민생이 양립했던 린든 B. 존슨 행정부는 인플레 압력이 강한 호황 속에서 미국인들은 프랑스 인들이 해내지 못한 것을 할 수 있다고 생각했다. 미국은 프랑스보다 훨씬 많은 돈을 사용했고 훨씬 더 많은 인명 손실을 입었다. 그렇지만 지아프는 프랑스 인들을 물리쳤던 것처럼 미국인들도 제압했다.

프랑스와 미국이 패배를 즐기는 동안 베트남은 전쟁의 상처 같은 그들만의 서글픈 독립에 괴로워하고 있었다. 온 나라는 이후 사반 세기 동안 불쌍한 이데올로기 상처에 딱지가 앉은 채 딱할 정도의 가난으로 신음했다.

2005년 지아프 장군은 아직 살아 있었다. 2004년 <피가로>와 인터뷰할 당시 91세였던 이 노인은 이라크에서 미국이 처한 상황에 대한 질문에 대해 "당신들이 당신들의 의지를 외국에 강요하고자 하면 패배할 것이다. 독립을 위해 투쟁하는 모든 나라는 이길 것이다"라고 말했다. 이는 제국에게는 비통한 일이다.

아마도 치매로 고생하던 이 노인은 그가 군사적으로 승리한 후 동지들이 경찰국가를 수립했다는 사실을 잊어버린 채 계속해서 "우리는 모든 사람이 선택한 것을 보존하고 발전시킬 권리를 위해 싸웠다. … 우리는 또한 모든 사람이 국가 주권을 향유하도록 하기 위해 싸웠다"고 답변했다.

8

닉슨, 금태환을 정지시키다

1971년 8월 15일 리처드 밀하우스 닉슨 행정부는 엄청난 일을 했다. 바로 "금교환창구"(gold window)를 폐쇄한 것이다. 이에 따라 다른 나라 정부는 보유하고 있던 잉여 달러를 금으로 태환할 수 없게 되었다.

닉슨의 이름을 거론하면 사람들은 보통 워터게이트 사건*(닉슨의 재선을 위해 상대당인 민주당 사무실에 도청장치를 설치했던 정치 스캔들)을 떠올리곤 한다. 그렇지만 대중들의 관심이 닉슨 주변의 어설픈 행동에 쏠려 있는 동안 닉슨 행정부의 다른 한편에서는 역사상 최대의 절도 행각이 정체를 드러내고 있었다.

사회에서 낙오된 투자자, 대학의 경제학자 그리고 연방준비제도이사회 의장은 지난 30년간 신문에 실린 기사들의 연관성을 알아차리지 못했을지 모른다. 그들은 1970년대의 금값 폭등, 1980년대 일본의 거품 혹은 그 이후 다른 아시아 지역의 거품 현상들을 마치 뉴올리언즈의 훔친 자동차 휠 캡과 보스턴의 몰래 키스처럼 서로 관련 없는 사건으로 보아왔을 것이다.

그들은 또한 미국의 호황과 거품이 주식 가격의 상승과는 관련이 없다고 잘못 이해했을지 모른다. 미국에서 주가 상승은 경이로운 새시대와 정보화시

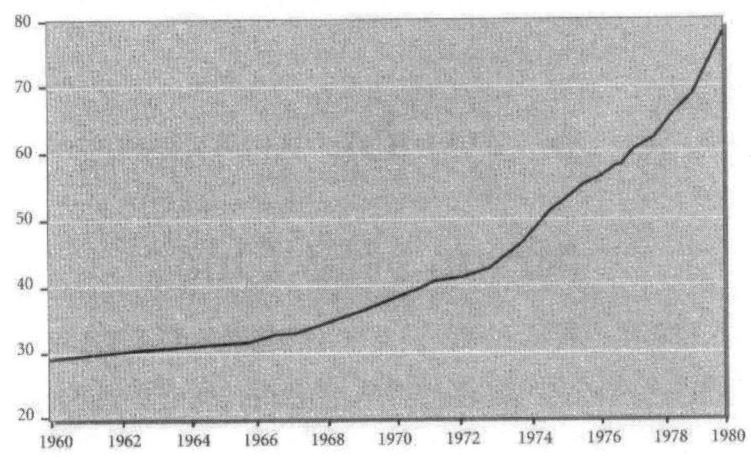

표 8.1 소비자물가지수, 1960~1980

리처드 닉슨의 "금교환창구" 폐쇄는 하나의 분명한 효과를 낳았다. 그것은 팍스달러리움 시대에 세계적인 신용거품을 조장했다. 그후 미국인들이 "상품과 서비스"에 지불해야 하는 금액이 계속 큰 폭으로 증가해왔다. 출처: 노동통계국

대의 기술 생산성이 낳은 결과이다. 혹은 연준리의 지도자들이 새로 발견한 지혜의 결과물이다. 그들은 이처럼 놀라운 것들의 원천으로 생산성의 기적에 대해 언급할지 모른다. 그들은 지난 30년 동안 금융시장에서 발생한 큰 사건들이 모두 1970년대 초반 닉슨 심복들의 손아귀에서 영감을 찾았다는 사실은 상상조차 하지 못할 것이다.

닉슨의 심복들이 주도한 범죄는 무엇이었을까? 계약 위반일까 혹은 절도나 사기 또는 위조일까? 그 범죄는 지금 언급한 모든 것을 망라한다. 닉슨의 심복들은 미국 재무부 관료들이 다섯 세대에 걸쳐 진지하게 약속했던 바를 어겼다. 그들은 이어 팍스달러리움 시대에 세계적으로 신용거품을 조장했다.(표 8.1 참조)

1971년 금본위제도를 포기한 결정은 즉흥적인 것은 아니었다. 금본위제도를 포기한 것은 닉슨 행정부가 임금과 가격 상승을 억제하고 인플레이션을 방지하려는 움직임의 일환이었다. 1970년 소비자물가는 4.9% 상승했고 인플레이션도 점점 더 악화되는 듯했다. 닉슨은 경제를 통제할 수 있다고 생각했다. 하지만 이런 정책변경은 이전에 그가 자신의 정치와 경제 철학으로 내세웠던 부분과 어긋나는 것이었다.

닉슨 행정부 시절 연방준비제도이사회의 의장이었던 아서 번즈(Arthur Burns)는 1960년 대통령 선거에서 닉슨이 패배했을 당시 닉슨의 자문관으로 일한 적이 있다. 당시 번즈는 긴축통화정책이 경제를 악화시키고, 그에게 상처를 입혀서 결국 선거에 부담을 줄 것이라고 경고했다. 번즈가 옳았다.

그로부터 10년이 지난 1970년 5월 번즈는 경제정책에 대한 생각을 바꾸게 되었다고 선언했다. 이제 기업과 노동조합의 위상이 훨씬 강화되어 임금과 물가 상승 압력으로 작용했으며 경제는 더 이상 과거와 같이 움직이지 않았다. 전통적인 재정정책과 통화정책은 이제 부적절한 것처럼 보였다. 번즈의 결론은 임금과 물가 상승의 주요 요인을 평가하는 임금 및 물가 심사위원회를 구성하는 것이었다. 번즈의 말에 따르면 이 위원회의 권한은 우호적이든 그렇지 않든 간에 설득에 그칠 것이다.[1]

닉슨은 위원회의 권한을 우호적인 설득으로 제한하는 부분을 제외하면 번즈의 의견에 대부분 동의했다.

강력한 제국이 이처럼 바보같은 일을 시도했던 경우는 디오클레티아누스* (Diocletian, 서기 3~4세기 로마의 황제, 노예 출신으로 자수성가하여 권력을 획득) 황제 이래 처음이다. 1971년 거대한 변화의 일환으로 닉슨은 생계비자문위원회(Cost of Living Council)를 설립했다. 이 위원회는 구체적으로 임금과 물가 상승을 90일 동안 동결하려는 취지로 구성되었다. 이 한시적인 조치가 폐지된 후 인플레이션이 되살아났다. 이에 1973년 닉슨의 사임 직전에 임금과 물가 상승 동결 조치는 부활했다. 결국 이러한 정책은 당초 의도한 대로 작동하지 않았고 1974년 4월 포드 행정부는 임금과 물가 통제 계획을 포기하기에 이른다.

대가를 치르다

결국에는 베트남 전쟁이 문제였다. 정책 결정자들은 전쟁 비용이 얼마나 들지 혹은 그 비용을 어떻게 지불할 수 있을지에 대해 거의 추정하지 못했다. 1965년 초 맥나마라 팀은 전쟁에서 승리하기 위해서는 50만 명의 군인과 5년간의 전쟁 기간이 필요하다는 군 최고 사령관 해럴드 K. 존슨 장군의 추정치를 갖고 있었다. 정책 입안자들은 깜짝 놀라지 않을 수 없었다. 그들은 전쟁 비용은 물론이고 파병되는 군인들의 수가 그렇게 많을 것이라고는 생각하지 못했다. 1965년 존슨 대통령의 경제자문위원회(CEA) 의장은 대통령에게 "밥 맥나마라가 극도의 기밀 사안으로 전한 사실에 따르면 미국 국방부가 현재 생각하고 있는 것은 점진적이고 완만한 지출과 인력의 양성이다"라고 보고했다.[2]

실제 전쟁 비용에 대한 논란은 1964년부터 1968년에 걸쳐 지속되었다. 그렇지만 존슨은 1967년 말에 이르러서야 의회에 10%의 추징세를 요청했다. 이 추징안은 1968년 중반에 승인받았다. 다만 승인 조건은 존슨이 국내 프로그램에서 60억 달러를 삭감해야 한다는 내용이 포함되어 있었고 이는 존슨에게 큰 타격이었다. 존슨이 애정을 갖고 시행한 "위대한 사회 프로그램"(Great Society Programs)은 궁극적으로 베트남 전쟁의 비용이 급증하면서 삭감되었다. 이 프로그램은 그의 대통령 임기를 정의할 수 있는 "군사와 민생이 양립하는"(guns-and-butter) 정책의 절반 정도를 차지할 정도로 존슨에게는 의미가 있었다. 그렇지만 전쟁 비용도 위대한 사회를 위한 비용도 충분히 줄어들지는 않았다.

미국은 베트남 전쟁에서 오늘날 가치로 환산하면 5천억 달러 이상을 사용했다. 이는 어느 시대를 막론하고 엄청난 규모다. 존슨은 처음에는 전쟁이 그의 다른 공약들을 위험에 빠뜨리지 않을 것이라고 국민들에게 확신시켰다. 그는 수많은 사람들에게 돈을 나눠줄 것이라고 약속했고, 이 제안은 여전히 믿을 만한 것이라고 말했다. 존슨은 1966년 의회에서 말하기를 "우리가 베트남에서 싸우는 것과 동시에 위대한 사회도 유지할 수 있다고 믿는다"고 했다.[3] 비용이 증가하자 정부예산 관료들과 존슨의 경제자문관들은 우려하기 시작했다. 계산하는 것은 소용없었다. 로마시대의 빵과 유희의 1960년대 판이라고 할 수 있는 존슨 대통령의 군사와 민생이 양립하는 정책은 대가가 너무 비쌌다. 존슨 행정부는 훨씬 더 많은 예산이 필요하다는 사실을 깨달았다. 미국의 증가하는 부채와 인플레이션은 외국의 달러 보유자들을 불안하게 했다. 해외 달러 보유자들은 미국에게 금을 요구하기 시작했다. 단지 높은 세금 부과만이 문제를 해결할 수 있었다. (표 8.2 참조)

존슨 대통령은 물러서지 않았다. 만약 그가 세금 인상을 요구한다면 미국이 일대 혼란에 빠질까봐 두려웠다. 의회는 세금 인상을 허용하기보다는 민생예산을 삭감하거나 군비증강을 포기하는 쪽을 선택했을 것이다. 결과는 위대한 사회의 종말이 될 것이다.

린든 존슨은 그가 수립한 위대한 사회 프로그램을 위한 자금을 조달할 수 있는 재원이 없었다. 한 사람의 유권자에게 돈을 주기 위해 그가 할 수 있었던 유일한 방안은 다른 사람의 돈을 빼앗는 것이었다. 즉 폴이라는 한 개인

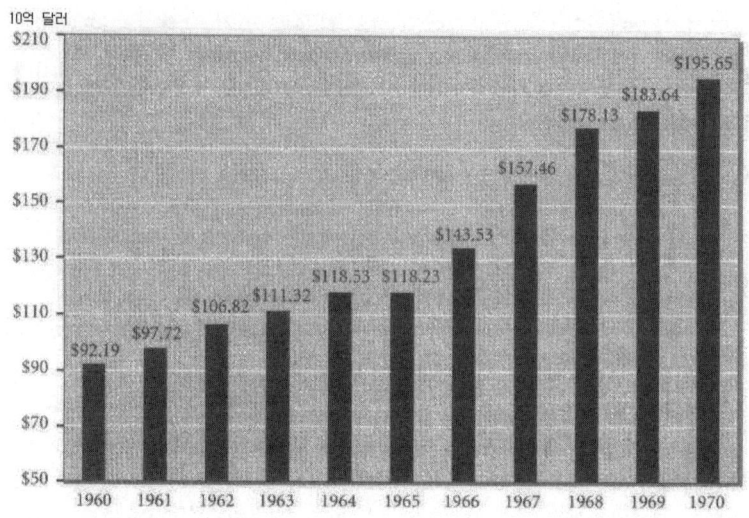

표 8.2 연방지출액, 1960~1970

미국이 베트남 전쟁에서 쓴 금액은 오늘날 금액으로 환산하면 5천억 달러를 초과했다. 로마시대 빵과 유희의 1960년대 판이라고 할 수 있는 린든 존슨 대통령의 군사 민생 양립 정책은 대가가 너무 비쌌다. 미국의 증가하는 부채와 인플레이션은 외국의 달러 보유자들을 불안하게 했다. 해외 달러 보유자들은 미국에게 금을 요구하기 시작했다. 출처: 미국정부 예산일람표

에게 돈을 주기 위해서는 또 다른 개인인 피터의 돈을 강탈하는 방법밖에는 없었다.

그렇지만 절도는 살인은 아니다. 그리고 민주사회의 대다수 시민들은 어느 정도의 절도 행위는 참아줄 수 있을 뿐만 아니라 그것이 자신들의 이익을 위한 것이라면 반기기까지 할 것이다. 가장 유명한 미국 대통령들은 다른 사람들의 돈을 제일 많이 훔친 사람들이다. 민주사회에서 절도 행위의 논리는 항상 세금을 내는 사람보다 더 많은 유권자들이 징수된 세금의 혜택을 입는다는 것이다. 이것이 민주주의자가 가난한 사람들을 돕기 위해서 무슨 일이

든 하려고 하는 진정한 이유다. 싼값에 자신들의 표를 팔아버리는 유권자들이 훨씬 더 많다. 부자 앞에서 10달러짜리 지폐를 흔들면 당신은 거의 주목받지 못할 것이다. 하지만 이동주택 주차구역에서 똑같은 행동을 한다면 군중들을 끌어모을 수 있다. 미국과 같은 유동적인 사회에서는 여전히 많은 사람들이 미래에 부자가 되기를 희망하고 일단 자신의 수중에 들어온 돈은 지키려고 한다. 이 때문에 고율의 세금에 대해서는 항상 저항이 따르기 마련이다. 1966년과 1967년에 린든 존슨은 많은 세금을 부과하는 것을 꺼리게 되었다.

그러나 국가를 지급불능 상태로 만드는 데 대한 저항도 역시 강했다. 의회에는 여전히 균형예산을 신봉하는 몇몇 기인들이 있었다. 그래서 1966년 선거 이후 존슨은 10%의 세금 추징을 제안했다. 존슨은 이러한 방법을 통해 미국이 공산주의와의 싸움에서 힘을 유지할 수 있다고 말했다. 로버트 맥나마라는 이제 와서 자신은 이미 1964년에 전쟁이 희망이 없으며 미국이 그곳에 군사력을 유지할 필요가 없다는 사실을 알고 있었다고 주장한다. 필요한 것은 그만둘 줄 아는 용기였다. 그렇지만 전시에 가장 부족한 것이 바로 이런 용기다. 사람은 자신이 우둔하고 무의미한 일을 하고 있다는 것을 인정하느니 차라리 죽는 게 낫다고 생각하기 마련이다.

존슨의 세금 인상은 소수파의 리더인 제럴드 포드와 하원 세입위원회 의장인 윌버 밀스(Wilbur Mills)에 의해 하원에서 저항에 부딪혔다. 남부의 민주당원과 북부의 공화당원인 이들은 세금 인상이 아니라 지출 감소를 원했다. 존슨은 이에 대해 다음과 같이 말했다.

포드와 밀스는 그 결정을 내린 날을 후회하면서 살게 될 것이다. 왜냐하면 그것은 위험하고 현명하지 못한 결정이기 때문이다. 대외적으로 전쟁을 수행하고 내부적으로도 도시 내의 문제점들을 해결하기 위해 세금을 추징해야만 한다고 말하는 게 당신들의 인기를 올려주고 찬성표를 늘려줄 수 없다는 것을 나는 안다. 그렇지만 우리는 지금의 국내총생산으로 이를 실행할 수 있으며 또 그렇게 해야만 한다. 국민들과 의회가 모든 사실을 알게 되면 국민과 의회는 결국 세금을 늘릴 것이다.[4]

1968년 제국은 파산상태로 치닫고 있었다. 금 보유고는 고갈되었다. 의회는 180억 달러의 예산(세출예산의 대략 10%)을 삭감하고 10%의 세금추징안을 통과시킬 수밖에 없었다. 존슨은 더 많은 전쟁경비를 확보하기 위해 민생예산을 줄여야만 했다.

당시 워싱턴은 여전히 진부한 케인즈 학파 경제학과 금본위제가 영향력을 행사하고 있었다. 경제학자들은 전시인데다 경제적인 어려움을 극복하기 위해서 정부 지출이 보다 많이 늘어나야 한다고 믿었다. 그러나 당시만 해도 차입한 돈은 반드시 상환해야 한다는 생각이 여전히 공감대를 얻고 있었다. 적자는 미 달러화의 가치(그리고 금의 담보력)에 위협 요인이었으므로 정책 입안자들은 미래의 지출을 줄임으로써 현재의 과잉 지출을 충당해야 한다고 생각했다.

지금처럼 그때도 납세자들은 세금 추징을 강요당했다. 단 아주 어렵고 정치적으로 현실적인 경우에만 가능했다. 다른 경우였다면 그들은 곧 분노하여 고함치기 시작했을 것이다. 부의 재분배는 오로지 정치적으로 다른 사람의 돈을 나누어줄 때에만 작용한다. 납세자들은 그들의 돈을 포기하는 대가로 어떤 이익도 보지 못했다.

1960년대의 민주적인 정치가들은 조지 W. 부시가 오늘날 하는 것처럼 그들 스스로를 선전했다. 그들은 자신들이 국내외를 망라해 자유를 확장시키고 있다고 했다. 일리노이 주 의원인 폴 더글러스(Paul Douglas)는 "어떻게 8천억 달러 이상을 벌어들이는 나라가 300억 달러짜리 전쟁을 감당할

수 없다고 할 수 있는가"라고 했다.[5]

존슨은 또한 덧붙이기를 "군사력은 베트남에서 자유를 방어할 수 있게 한다. 군사력은 또한 국가 안보를 위협하는 세력에 맞설 수 있는 힘이다. 아직까지 우리는 국내에서 개인의 성장과 존엄을 위해 해외에서 자유 수호로부터 물러서도록 허용할 수 없다"고 했다.

부통령인 허버트 험프리(Hubaert Humphrey)도 가세했다. 그는 미국이 국외에서 자유를 수호하는 동시에 국내에서도 자유를 확산시킬 수 있다고 말했다.[6]

AFL-CIO(미국노동총연맹산업별회의) 의장 조지 메니(George Meany)도 계속해서 "미국은 군사문제와 민생문제 중 선택의 기로에 직면해 있지 않고 직면할 수도 없었다. 이 나라는 무기로 하는 실전을 수행할 수 있는 분명한 자원을 갖고 있으며 여전히 우리 사회의 단점을 없애기 위해 분투하고 있다"고 말했다.[7]

국민들도 또한 반대하지 않았다. 미국 사람들은 군사든 민생이든 한쪽의 지출을 삭감하는 것을 통해 더 많은 군사력과 보다 나은 삶을 원했다. 해리스 설문조사에 따르면 국민들은 48% 대 39%의 표차로 동의했다.

과거 모든 전쟁의 경우, 전쟁이 끝나면 연방지출은 급감했다. 그러나 베트남 전쟁은 달랐다. 전쟁이 끝나도 연방지출은 계속해서 증가했다. 연방예산은 전쟁비용 지출이 한창인 1969년에 1,840억 달러였다. 1972년에 연방예산은 2,310억 달러로 증가했다. 1969년에는 연방정부가 실제로 30억 달러의 흑자를 기록했다. 1972년에는 전쟁이 단계적으로 진정되면서 흑자 기조가 지속될 것으로 기대했다. 그렇지만 실제 예산은 230억 달러의 적자로 나타났다.

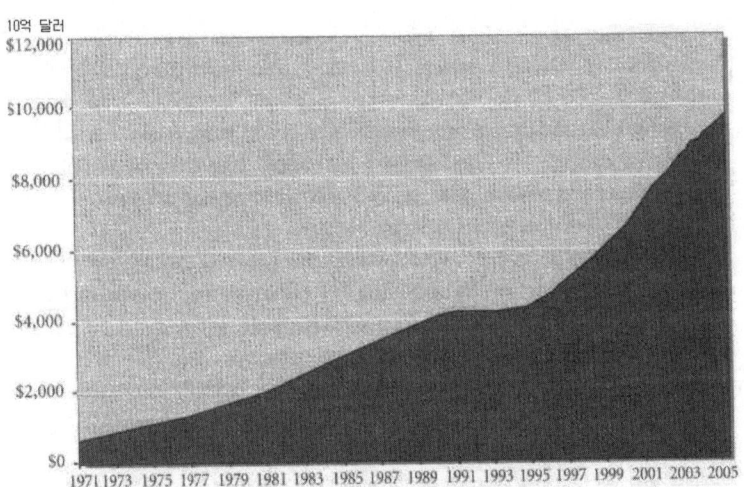

표 8.3 M3 통화잔액

제국을 통치하는 엄청난 비용은 제국 통화의 끊임없는 공급을 필요로 했다. 미국 달러의 금태환이 정지된 이래 전 세계에서 유통되는 달러의 양이 급격하게 증가했다. 그리고 달러 가치는 이전에 비해 좀더 하락했다.

자료: 연방준비은행

　제국은 성장했고 계속 성장하고 있었다. 1941년 6월 22일 소련 연방에 대한 공격을 개시하기 전에 히틀러는 소련연방이 낡아빠진 옛집과 같다고 말했다. 히틀러는 우리가 해야 하는 일은 그저 "문을 박차고 들어가는 것이다. 그러면 모든 것은 무너져버릴 것이다"고 말했다. 그는 무려 48년이나 성급했다. 소련 연방은 1989년 스스로 붕괴되었다. 미국은 심지어 문짝을 박차는 일조차 하지 않았다. 그렇지만 냉전이 끝난 뒤에도 미국의 연방예산은 계속해서 증가하기만 했다. 연방예산은 1989년 1조 1,400억 달러에서 1992년에는 1조 3,800억 달러로 증가했다.

　"위대한 사회"는 단순히 미국의 새로운 제국주의 재정 시스템의 대내적인 날개에 불과했다. 존슨은 과거 어느 대통령보다 많은 빵과 유희를 제공했다. 위대한 사회 프로그램을 유지하는 5년 동안의 비용은 대략 3,057억 달러로 추산되었다(2005년 인플레이션으로 조정한 달러 환산액). 여기에는 1965년 이래로 2,900만 명의 학생들에게 빌려준 2,500억 달러의 대학 융자금은 포함되지 않은 것이다.(표 8.3 참조)

위대한 사회의 범위는 엄청났다. 이는 프랭클린 루즈벨트의 뉴딜 프로그램에 견줄 만했으며 규모면에서도 훨씬 더 비용이 많이 들었다. 심지어 저소득층 의료보험(Medicaid)과 고령자 및 장애인 의료보험(Medicare)만 계산해도 존슨 대통령의 생각은 미국의 미래 채무증서에 수조 달러를 더 보탠 것이다.

존슨 행정부 시절 의회는 두 개의 중요한 시민권리에 관한 법률*(Civil-rights acts, 인종과 피부색 및 종교와 출신국에 따른 차별을 철폐할 목적으로 제정된 연방법)을 1964년과 1965년에 법제화한 것을 비롯해 경제적 기회법(the Economic Opportunity Act) 및 두 개의 교육법(1965년)을 법제화했다. 게다가 직업부대*(Job Corps, 직업훈련센터가 주관하는 무직 청소년을 위한 기술교육기관), 빈민지구 파견 자원봉사활동(VISTA, Volunteers in Service to America), 저소득층 의료보험과 고령자 및 장애인 의료보험 등을 만드는 법안도 통과시켰다. 비록 위대한 사회 프로그램은 시민의 권리를 보호하고 사회 프로그램을 확산시키는 데 상당한 공헌을 했지만 비평가들은 반빈곤 프로그램이 효과가 없고 돈만 낭비하는 것이라며 차츰 불평하기 시작했다.[8]

이러한 확장은 연방 시스템 내에서 엄청난 관료주의를 낳았다. 저소득층과 고령자 및 장애인 의료보험 비용만을 고려해도 현재와 미래 채무액이 기하급수적으로 증가했다. 또한 의료기관 설립은 비용-수익 문제, 낭비 그리고 사기도 늘렸다. 그 프로그램은 어느 정도는 국내에서 증가하는 사회적인 불안에 대처하기 위해 확대된 것이다. 우리는 존슨의 대통령 임기가 거의 끝날 무렵 국가가 불안 상태에 있었던 점을 돌이켜보아야 한다. 도심에서는 인종폭동이 빈번했고 거대한 규모의 반전시위와 학생과 경찰 사이의 무력충돌도 1965년 이후 만연하기 시작해 닉슨의 통치기간까지 이어졌다.

사람들은 보다 많은 빵과 유희를 원했다. 개인 소비지출은 제2차 세계대전의 종식 이래 엄청난 규모로 증가했다. 1970년에는 연간 개인 소비지출이 1946년에 비해 4.5배나 증가했다. 1971년 팍스달러리움 시스템이 시작된 이래로 소비지출은 기하급수적으로 늘어났다. 2000년에 이르러서는 연간 소비지출 규모가 6조 6,800억 달러에 달해 제2차 세계대전이 끝나던 시점에 비해 46배나 증가했다.

그렇지만 닉슨의 집권 이후 현대 역사상 거의 필적할 만한 사례를 찾기 힘들 정도의 금융혼란이 이어졌다. 달러화의 하락세는 매우 가파르게 진행되었다. 실업률은 10%를 상회했고 유가는 배럴당 39달러까지 치솟았다. 다우존스산업평균지수는 570까지 떨어졌고 금값은 온스당 800달러에 육박했다. 미국의 인플레이션과 이자율은 두 자릿수까지 상승했다.

1970년에 30년물 미국 재무부채권을 매입한 투자자의 상황을 생각해보자. 그가 채권투자를 통해 빌려주었던 금액을 돌려받을 것으로 기대할 수 있을까? 그가 30년 후인 2000년에 받게 될 달러가 과거 그가 채권매입 시점에 포기했던 그 달러만큼의 가치를 지니고 있을까?

우리는 금값을 고찰함으로써 그의 피해를 가늠해볼 수 있다. 1970년 투자자는 1달러로 1/34온스의 금을 살 수 있었다. 35년이 지난 뒤 시장은 우리에게 판사와 배심원이 되어 1달러의 가치가 1/425온스의 금밖에 안 된다고 말해줄 것이다.

미국 정부의 말을 믿은 투자자들은 수조 달러를 손해 보았다. 아직까지도

이 도둑질은 매우 포착하기 어려워서 희생자들은 실제로 범죄에 박수갈채를 보내고 있다. 지난 20년 동안 투자자들은 미국 재무부채권 투자가 그들을 부유하게 만들어주었다고 생각하는 것 같다.

팍스달러리움

1971년 이래 미국이 경험했듯이 세계화된 무역은 사기적인 측면이 있다. 패권을 장악한 세력은 심지어 물건을 구매하는 경우에도 정치적인 수단을 이용한다. 19세기부터 1913년에 이르기까지 분업이 마지막으로 크게 성행하던 시기에 금은 거래를 정확하게 조정하면서 화폐를 보증했다. 제국을 포함한 어떤 나라도 속임수를 쓸 수 없었다.

한 나라가 생산하는 것보다 많은 돈을 소비한다면 다른 나라들은 그 나라의 통화를 잉여로 보유하게 된다. 그들은 이어 결제를 위해 금을 요구하게 된다. 금은 실질적이고 궁극적인 화폐다. 어느 나라도 금을 만들 수는 없다. 어느 나라 의회도 금의 가치를 약화시키거나 증가시키는 법을 통과시킬 수 없다. 한 나라의 금 보유고가 위기 상황에 빠지면 그 나라는 곧 불균형을 시정하고 보유하고 있는 금을 보호하기 위한 정책 조정에 나선다. 반면에 달러는 단순히 한 장의 종이에 불과하다. 닉슨이 금태환을 정지한 이후 달러화 가치를 보증하는 것은 순수한 신용과 미국 국채에 대한 신용밖에는 남지 않았다. 이를 어떻게 좋은 약속이라고 할 수 있겠는가.

미국 정부는 꼭두각시 통화를 원했으므로 우선 연방준비은행을 설립했다. 그들은 금은 좋지만 반사회적이라고 말했다. 금은 진보를 가로막고 새로운 전쟁과 사회 프로그램에 있어서는 꾸물거리면서 대응을 더디게 하는 특징을 갖고 있다. 전쟁이나 혹은 국가적으로 커다란 문제에 부딪혔을 때 애국적인 돈이 더 필요하다고 미국 정부는 말했다. 그런데 금은 꾀병을 부리고 망설이며 조심스러워한다. 금은 조언도 격려도 하지 않고 끼어들지 않은 채 가만히 있다. 금은 소속 정당이 없으며 투표도 하지 않는다. 정책 입안자들에게 필요한 것은 보다 애국심이 있는 돈이다. 공공 자금을 제공하는 원천이 되고 유연하고 발전하는 국가의 통화가 되어 정책 입안자들이 그 돈을 갖고 일할 수 있는 정치적인 돈이다. 미국은 금과 연계되지 않은 달러가 필요했다.

1913년 연방준비은행이 설립된 지 수년이 지난 뒤 금은 여전히 확고부동한 위치를 차지하고 있었다. 금 1온스는 오늘날에도 1913년과 동일한 가격의 재화와 서비스를 구매할 수 있으며, 예수가 태어났을 당시와도 거의 비슷한 양의 재화와 서비스를 구매할 수 있다. 그렇지만 달러는 정치적인 사건들에 따라 매번 그 가치가 움직인다. 예를 들면 유럽의 전쟁, 뉴딜 정책, 제2차 세계대전, 냉전, 베트남 전쟁, 가난과의 전쟁, 문맹과의 싸움, 뉴 프런티어*(존 F. 케네디 대통령의 신개척자 정신의 정책), 위대한 사회, 사회보장제도, 저소득층 의료보험, 장애인과 고령자 의료보험, 이라크 전쟁, 테러와의 전쟁 등등 많은 정치적 사건들이 달러 가치를 움직이게 한다. 결과적으로 1913년의 1달러는 오늘날 가치로 환산하면 5센트밖에는 안 된다.

연방준비제도이사회는 제국의 설립자들에게 편안하고 확장가능하고 순종적인 통화 공급을 위해 설립되었다고 할 수 있다. 설립자들이 더 많이 필요하다고 생각할 때면 언제나 달러는 그 자리에 있었고 의무를 다할 준비가 되어 있었다.

그런데 여기에 경종이 울렸다. 달러는 봉사할 준비가 되어 있었지만 워싱턴에 있는 주인들에게 기꺼이 봉사하겠다는 태도가 세계 다른 지역 사람들에게 달러에 대한 불신감을 심어주었다. 만약 연준리가 달러에게 절벽에서 뛰어내리라고 요청했더라면 달러는 의심할 여지없이 그렇게 했을 것이다. 이는 미국에는 이익이었으나 일본이나 중국에게는 위험 요인이었다. 2005년 초 일본과 중국은 많은 미국 재무부 채권을 보유하고 있었는데 이 채권은 언제라도 가치가 하락할 수 있었다.

1971년 이래로 미국은 전 세계에 수조 달러 이상의 달러 공급량과 신용을 늘렸다. 같은 기간 동안 금은 단지 58,000미터톤 가량만이 채굴되었다. 조만간 이 잉여 달러는 실수를 허용하지 않는 시장에서 주목받을 것이다.

물론 이런 일은 아직은 발생하지 않았다. 투자자들은 창밖을 내다보고 태양이 빛나는 것을 보면서 좋은 시절이 영원히 지속될 것이라고 생각한다. 그들은 디스코 음악이 유행하던 1970년대에 겪었던 금융위기 따위에는 지금 관심조차 없다.

III

미국의 저녁

EVENING IN AMERICA

빌리는 자들은 빌려준 자들의 노예가 될 것이다.
- 잠언, 22장 7절

9

레이건의 유산

"세상 돌아가는 방식이 이상해." 어느 날 저녁 식탁에서 한 초대 손님이 이렇게 말했다. "그것은 마치 지구상을 돌아다니는 광기 같은 것이야. 우리가 유럽에서 서로를 죽이려고 하는 동안 당신네 미국인들은 영리했지. 미국인들은 팔짱을 끼고 가만히 있었으니까. 그런데 이제 미친 사람들은 당신들, 미국인들이다."

이 초대 손님은 미 제국이라는 개념이 아직은 거부감을 일으키고 불합리한 것으로 여겨졌던 19세기와 20세기의 세계를 묘사했다. 전쟁과 혁명, 학살 등이 유럽과 나머지 세계를 덮치고 있을 때, 미국은 좀처럼 이런 것들에 휩쓸리지 않았다. 매력적인 새 사상들이 유럽 전역에 독버섯처럼 퍼졌을 때도 미국인들은 침착했다. 미국인들은 대부분 사업에 열중하면서 개인적인 방법으로 행복을 추구했고 부유해지려고 노력했다. 미국의 제30대 대통령인 캘빈 쿨리지(Calvin Coolidge)는 "미국의 주요 관심사는 사업이다"라고 말했다.

우리는 돈이 모든 것은 아니라는 사실을 갑자기 생각해냈다. 부에 대한 갈망이 반드시 이루어지지도 않았고 보상받지도 못했다. 그리고 좀처럼 치켜

세워지거나 위엄 있는 일로 여겨지지도 않았다. 부에 대한 갈망에는 실제로 일하는 데 필요한 땀에 찌든 셔츠나 차갑게 식은 커피, 비벼 끈 담배와 같은 서민적인 것이 따라다녔다. 진정한 부를 이루고자 하는 사람은 대개 부를 위해 열심히 노력해야 했다. 돈을 긁어모으거나 시장점유율을 높이는 일은 좀처럼 품위 있거나 우아할 수가 없다. 하지만 돈을 벌려고 하는 것은 인간들이 하는 다른 많은 일보다 여전히 좋은 것이다. 그 뒤에 일어나는 일은 돈을 향한 욕망이 낫다는 것을 나타낸다. 돈을 위해 열심히 노력하는 것은 세계에서 자신의 지위를 높여가려는 보통의 국가들에게는 적절한 것일 수 있다. 하지만 거대 국가가 계속해서 돈을 버는 것이 적절한 것일까?

윌리엄 F. 버클리(William F. Buckley)는 "시장에서 보수주의를 강조할 때 따르는 문제는 보수주의가 지루해질 수 있다는 것이다. 한 번만 들으면 당신은 이 말이 무엇을 의미하는지 완전히 이해할 것이다. 보수주의에 당신의 인생을 헌신한다는 것은 보수주의가 지루하다는 측면에서 끔찍한 일이다. 그것은 마치 섹스와 같다."

또 다른 나이 많은 보수적 인물인 어빙 크리스톨(Irving Cristol)은 이렇게 말했다, "미국이 위대하고 세계에서 가장 강력한 국가인데도 제국의 역할을 하지 않는 이유가 무엇인가?"

"그것은 매우 잘못되었다." 크리스톨은 돈을 추구하는 것을 안타까워하면서 말했다. "세계 문제에서 미국이 훨씬 중요한 역할을 담당하고 일이 어떤 방향으로 진행되어야 하는지를 지시하고 명령하는 것은 자연스럽다고 생각한다. 사람들은 미국이 그렇게 하기를 바란다."

우리의 저녁 손님은 이렇게 말을 이어갔다. "지난 세기 동안 프랑스에서 아니 유럽 전역에서 일어난 정신 나간 일들을 생각해보면 당신도 알겠지만 우리는 당시 거의 모든 끔찍한 사상들을 만들어냈다. 탈구축주의, 프로이트의 정신분석학, 나치주의, 개념론, 사회주의, 신디칼리즘, 미니멀리즘, 공산주의, 기능주의 등 거의 대부분의 최악의 사상들이 유럽에서 나왔다고 생각한다. 그리고 심지어 미국에서 나왔다 하더라도, 물론 내가 오해하고 있지 않다면, 철학이나 예술 그리고 건축 분야의 새로운 발전은 거의 대부분이 유럽에서 이민을 오거나 난민으로 온 자들로부터 나온 것이다. 거의 모든 새로운 발전이 다 그렇다. 물론 그 중 대부분은 해롭지 않다. 심지어는 다다이즘처럼 재미있는 것도 있다. 하지만 정치는 해롭다. 그리고 지금 세계는 변하고 있다. 지금 당신들 미국인들은 유럽이 예전에 했던 그대로 하고 있다. 새로운 사상들에 사로잡혀 미국인들은 다른 사람들에게 새로운 사상을 수용할 것을 강요한다. 미국은 신보수주의(neo-conservatism)라고 불리는 사상을 갖고 있다."

"우리는 동떨어진 시간에 살고 있다고 느낀다." 조지 W. 부시 대통령은 2004년 연두교서*(미국 대통령이 매년 1월 의회에 제출하는 신년도 시정방침)에서 이렇게 말했다. 무엇이 시간을 그렇게 동떨어져 보이게 만들었을까? 그것은 미국이 자신의 풍자물을 닮게 되었다는 것이다. 미국은 좌파들이 언제나 비판했던 나라였지만 실제로는 그런 적이 없던 나라처럼 되었으며, 자기파괴로 나아가는 자기만족과 자기환상이 이상하게 결합된 것 같은 그런 나라가 되었다. 옛 보수주의자들은 제한적인 정부와 균형예산 그리고 최소한의 규제 등에 대해 반사적인 애착(knee-jerk affection)을 가지고 자신들을 구했을지 모른다. 하지만 늙은 보수주의자들은 이미 사라졌다.

보수주의자들이 사라졌다는 것은 보수주의에 대한 일종의 수치다. 그렇다. 시대에 뒤떨어진 늙은 보수주의자들은 진보에 방해물일 뿐이다. 그렇다. 그 늙은 보수주의자들은 무디고 둔하며 새로운 일이라고는 전혀 하지 않는다. 그렇다. 그들의 늙은 무릎은 누군가가 재미를 본다는 생각이 들면 반사적으로 경련을 일으킨다. 하지만 우리는 그 구식 사람들을 그리워한다. 여기서 보수주의자들이 전제정치에 저항해줄 것으로 기대할 수 있다. 어떤 새로운 것이 나타났을 때, 그들은 그것을 좋아하지 않았을 것이다. 보수주의자들은 새로운 것에 대해 지적인 관점에서가 아니라 마치 새 구두에 사람들이 거부감을 느끼듯이 혹은 개가 새 목걸이에 저항하는 식으로 저항했을 것이다. 새로운 스타일은 보다 화려할 수는 있다. 하지만 새롭다는 사실 자체가 새로운 스타일을 기피하는 충분한 이유가 된다.

하나의 신념으로서 보수주의는 적어도 미국에서는 모든 지지자들을 잃었다. 하나의 철학으로서 보수주의는 실질적으로 사라졌다. 하나의 정치운동으로서의 보수주의도 죽었다. 이제 모든 사람들은 새로운 것들을 좋아한다.

보수주의의 기본 특성은 세금을 낮춘다거나 하는 식의 구체적인 아젠다가 아닌 단지 사물들을 의심스럽게 바라보는 방법이다. 그리고 새로운 제안들에 일부러 늑장부리는 것이다. 보수주의자들은 마치 초밥을 거부하듯이 새로운 교리들에 대항하여 싸운다. 이런 태도는 지독할 뿐만 아니라 위험하기도 하다.

하지만 지금 그 괴짜 보수주의가 머리를 염색하고 얼굴을 성형 수술하여 완전히 다른 사람들이 되었다. 보수주의 노인들은 집을 리파이낸싱하며 신용카드로 갚는다. 또 선거에서는 자신들에게 다른 사람들의 돈을 가져다줄 것을 약속하는 자들을 뽑는다. 정치적으로 그리고 돈과 관련해서 그들은 다른 사람들과 마찬가지로 대중적인 것을 따라간다.

지금 당신이 계속해서 의존할 수 있는 유일한 것은 허영심이다. 허영심은 절대로 유행에 뒤떨어지지 않는 것처럼 보인다. 지금 현재 모든 세대는 여태까지 살아온 사람들 중에서 가장 위대한 사람들이다. 모든 제국은 영원하며 이 제국들에 맞서 문제를 일으키는 사람들은 인간 이하의 악한 자들이다.

21세기 초반, 우드로 윌슨과 로널드 윌슨 레이건의 정신을 계승한 미국의 신보수주의자들은 지구상 가장 역동적이고 가장 야망적인 제국 건설자들이 되었다. <아메리카 보수주의>에서는 설명하기를 "이러한 냉전시대의 전사들은 대부분 특별하며 이데올로기적으로 열광적인 다양성을 가진 자유주의자들이었다"라고 했다.

자유주의자들 가운데 많은 사람들이 극좌파 출신이다. 그들은 자신들이 보편적인 목적을 갖고 있고 어떤 경쟁자도 원하지 않았기 때문에 공산주의에 반대했다. 모든 사회를 위한 하나의 모델을 지지하는 이들은 보수주의자로 추정되는 인물들과 동맹관계를 형성할 수 있었다. 자유주의자들은 보수주의자가 된다는 것은 항상 매파적이고 단정적이 된다는 것을 냉전기간을 지나면서 믿게 되었다. "미국의 편에 서라"(Standing up for America)라는 구호 속에서 민족주의적이고 무력을 과시하는 보수주의자들은 보다 나은 세상을 만든다는 이름 아래 미국의 힘을 행사하려는 욕구의 새로운 배출구를 발견했다.[1]

이 신보수주의자들(네오콘)은 조지 W. 부시 대통령의 말을 인용해 "세계적 민주혁명"(Global Democratic Revolution)이라는 터무니없는 설교를 늘어놓는다. 혁명에 있어 보수주의적인 것이 무엇이 있겠는가? 하지만 아무도 알아채지 못했다.

자유세계의 지도자인 전 미국 재무장관 폴 오닐은 백악관에서 외교정책에 대한 논의를 가진 후 약간의 트러블이 있었다고 한다. 하지만 조지 W. 부시 대통령은 누군가가 자신에게 무엇을 주었을 때 그것이 좋은 슬로건인지를 알아차릴 줄 아는 약삭빠른 정치인이었다. 그는 즉시 메소포타미아 지역을 공격함으로써 얻게 될 이점들을 포착했다. 이라크 공격은 부시에게 그전까지 다른 대통령들이 지출했던 것보다 더 많은 돈을 쓰도록 용인해주었다. 전통적인 보수주의자들은 이같은 호전적인 뻔뻔스러움에 말문이 막혔다.

어떤 경우에 있어서는 전쟁에 이기는 것보다 전쟁에 지는 것이 더 나은 경우도 있다. 승리는 종종 영광보다는 불명예나 망신으로 이어지며 이는 특히 우리가 제국을 건설하고 있을 때 더욱 그렇다. 냉전에서 서방 진영이 소련에게 승리한 뒤 네오콘들은 필사적으로 새로운 적을 찾았다.

21세기가 시작되는 요즘 독일은 미국의 우방이다. 공산주의자들도 우리의 새로운 사업 상대일 뿐이다. 그리고 이제 반드시 패배해야 할 사람들은 이슬람 인들이다. 네오콘 학자들에 따르면 이슬람 인들의 마음은 과거에 감금되어 있다. 여성을 학대하고 반민주주의적이며 반진보적이고 또한 허무주의자들이다. 아울러 그들은 자유롭고 개방적인 마음을 가졌으며 즐거움을 사랑하는 서구 자본주의자들을 상대로 이길 가망이 없는 치열한 싸움을 벌이고 있다. 물론 왜 이슬람 인들이 그러한지에 대한 이유는 명확하게 설명하지 않는다. 이슬람 인들의 정신은 거의 1000년 동안 아무런 경험 없이 지내왔단 말인가? 기독교 정신이나 유교 정신 혹은 흐리멍텅한 민주주의의 정신처럼 이슬람 정신은 자체 프로그램에 의해 진화하지 않았단 말인가? 그렇다면 수많은 이슬람 인들의 존재는 어떻게 설명할 것인가? 이슬람 교도들이 기독교인이나 유태 인들보다 영리하지 않은가? 아직까지도 네오콘들은 이슬람 인들이 짓밟히지 않고서는 세계가 안전하지 못할 것이라고 생각한다.

로널드 레이건은 소련이라는 악의 제국을 공격하는 데 상당히 성공했다. 그래서 공화당원들은 자신들 스스로도 악해질 수 있다는 생각을 하지 못한 채 그 후편을 기대했다. 그들은 이슬람 문명을 변형시키는 것은 힘들고 어려우며 비싼 대가를 치러야 하지만 누군가는 반드시 해야 하는 일이라고 말한다. 그리고 오직 미국만이 그것을 할 수 있는 군사적 힘과 용기, 돈, 의지를 가졌다고 말한다. 그 늙은 보수주의자들의 무릎이 계속 반응하기만 했어도 어떻게 그들이 감히 불평을 하고 남을 속일 수 있었겠는가.

이라크 공격에는 미국 역사상 가장 적극적이고 활동적인 외교정책을 요구하는 원대하고 광범위한 새로운 아이디어가 있었다. 여기에는 미국이 다시는 발을 뺄 수 없는 해외 군사 활동에 스스로를 뒤얽히게 만들 가능성이 있었다. 또한 이라크 공격에는 미국이 이슬람 세계를 민주주의로 안전하게 만들 수 있는 기회가 있었다. 아울러 세계를 발전시키면서 미국을 남의 웃음거리가 되게 만들 아주 간단한 방법이 있었다. 더 엄청난 부채의 빚더미를 향해 가라. 그리고 제국을 확대시켜라.

옛날의 보수주의자들은 아마 이러한 엄청난 아이디어에 의심을 가졌을 것이다. 특히 자신들이 치켜세워졌을 때는 더욱 의심을 가졌을 것이다. 만일 다른 사람이 당신에게 아첨을 하고 치켜세운다면 그는 당신을 이용하거나 당신의 돈을 뜯어내거나 그렇지도 않다면 당신의 배우자와 같이 자려는 의도를 갖고 있는 것이 거의 확실하다. 어떤 사람이 자기 자신을 추켜세운다면, 그는 완전히 현실에 뒤떨어진 것이기 때문에 자기의 입에다 연발 권총을 대고 방아쇠를 당기는 것이나 마찬가지다.

지금 여기서 우리는 좋은 사람들(Good guys)일지도 모른다. 그러나 우리가 미래에 좋은 녀석들이 되기 위해서는 좋은 일을 해야만 한다. 보수주의자들은 자신의 일 외의 일에 신경 쓰는 사람들은 대부분이 항상 눈물을 흘리게 된다는 것을 떠올릴 것이다. 그 늙은 보수주의자들은 이렇게 말한다. "사람은 나쁘지도 좋지도 않다. 다만 압력에 복종할 뿐이다."

전통적인 미국의 보수주의는 세계를 개선시키자는 주의(doctrine)가 아니라 모든 경멸적 주의(ism)와 제국 건설자들에 대한 회의적인 풍조였다.

정치적 보수주의는 두 개의 중요한 원칙이 뒷받침하고 있다. 첫 번째 원칙은 대부분의 혁신들이 실패했기 때문에 사람들은 전통적 질서를 변화시키려는 어떤 시도도 회의적인 시각으로 바라보아야 한다는 것이다. 이는 당신이 사회를 혁신시킬 수 없다는 의미가 아니다. 변화가 옳다는 것을 입증해야 하는 짐은 세계 개발자의 몫이며, 이들은 항상 자신들이 제안한 변화가 세상을 개선할 수 있음을 보여줘야 한다. 그런데 세계 개발자들은 대부분이 그렇게 하지 못하고 있다.

두 번째 원칙은 애덤 스미스의 자유시장이 갖는 정치적 함의이다. "복잡하고 역동적인 사회를 조정하고 감독하기 위해 필요한 지식은 분명 개인이나 관료 집단의 능력 밖에 있다." 간단히 말해 중앙집권적인 계획은 워싱턴에서든 바그다드에서든 제대로 작동하지 않는다. 또 한 가지 우리가 작은 결론을 덧붙이자면, 거짓 지식이 늘어나면 일이 더 커지고 더 멀리 나가게 된다. 그것이 바로 옛 보수주의자들이 세상을 발전시키겠다는 어떤 계획에 대해서도 의심하는 이유다. 비록 그것이 세상을 보다 자유롭게 만들 것이라고 약속한다 해도 말이다.

옛 보수주의자들은 "자유"를 믿지 않는다. 그들은 단지 "나에게 해야 할 일이 무엇인지 말하지 말라"고 한다.

물론 세상은 개선될 수 있다. 우리는 그것을 부인하지 않는다. 하지만 세상을 보다 좋게 만드는 유일한 진보는 예전에 세상을 개선시키겠다고 한 사람들이 만든 눈에 거슬리는 것들과 그들의 기만을 제거하는 일이다. 로널드 레이건의 뛰어난 재능은 높은 세금과 규제들이 세상을 좋게 만들지 않으며 오히려 해롭다는 것을 간파할 수 있었다는 것이다. 밀턴 프리드먼이 제시한 보다 나은 정부를 위한 세 가지 공식, 즉 "세금을 줄이고 줄이고 또 줄여라"라는 말은 멋진 해결책처럼 보인다.

레이건은 정확한 본능을 지녔다. 그는 자신의 선거 캠페인에서 "우리 등 뒤에 있는 큰 정부를 제거하라"고 주장했다. 가끔씩 그는 기회가 왔을 때마다 적절한 일을 하곤 했다. 레이건은 자신의 캠페인을 지지한 유일한 노조인 항공 교통 관제사들의 파업에 직면했을 때 그들 가운데 일만 명을 해고해버렸다. 레이건은 자신의 전임자들이 이루어놓은 몇 가지 "진보"를 발견하고는 본능적으로 그것을 제거하려 했다.

문제는 이 배우 출신의 대통령이 워싱턴의 대통령직에 있을 때에도 대사는 기억하면서 줄거리는 이해하지 못했다는 것이다. 카우보이 부츠를 채 벗기도 전에 레이건은 자신만의 진보를 만들고 있었다.

이러한 성향은 특히 레이건의 외교 정책에서 뚜렷하게 나타났다. 공화당원들은 베트남 전쟁을 통해서 교훈을 얻었다. 그들은 여전히 제국을 유지하려고 애썼지만 상당히 소극적인 방법을 이용했다. 공화당원은 단지 위협적인 공산주의를 견제하려고 했다. 하지만 레이건은 워싱턴 최초의 네오콘들의 마법에 현혹되었다. 그는 세상일들을 그대로 내버려두는 데 동의하지 않고 공산주의를 적극적으로 파괴하여 세상을 발전시킬 수 있다고 마음먹었다.

이는 위대하고 훌륭한 승리로 유명하다. 영국의 마거릿 대처 전 수상은 레이건 대통령이 사망했을 때 그가 추구한 정책 덕분에 오늘날 자유 속에 살고 있는 많은 사람들이 그를 "애도할 것"이라고 코멘트한 바 있다.

아마 이는 사실일 수도 있고 그렇지 않을 수도 있다. 레이건이 세상일을 그대로 두었더라면 무슨 일이 일어났을지는 알 수 없다. 아마도 공산주의는 어떻게든 붕괴되었을 것이고 어쩌면 더 일찍 붕괴되었을지도 모른다. 어떤 사람의 투자가 성공했을 때 그는 천재 소리를 듣는다. 또 투자를 하지 않은 사람은 바보 취급을 받는다. 하지만 투자가 실패로 돌아가면 그것은 예상 불가능한 사건들 때문이다. 마찬가지로 정치에서도 행동과 결과의 관계는 항상 행동주의자들을 추켜세우는 방법으로 꾸며지고 날조된다. 만일 어떤 일의 결과가 좋으면 그것은 몇몇 세계 개발자들이 행동에 나서서 그렇게 만들었기 때문이다. 반대로 어떤 일의 결과가 좋지 않으면 이는 누군가가 제때에 행동하지 않았기 때문이다. 감사의 말을 듣는 것은 항상 행동주의자들이다. 에이브러햄 링컨은 당시 미국 인구의 2%에 해당하는 61만8천 명의 목숨을 대가로 노예제도를 폐지시킨 공로를 인정받고 있다(오늘날 인구로 계산하면 500만 명에 해당하는 숫자다). 반면 세계의 다른 곳에서도 비슷한 시기에 노예제도가 폐지되었지만 단 한 명의 희생자도 생겨나지 않았다. 이 위대한 해방자인 링컨은 칭찬을 듣기보다는 저주를 받아야 마땅할지 모른다.

마찬가지로 우드로 윌슨도 모든 종류의 엄청난 진보에 따른 명성을 얻고 있다. 사람들은 그가 제1차 세계대전에 간섭한 데 이어 미국을 제2차 세계대전에 참전하게 만들었다는 것에 대해 좀처럼 언급하지 않는다. 대신 제2차 세계대전에 대한 얘기가 나오면 네빌 챔버레인(Neville Chamberlain)의 이름이 거의 즉시 떠오른다. 이 불쌍한 사람은 전쟁을 피하려 했다는 비난을 받고 있다. 이것이 바로 어떤 행동을 해야 했을 때 그것을 하지 않은 것에 대한 비난이다.

로스 맥킨지(Ross MacKenzie)는 "레이건 또한 미국인들의 애국심을 크게 고취시키는 데 일조했다"고 기술했다. "카터 대통령 시절은 미국인들이 경제와 미국의 힘에 대해 불신한 기간이었다(베트남에 대한 기억은 계속해서 대부분의 정책입안자들을 괴롭히고 있었다). 하지만 레이건은 미국인들의 이런 불신을 지워버리는 일에 착수했다. 그는 1981년부터 1985년 사이에 국방비를 25%나 늘렸다. 국민들에게 카터처럼 불안감에 대해 얘기하지 않았고 대신 "미국의 아침"에 대해 얘기했다. 레이건의 재집권 시절이 끝날 무렵에는 미국의 몰락에 대한 얘기들은 대부분 한물 간 것이 되어버렸다. 미국은 다시 스스로를 세계 최대의 슈퍼파워이자 세계에서 가장 역동적인 경제를 가진 국가로 간주했다.[2]

지금 주위를 둘러보면 절대로 자기 회의적인 흔적을 찾아볼 수 없다. 대신 자신감에 찬 거품을 볼 수 있다. 물론 자신감에 찬 거품 자체는 아무런 불명예가 되지 않는다. 다만 그 거품은 세계의 발전을 위한 가장 뻔뻔하고 건방진 계획들과 함께 역사상 가장 엄청난 유동성의 급증을 가져온다.

"우리는 시작하면서, 과거를 정리할 것이다." 로널드 레이건은 자신의 취임식에서 이렇게 말했다. 그의 머리와 심장은 적절한 곳에 있었다. 레이건은 과거에 행해진 진보들을 칭찬하지 말고 파묻어버리자고 주장했다.

우리는 정부를 가진 하나의 국가다. 정부가 국가를 가진 것이 아니다. 그리고 이 사실은 우리를 지구상 다른 국가들 사이에서 매우 특별하게 해준다. 우리 정부는 국민에 의해 주어진 것 이상의 권력을 가지고 있지 않다. 이제 국민의 동의 범위를 넘어서 성장하려는 신호를 보이고 있는 정부의 성장을 억제하고 견제할 시기이다. 연방정부 기관들의 영향력과 규모를 줄이고 연방정부에 주어진 권력들과 각 주 및 국민들에게 주어진 권리 사이의 차이를 인식할 것을 요구하려는 게 나의 의도다. 우리들 모두는 연방정부가 미국을 만든 것이 아니라 미국이 연방정부를 만들어낸 것임을 상기할 필요가 있다.

이제, 어떤 오해도 있어서는 안 된다. 나는 정부를 폐지하겠다는 것이 아니다. 대신 정부가 국민 위에서 군림하지 않고 국민과 함께 일하도록 만들고 우리 등에 올라탄 정부가 아닌 옆에 서 있는 정부를 만들 것이다. 정부는 기회를 죽이는 대신 기회를 제공할 수 있고 그래야만 한다. 또 생산성을 억제하는 대신 촉진시켜야만 한다.

우리가 그 동안 많은 것을 달성하고 지구상 다른 국가의 사람들보다 번영할 수 있었던 이유를 찾는다면, 그것은 아마 우리가 이 땅에서 어느 때보다 개인의 능력과 에너지를 최대한 이끌어낼 수 있도록 했기 때문일 것이다. 개인의 자유와 존엄성이 다른 어느 지역보다 더 보장되었다. 경우에 따라 비싼 대가를 치르기도 했지만 우리는 한 번도 자유와 존엄의 대가를 치르는 데 주저한 적이 없다.

불필요하게 과도한 정부의 성장으로 인해 국민의 삶이 간섭받고 방해받고 있다. 이제는 우리가 매우 위대한 국가이며 그래서 우리 자신을 소박한 꿈의 영역으로 제한할 수 없다는 것을 깨달아야 할 때이다.[3]

로널드 레이건은 스스로를 보수주의자라고 불렀다. 위에 인용된 그의 취임 연설문 가운데 일부에 나와 있듯이. 하지만 보수적인 사람들조차도 그들의 역할을 다하기 위해 반드시 믿어야 하는 것을 믿는 경향이 있다. 레이건의 진정한 혁명은 보수주의를 한 사람의 행동주의자로서 그리고 제국적 신념으로 다시 정의한 데 있었다. 첫 번째로 네오콘들은 외교정책을 장악했다. 곧 미국인들은 라틴 아메리카에서부터 아프가니스탄에 이르기까지 모든 지역에서 문제를 일으켰다. 그리고 나서 네오콘들은 국내정책도 장악했다. 몇몇 경우에서 기존에 이루어진 진보 가운데 대부분이 뒤집어졌고 보다 많은 경우에는 완전히 새로운 체계가 구축되었다. 하지만 가장 중요한 실패는 1981년 급격한 세금 인하에 이어 그에 상응하는 정부 지출 감소가 이루어지지 않았다는 것이다. 대신 지출은 늘어만 갔다. 그리고 이것이 국방비에만 해당된 것은 아니었다. 레이건은 교육부를 철폐시키겠다고 공약했지만 대신 교육부 예산을 50%나 늘려놓았다.

이 레이건 혁명은 공화당도 변형시켰다. 좌파 행동주의자들에 맞서 방어적인 행동으로 지속적인 싸움을 벌이는 대신 공화당원들은 대담하게 주도권을 잡아서 그들 스스로 행동주의자들이 되어버렸다. 그들은 엄청난 사기를 믿고 이렇게 행동했다.

머레이 로스바드(Murray Rothbard)는 공화당원들이 스스로를 속이는 것을 지켜보면서 이렇게 기술했다.

1981년 봄, 하원의 보수적인 공화당원들은 울부짖었다. 그 이유는 세금과 정부지출의 급격한 감소 그리고 균형적인 예산을 가져올 것으로 기대되는 레이건 혁명의 승리감에 도취되어 있었던 그들이 백악관과 지도부로부터 연방정부 부채의 법정 한계를 늘리도록 투표하라는 요청을 받았기 때문이다. 하원의 보수적인 공화당원들의 찬성투표는 당시 1조 달러였던 연방정부 부채의 법적 상한선을 철폐시키는 것이었다.

아울러 이 공화당원들은 공공부채의 증가에 맞서 평생을 바쳐온 자신들이 속한 정당으로부터 자신들이 평생 지켜온 원칙을 위반하라는 요청을 받고 있었기 때문에 울부짖었다. 백악관과 공화당 지도자들은 이번에 저지르게 되는 원칙 위반이 마지막이 될 것이라며 또 이번 부채 상한선 인상이 대통령에게 부채를 줄이고 균형예산을 달성할 수 있는 기회를 제공하기 위해 필요한 것이라며 소속 의원들을 설득했다. 그리고 많은 의원들은 자신들이 대통령을 신뢰하기에 그리고 대통령이 자신들을 실망시키지 않을 것이기에 이번 조치를 받아들인다고 비장하게 말했다.[4]

"훌륭한 마지막 말"이라고 로스바드는 기술했다.

어떤 점에서, 레이건의 정치적 후견인들은 옳았다. 더 이상의 눈물도 없었고 더 이상의 불평도 없었다. 이전까지의 원칙들이 빠르게 잊혀졌고 역사의 쓰레기통 속으로 사라져버렸다. 그 이후로 적자와 공공부채는 산더미처럼 쌓여갔고 이를 신경쓰는 사람은 거의 없었다. 이 점에서는 보수적인 공화당원들도 마찬가지였다. 얼마 지나지 않아 연방부채의 법정 한계치는 자동적으로 상향되었다. 레이건 정권의 막바지에 연방정부 부채는 2조6천억 달러에 이르렀다. 그리고 이 부채는 빠르게 증가해 지금 이 책을 쓰고 있는 2005년 9월에는 거의 8조 달러에 달한다. 그나마 이 수치는 전체에서 밝은 면만 보여준 것이다. 왜냐하면, 대출보증이나 임시비용 등 예산외 항목들을 더하면 전체 연방정부의 부채는 20조에 이르기 때문이다. 이것은 단지 현재의 부채에 불과하다. 앞으로 또 언급하겠지만, 미국의 재무장관이 미래의 채무에서 예상되는 세수를 뺀 수치를 현재 가치로 따지면 현재의 부채에 두 배에 해당하는 수치를 얻게 된다.

레이건 정권 이전, 보수주의자들은 적자와 공공부채에 대해 명확한 견해를 갖고 있었다. 즉, 균형예산이 바람직하며 적자와 공공부채는 좋지 않다는 생각이었다. "기능적 재정"(functional finance)의 주창자인 급진적 케인즈 학파의 압바 러너(Abba Learner) 교수는 자신의 유명한 글에서 "공공부채는 우리가 우리 자신에게 빚을 지고 있는 것이기 때문에 잘못된 것이 없다"고 주장했다. 그 당시 적어도 보수주의자들은 누가 "우리"(즉, 세금 부담자)의 일원인지 아니면 "우리 자신들"(조세 수입으로 생계를 이어가는 사람들)에 속하는지에 따라 어마어마한 차이가 날 것이라는 점을 깨달을 수 있을 정도로 눈치가 빨랐다.

그렇지만 레이건 이래로 지적인 정치생활은 뒤죽박죽이 되어버렸다. 보수주의자들과 이른바 자유시장 이코노미스트들은 왜 적자가 문제가 되지 않는지에 관한 새로운 이유를 찾기 위해 골몰했다.

오늘날, 만일 당신이 조그만 동네의 공화당원에게 이 문제를 제기한다면 당신은 아마 어렴풋이 남아 있는 오래된 종교(보수주의)의 잔재를 발견할 수 있을지 모른다. 하지만 그 불쌍한 동네 공화당원은 안타깝게도 그의 정당과 대표자 그리고 정치에 의해 배신당해왔다. 또 제국의 함정과 자신의 헛되고 치명적인 충동에 의해 배신당했다. 그는 이제 자신이 반드시 믿어야만 하는 것을 믿게 되었다.

레이거노믹스*(레이건의 경제정책)의 4가지 핵심 요인은 다음과 같다. 인플레이션 억제를 위한 통화공급 제한(연준리의 폴 볼커에 의해 훌륭하게 수행되었다). 감세(1981년 전면적으로 단행된 25%의 감세). 국내 소비지출 통제에 의한 예산균형(완벽하게 실패했다. 예산적자는 그 어느 때보다 확대되었다). 그리고 마지막으로 정부 규제의 축소(마찬가지로 완벽하게 실패했다).

앞의 두 과제는 어느 정도 달성되었다. 레이건 행정부는 밀턴 프리드먼이 기대한 것을 어느 정도 이루어냈다. 하지만 그 두 과제 중 어느 것도 능동적인 조치는 아니었다. 이는 단지 과거 집권자들이 저질러놓은 최악의 피해 가운데 일부를 원상태로 되돌려놓았을 뿐이다. 린든 존슨과 리처드 닉슨 그리고 지미 카터는 경제를 혼란스럽게 만들어놓았다. 로널드 레이건과 폴 볼커는 엉망인 경제를 깨끗이 정리하는 것을 도왔다. 하지만 이 청소 과정에는 필요한 비누거품과 힘든 일을 처리하는 능력이 결핍되었다. 먼지와 혼란은 그대로 남겨졌고 새로운 쓰레기는 쌓여만 갔다.

큰 규모의 감세는 국민들이 보다 많이 소비할 수 있게 만들었다. 이는 곧 수요의 증가를 의미했다. 소비자들은 물건을 사들이는 데 몰두했고 그러는 동안 정부는 적자를 메우기 위해 돈을 빌려와야 했다.

잉여의 지출 능력은 어디에서 왔을까? 이것을 묻는 사람은 거의 없었다. 만일 사람들이 잉여 지출 능력에 대해 생각했더라면, 자신들이 생활수준을 높이기 위해 보다 깊은 부채의 수렁으로 빠져들고 있다는 사실을 깨달았을 것이다. 만일 사람들이 이 점을 심사숙고했더라면, 앞으로의 세대들이 갚아야 할 빚을 자신들이 계속 늘리고 있음을 깨달았을 것이다. 미국민들은 자식이나 손자들이 아직 벌지도 못한 돈을 사용하고 있었던 것이다. 왜 부모나 조부모 세대로 인해 어린아이들이 한 국가의 부채를 부담해야 하는가?

하지만 그 당시에도 그 이후로도 아무도 이 문제에 대해 생각하지 않았다.

레이건의 공급 중시 경제학은 부를 창출해내는 자유시장의 힘을 찬양했다는 점에서 케인즈 학파의 경제학과 다를 수밖에 없었다. 공급을 중시하는 경제학자들은 만일 이전 세대의 세계 개발자들에 의해 경제에 부과된 제재 조치들이 제거될 수 있다면 경제는 호황을 누릴 것이고 국민들은 부유해질 것이라고 말했다.

그리하여 세금은 낮아지고 경기는 호황기를 구가했다. 하지만 이 새로운 공급 중시 경제학자들이 한 일은 구식의 케인즈 학파적인 경기 부양책을 실행한 것에 불과했다. 20세기 초 영국 경제학자인 존 메이나드 케인즈는 세계 개선자들에게 한 가지 도구를 제공했다. 그는 한 국가가 신용완화와 정부 지출로 인해 경기침체에서 벗어날 수 있다는 것을 보여주었다. 민간 소비자들의 지출이 둔화될 때는 정부가 적자예산을 운영하여 약해진 소비를 메울 수 있다고 설명했다. 그럴 경우, 그 돈은 어디에서 오는가? 케인즈는 정부가 좋은 시절에 흑자예산을 운영해 좋지 않은 시절에 지출할 돈을 갖게 될 것이라고 예상했다. 만일 정부가 실제로 그렇게 했다면, 케인즈 학파의 시스템은 적어도 유효했을 것이다. 하지만 케인즈 학파의 시스템 가운데 이 부분은 정치인들이 특히 좋아하지 않으며 그들이 절대로 따를 수 없는 부분이다. 돈을 쓰는 것에는 아무런 문제가 없다. 오직 인색한 보수주의자들이나 돈을 펑펑 쓰는 것에 대해 불만을 제기할 것이다. 보수주의자들을 제외하면, 소비와 지출은 모두를 행복하게 만든다. 그렇지만 돈을 쓰지 않는 것은 다른 성격의 문제였다. 돈을 쓰지 않는다는 것은 이전보다 적은 먹을 것과 적은 유희를 의미했고 보다 적은 일자리를 의미했다. 그것은 유권자들에게 새로운 도로나 새로운 의료 서비스가 공약으로 제시되지 않는다는 것을 의미했다. 이는 모두가 너무 사랑하는 경제호황과 정 반대되는 부진한 수요와 통화량 감소를 의미했다.

정치인들은 케인즈가 제안한 방식대로 경제를 부양시키는 데 아무런 어려움을 겪지 않았다. 하지만 나중에 필요한 때를 위해 돈을 저축해야 하는 시기와 관련해서는, 그 어느 때도 돈을 절약해야 할 적절한 시기로 여기지 않았다. 지출을 줄여야 할 시기는 절대로 오지 않을 것으로 보였다. 결혼식 축하연 자리에 있는 뚱뚱한 사람들처럼, 정치인들은 지금 당장 폭식을 하지만 이 파티가 끝나면 적게 먹을 것이라고 말했다. 하지만 정부 재정에 있어 단식이나 절식을 위한 좋은 시기는 절대로 없다.

레이건 정부가 들어섰을 때, 미국은 이미 "케인즈의 적자들"과 함께 오랜 기간을 살고 있었다. 저축자들과 채권자들은 점점 더 불안해졌다. 1980

년에는 소비자물가상승률이 13.5%에 이르렀다. 채권자들은 물가가 더 치솟을 것으로 걱정하며 보호책을 요구했다. 1980년 30년짜리 모기지 금리는 최대 15%에 이르렀다. 그리고 이듬해에는 18.9%까지 치솟았다.

하지만 그때, 폴 볼커의 반인플레 정책들이 성과를 거두기 시작했다. 투자자들은 아직 그것을 몰랐지만 채권시장은 바닥을 발견하고 있었다. 그 뒤 25년 동안 채권 가격은 상승했다. 반대로 사람들이 돈을 빌릴 때 얼마를 지불해야 하는가를 측정하는 채권수익률은 하락했다. 이리하여 낮은 세금과 낮은 신용비용이라는 레이건 시대의 두 초석이 자리를 잡게 되었다. 하지만 이 두 가지 중 어느 것도 미국의 제국적인 자금조달 시스템을 개선시키지는 못했다. 이 두 가지 모두 그 이전의 참견과 간섭에 대한 단순한 조정에 불과했다. 그 동안 세금이 확대되었던 것은 국내에서 국민들의 빵과 유희를 위해 그리고 대외적으로는 주변부의 전쟁을 위해, 즉 제국의 프로그램을 위한 돈을 마련하기 위해서였다. 높은 채권수익률(높은 신용비용)은 케인즈적인 경제 정책들의 결과였다. 문제가 태만에서 생겨난 것은 아니었다. 이 두 가지 모두 이전에 이루어진 진보와 경제 분야의 혁명들 그리고 자선가인 체하는 이전의 제국 건설자 세대들이 남겨놓은 불가피한 잔재였다.

레이건의 감세정책으로 미국의 국내총생산(GDP)은 레이건 행정부 시절 8년 동안 평균 3.2%의 성장률을 기록했다. 이 성장률은 이전의 8년 동안 기록한 2.8%보다는 조금 높고 레이건 정부 이후 8년 동안 기록한 2.1%보다는 상당히 높은 수치였다. 하지만 이 정도의 성장률은 케네디가 1964년 30%의 감세조치를 단행한 뒤 1960년대 기록한 5%의 성장률보다는 낮았다. 레이건 집권 기간 동안 가계의 실질 평균 수입은 1981년의 37,868달러에서 1989년 42,049달러로 증가했다. 이것 역시 레이건 정부 전후 기간에 비해 상당히 높은 증가율이었다. 하지만 이 가운데 대부분이(혹은 전부가) 임금의 실질 증가에 의한 것이 아니라 우리가 이전 책에서도 설명했듯이 국민들이 더 많은 시간을 일했기 때문이었다.

실질 임금이 증가하려면 다음과 같은 세 가지 요건이 충족되어야 한다. 첫째, 그 사회가 돈을 저축해서 그 자금이 투자로 연결되어야 한다. 그리고 이 자금이 수익성이 좋은 사업에 투자되어야 한다. 마지막으로 이 자금 투자가 반드시 생산성 향상으로 이어져야 한다.

하지만 안타깝게도, 이 세 가지 가운데 아무것도 일어나지 않았다. 대신, 이 세 가지 중요한 일들은 엉뚱한 방향으로 향하기 시작했다. 공공 분야를 포함해 국가 전체의 저축률은 1970년대의 7.7%에서 1990년대에는 3%대까지 떨어졌다. 1970년대 전체 GDP의 18.6%였던 기업투자 비율은 1980년대 17.4%로 감소했다. 생산성은 또 어떠한가? 제2차 세계대전 이후 25년간 근로자당 생산은 연간 평균 2.8%가 증가했다. 하지만 1980년대에 들어서는 이 비율이 1% 미만으로 감소했다.

1995년 이후로 생산성이 증가하기는 했지만 이것은 대부분이 노동부의 새로운 생산성 계산 방식 때문이었다. 떨어지는 저축률과 기업투자 그리고 생산성으로 경제가 잘 돌아가기를 기대할 수 없었다.

공급을 중시하는 경제학에서 공급 측면이 완전히 실패하고 있는 동안 수요 측면은 멋지게 성공하고 있었다. 레이건 정부는 적어도 제국의 비용을 어떻게 충당하는지를 이해하고 있었다. "빌려라"(Borrow).

전체 GDP 가운데 연방정부의 총수입은 1981년의 20.2%에서 1992년에는 18.6%로 줄었다. 하지만 이 기간 동안 지출 비율은 1981년의 22.9%에서 1992년 23.5%로 증가했다. 자연스럽게 부채도 증가했다.

1992년 말 무렵에는 연방정부의 부채가 4조 달러를 넘어섰다. 레이건이 집권했을 때 연방정부의 부채는 1조 달러도 안 되었었다.

어떤 사기도 무에서 유를 창조하는 환상만큼 매력적이지는 않다. 하지만 신보수주의자들이 지금 유권자들에게 약속하는 것은 바로 이처럼 무에서 유를 창조하는 것이다. 마치 민주당원들처럼 말이다. 차이점은 민주당원들은 부유층(공화당원들)으로부터 돈을 훔쳐내겠다고 약속한다는 점이다. 공화당원들은 예수가 베싸이다*(로마시대에 갈릴리 호수로 흘러드는 요르단 강의 북동쪽에 있던 어촌, 예수의 제자 중 시몬 베드로와 안드레아, 필립보의 고향)에서 빵과 생선 수를 증가시켰던 것처럼 자유경제에서 돈을 만들어내겠다고 약속했다. 조지 부시 대통령은 이를 "미신경제학"(Voodoo economics)이라고 묘사했다.

공급 중시 경제학의 기원

공급 중시 경제학이 처음 미국 언론에 등장했을 때, 많은 경제학자들은 당황했다. 그들은 이전까지 그런 것을 들어본 적이 없었다. 대학에서도 그 분야를 전공하는 학과도 없었고 동료들의 상호 검토(peer-reviewed) 논문도 없었다. 또 공급 중시 경제학을 묘사한 학술 서적도 없었다. 어느 경제학자도 공급 중시 경제학자가 되겠다고 나서지 않았다. 그것은 마치 수업이 없는 학교와 같았다. 일부에서는 그것이 사고가 결여된 것은 아닐까 의아해하기도 했다.

전통적인 이코노미스트들(이들은 대부분이 제국의 건설자이자 세계의 개발자들이었지만 케인즈 경제학파의 일원이었다)은 시소 위에 앉아 있었다. 이 시소의 한쪽 끝은 인플레이션이었고 다른 한 쪽은 고용이었다. 그들이 한 쪽을 누르면 다른 한 쪽이 올라와 그들의 뺨을 때렸다. 해결 방법은 없는 것처럼 보였다. 공짜 점심은 없다. 전통적인 이코노미스트들이 무엇인가를 얻기 위해서는 그에 따른 대가를 지불해야 했다. 만일 물가상승률을 낮추기 원했다면 일자리를 희생해야 했고, 고용을 늘리기 원했다면 소비자물가는 상승했을 것이다.

다른 경제학자들 가운데 밀턴 프리드먼은 케인즈 주의가 헛소리에 불과하다고 지적했다. 국민들이 정부가 무엇을 하고 있는지 알게 된다면 모든 게 끝장날 것이다. 그들은 인플레이션을 예상해 생산은 늘리지 않고 가격만 올렸다. 그 결과는 부진한 경제 속에서 물가만 상승하는 스태그플레이션이 될 것이다. 다른 경제학자들은 경기 순환주기를 조작하려는 어떤 시도도 같은 이유로 실패할 것이라고 지적했다. 일단 어떤 정책이 알려지면 사람들은 그들의 행동을 그 정책에 맞게 조정해 효과를 무력화시킨다. 사람들은 인플레이션을 엄청난 수요로 착각하지도 않을 것이고 생산이나 고용을 늘리지도 않을 것이며 이전보다 지출을 늘리지도 않을 것이다. 정책 입안자들이 할 수 있는 일 가운데 유일하게 효과를 얻을 수 있는 것은 국민들이 기대하지 않고 있는 일을 하는 것이다. 그리고 국민들이 기대하지 않고 있는 정책을 실시한다고 하더라도 그것은 보다 혼란스러운 결과만을 초래하는 무작위적인 조작에 불과할 가능성이 높다. 케인즈 학파나 신케인즈 학파의 경제학자들은 누구도 이 문제에 대한 실질적인 대답을 갖고 있지 않았다. 하지만 이런 문제들이 그들을 막지는 못했다. 경제학자들은 이를 무시하기로 결정했다. 제국 건설자들과 관여자들은 이론적인 문제들로 인해 방해 받을 수 없었다. 그들은 세상을 보다 좋게 만들기 위해 너무 바빴기 때문이다.

스태그플레이션은 밀턴 프리드먼이 말했던 대로 1970년대 미국을 덮쳤다. 이는 케인즈 학파 경제학자들이 희망했던 보다 나은 세상이 아니었다. 하지만 케인즈 학파 경제학자들이 맞이한 것은 그런 세상이었다. (다른 모든 사람들과 마찬가지로 세계 개발자들도 그들이 기대했던 것을 얻지는 못한다. 대신 그들은 그들이 가질 만한 것을 얻게 된다.) 스태그플레이션은 쉽게 해결할 수 없는 과제를 안겨주었다. 물가는 상승했지만 동시에 고용은 정체되었다. 정책 입안자들은 고용을 늘리기 원했지만 물가에 상승 압력을 가하기는 싫었다. 그들은 인플레이션을 낮추기 위해 노력할 수 있었지만 그렇게 하면 고용은 더욱 악화되었을 것이다.

이때 공급 중시 경제학자들이 등장했다. 그들은 실질적인 해결책은 없었지만 적어도 이 문제를 숨기는 방법은 갖고 있었다. 공급 중시 경제학자들은 대중과 정치인들이 똑같이 원하는 것은 물가상승 압력이 없는 고용이라는 점을 알아차렸다. 그들은 경제를 살리고 낮은 인플레이션을 원했다. 유권자들은 정부로부터 나오는 돈을 원했고 낮은 세금을 원했다.

전통적인 보수 경제학자들과의 갈등은 이 보수주의자들이 항상 어떠한 것에 대한 정당한 대가를 지적한다는 것이었다. 보수주의는 항상 "공짜 점심 같은 것은 없다"는 문구를 문신처럼 이마에 붙이고 다녔다. 보수적인 경제학자들은 전형적으로 정부의 부채에 그리고 정부의 적자에 맞선다. 또 정부의 많은 지출에 반대하고 모든 형태의 행동주의에 반대한다. 그들은 이같은 것들에 대한 대가를 반드시 지불해야 한다는 것을 알고 있었다. 이런 보수주의적 경제학자들의 태도는 인기가 없었다. 그들은 결국 모임의 흥을 깨는 사람들이었던 것이다. 이런 사람들을 누가 원하겠는가. 이들 가운데 그 누구도 고위 공직에 선출되지 못했다. 정치의 본질은 정직한 방법으로 달성될 수 없는 것을 약속하는 것이다. 만일 어떤 사람이 자신이 실제로 얻을 수 있는 것 이상을 선거에서 얻을 수 없다면 왜 굳이 투표를 하겠는가?

공급 중시 경제학자들의 제안은 아무도 대가를 치르지 않으면서 모두에게 무엇인가를 제공하겠다는 것으로 보인다. 일단 세금이 줄어들 수 있다. 낮아진 세금은 생산을 증가시켜 결국 인플레이션을 억제하는 경기호황을 만들어낼 것이었다. 그렇게 되면 낮아진 세금에도 불구하고 정부의 수입도 늘어날 것이었다. 예산은 균형을 이루게 된다. 가장 중요한 것은 보수주의자들을 씀씀이가 큰 사람들로 변신시켜서 그들이 선거에서 당선될 수 있는 길을 열었다는 점이다.

진짜 호황 대 거짓 변종

　진짜 호황은 진짜 돈을 필요로 한다. 전형적으로, 사람들은 경제적인 상황이 조심스러울 때 저축을 하고 반대로 상황이 좋을 때 지출을 늘린다. 이 때 지출은 실질적인 것이고 그 돈 역시 진정한 것이다. 이로 인한 매출 증대 효과도 사실이고 수익 역시 진정한 것이다.

　하지만 가짜 돈 위에 지어진 호황은 그 자체가 거짓이다. 그 길에서는 모든 발걸음이 사람들을 잘못된 방향으로 데려간다. 이런 상황 속에서 수요는 환상에 불과하고 지출은 실수이다. 돈은 의심스러우며 이 돈으로 인한 기업들의 수익은 내년 매출이 올해의 수익으로 둔갑한 것에 불과하다.

　지출을 위해 돈을 차입하는 사람은 경제에 아무런 공헌을 하지 못한다. 그가 지출하는 모든 돈은 언젠가는 그 대가를 치뤄야 하는 돈이다. 만일 한 사람이 100만 달러를 빌린다고 가정해보자. 조그만 마을이라면 100만 달러의 돈은 경제호황을 불러일으키기에 충분한 금액이다. 그는 새 차를 사고 외식을 하며 교회와 자선단체에 기부를 한다. 휴가를 즐기고 정장을 새로 맞추며 살고 있는 집을 증축한다. 곧 그 돈은 그의 주머니에서 빠져나간다. 하지만 그 돈은 사라진 것이 아니다. 그 돈은 마을 전체에 걸쳐 새로운 주인을 찾았다. 이제 정육점 주인과 빵집 주인, 건설자와 여행사 등 다른 많은 사람들이 자신의 생활수준을 높일 계획을 세운다.

　그렇지만 다음해 그 남자의 실망스러운 모습을 생각해보자. 그는 양복점이나 여행사에 나타나지 않는다. 레스토랑이나 자동차 영업소에서도 그의 모습을 볼 수 없다. 그는 지난해만큼 자유롭게 돈을 쓰지 못할 뿐 아니라 거의 지출을 하지 않는다. 지금 그는 100만 달러와 그에 대한 이자를 지불하기 위해 그만큼 일반 지출을 줄여야 한다. 그 마을의 순지출은 그가 지불하는 이자 비용만큼 몇 년간 감소할 것이다(여기서 우리는 대출금이 그 마을 외부에서 유입된 것으로 가정한다).

(이제 우리는 매년 6천억 달러 이상을 해외에서 차입해오는 미국의 현재 상황을 고려해보자.)

공급 중시 경제학자들이 간파한 것 가운데 하나는 정부라는 것이 본질적으로 기생적인 성격을 갖고 있다는 점이다. 정부는 마치 거머리와 같이 자신의 숙주에 붙어서 살아간다. 그리고 다른 흡혈 동물과 마찬가지로 너무 많은 피를 빨지 않도록 조심하면서 살아간다. 조심하지 않으면 정부는 자신의 숙주를 약하게 만들거나 심지어 죽게도 만든다. 반면 너무 피를 적게 빨면, 기회를 충분히 활용할 수 없을뿐더러 경쟁자를 초대하는 결과를 낳기도 한다.

공급 중시 경제학의 개념은 개인의 자유를 극대화시키는 것과는 거리가 멀었다. 대신 그것은 정부의 수입을 늘린다는 점에서 제국이 자금조달을 하는 방식이었다. 아서 래퍼*(Arthur Laffer, 레이거노믹스로 유명한 미국의 경제학자)의 커브는 합리적인 흡혈동물의 최적화 전략을 잘 나타내준다. 이 곡선은 지나치게 높지도 또 지나치게 낮지도 않은 수준에서 최대치를 얻을 것임을 보여준다. 마찬가지로 너무 높은 세금을 부과하는 정부는 경제를 악화시키고 이로 인해 결과적으로 세원을 잃게 된다. 이것은 국민들에게 너무 많은 것을 요구하는 공산주의가 가진 문제점이다. 정부의 지나친 요구로 인해 불쌍한 국민들은 지쳐버린다. 반면 서방의 민주주의 정부는 국민들의 소득에 대해 공산주의 국가들보다 낮은 비율의 세금을 거두어갔다. 하지만 이로 인해 그들의 숙주들은 번창했고 결과적으로 이 숙주들이 정부를 보다 부유하게 만들어주었다. 소비에트연방 정부는 국민들로부터 미국보다 적은 금액을 거두어갔지만 그 세금 비율은 미국보다 훨씬 높았다. 이것이 세율을 낮게 유지한 서방 진영이 냉전에서 승리한 이유다.

하지만 레이건의 감세정책은 공허한 제스처에 불과했다. 정부 지출 축소로 이어지지 않은 감세는 정부의 적자 증가라는 결과를 낳았다. 경제에 있어 정말 중요한 것은 명목세율이 아니라 정부가 얼마 정도의 경제적 자원을 가져가느냐이다. 소련의 실질 세율은 제로였다. 하지만 공산주의자들은 생산량의 100%에 대해 권리를 주장했다. 그 생산량의 일부가 국민들의 개인 용도로 돌아갔다. 생산량 가운데 정부가 얼마나 가져가느냐를 나타내주는 이른바 실질 세율은 매우 높았다(실질 세율은 수치화시키기가 매우 어렵다). 이는 미국보다 더 심한 정부의 간섭과 함께 소련의 실험을 실패로 만들었다.

레이건은 명목 세율을 내렸지만 정부는 이전보다 많은 자원을 소비했다. 거머리가 자란 것이다. 낮아진 세금은 국민들에게 자신들이 이전보다 많은 돈을 소비할 수 있다는 느낌을 주었다. 물론 개인적으로는 그랬다. 하지만 전체적으로는 그렇지 않았다. 이 프로그램은 단지 어처구니없는 속임수에 불과했다. 국민들이 1달러씩 세금을 적게 낼 때마다 연방정부는 이자 비용을 포함해 최대 1.18달러를 차입해야 했다.

하지만 국민들은 자신들이 이전보다 더 많이 소비할 수 있다고 생각했고, 실제로 소비했다. 경기를 끌어올린 것은 바로 이 잉여 지출이었다.

지금 우리가 이미 끝난 쓸데없는 얘기를 하고 있다고 해도 용서하기 바란다. 세금을 줄이는 것은 보수주의적이고 반행동주의적이며 반세계진보적이다. 또 반정치적이며 제국적인 제스처에 반하는 것이다. 세금은 당신의 돈이 다른 사람의 주머니로 들어간다면 세상은 더욱 살기 좋아질 것이라고 주장하는 사람들에 의해 부과되는 것이다. 이런 의미에서 세금을 줄이는 것은 과거에 진행되었던 진보의 잔해를 제거하는 하나의 방법이다. 그것은 한 사회를 정치적 수단으로 일을 처리하는 것에서 품위있고 합의적이며 경제적인 생활로 돌아가게 하는 것이다. 세율이 낮아질수록(여기서 세금은 정부에 의해 얼마만큼의 자원이 소비되느냐인 실질 세율을 의미한다) 세계를 개발시킨다는 자들의 야심은 보다 겸손해진다. 세율을 낮추는 것은 바람직한 생각이다. 하지만 단지 명목 세율만 낮추고 동시에 정부의 자원을 늘린다면 그것은 엉터리에 불과하다.

감세가 엉터리이기 때문에 이로 인한 경제적 호황 역시 엉터리일 뿐이다. 이 엉터리 호황은 존재하지도 않는 소비자들의 수요에 의해 일어난다. 하지만 금융 세상은 많은 난잡한 관계가 존재하는 복잡하고 혼란스런 곳이다. 하나의 이벤트는 다른 이벤트에 의해 발생된다. 이코노미스트들이 말하듯이 이들은 경로 의존적(path dependent)이다. 하나의 이벤트는 다른 이벤트의 아버지가 된다. 레이건 시절 생활은 훌륭했다. 공급 중시 경제학자들은 서로의 등을 두드리며 "우리가 해냈어"라고 말하면서 서로를 축하했다. 하지만 이 때 누군가는 부성 검사(paternity test)를 요청했어야 한다.

감세가 소비지출을 일시적으로 부양시키는 동안 채권 수익률은 길고 건조한 하락 추세를 시작했다. 낮아진 신용비용은 경제에 그리고 금융시장에 적어도 감세조치 정도의 중요성을 가진 플러스 요인이었다. 떨어지는 금리는 돈을 차입하는 비용을 저렴하게 만들었다. 경험상, 사람들은 물가가 상승해서 대출비용을 더욱 저렴하게 만들 것으로 기대했다. 상승하는 물가는 아울러 그들의 저축가치를 훼손시킬 것이었다. 이러한 상황에서 그들은 합리적인 선택을 했다. 바로 돈을 빌린 것이다.

주가가 상승했고 다른 모든 물가도 올랐다. 당시는 "아메리카의 아침"이었다. 의문점들은 저녁때까지 기다려야 했다.

재미있는 숫자들

1913년 이후 자선가인 체하는 사람들과 제국 건설자들 그리고 세계를 발전시키겠다고 하는 사람들의 비용이 쌓여가기 시작했다. 그리고 1970년대 들어 이 비용은 생산성을 저하시키기 시작했다. 제2차 세계대전 이후 연간 2.8%에 달했던 생산성 증가율은 1973년과 1984년 사이 겨우 1% 증가하는 데 그쳤다.

그 이후로, 생산성 증가율은 조작되기 시작했다. 1995년 노동부 관리들은 이 수치를 원래의 모습과는 전혀 딴판인 이상하고 기묘한 모양으로 바꿔놓기 시작했다. "사슬에 묶인 달러"*(chained dollars, 미국의 GDP와 물가지수 등을 측정하는 데 정확성을 획기적으로 향상시킨 기법, 특정 참조년도의 달러 가치에 가중치를 부여해 파생시킨 지표)를 바탕으로 한 쾌락적인 물가지수(hedonic price indexing) 산출법으로 알려진 이 관행이 자리를 잡았다. 컴퓨터들은 실제 비용 대신 그것들이 가진 잠재력으로 평가되면서 경제에서 차지하는 기술산업 분야의 중요성을 부풀렸고 GDP 수치를 과대평가하여 그 수치를 쓸모없게 만들었다.

미국의 소비자물가지수 측정 아이템 가운데 거의 절반 가까이가 조정되었다.

이를테면, 2003년과 2004년 말 사이에는 컴퓨터에 대한 지출이 9.3% 상승했다. 하지만 컴퓨터가 보다 강력해졌기 때문에 이 수치는 113.4%로 확대되었다. 소비자물가지수를 산정하는 데 들어가는 다른 수치들도 대체효과에 의해 조정되었다. 만일 스테이크 가격이 상승했다면, 통계학자들은 국민들이 양고기를 대신 소비하면서 생활비를 줄인 것으로 가정했다.

집값 역시 같은 방식으로 조정되었다. 2005년도에 집을 소유하는 것은 2000년보다 더 많은 비용이 들었다. 하지만 통계학자들은 수치의 조작에 나섰고 곧 실제 집을 소유하는 데 들어가는 비용은 같은 집을 빌리는 데 들어가는 비용으로 왜곡되었다. 그들은 이것을 "소유하는 것과 같은 임대"라고 불렀다. 미 제국의 중앙은행이 이전 3년간 정책금리를 소비자물가지수보다 낮은 수준으로 유지했기 때문에 이전 같으면 집을 임차했을 사람들이 집을 사기 시작했다. 이같은 현상은 집값이 상승함에도 불구하고 임대료를 떨어지게 만들었다. 그리고 이로 인해 전체의 1/4 이상을 주거비용이 차지하는 소비자물가지수는 낮은 수준으로 유지되었다. 이같은 신용버블은 중고차 시장에서도 비슷한 효과를 불러일으켰다. 저렴한 대출비용은 사람들을 중고차에서 고개를 돌려 새 차를 사게 만들었다. 중고차 가격은 하락했다. 중고차 가격 역시 소비자물가지수를 구성하는 하나의 항목이었다. 이 두 가지 아이템, 즉 주거비용과 중고차 가격만으로도 근원(core) 소비자물가지수는 2001년 11월부터 2003년 12월 사이에 1.7%가 떨어졌다.

모두가 생활에 들어가는 비용이 점점 비싸지고 있다는 것을 알았지만 이같은 왜곡으로 공식 소비자물가지수가 낮아졌고 동시에 GDP 수치는 높아졌다. (명목 생산은 공식 소비자물가지수에 의해 차감된 뒤 실질 GDP 수치에 반영된다. 따라서 소비자물가지수가 낮아질수록 GDP 수치는 상승하게 된다.) 생산성 수치 역시 의미가 없다. 시간당 생산은 성능향상(hedonic quality enhancement)에서 오는 질 향상과 인플레이션 조정이 만들어낸 생산 수치로 인해 왜곡되었다.

허풍선이는 잊어라

다시 레이건의 얘기로 돌아가보자. 2004년 6월 로널드 윌슨 레이건이 세상을 떠났을 때 미국은 따뜻한 마음과 이미 허튼소리에 익숙해진 머리로 그에게 안녕을 고했다. 레이건의 장례식은 전국적인 선거를 방불케 할 정도로 많은 얼간이들로 가득 찼다. 그는 충분히 그럴 만한 가치가 있었다. 여섯 명의 키 큰 카우보이가 레이건을 운반하고 순진한 술주정뱅이들이 작별 인사를 고했어야 한다.

하지만 세계적 명사급의 사기꾼들이 레이건에게 작별 인사를 했다. 우리는 그가 이 자유의 땅에서 엄청난 경제적 붐을 일으켰다는 말을 들었다. 그는 세금을 낮췄고 정부가 국민들을 방해하지 못하도록 도움을 주었다. 그리고 레이건은 무엇보다도 공산주의를 물리쳤다.

로드 마틴(Rod Martin)은 레이건을 칭송하는 책에서 "그는 세계를 구했다. 레이건이 없었더라면 우리는 모두 러시아 말을 하고 있을지도 모른다"라고 했다. 우리는 러시아에 대해 아무런 반감을 가지고 있지 않다. 다만 우리는 미국인들이 한 세대 동안 러시아 말을 배울 수 있을지를 미심쩍게 생각한다. 미국인들은 언어에 그다지 능숙하지 못한 사람들이다. 이같은 마틴의 말은 세계를 진보시킨다고 생각하는 자들이 어떤 사고방식을 가지고 있는지를 잘 보여준다. 즉 만일 당신이 세상을 보다 좋게 만들기를 원한다면 반드시 다른 사람들이 당신과 같이 행동하도록 만들어야만 한다는 것이다. 마틴은 만일 러시아가 냉전에서 승리했다면 미국인들은 모두 러시아 말을 배워야 했을 것이라고 생각한 것이다. 그는 아마 미국인들이 러시아 말을 배우는 것 외에 보드카를 좋아하고 러시아 전통춤도 춰야 할 것이라고 생각했을 것이다.

세계 다른 지역의 사람들이 자유를 동경했고 자유시장은 항상 중앙집권적 계획경제보다 생산력에서 우월했다는 레이건의 확신은 그의 전략들을 현실 정책이 갈 수 없었던 곳으로 몰고 갔다. 레이건은 미국이 철의 장막 뒤에 있는 자유의 투사들을 지원하면서 능동적으로 자신의 적을 격퇴시킬 것이라고 선언했다. 레이건은 그러면서 봉쇄정책과 데탕트를 자신의 "레이건 독트린"으로 대체시켰다.[5]

무엇이 레이건으로 하여금 다른 지역의 사람들이 자유를 동경한다고 확신하게끔 만들었는지는 미스테리다. 그렇게 확신할 만한 증거는 없다. 심지어 누구보다 자유를 사랑한다고 주장하는 미국인들도 자유보다는 낮은 모기지 금리에 훨씬 더 많은 관심을 갖고 있다. 미국인들은 만일 연간 10%의 부동산 이익이 보장되기만 한다면 24시간 안에 권리장전(Bill of Rights)도 폐기처분할 것이다. 그리고 만일 자유시장이 중앙집권적 계획경제보다 생산성면에서 항상 우월하다면 왜 레이건이 소련에 패배하는 것을 걱정했겠는가. 물론 미국이 그들(소련)을 물리칠 수 있었던 것은 분명했다. 하지만 그 이유는 미국이 더 많은 그리고 더 우수한 성능의 무기들을 보유하고 있었기 때문이다.

"현실정책"(Realpolitik)은 외교정책에서 헨리 알프레드 키신저가 채택한 방안이었다. 그는 서구형의 자유를 원하는가 아닌가에 따라서 사람들을 달리 다루었고, 이런 가운데서 최선의 상태를 유지하려고 했다. 이것은 비록 그것이 제국적인 것이라고 하더라도 자신의 전략을 포기하지 않고서 갈등을 피하려는 노력이었다.

신윌슨주의자들은 레이건에게 보다 대담한 독트린을 제시하라고 조언했다. 그들은 키신저라는 방해물을 제거하고 세상을 자신이 그린 이미지대로 재편하기를 원했다. 마틴은 미국이 지지하기로 결정했던 "자유의 투사"들 가운데 오사마 빈 라덴이 있었다는 것을 언급하지 않고 있다. 현재 진행중인 테러와의 전쟁은 대부분이 신보수주의자들이 만들어낸 것이다. 그들은 한편으로는 미국의 적을 만들어냈고 그리고 나서 그들과의 전쟁을 했다.

마틴은 다음과 같이 이어나갔다.

그리고 레이건은 자유의 투사들이 기회가 주어지면 무기를 버리고 대신 연장을 손에 든 뒤 그들 자신과 자손들을 위해 새롭고 평화로우며 부유한 세상을 건설할 것으로 믿었다.[6]

우리는 로드 마틴을 만난 적이 없다. 단지 그가 정직하고 멋진 사람일 것으로 추정할 따름이다. 하지만 로널드 레이건과 조지 W. 부시에 대한 이 글을 보면 마틴은 제정신이 아닌 것 같다. 사람들은 자유롭든 그렇지 않든 간에 이따금씩 무기를 들고 서로를 죽이기 시작한다. 자유가 이런 살인행위와 어떤 관련이 있는가에 대해서는, 적어도 역사적 기록으로는 그것을 입증해줄 증거가 없다.

하지만 레이건의 반공산주의는 유권자들의 마음을 움직였다. 레이건은 자신의 임기 가운데 많은 시간을 전 세계를 상대로 공산주의자들이 얼마나 나쁜지를 얘기하는 데 사용했다. 하지만 공산주의자들을 그렇게 나쁘다고 할 수 있는 근거는 무엇인가? 또 그렇다 해도 그것이 레이건과 무슨 관계란 말인가?

왜 레이건은 그토록 공산주의를 배척하려 했을까? 당신이 공산주의 국가에 살아야 할 필요가 없는 이상 당신에게 그것이 어떤 문제가 된단 말인가? 많은 현명한 사람들은 공산주의가 더 낫다고 생각하기도 한다. 공산주의자들을 위협적인 존재로 만든 것은 그들이 세상을 공산주의적인 혜택들로 발전시키고자 한 의도를 갖고 있었기 때문이 아니다. 문제는 공산주의자들이 민주주의 세계도 개선시키고자 했다는 데 있다. 공산주의자들이 비난받았던 이유는 바보 같은 신념 때문이 아니다. 그들이 비난받은 이유는 로널드 레이건이 하려 했던 행동, 즉 자신의 적들을 자신과 비슷하게 만들고자 했다는 점이다. 레이건은 소련을 "악의 제국"이라고 칭했다. 하지만 그 단어의 이면에는 특별한 신의 은총으로 인해 자신은 다른 사람들이 어떻게 살아가야 하는지를 알고 있다는 터무니없고 기발한 착상이 자리잡고 있다. 지금까지 살다가 사라진 수많은 사람들이 서로 다른 견해를 갖고 있었다는 것은 문제가 되지 않는다. 아울러 1981년 당시 전 세계 인구의 1/3이 다른 사상을 가졌다는 것도 잘못된 일은 아니었다. 레이건은 모두에게 무엇이 가장 최선인지를 알고 있다고 생각했다.

경제적인 면에서 엄밀하게 따졌을 때, 사실 공산주의는 미국의 가장 훌륭한 동맹자였다. 수십 년 동안 공산주의는 수백만 명의 사람들을 아주 가난하게 만들었고 석유나 다른 천연 자원들을 두고 미국과 경쟁할 수 없게 했다. 미국이 반세기 동안 값싼 석유를 맘껏 사용하는 동안 공산주의는 미국의 경쟁 국가들의 경제발전을 방해했다. 이제 남은 석유를 두고 미국인들과 유럽인 그리고 러시아인들과 30억의 아시아인들까지 모든 지구인들이 경쟁을 벌이고 있다.

소련 연방은 레이건의 개혁에 너무 낙담해서 연방체제를 포기하기로 결정했다. 이제 그들은 러시아나 리투아니아, 카자흐스탄 등으로 나뉘어졌다. 중국인들도 상당한 영향을 받았다. 중국인들은 자본주의의 벽을 허물기 시작했고 그러면서 그들은 미국인들을 내몰기 시작했고 미국의 먹거리를 훔치고 있다.

마르크스의 복수

200년 만에 처음으로 서구(서구화된 일본을 포함해서)는 실질적인 경쟁에 직면하고 있다. 중국과 인도, 러시아 등 세계의 대형 국가들은 지난 19세기와 20세기 내내 변방에 위치하고 있었다. 그들은 너무 동떨어져 있었고 너무 발전이 늦었던 탓에 19세기 대영제국 통치 기간 동안 생활수준을 끌어올렸던 위대한 경제발전에 동참하지 못했다. 19세기 초 간신히 1천 달러를 넘었던 미국의 1인당 GDP는 19세기 말에 이르러서는 5천 달러가 넘어섰다. 반면 중국의 1인당 GDP는 19세기 초 600달러 정도였지만 19세기 말에는 오히려 525달러 수준으로 하락했다. 인도의 수치도 비슷했지만 중국과는 달리 19세기 중 소폭 증가했는데 이는 인도가 영국 식민지였던 영향으로 분석된다. 20세기에는 러시아와 중국 그리고 인도가 모두 스스로 초래한 상처의 희생양들이 되었다. 다양한 형태의 사회주의적 책략은 그들을 경제적 경쟁에서 멀어지게 만들었다.

하지만 이제 그들이 돌아왔다. 그들의 말처럼 사정은 완전히 달라졌다. 이 국가들은 미 제국의 보호 지역 주변부나 이 지역의 바깥쪽에 위치한다. 어떤 경우에도 이들은 미 제국에 의해 만들어진 질서를 통해 혜택을 얻고 있다. 외국의 근로자들은 미국이 만들 수 있는 어떤 것이든 훨씬 낮은 비용으로 만들 수 있는 것 같다. 인도는 연간 8%, 중국은 연간 9%의 성장률을 기록중이며 러시아 역시 경제적 호황을 누리고 있다. 뿐만 아니라 그들은 미국인들이나 유럽인들보다 훨씬 저렴한 비용으로 질 좋은 물건을 만들 수 있는 수백만 명의 젊은이들을 쏟아내고 있다. 게다가 이 외국인들은 오랜 미덕을 마음 깊이 간직하고 있다. 그들은 저축을 한다. 공식 자료에 따르면 중국의 저축률은 국가 전체 수입의 최고 40%에 이른다. 이 엄청난 저축은 그들에게 보다 현대적인 생산시설과 보다 편리한 사회간접자본망을 건설할 수 있는 어마어마한 양의 자본을 제공하고 있다.

잘사는 나라들의 노동 임금은 비싸다. 미국의 시간당 평균 임금(사회적 비용까지 포함한)은 20.73달러이다. 반면 중국의 시간당 평균 임금은 집계 수치마다 차이가 있기는 하지만 13.5센트에서 65센트 사이로 채 1달러가 안 된다. 자본과 전문 기술력 그리고 완성 제품들이 자유롭게 이동할 수 있는 이상 이 두 수치 간의 격차는 점차 좁아질 가능성이 크다. 소비자들은 그들이 사용하는 가정용 기계 장치들을 누가 만들었는지 특별히 신경쓰지 않는다. 그들은 단지 그 제품들을 가장 싼 가격에 살 수 있는지만을 중요하게 여긴다. 대부분의 물건에서 노동비용은 원가의 가장 큰 구성 항목이다. 따라서 제조업자나 소비자들 모두 낮은 노동비용을 선호한다. 과거에는 무능했던 경쟁자들이 어떻게 경쟁해야 하는지를 배워나가고 있다.

사람들은 레이건이 이룩해놓은 발전으로 미국이 더욱 부유해졌다고 말한다. 하지만 만일 그렇다면 왜 실질 임금 비율이 상승하지 않았을까? 오늘도 미국인들은 레이건의 변혁이 시작되기 전에 받던 것과 같은 수준의 시간당 임금을 위해 땀을 흘리고 있다. 하지만 모든 것이 똑같다고 말할 수는 없다. 절대 그럴 수 없다. 요즘 미국 국민들의 주택 보유 비율은 과거보다 하락했다. 전체 집값에서 모기지되지 않은 부분의 비율은 1970년대 후반의 70% 가량에서 2005년에는 55% 미만으로 감소했다. 2005년 가을 가계 부채는 연평균 소득의 113%였다. 1980년도에는 58%에 불과했다. 또 요즘에는 은퇴 이후 생활에 대한 수입원을 확보하고 있는 사람들이 예전보다 감소했다. 1983년에는 전체 노후 가정의 2/3 이상이 연금 수령자였지만 2001년에 들어서는 이 비율이 전체의 절반 이하로 떨어졌다.

레이건 정부는 미국 국민들이 스스로의 연금을 책임져야 한다고 생각했다. 기업들은 더 이상 고정된 연금 혜택을 제공하지 않았다. 2000년에 접어들면서 나이 든 사람들은 그 영향을 피부로 느끼고 있다. 나이 든 사람들은 기대했던 것만큼 부유하지 못했다. 오늘날 전형적인 가계의 소유 재산을 분석한 결과 은퇴를 눈앞에 두고 있는 사람들은 1983년보다 조금 더 가난한 것으로 나타났다.

뉴욕대학의 경제학자인 에드워드 월프(Edward Wolff)는 연준리가 집계한 18년 동안의 가계 재무상황 자료들을 고찰했다. 그는 지난 1983년부터 2001년 사이 노인 가계의 평균 순 자산가치가 2.2%, 금액상으로는 4천 달러 정도 감소해 19만9,900달러로 나타난 것을 발견했다.

우리는 이 사실을 충격과 외경심을 갖고 바라본다. 인류 역사상 가장 큰 부의 창출 이후 사람들이 어떻게 더 부유해지지 않고 더 가난해질 수 있단 말인가.

우리는 카터 정부 시절을 회상한다. 당시 미국은 평화로운 상태에 있었다. 인플레이션에도 불구하고 미국인들은 계속해서 부유해지고 있었다. 임금은 상승했다. 미국은 무역수지 흑자를 기록중이었고 미국이 외국인들에게 갚아야 할 돈보다 다른 국가들이 미국에게 진 빚이 더 많았다.

하지만 1980년까지 주가는 14년 연속 하락했고 채권시장은 1945년 이후 시작된 약세장을 벗어나지 못했다. 투자자들은 눈을 머리 뒤에 두고 여기저기를 둘러봤지만 문제점들밖에 보이지 않았다. 베트남 전쟁이 여전히 부정적인 여건을 만들고 있었다. 리처드 닉슨과 지미 카터 정권을 거치면서 미국인들은 용기를 잃었다. 미국인들은 스스로에 대한 자신감을 잃었다.

그때 로널드 레이건이 희망의 메시지와 낙관론, 그리고 아무런 대가 없이 무엇을 얻을 수 있다는 공급 중시 경제학과 래퍼 커브(Laffer Curve)를 가지고 나타났다. 갑자기 추가 지출이 가능해 보이기 시작했고 그러면서도 무엇인가를 더 가지고 있는 것처럼 보였다. 래퍼는 정부가 세금을 줄이면서 동시에 더 많은 세수를 얻을 수 있다고 말했다. 적자는 잊어버려! 적자 문제는 알아서 처리될 것이다. 보통 사람들도 똑같이 생각했다. 더 빌려서 더 소비하면 자신이 부자가 될 것이라고 생각한 것이다.

연기금은 고갈되었지만 사람들은 자신을 위해 대비책을 준비할 수 있었다. 사람들은 그들만의 401k*(미국의 기업연금제도)를 설정할 수 있었고 주식시장을 통해 돈을 벌 수도 있었다. "당신은 그저 당신이 좋아하는 회사의 주식을 사기만 하면 되었다"고 피터 린치는 말했다.

그리고 기업들도 더 이상 직원들에 대해 신경쓰지 않았다. 대신 경영자들은 주주가치를 극대화시키고 있다는 인상을 심어주기 위해 장부를 조작하는 데 전념했다. 미국은 곧 "주주들의 나라"가 되었다. 국민 전체가 자본가가 되었으며 역사상 가장 역동적이고 자유로운 경제 속에서 모두가 부유해지고 있었다.

이제 우리는 그 모든 것들이 엄청난 사기였음을 깨닫고 있다. 공급 중시 정책들은 절대로 공급 측면을 증가시키지 못했다. 또 정부는 국민들이 각자의 생업에 전념하면서 살아갈 수 있는 여건을 만들어주지도 못했다. 근로자들은 결코 그들의 401k 계획에 맞추어 돈을 준비하지 못했다. 대신 그들은 자신들이 사용한 신용카드 대금을 갚느라 분주했다. 그리고 기업의 매니저들도 주주들을 위해 노력하기보다는 자신들의 스톡옵션이나 보너스, 많은 퇴직금을 챙기는 것이 훨씬 매력적이라는 것을 곧 깨달았다.

뮤추얼펀드에 가입하고 있는 수백만 명의 엉터리 투자자들은 그 차이점을 구별할 수 없었다. 그들은 진정한 자본가가 되기 위한 시간도 돈도 또 훈련을 받을 기회도 없었다. 한 마디로 그들은 단지 월스트리트의 "봉"에 불과했다.

레이건이 백악관에 입성한 지 4반 세기가 지난 지금 미국은 전쟁을 치르고 있고 사상 최대의 무역적자를 기록하고 있다. 아울러 사상 최대의 재정적자를 기록하고 있으며 금리는 45년 만에 최저치로 떨어져 있다. 소비자들의 부채 역시 역사상 최대 수준이다. 근로자의 시간당 실질 평균 임금은 카터 정부 시절보다 낮다. 은퇴를 앞두고 있는 가계의 재산은 1980년보다 적다.

아이크(Ike, 아이젠하워 대통령의 별명)가 대통령이었을 때 미국은 세계 최대의 채권국이었다. 하지만 팍스달러리움 시대가 시작된 지 15년 정도가 지난 레이건의 2기 집권 시절 미국은 순채무국으로 변신했다. 또 그로부터 15년이 지난 후에는 세계 최대이자 역사상 최대 규모의 부채를 가진 나라가 되었다.

레이건 대통령의 백악관 경제자문위원이었던 토머스 게일 무어(Thomas Gale Moore)는 벤 버냉키(Ben Bernanke)가 1980년대 중반 미국이 채권국과 채무국의 경계를 넘어설 것임을 지적했을 때 이를 예상했어야만 했다. 하지만 그는 "걱정할 것 없어, 달러를 찍어내서 누구한테라도 빚을 갚을 수 있어"라고 말했다.

1980년 들어 사람들은 자신들의 모기지 대출 비용을 갚아나가면서도 계속해서 파티를 열었다. 폴 볼커는 자신이 인플레이션을 안정시킬 것이라고 말했다. 당시 사람들은 주가이익배수(PER)가 6배에 불과했던 주식을 살 수 있었고 정부에 15%의 수익률로 돈을 빌려줄 수 있었다. 사람들이 그토록 많은 이자를 요구했던 것은 그들이 1970년대의 인플레이션을 기억했기 때문이었다. 사람들은 모든 투자가 항상 행복한 결과를 가져오지는 않는다는 것을 알고 있었다.

당시 미국은 여전히 물건들을 만들고 있었다. 제너럴모터스는 당시 미국 내 최대 고용주였다. 자동차의 테일핀 부분을 보고 그 차가 몇 년도에 생산된 것인지를 식별할 수 있었고 자동차의 외형은 해가 갈수록 발전했다. 아이젠하워가 대통령으로 재직하고 윌리엄 맥체스니 마틴(William McChesney Martin)이 연준리에 있었을 때 미국은 전 세계 금 가운데 대부분을 보유하고 있었고 세계 최대의 채권국이었다. 이러한 행복한 상황은 레이건이 대통령으로 그리고 앨런 그린스펀이 연준리 의장으로 취임하고 제조업체가 아닌 유통업체인 월마트가 미국 내 최대 고용주가 될 때까지는 이어졌다.

한때 미국인들의 부를 창출해주었던 자산들을 지금은 외국인들이 더 많이 소유하고 있다. 로널드 레이건이 백악관에 들어섰을 때 외국인 소유의 미국 내 자산은 GDP의 15% 이하였다. 지금은 이 비율이 78%를 넘으며 계속 빠르게 증가하고 있다.

일출, 일몰

로널드 레이건 대통령 시절, 미국인들은 그들의 젊음을 재발견하고 있다고 생각했다. 어느 때보다 높은 자신감과 낙관적 견해를 갖고 있었다. 그리고 12년이 지나 조지 W. 부시 대통령이 집권하면서 공화당원들은 앞으로 20년간의 번영을 가져다줄 영웅이 환생했다고 생각했다.

그런데 왜 지금을 다시 "미국의 아침"이라고 부를 수 없을까?

우리는 이 질문에 직선적으로 대답한다. 지금은 미국의 아침이 아니다. 미국의 저녁이다. 약세장이 있을 뿐이지 강세장은 보이지 않는다. 사람들은 점점 부유해지는 대신 점점 가난해지고 있다. 지금은 1981년이 아닌 2005년이다.

이와 같은 해석에 대해 불만을 갖는 독자들에게 이 책의 저자들은 태양계의 행성들이 태양 주위를 돌게 만들고 지구의 먼지들로 인류를 창조했던 신이 아님을 상기시키고자 한다. 아침은 이따금씩 저녁과 비슷해 보이기도 한다. 하지만 아침과 저녁은 하루의 사이클에 있어 정 반대의 위치에 있다.

1982년, 금리는 높았고 주가는 낮았다. 1982년 주식을 사려는 사람들은 아주 소수였다. 1982년 미국 경제와 미국 기업들은 한물 간 것처럼 보였다. 미국 통화는 거의 폐물 취급을 당했고 미국 채권은 재산 몰수가 보장된 증서로 묘사되기도 했다.

당시 다우존스산업지수의 전 종목을 한 주씩 사는 데는 1온스의 금이면 충분했다. 하지만 지금은 22온스가 필요하다. 당시 주식시장의 추세는 하락세였다. 당시 똑똑한 사람들은 지금과 마찬가지로 그 추세가 영원히 지속될 것으로 생각했다. 비즈니스위크는 주식시장이 단순히 순환적인 하락 추세에 있는 것이 아니라고 선언했다. 즉 주식시장은 단지 아픈 것이 아니라 죽어가고 있었던 것이다.

1982년 여름 달빛은 걱정과 우려의 벽을 환하게 비추고 있었다. 당시에는 오직 멍청한 역투자가들만이 주가가 상승할 것이라고 생각했다. 모든 신문기사들은 약세장이 영원히 지속할 것이라는 여러 가지 이유들을 제시했다.

9 레이건의 유산 319

모든 설문조사 결과에서도 소비자들은 주가가 영원한 내리막길을 걸을 것으로 생각하는 것으로 나타났다. 개별 종목들의 가격은 이 같은 추세가 영원할 것임을 확인시켜주는 것으로 보였다. 태양은 영원히 지고 어두컴컴한 밤이 끝없이 지속될 것처럼 보였다.

그런데 바로 그때 한 투자자가 방향을 틀었다. 그는 동쪽 하늘이 밝아오는 것을 보았을 것이다. 그 이후로 18년 동안 태양은 계속 하늘 높이 솟았다. 투자자들은 우호적인 주식투자 여건에 지나치게 고무된 나머지 그들의 종자돈을 마치 무슨 퍼레이드 행사 때 쏟아지는 오색 색종이들처럼 뿌려댔다. 아무도 그 씨앗이 금융의 중심지인 맨해튼의 콘크리트 바닥이나 아직 척박하기만한 기술업종의 토양에 뿌리를 내릴 것이라는 것을 의심하지 않았다.

2005년은 1982년과 상황이 180도 달랐다. 2005년에는 대다수의 사람들이 주식을 사기를 원했고 주식을 사고 싶어하지 않은 사람들은 거의 없었다. 금리는 50년 만에 최저 수준을 기록했고 주가는 사상 최고치에 육박했다. 1982년 당시 비교적 소비에 소극적이었던 소비자들이 2005년에는 소비에 아주 적극적이었다. 2005년 4월 지표에 따르면 소비지출 증가율은 임금과 급여 증가율보다 5배나 높았다.

그리고 주택경기도 호황이었다. 대부분의 캘리포니아 지역에서 집값은 근원 물가지수보다 10배나 빠른 속도로 상승했다.

이렇게 활황인 추세가 영원히 지속될 수 있을까? 지금까지 그런 적은 한 번도 없다. 그리고 어떤 경제학 이론도 이런 추세가 영원할 것임을 설명해주지 못한다. 낮은 밤으로 이어지는 것이 일반적이다. 사람들은 언제나 경기침체나 약세장이 되면 흥분하여 바보 같은 일을 저지르게 된다.

이번에는 패턴에 큰 차이점이 한 가지 있다. 이전까지 미국에 대해 차가웠던 해외 투자자들이 레이건 정부가 주도한 경기회복의 뜨거운 태양 속에서는 점차 따뜻해졌다는 사실이다. 하지만 현재의 상황은 매우 다르다. 지난 몇 년 동안 해외 투자자들은 미국 내 자산들에 대해 뜨거운 열정을 보였다. 그리고 우리는 그런 해외 투자자들의 태도에 의존하게 되었다. 왜냐하면 우리는 무역으로 인해 발생하는 적자를 보전하기 위해 매일 20억 달러의 자본 유입을 필요로 하기 때문이다. 만일 그들이 다시 차갑게 식어버린다면 무슨 일이 일어날 것인가.

물론 해외 투자자들은 차갑게 식을 것이다. 미국인들은 막연하게 해외 투자자들이 자신들을 지원해줄 것이라고 기대하고 있다. 언젠가, 아마 조만간이 되겠지만, 해외 투자자들은 자신들의 주요 고객이 더 이상 빚을 갚을 수 없다는 사실을 깨닫고 미국에 돈을 빌려주는 것에 싫증을 낼 것이다.

그러면 다시 길고 어두운 밤이 시작될 것이다. 밤은 영원히 지속되지는 않을 것이다. 우리의 이전 책에서 "길고 완만한 경기침체"가 올 것으로 예상한 바 있다. 모든 화창한 날이 언젠가는 끝나듯이 어두운 밤도 마찬가지이다. 만일 미국인들이 분별력을 잃지 않고 냉정하게 대응한다면 미국은 그 어두운 밤을 뚫고 또 다른 화창한 날을 맞을 것으로 기대할 수 있다.

부채의 세상

피트 피터슨(Pete Peterson)은 현재 우리가 미래 세대에 부과하고 있는 부담이 어느 정도인지를 결정하는 게 얼마나 어려운지를 측정하려 시도했다. 그는 임박한 미국정부의 파산에 대한 방대한 조사 서적인《Running on Empty》에서 "예측치는 조사 방법에 따라 다소 차이가 있지만 전반적인 수치는 모두 엄청난 수준이다"라고 지적했다. 피터슨은 또 사회보장 및 의료보험 신탁펀드 하나에만도 엄청난 비용이 들어간다고 언급했다. 2003년 미국기업협회는 45조 달러의 부족분을 예상했고 2004년 국제통화기금(IMF)

은 47조 달러를 예상했다. 국립정책분석센터와 브루킹스연구소는 2003년 각각 50조 달러와 60조 달러의 전망치를 내놓은 바 있다.

이 수치들 모두 상상하기 힘든 엄청난 금액이지만 가장 큰 예상치는 2004년 다름 아닌 이 펀드를 관리하는 신탁위원회에서 제시한 것이다. 그들은 당시 펀드 자금 부족분으로 74조 달러를 예상했다.

제국이 성숙해갈수록, 제국의 시민들은 점점 더 터무니없는 것들을 믿게 된다. 21세기가 시작되면서 미국인들은 그들이 버는 것 이상을 소비했다. 매일 그들은 새로운 부를 축적하는 대신 새로운 빚을 쌓아갔다. 하지만 2002년과 2005년 사이 미국의 GDP는 꾸준한 성장세를 나타냈다. 미국인들은 이것을 진보, 발전으로 착각했다. 그들은 미국이 세계 최고의 경제를 그리고 세계 최고의 정부를, 세계에서 가장 훌륭한 문화를 가졌다고 생각했다. 미국인들은 자신들이 점점 더 가난해지고 있다는 생각은 할 수 없었다. 하지만 공급 중시 경제학자인 주드 완니스키(Jude Wanniski)는 실질 성장이 사실상 멈추었음을 시인하고 있다.

내 연구에 의하면 미국은 1944년 브레튼우즈협약에 의해 달러를 온스당 35달러로 고정시킨 후 1945년부터 1971년 사이 연간 4%의 실질 경제 성장률을 기록했다. 하지만 달러가 변동환율제로 바뀐 1971년부터 2004년 사이 미국 경제의 실질 성장률은 연간 0.3% 수준에 그쳤다.[7]

미국 경제에서 성장은 현재를 보다 더 중요시하는 미덕에 의해 이루어져 왔다. 미국인들은 과거를 경멸하고 미래를 무시하는 경향을 보이고 있다. 망자들의 교훈이나 앞으로 태어날 이들의 바램 등은 모두 무시되고 있다. 대신 중요한 것은 지금 여기서 이루어지는 소비이다.

이미 세상을 떠난 F.A 하이에크*(F.A. Hayek, 미국의 자유주의 경제학자)

는 이 결과를 이렇게 설명한다.

생산되는 것 이상이 소비되고 소비의 일부가 기존의 자본을 깎아먹는 한 경제는 계속해서 가라앉을 수밖에 없다.

만일 이론이 없었다면, 하이에크는 이 사실이 벙어리 같다고 말했을지도 모른다. 하지만 오늘날은 사실과 이론들이 너무 수다쟁이들이 되어버렸다. 문제는 사실이 너무 타락해서 더 이상 진실을 말하지 않는다는 것이다. 사실을 설명했던 과거의 이론도 보다 새롭고 편리한 환상들로 인해 뒷자리로 밀려났다. 새로운 이론을 내세우는 사람들은 미국인들이 원하는 만큼의 부채를 감당할 수 있다고 말한다.

미국 경제는 2005년에 성장하고 있을 수도 있고 성장하지 않고 있을 수도 있다. 다만 만일 전통적이고 시간이 흐르면서 그 유효성이 입증된 이론들이 설명한 부와 가난의 개념이 정확하다면 우리는 미국이 더 이상 성장하지 않고 있다는 것에 감사해야 한다. 미국이 한 발 더 나아갈수록 미국은 더 깊은 부채의 수렁에 빠지게 되고 그만큼 파산의 시간도 빨리 다가온다.

10
미국, 영광스러운 부채의 제국

이제 뒤로 한 발 물러서서 미국이라는 위대한 부채의 제국을 가만히 살펴보자. 이 제국은 지금까지 알려진 제국 가운데 가장 큰 부채의 건축물이다. 이 부채의 제국은 현재까지 존재했던 제국 가운데 가장 장대한 세계 경제를 떠받치고 있다. 미국은 과거에 고안되었던 그 어떤 시스템보다 더 나은 방식으로 보다 많은 사람들을 지원한다.

제국은 가장 효율적일 뿐만 아니라 아주 재미있다. 왜냐하면 제국은 광택이 나는 헬멧과 공중에서 펄럭이는 깃발을 갖고 있기 때문이다. 제국에는 지성인과 검투사, 카이사르, 안토니우스, 네로, 칼리굴라도 있다. 제국에는 그 제국만의 사원과 공개 토론장이 있고 수도와 상원, 근위병, 아피아가도*(고대 로마시대에 건설한 도로), 프로콘술*(로마시대 지방과 식민지의 총독), (고대 로마의) 백인대장도 있다. 게다가 제국에는 국내의 빵과 유희뿐만 아니라 전 세계에 걸쳐 군대가 있고 제국 외곽 지역에서는 비용이 많이 드는 전쟁도 벌어진다.

로마제국은 고전적인 제국의 자금조달 모델에 의존했다. 복잡하면서도 미묘한 피라미드식 관계는 단단하고 견고한 조공 체계의 기초가 되었다. 반면 미국이라는 부채의 제국은 신뢰, 권위, 힘의 역학관계라는 견고한 피라미드 위에 있는 것이 아니라 기만과 사기, 오해라는 믿지 못할 초라함에 기반을 두고 있다.

2005년 6월 NBC는 콜로라도 리조트에 두 번째 집을 산 한 여성의 말을 인용했다. 그녀는 "세금 조언자(tax advisor)가 나를 계속 괴롭힌다. 부동산이 바로 그 부분이다"라고 했다. 보도에 따르면 지난 12개월간 팔린 집의 1/3 이상이 거주용이 아니라 두 번째 집이거나 투자 목적의 집이었다.

피라미드의 가장 아래쪽에는 앞서 언급한 세금 조언자와 같은 비열한 대리인이 사기를 치고 잘못된 정보를 확산시키고 있다. 당신은 젊은 여성이 그녀에게 적절한 조언을 해주는 세금 조언자를 믿어야 한다고 생각할 것이다. 그렇지만 적절한 조언은커녕 세금 조언자는 그녀가 미국 역사상 가장 거품이 많은 자산시장에 투기할 것을 강조한다. 그녀는 의심할 여지없이 자연스럽게 그렇게 행동했다. 위선적으로 행동하는 전체 업계의 전문가들도 이런 시각에 도움을 주었다. 부동산 감정사들은 통상적으로 거래를 마무리하기 위해 평가액을 과장한다. 언론 보도에 따르면 주택금융 대출자들은 평가가 거짓이라는 것을 잘 알고 있으나 그들의 한 쪽 눈을 평가자들에게 깜박거리면서 못 본 체한다. 주택금융 채권자들의 다른 한 쪽 눈은 채무자의 거짓 소득 신고서를 보고도 눈감아준다. 채권자들은 더 이상 채무자의 소득을 확인하지 않는다. 그들은 거의 장님이 된 것이나 마찬가지다.

캘리포니아에서 집값은 소득보다 훨씬 빠르게 상승하고 있어서 집을 산 사람 열 명 중 한 사람 정도만이 가까스로 중간 수준의 집을 유지할 수 있다. 그러나 기만적인(creative) 자금조달 덕분에 종전보다 많은 집이 팔린다.

부채 피라미드의 출발점은 상호 속임과 탐욕을 토대로 하며 이는 또 다른 허구로 뒤덮여 있다. 채권자들은 자신들이 빌려준 돈이 어떻게 사용되는지에 관심을 갖지 않는다. 대신 그들은 대출의 질이 좋은 것인 양 가장하고 그 대출 채권을 팔기에 편리한 형태로 재구성하여 새로운 투자자들에게 팔아버린다. 이런 금융업자들은 많은 주택 저당 채무자들이 집값을 지불할 능력이 실제로 없다는 것을 너무나도 잘 안다. 그렇지만 금융업자들은 재구성한 상품을 팔 때 이런 사실을 말하지 않는다. 투자자들도 역시 알고자 하지 않는다. 그들 역시 사기에 연루된 것이다. 투자자들 중 가장 영리한 사람은 어떻게 이런 일들이 작동하는지를 알아낸다. 즉 연준리가 단기 금리를 인플레이션율보다 낮게 유지해서 장기 모기지 금융상품(모기지 채권) 투자자들과 미국 재무부채권 매입자들이 쉽게 수익을 올릴 수 있도록 한다는 사실을 말이다.

제국의 부채 수준을 몇 단계 끌어올린 것은 애널리스트들과 경제학자 등 도저히 불가능한 일을 믿게 만들어 우리의 판단을 흐리게 하는 일련의 무리들이다. 미국 노동통계국의 경제학자들은 관타나모*(미국 해군기지가 있는 쿠바 남동부의 만)의 파수병들이 죄수들에게 했던 것처럼 다수의 사람들을 상대했다. 경제학자들은 사람들을 매우 거칠게 다뤘으며 무슨 말이든 할 준비가 되어 있었다. 2005년 6월 생산성은 2.9% 향상된 것으로 보고되었다. 이는 9개월 만에 가장 빠른 증가율이었다. 생산성은 단위 시간당 산출량으로 측정한다. 그렇지만 판단 기준은 정부의 통계를 내는 담당자들에 의해 바뀔 수 있다. 그들은 올해 컴퓨터 한 대가 지난해 산출한 것보다 열 배 정도 빠르게 정보를 처리할 수 있다면 컴퓨터를 조립한 근로자의 생산성이 1,000% 증가했다고 말한다. 이런 통계의 오류는 미국인들이 그들의 경제에 속임수를 쓸 수 있게 한다. 미국 경제가 건전하다고 사람들은 말한다. 또한 미국 경제는 성장하고 있으며 안정적이라고 말한다.

경제학자, 경제 해설자 그리고 정책 입안자는 이런 왜곡을 받아들이고 여기에 왜곡을 추가하기까지 한다. 소득보다 지출이 더 많은 경제는 하강한다는 것은 생각이 있는 사람들에게는 너무나 분명한 일이다. 그렇지만 그렇게 말하는 경제학자들을 찾아보자. 그들은 모두 트라야누스*(서기 1~2세기 로마 황제) 시대에 황제의 일을 수행하는 부유한 귀족들 같다. 경제학자들은 경제가 확장되고 있다고 당신에게 말할 것이다. 그러나 그것은 충동적으로 먹는 사람이 비옥한 농장에서 달아났을 때 일어나는 것과 비슷한 확장이라고 할 수 있다. 그가 더 오랫동안 도망쳐 있을수록 그의 상태는 더 나빠진다. 이것은 소비의 확산이지 부를 생산하거나 일자리를 창출하는 투자는 아니다.

무역적자 문제에 대해 경제학자들은 레비(Levey) 와 브라운(Brown)이 <외교문제 foreign affairs>라는 잡지에서 그랬던 것처럼 상원의원들과 행정관들이 듣고자 하는 바를 말할 것이다. 미국의 경상수지 적자와 대외채무는 카산드라*(트로이의 왕 프리암과 헤쿠바의 딸로 예언 능력이 있었으나 믿는 사람이 없었다) 의 경고처럼 미국의 세계적인 위치에 위협요인은 아니라고 말이다. 미국의 힘은 곧 종식될 것 같지 않은 경제적인 우월성과 금융 부문의 안정에서 강한 토대를 갖고 있다.¹ 사실 2005년 대외거래에 관한 논의는 경제학자들이 지금까지 들어왔던 것 중에서 가장 웃기는 이야기였다. 한 국가가 지불할 능력도 안 되고 필요도 없는 물건들을 갖고 있지도 않은 돈으로 구입한다. 다른 나라는 이미 지불할 능력을 상실한 사람들에게 외상으로 물건을 팔면서 동시에 생산량을 늘리기 위해 보다 많은 공장을 짓는다.

매 단계는 터무니없는 속임수를 유지하기 위해 또 다른 단계와 결탁한다. 워싱턴 포토맥 강의 둑에서 계층과 계급 그리고 신분을 망라한 모든 사람들은 모든 일이 잘되고 있다고 믿으면서 즐거워한다. 그리고 연준리 본부에서 또 다른 폐쇄적인 특권 계급들은 충성스러운 거짓말을 한다. 앨런 그린스펀과 그를 묶인 자들은 시민들이 집을 살 때 모기지(주택저당금융) 대출을 사용하고 SUV 차량을 구매하도록 독려하고 다른 사람들이 앞뒤를 헤아리지 않고 행동하도록 한다. 그들은 또한 나라 전체의 통화를 관리하고 국가가 사기행위에 보조를 맞추도록 한다.

중심부에서 가장 변방의 제국 주둔군에 이르기까지 또한 최하층에서 최고위층에 이르기까지 세상의 모든 사람들은 늘 기꺼이 자랑스럽게 가장 위대한 사기행위에 참가한다. 제국의 가장 밑바닥에서 임금 노동자들은 수입된 하찮은 장식품을 사들이는 데 빌린 돈을 함부로 낭비한다. 저소득층은 변동금리 모기지(ARMs)에 모험을 한다. 상류층은 주택 저당 부채에 투기하는 헤지펀드에 도박을 건다. 연준리 이코노미스트들은 이러한 도박행위를 부추긴다. 대통령은 아우구스투스 또는 코모두스를 귀감삼아 이러한 행위를 부추기는 정점에 서 있다. 그들은 빵과 유희 그리고 제국 변방의 전쟁에 대한 지출이 증가하고 있는 동안 세금을 삭감한 사람들이다.

이는 깜짝 놀랄 만한 광경이고 매우 흥겨운 일이기도 하다. 우리는 그 위업 앞에 초라해진다. 우리는 눈앞에 보이는 모든 곳에서 정 반대의 모순된 것들이 정교하지만 위험한 균형을 유지하고 있음을 본다.

일반적으로 앵글로색슨의 나라들, 특히 미국이라는 지구상의 한 쪽에는 소비자들이 있다. 반면 지구상의 다른 한 쪽, 특히 아시아 지역에는 생산자들이 있다. 한 쪽은 만들어내는 반면 다른 한 쪽은 사용한다. 한 쪽은 저축하지만 다른 한 쪽은 빌린다. 한 쪽은 생산하고 다른 한 쪽은 소비한다.

이것은 의도했던 것이 아니다. 미국은 처음 제국이 되었을 때 성장하고 있었고 활기 있고 강력한데다 혁신적인 젊은 경제였다. 미국이 절대적인 통치권을 행사하던 1913년부터 1977년까지 60여년 동안 미국은 경쟁력 있는 위치에서 수익을 올렸다. 팍스달러리움 속에 들어온 모든 국가는 미국의 고객이 되었다. 미국 기업은 수익성이 있었다.

그렇지만 교역의 유리함은 점차 감소했고 산업들은 낡아갔다. 미국의 보호라는 부드러운 따뜻함을 지구상으로 확산시키는 바로 그 과정은 인류를 보다 풍요롭게 만든 것처럼 보였다. 강인한 잡초와 같은 경쟁자들이 제국의 모든 변방에서 자라기 시작했다. 처음에는 유럽에서 그리고 일본 이어서 아시아 지역에 이르기까지 심지어 미국이 한 차례도 지배해본 적이 없는 곳에서도 경쟁자들은 성장했다.

21세기 초반 세계 유일의 초강대국이면서 유일한 제국으로서 미국의 역할을 유지하는 데 드는 비용은 해마다 미국의 국내총생산(GDP)의 5%, 즉 5,580억 달러가 넘었다. 미국은 세계 질서를 제공하는 데 드는 비용을 계산해보지 않았다. 게다가 이제 세계 질서는 미국에게 나쁘게 작용하고 있다. 변방의 경제는 빠르게 성장했다. 그들은 더 새롭고 더 나은 산업을 갖고 있다. 그들은 높은 저축률과 훨씬 낮은 임금 수준을 갖고 있다. 변방의 국가들은 빵과 유희를 위한 비용이 덜 들었으며 게다가 제국을 관리하는 비용은 한 푼도 들지 않았다. 그들은 더 자유롭고 부담이 적었으며 빠르게 성장했다. 매일 경쟁자들은 더 많은 미국의 산업과 자산 그리고 돈을 획득했다. 만약 제국이 하나의 회사를 경영하는 일이라면 회계사는 그 회사가 손실을 보고 있다고 말할 것이다.

일본을 포함한 전체 서방세계가 경쟁 우위를 잃고 있기 때문에 제국은 더 이상 보답을 받지 못한다. 팍스달러리움 시대의 세계화는 제2차 세계대전 이후 미국을 잘 모셨다. 미국은 세계의 주도적인 수출 국가였다. 그렇지만 유럽도 또한 프랑스 사람들이 "30년간의 영광"이라고 부르는 전후 30년이 지난 뒤 번성했다. 그리고 1980년대 일본은 선진 세계의 주도적인 경제국으로서 입지를 굳혔다.

그런데 이제 미국이라는 제국이 만든 평화의 시기는 미국에게 오히려 불리하게 작용하고 있다. 아시아의 공장들은 새롭고 보다 현대적이다. 아시아의 노동자들은 젊고 임금이 싸다. 이제 더 많은 아시아 제품들이 미국 시장의 관심을 끈다. 미국 사람들은 20억 달러 이상을 아시아 사람들에게 빚지고 있다.

"GM은 미국에서 2만5천 개의 일자리 삭감을 계획하고 있다"고 2005년 6월 중순 〈인터내셔널 헤럴드 트리뷴〉은 헤드라인 기사로 보도했다. 신문의 다른 지면에는 중국의 체리자동차가 2007년 처음으로 체리 크로스오버 25만대를 미국에 수출할 계획이라는 기사가 실렸다. 고도로 산업이 발달한 미국 회사에서 사라진 일자리를 대신해 중국은 10종류의 신차를 수출할 계획을 세우고 있었다.

제국 변방으로 이동하는 것은 제조업뿐만이 아니다. 초고속의 저렴한 통신 수단의 등장은 값싼 컴퓨터와 더불어 아시아 인들이 서비스 부문에서도 경쟁할 수 있도록 허용했다. 컴퓨터 통신망을 이용할 수 있는 것은 무엇이든지 세계화될 수 있다. 건축, 법, 회계, 경영, 모든 종류의 데이터 처리, 콜 센터, 문서 보존, 마케팅, 출판, 재무 등등의 분야가 모두 포함된다.

선진 경제에는 그럼 무엇이 남는가? 그들은 과연 무슨 일을 할까? 이제 여기서 유럽과 앵글로색슨 경제를 나누어보자. 유럽인들은 고부가가치 제품에 주안점을 둔다. 사치품이나 정밀한 공작기계 등이 여기에 포함된다. 그들은 옛 경제학자의 지혜를 엄격하게 고수한다. 그들은 소비자 신용확대를 거부하고 전체적인 수요를 진작하기 위한 재정적인 자극이라는 대규모 처방도 거부한다. 파리와 마드리드 그리고 로마의 집값은 급격하게 상승한다. 그러나 투기적인 조짐은 거의 감지되지 않는다. 집을 담보로 쉽게 재융자되지 않으며 빠르게 전매되지도 않는다. 유럽 지역에는 사기적인 방법을 사용한 자금조달도 거의 없다. 소비자 부채의 급성장 따위도 없으며 저축률의 급격한 하락도 찾기 힘들다. 신용카드는 여전히 상대적으로 적게 사용된다. 유럽의 정책 관리자들은 최악의 일자리와 최악의 신용이 생겨나는 것을 그냥 내버려두지 않기 때문에 실업률이 높다. 유럽은 경제적으로 경직되어 있고 침체되어 있는 반면 비교적 견고하고 긍정적인 무역균형을 이루고 있다.

앵글로색슨 국가들은 다른 경로를 갖고 있다. 영국중앙은행이 경제상황의 변화에 따라 정기적으로 금리를 올리고 내리는 동안 유럽중앙은행(ECB)은 방관하고 있었다.

유럽이 소비자 부채를 부추기기 위해 금리를 조작하면서 앵글로색슨처럼 움직였다면 유럽의 상황은 좀 더 나았을 것이라는 게 일반적인 대다수의 의견이다. 미국의 경제학자들은 조심스럽게 데이터를 분석하고 논리적인 결론에 도달하면서 스스로 가정해보았다.

미국의 경제학자들이 깨닫지 못한 게 있다면 그들의 통계와 결론 그리고 세계에 대한 시각은 발달된 제국의 "컨스튜드 프라우디움"*(consuetude fraudium, 제국이 나이를 먹을수록 사람들이 습관적으로 서로 속이면서 정권을 쥔 세력의 기만행위를 지원하는 것을 로마인들은 컨스튜드 프라우디움이라 부름) 의 거대한 피라미드에 있는 돌 이상은 아니라는 사실이었다.

통계는 사기였다. 만약 당신이 수치를 공정하게 들여다보면 유럽 경제는 경쟁국인 미국에 비해 실제로 나쁘지 않았다. 유럽은 미국과 비교해 동일한 성장률을 기록했으며 높은 실업률을 나타냈으나 더 좋은 생산성과 적은 부채를 보유하고 있었다.

앵글로색슨 경제는 제조업에서 경쟁우위를 잃어버렸고 소비를 진작함으로써 잃어버린 경쟁력을 만회하고자 했다. 이는 가장 커다란 기만행위이다. 처음에는 높은 소비가 일시적으로 좋은 것처럼 보인다. 이는 온도를 유지하기 위해서 가구를 태워버리는 것처럼 순간적으로는 좋게 느껴진다. 그렇지만 행복은 짧은 순간에 그친다. 사람들이 돈을 빌리고 소비를 할 때 그들은 자신들이 부자인 것처럼 느낀다. 특히 집값이 올라갈 때면 더욱 그렇게 생각한다. 소비 증가는 심지어 간접적으로 국내총생산에 증가 요인으로 작용한다. 그렇지만 당신은 소비함으로써 진정한 부자가 되는 것은 아니다. 당신은 다른 사람들에게 팔아서 수익을 남길 수 있는 물건을 만들 수 있어야만 부유해질 수 있다. 무엇을 해야 할지 핵심은 분명하지만 제국 재정의 이 단계에서는 그렇게 하는 것이 불편했다.

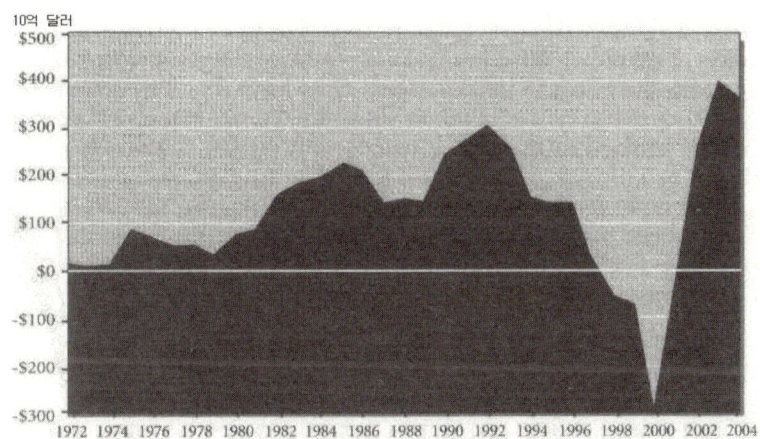

표 10.1 연방정부의 새로운 차입금
무역적자에 의한 국내 손실은 1970년대 중반에 시작되었다. 30년이 채 안 되는 기간에 정부와 소비자들은 놀랄 만한 수준의 부채를 갖게 되었다. 미국인들이 제국으로서의 역할을 계속할 수 있는 유일한 방법은 빌리는 것이다.
자료: 연방준비은행

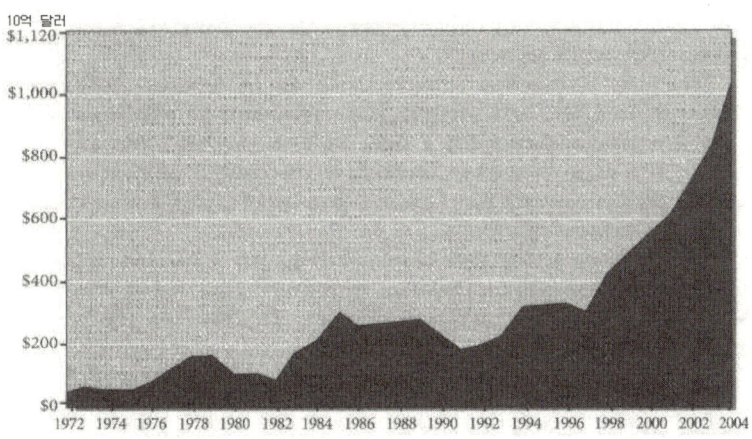

표 10.2 가계의 새로운 차입금
자료: 연방준비은행

무역 적자에 의한 국가 손실은 1970년대 중반에 시작되었다. 30년이 채 안 되는 기간 동안 정부와 소비자 부채는 경악할 만한 수준으로 급증했다. 그들이 할 수 있는 일이 대체 무엇이었겠는가? 미국인들이 제국의 역할을 계속하기 위해 할 수 있는 유일한 방법은 돈을 빌리는 것뿐이었다. 제국의 역할은 이제 미국인들에게 남은 유일한 국가적 자부심의 근원이므로 미국인들에게 그 어느 때보다 큰 의미가 있다.(표 10.1과 10.2 참조)

팍스달러리움 시대의 세계경제 체제는 완벽하게 균형을 이루고 있다. 아시아의 대출금액에 대응하여 미국에는 같은 규모의 부채가 있다. 그리고 미국의 1달러의 수요에는 홍콩의 컨테이너에서 이미 기다리고 있는 1달러어치의 공급이 있다.

비록 제국의 재정 체제가 이렇게 균형을 이루고 있지만 제국의 완벽함은 파괴되고 있었다.

2005년 중반, 당시 미국인들은 자신들의 제국적 기준에 경의를 표했다. 미국인들은 감사하면서 국기를 자동차 창문에 부착하고 상의, 모자, 맥주잔, 셔츠, 속옷에까지 붙였다. (유럽에서는 퍼레이드나 공공건물을 제외하고 어디에서도 국기를 볼 수 없다.) 미국인들은 미국이라는 제국을 자랑스러워하며 또 그래야만 한다. 그렇지 않았다면 이런 부채 속에서 지금까지 올 수 없었을 것이다.

중앙은행 관계자 중 그 누구도 지하 금고를 아르헨티나 페소나 짐바브웨 달러로 채울 사람은 없다. 마약이나 무기거래상도 폴란드 즐로티로 대금을 받으려고 하지는 않는다. 보험회사도 장기부채를 상쇄하기 위해서 볼리비아 채권을 매입하지는 않는다.

달러는 34년 동안 금으로 바꿀 수 없었다. 아직까지 사람들은 여전히 달러가 금만큼 좋다고 생각한다. 궁극적으로 외국 정부에게 돈을 빌려주는 것은 그 정부가 자국 국민들을 압박하여 반드시 부채를 상환할 것이라고 믿는 것이다. 미국은 자국민을 압박할 필요가 없다. 미국이 외국에 빚지고 있는 차관의 만기가 도래하면 다른 외국인들이 그 자금을 재융자해주기 위해 줄을 선다. 이는 마치 외국인들이 미국이라는 거리의 부랑자에게 술을 팔고는 그 부랑자가 언제 취해 나가떨어질까 멍청하게 바라보는 것과 같다.

공공부채는 어떻게 증가하는가

"1720년대 총리 로버트 월폴 경이 영국에서 자금조달 시스템을 소개하면서 정부부채는 결코 상환할 필요가 없다는 비밀이 공개되었다. …월폴의 시스템은 18세기와 19세기 영국의 대외 확장기와 제국주의 전쟁 시기의 자금조달에서 그 중요성을 증명했다"고 H.A. 스코트 트라스크는 미제스 연구소*(Mises Institute, 경제, 철학 및 정치경제 등을 연구하는 미국 앨라배마 소재 학술기관)에 기고한 글에서 썼다. 그는 "정부는 이제 평상시 거대한 해군과 육군을 설립해서 유지하고 새로운 전쟁을 위한 비용을 쉽게 조달하는 한편 나중에 경비를 삭감할 필요도 없게 되었다. 대영제국은 육군과 해군 병사들의 목숨 이상인 부채에 기반을 두고 있었다"고 했다.[2]

미국이 새로운 시스템을 터득하기까지는 시간이 필요했다. 제퍼슨은 이에 반대했다. 1789년 제임스 메디슨에게 쓴 편지에서 제퍼슨은 한 세대의 사람들이 다른 세대의 권리를 속박할 수 있는지에 대해 의구심을 갖고 있다고 했다. 제임스 메디슨의 답장은 "아니다"였다. 제임스 메디슨은 "지구는 살아있는 사람들에게 이용권을 주고 있다"면서 "그 어느 세대도 자신들의 세대에 상환할 수 있는 것보다 많은 규모의 부채를 계약해서는 안 된다"고 결론지었다.[3]

세대간의 부채는 어중간한 것이다. 한 사람이 집을 샀다고 하자. 그는 아마도 주택 저당 융자금이 남아 있는 집을 자식에게 물려줄 것이다. 그 아이는 주택 저당 융자금의 계약 당사자가 아니지만 유산을 선선히 받아들일 것이다.

집은 주택 저당 융자금이 남아 있거나 지붕을 새로 수리할 수도 있다. 이것이 짐이 되든 아니든 선물은 선물이다. 만약에 상속받은 집의 부채가 너무 부담스러울 정도로 큰 규모라면 자식은 단지 상속을 거부하면 된다. 그들은 주택저당융자 회사와 거래를 한 적이 없고 부채를 상환할 어떤 책임도 없기 때문이다.

이것이 신용카드 관련 부채라고 생각해보자. 그리고 앞서 그 사람이 세계여행을 하기 위해 그 돈을 사용했다고 해보자. 그렇지만 여행은 그를 지치게 했고 그는 집으로 돌아온 지 얼마 되지 않아서 심장마비로 쓰러졌다. 이 경우 무조건 신용카드 청구서를 자식들이 부담해야 하는가? 그렇지 않다.

그렇지만 이제 "공공" 부채를 보자. 이것은 일종의 이상한 동물이다. 한 세대가 소비를 한다. 그리고 다음 세대에게 청구서를 건넨다. 젊은 세대는 부채의 조항에 대해 결코 동의할 수 없다. 그들은 자신들이 만든 적이 없는 계약의 당사자들이다. 도제 계약을 맺은 고용인은 고용계약서 내용을 완수하기 위해 7년만 일하면 되었다. 그렇지만 공공부채를 상속받은 이 새로운 세대는 평생 동안 일을 해야 한다.

이러한 일은 "사회적인 계약"의 일환이라고 종종 핑계 댈 수 있다. 그렇지만 다른 사람에게 강제로 비용을 지우면서 한 사람이 이익을 보는 계약이 대체 말이 되는가?

그렇지만 죽은 사람은 말이 없다. 그리고 태어나지 않은 사람은 의사표시를 할 수 없다. 미국의 정치인들은 영국이나 이탈리아와 독일의 정치인들처럼 지금 돈을 사용하고 부채는 다음 행정부와 다음 세대에게 넘겨줌으로써 그들이 이익을 얻을 수 있다는 것을 점차 알게 된다. 그리고 이제 전쟁은 과도한 지출에 대한 핑계거리를 제공한다. 첫째 미국 독립전쟁에서 부채가 발생했고 이는 빠르게 상환되었다. 이어 1812년 멕시코 전쟁이 발발했고 남북전쟁이 뒤를 이었다. 지출은 매번 증가했고 부채는 늘어났다. 그리고 전쟁이 끝난 뒤 부채는 줄어들었고 완전히 상환되었다.

제1차 세계대전 때에는 연방부채가 30억 달러에서 260억 달러로 폭발적으로 증가했다. 하딩과 후버 대통령은 이것을 160억 달러까지 줄여놓았다. 그렇지만 이후 루즈벨트 대통령 임기에 대공황이 왔고 제2차 세계대전이 발발했다. 1945년 연방부채는 2,600억 달러에 육박했다. 그리고 새로운 상황이 도래했다. 전쟁은 끊임없이 계속되었다. 전쟁은 냉전시대를 맞아 계속되었고 부채는 상환되기는커녕 증가했다.

로널드 레이건 임기 동안 미국의 부채는 마치 화성에 이를 정도로 엄청나게 많아 보였다. 1980년 1조 달러에 채 미치지 않았던 부채 규모는 레이건이 퇴임하기 전에는 2조7천억 달러로 급증했다. 냉전이 끝났다고 안도하는 사람이 있었지만 부채의 습성은 쉽게 깨버리기 어려운 것이었다. 조지 W. 부시 대통령이 취임할 당시 부채는 5조7천억 달러까지 증가했다.

보수주의자인 부시 대통령은 부채를 줄일 수 있는 기회를 포착했을 수 있다. 국가는 평화의 시기를 누리고 있었고 엄청난 예산 흑자가 기대되고 있었다. 그는 2001년 상하원 합동 회기에 출석해 예산안을 발표하면서 최대한 부채를 줄이겠다고 약속했다.

폴 오닐(Paul O'Neill)은 론 서스킨드(Ron Suskind)의 책인 《충성심의 대가 The Price of Loyalty》에서 "그날 밤 부시는 국민들 앞에 서서 미국 정부의 박식한 사람들은 무엇이 잘못되었는지를 알고 있다고 말했다"고 했다.[4]

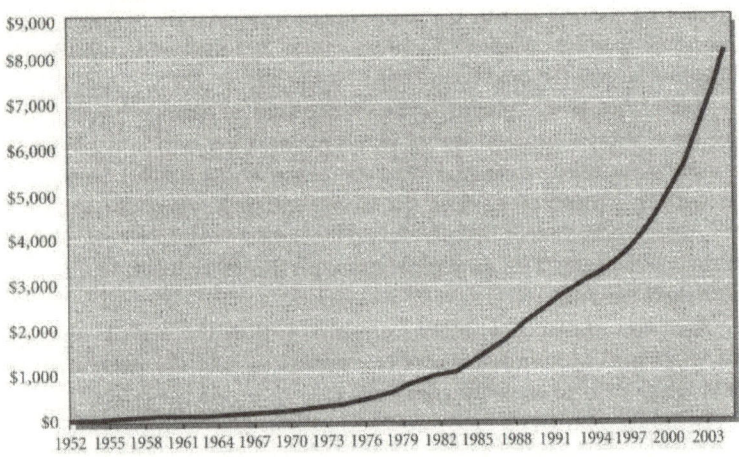

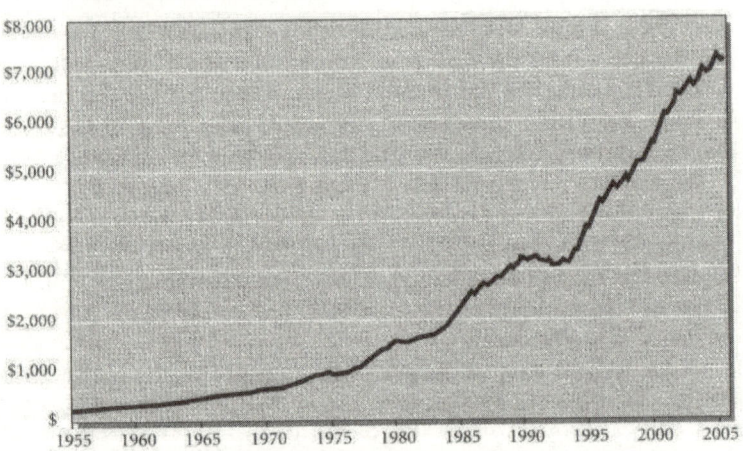

표 10.3 미국의 가구당 소비자신용 잔액과 주택대출 잔액
출처: 연방준비은행

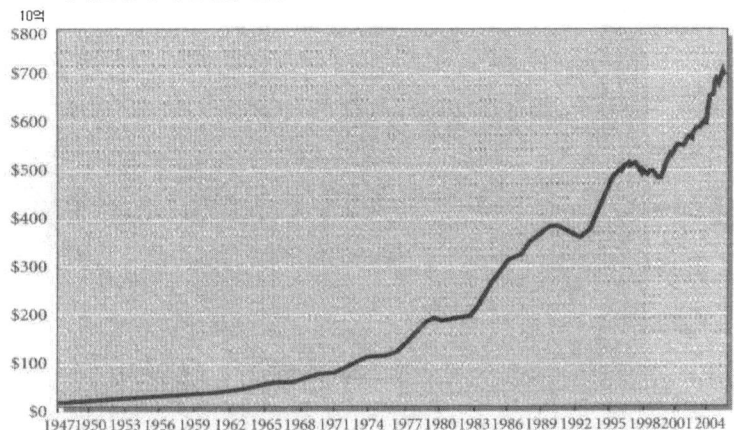

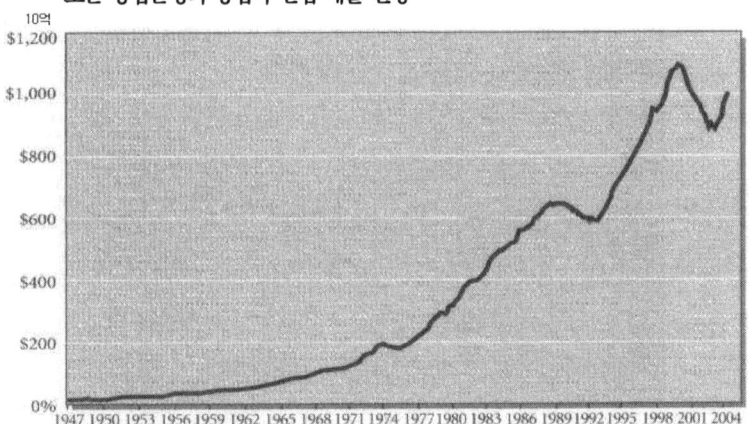

표 10.4 상업은행의 개인대출 및 모든 상업은행의 상업과 산업 대출 현황
제국이 성숙하면서 미국인들은 새로운 사상과 견해를 받아들였다. 사람들은 관심을 자산에서 현금흐름으로 옮겼다. 사람들의 관심은 또한 대차대조표에서 월별 거래명세서로 이동했다. 종전에는 장기적인 부를 축적하는 데 주의를 기울였다면 이제는 급여 수입에 관심이 있었고 저축에서 소비하는 쪽으로 역시 관심이 이동했다. 사람들은 또한 미래에 대비하는 "만약을 위해서"(just in case)에서 현재의 지출에 급급하는 "겨우 시간을 맞춰"(just in time) 쪽으로 이동했다.   출처: 연방준비은행

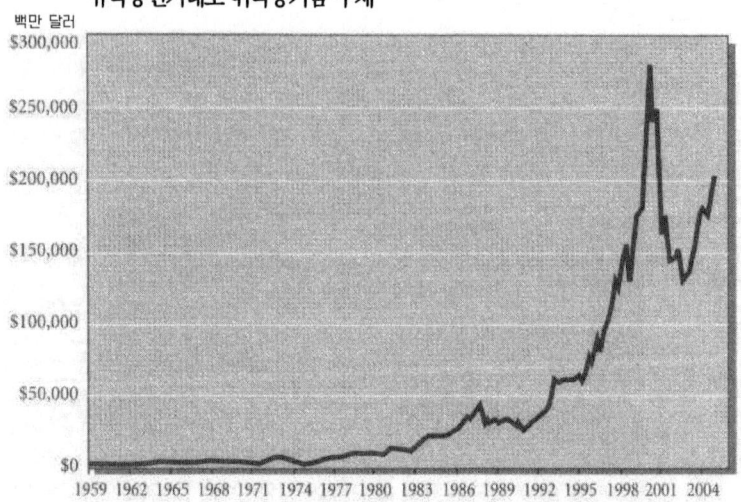

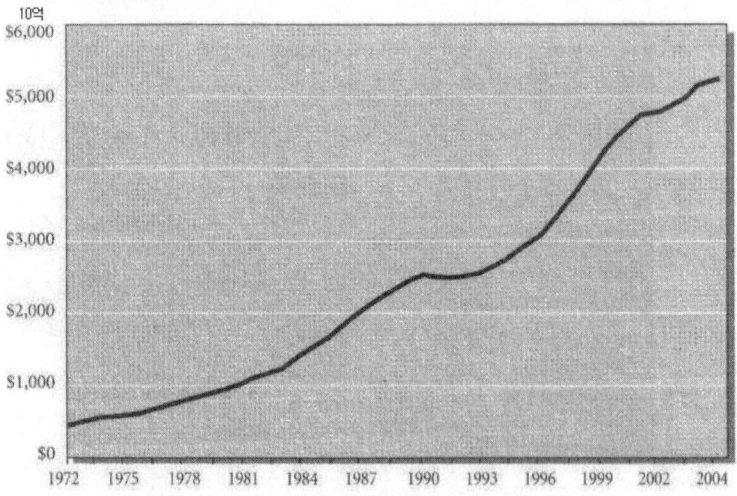

표 10.5 뉴욕증권거래소 위탁증거금 부채와 미국의 기업부채
출처: 연방준비제도이사회와 일본 통계청

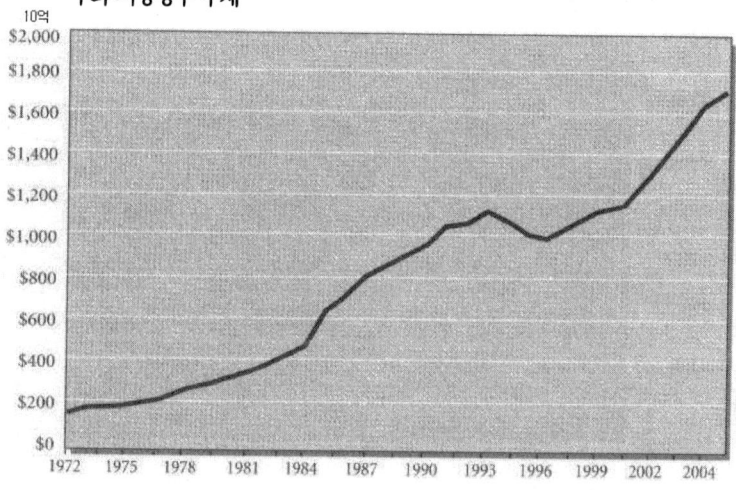

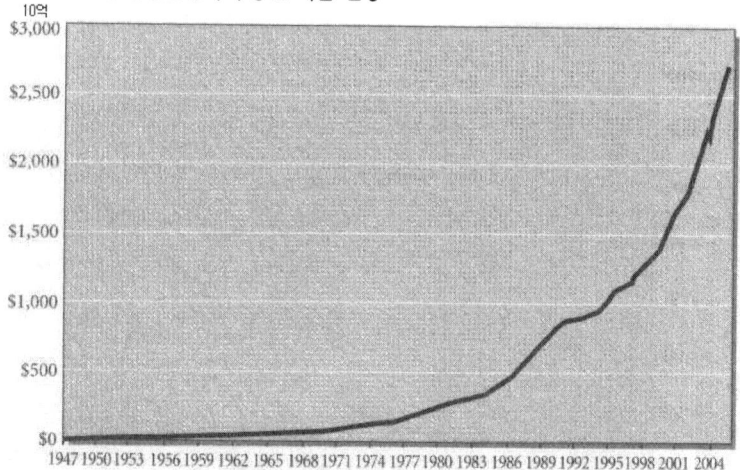

표 10.6 가계의 주택저당융자 잔액과 모든 상업은행의 부동산 대출 현황

과거 역사에 있어왔던 투기적인 거품과 마찬가지로 서기 2000년경 월스트리트에서는 엄청난 기술주의 몰락이 있었다. 이는 기업들의 차입에 의해 일어났으며 이후 역시 차입한 돈으로 부동산 투기가 일었다. 자료: 연방준비은행

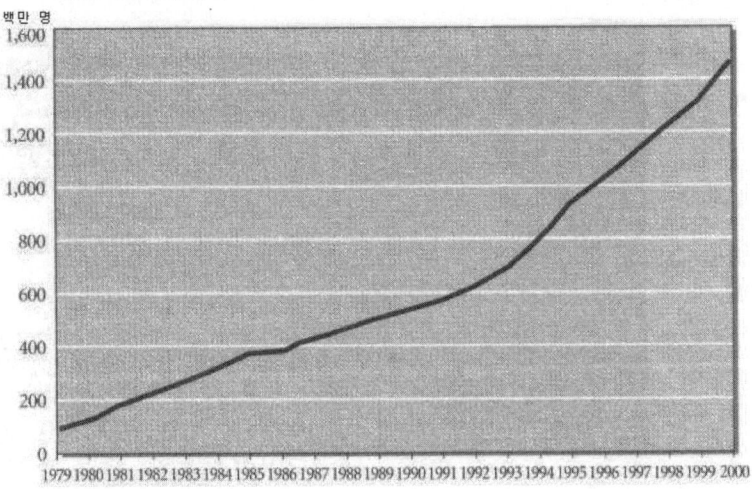

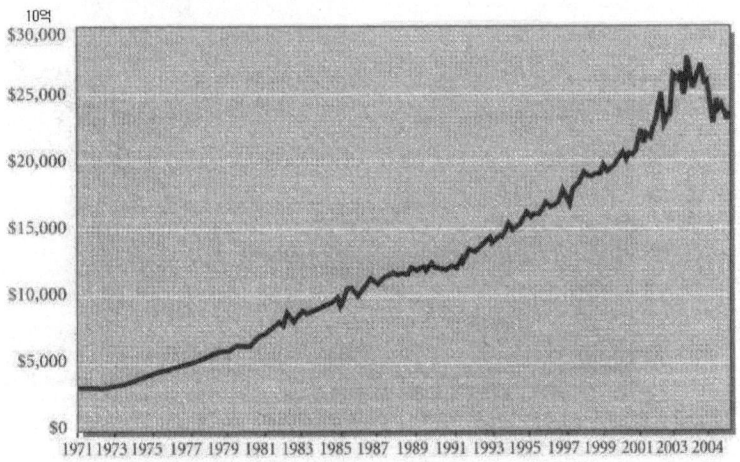

표 10.7 연방학생융자 잔액과 새 자동차 구매를 위한 대출금 현황
출처: 뉴욕 주식시장과 미국 교육부

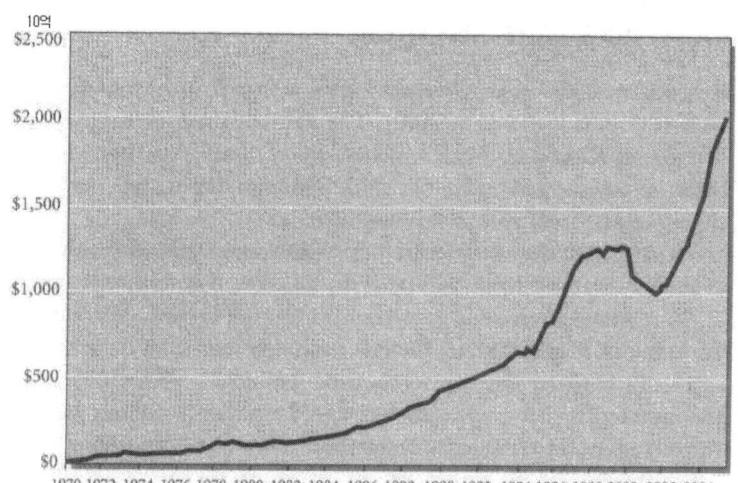

표 10.8 외국인들에 진 주와 지방정부 및 연방 부채

신용, 부채, 차입, 소비의 바람은 미국 전역을 휩쓸고 지나갔다. 낡은 견해와 기관들은 거의 살아남지 못했다. 21세기 초 미국인들은 그들이 원하는 모든 것을 갖기 위해 돈을 빌렸다. 학교에 가기 위해 돈을 빌렸고 SUV의 최신 모델을 몰기 위해 돈을 빌렸다. 또한 새로운 축구장을 건설하기 위해 돈을 차입했고 오래된 산업 단지를 쇼핑 메카로 탈바꿈시키기 위해 돈을 빌렸다. 어떻게 이 모든 차입이 가능했을까? 그것은 이방인들의 친절에 의해 이뤄질 수 있었다.   출처: 미국 재무부

공화당 세대들은 균형 예산을 약속했었다. 단지 전쟁만이 부채의 증가를 허용했다. 전쟁이 없을 때면 공화당 사람들은 몸부림치면서 부채를 줄이려 했다. 그렇지만 1917년 이래로 전쟁은 항상 필요할 때 발발했고 이제 주목할 만한 사건인 9.11 테러까지 있었다. 갑자기 색다른 전쟁이 지구상에서 아무도 찾지 못한 적을 향해 선포되었다. 이것이 바로 테러와의 전쟁이었다. 이제 전쟁과 지출 그리고 부채는 영원히 지속될 것이다.

다음 24개월 동안 부시 행정부는 국가에 더 많은 부채를 안겨줬으며 이는 미국이 설립 초기 200년 동안 축적했던 부채보다도 많은 규모다.

마에스트로의 연주

2005년 2월 앨런 그린스펀은 최초의 현대 경제학자인 애덤 스미스에게 경의를 표하는 연설을 했다. 연준리 의장인 그린스펀은 스미스가 1723년 태어난 스코틀랜드의 파이프 커크컬디에 있는 파이프 대학에 갔다. 그곳에서 그는 스미스의 업적에 대해 언급하기를 스미스의 자유시장 패러다임은 오늘날에도 대부분 적용된다고 했다.[5]

특히 세계는 독립적인 구매자와 판매자가 정부의 계획자보다 상품을 더 잘 전달한다는 사실을 발견했다.

이는 조지 오웰에게는 충격으로 다가왔을 것이다. 제2차 세계대전이 시작될 무렵 오웰은 무수한 믿음을 다음과 같이 표현했다. "나는 이 책을 독일의 폭탄 공격에 맞춰 시작하였다. 이 전쟁이 설명하고 있는 것은 토지와 공장, 광산 그리고 운송을 포함한 경제 시스템을 개인적으로 소유하고 오직 수익을 위해서만 운영되는 개인적인 자본주의는 제대로 작동하지 않는다는 점이다. 그것은 기대한 결과를 얻을 수 없다."[6]

오웰은 틀렸다. 자본주의는 사회주의보다 더 잘 작동한다. 이는 근시안적인 언론인이나 중앙은행 관료들도 알 수 있는 사실이다. 베를린 장벽이 무너진 뒤에도 미국의 중앙은행 의장인 그린스펀은 찬사를 받으면서 임기를 계속했지만 중앙의 계획에 대해서는 어떤 칭송도 없었다.

애덤 스미스는 사적이고 개별적인 의사결정 시스템이 어떻게 실제로 모든 것을 개선하는지를 설명하는 은유적인 표현을 했다. 이 의사결정 시스템은 상명하달 방식을 준수하는 사람에게는 혼란스러운 것이었다. 예를 들어 새끼돼지 가격이 오르는 것은 다 자란 수퇘지를 키우는 사람에게 보다 많은 수퇘지를 키우라는 시그널을 보낸다. 따라서 시장은 "보이지 않는 손"에 의해 사람들이 실제로 필요로 하고 산출할 수 있는 양만큼을 생산할 수 있게 한다.

　눈치 빠른 독자라면 이미 분개하는 목소리로 말할 것이다. 시장은 통제하는 무거운 손이 없이도 최상으로 작동한다는 사실을 그린스펀은 인정하고 있었다. 그렇지만 그는 편리하게도 신용시장은 예외라고 생각했다. 이 뛰어난 음악가인 그린스펀의 연설은 부시 대통령의 복음서인 민주주의처럼 잘못된 요지를 건드렸다. 이는 핵심을 놓치는 것이었다. 신용을 빌려주는 사람과 빌리는 사람에게 "보이지 않는 손"에 의해 움직이도록 하지 않고 수년 동안 그린스펀의 손은 채권자와 채무자를 동시에 잡아당기고 있었다. 그린스펀의 공개시장위원회(Open Market Committee)는 실제로는 공개시장이 아니었다. 이곳은 단기적으로 대금업자가 어떤 요율로 자금을 빌려주고 차입자는 얼마에 자금을 빌릴 것인가 하는 금리를 결정했다.

　가구시장과 주식시장, 곡물시장, 노트북 컴퓨터 시장 그리고 다른 모든 시장의 바보들에게 좋은 자유시장이 왜 신용시장의 얼간이들에게는 충분하지 않을까? 해답은 논리적인 게 아니라 편리성에 있다. 대개 정치 지도자들은 구매자와 판매자 그 자리에서 스스로 가격을 결정하는 것보다는 더 후한 신용조건으로 거래하고 싶어한다. 핵심 금리를 결정하는 데 있어서도 공개시장위원회는 정치가들이 선호하는 방식으로 금리를 결정하고자 한다.

　<뉴요커>의 칼럼니스트인 제임스 슈로위키스(James Schrowikis)의 책인 《군중의 지혜 The Wisdom of Crowds》[7]는 두 사람의 생각이 한 사람의 생각보다 낫다고 지적한다. 여러 사람들의 집단이 개인보다 더 똑똑하다는 것이다. 이론적으로 시장은 어떤 물건에 알맞은 가격을 찾아내는 일을 잘 수행한다. 시장은 개인의 의견과 수천 명의 개인들의 독립된 판단을 모아서 결정할 수 있다. 이는 대개 성공적이다. 그렇지만 경우에 따라서 시장은 군중심리로 빠져들고 금융미디어나 금융산업에 의해 과도한 거품이 일기도 한다.

때때로 전체 시장은 중앙은행의 정책 입안자들에게 속기도 한다. 미국 연준리의 정책 입안자들은 대금업자와 차입자가 금리를 결정하도록 하기보다 자신들이 금리를 결정한다. 연준리 정책 입안자들이 그토록 복잡하고 거대한 경제가 필요로 하는 대출 금리를 어떻게 알 수 있는가 하는 점은 결코 설명된 적이 없다. 그렇지만 역사적으로 연준리의 최저금리부터 최고금리에 이르기까지는 1200bp의 격차가 있다. 이렇게 많은 금리 중에서 연준리 정책 입안자들은 거의 틀린 금리를 결정하게 된다. 지금은 구매자와 판매자가 스스로 가격을 결정하기보다는 정치 지도자들이 후불제의 쉬운 시스템을 선호하는 시대이다. 핵심 금리를 결정하는 데 있어 공개시장위원회는 시장에 의해 제시된 것보다 정치인들이 좋아하는 금리를 결정하는 성향이 훨씬 더 강해졌다. 정치인들이 좋아하는 금리는 낮은 금리다. 그렇지만 슘페터가 지적했듯이 실질 저축을 과도하게 자극하는 것은 사기다.

인위적으로 낮은 금리는 실제보다 많은 돈을 이용할 수 있다는 환상을 준다. 어느 누구도 이에 대해 거의 불평하지 않는다. 소비자들은 그들이 실제 갖고 있는 것보다 많은 돈을 소비할 수 있다고 생각한다. 생산자들은 실제로 존재하지 않는 수요가 있다고 생각한다. 자격이 없는 정치인들이 재선된다. 그리고 이를 묵인한 중앙은행 관계자들이 다시 임명된다.

연준리의 낮은 금리가 내포하고 있는 "정보의 내용"은 모든 사람을 잘못 인도한다. 사람들은 자멸로 가는 길고도 더딘 과정에 기꺼이 뛰어든다. 그들은 사기꾼들에게 자신들이 조종당하고 있다는 것을 알지 못한다. 먼 훗날에나 이것이 사기였다는 것을 알게 된다.

프리드리히 하이에크(Friedrich Hayek)는 다음과 같이 설명한다.

경제 시스템이 일시적인 수요를 창출한다는 사실에 착안하여 가격이 지속적으로 상승할 것이라는 기대 하에 추가 자금을 계속해서 투입하는 것은 자금의 증가가 멈추거나 둔화되는 순간 끝나버린다. 이는 또한 자금의 증가량이 동일한 비율로 계속되거나 혹은 정해진 비율로 가속화되는 경우에 한해서 노동과 다른 자원을 이용할 수 있다. 그렇지 않으면 이는 모든 경제 활동을 빠르게 파괴할 것이다.[8]

경제 시스템이 작동하는 방식은 간단하다. 하나의 경제는 실질 수요를 창출하기 위해 준비되어 있다.

혹은 경제는 존재하지도 않는 수요를 창출하기 위해 인위적으로 낮은 금리를 유지하면서 잘못 인도되는 측면이 있다. 이 속임은 오랫동안 지속될 수 있다. 그렇지만 근본적으로 어떤 형태로든 조정이 일어나고 통상 생산과 소비가 모두 감소하면서 경기후퇴로 질서를 되찾게 한다. 일반적으로 조정은 경기후퇴 이전에 오는 속임수와 같은 것이다.

그렇지만 앨런 그린스펀의 은행은 이러한 주기적인 공정한 한판 승부를 피할 수 있다고 생각했다. 2002년 11월 21일 당시 연준리 이사인 벤 버냉키는 "전 세계적인 협력"을 제안했다. 그리고 2003년 5월에 공동의 움직임을 촉구하기 위해 일본을 방문했다. 그는 연준리가 미국 소비자들의 지불능력(solvency)을 희생시킬 준비가 되어 있다고 일본 사람들에게 말했다. 감세와 낮은 금리는 여전히 미국 사람들이 갖고 있지도 않은 돈으로 필요하지도 않은 물건을 사도록 유도했다. 그 대가로 일본은 미국 달러화와 미국 재무부 채권을 위시한 달러 표시 자산을 매입함으로써 미국이 저금리를 유지하도록 도와야만 했다.

그래서 다음과 같은 일이 일어났다. 리처드 던컨에 따르면 2003년과 2004년 1분기에 일본은 통화정책에서 놀랄 만한 실험을 했다. 즉 일본의 통화정책이 전 세계 경제에 미치는 영향은 주목할 만했다. 또한 그 통화정책으로 인한 재정압박이 거의 감지되지 않았다는 사실도 놀라웠다. 2003년과

2004년 1분기의 15개월이 지나자 일본의 통화당국은 35조 엔을 만들어냈다. 이를 총체적 관점에서 보면 35조 엔은 거의 연간 세계 경제 산출량의 1%에 해당하는 금액이다. 이는 대략 일본의 연간 세수의 토대를 이루는 금액이며 또는 일본의 4대 은행 중 하나인 UFJ의 대출 회계장부 금액과 맘먹는다. 35조 엔의 금액은 달러로 환산하면 일본 국민 일인당 2,500달러에 해당하는 금액이며 지구상의 전체 인구로 배분해보면 인구 당 50달러의 금액이다. 단기적으로 이는 평화적인 시기에는 결코 시도된 적이 없는 규모의 통화량 증가이다.[9]

왜 일본은 이토록 많은 돈을 발행했을까? 이는 일본 시민들이 미국에 물건을 팔고 난 뒤 수취한 달러화를 일본 통화당국이 사들여야 했기 때문이다. 일본 통화당국이 그렇게 하지 않았다면 일본의 통화가치는 상승했을 것이고 이는 미국 시장에서 일본 제품의 경쟁력을 약화시켰을 것이다. 일본 통화당국이 많은 돈을 찍어내지 않았다면 달러는 다른 통화에 대해 훨씬 더 많이 하락했을 것이다. 또한 일본 통화당국이 그렇게 하지 않았다면 일본인들은 미국 재무부채권을 사들이기 위해 그렇게 많은 달러를 사지 않았을 것이다. 그리고 일본인들이 그토록 많은 미국 재무부채권을 사들이지 않았다면 미국의 금리는 상승하고 소비자들이 쓸 수 있는 돈은 더 적었을 것이며 아마도 전 세계는 경제 위기를 겪었을 것이다.

던컨은 계속해서 말하기를 "의도적이든 아니든 3,200억 달러에 상당하는 돈을 찍어내 미국에 빌려줌으로써 일본은행과 일본의 재무성은 민간이 달러에서 탈출하는 것을 보완했다. 동시에 미국은 세금을 감면했고 이는 세계 경제를 다시 팽창시켰다. 이처럼 일본이 미국의 채권을 보유함으로써 미국 채권 수익률은 역사상 가장 낮은 수준까지 하락했다"고 했다.

"2004년 세계경제는 지난 30년보다 빠르게 성장했다. 전대미문의 규모인 일본은행에 의한 통화량 증가는 아마도 이러한 성장을 만들어낸 가장 중요한 요인이었을 것이다. 사실 이 35조 엔은 세계적인 통화재팽창과 통화수축 사이의 차액을 만들어낼 수도 있었다. 이것을 알아차리지 못한다면 이는 매우 상식을 벗어난 것이다"라고 던컨은 말했다.[10]

위험한 곳으로 비행

　제국의 성숙과 더불어 미국인들은 새로운 사상과 사고방식을 발전시켰다. 제국의 행로에서 미국인들은 자신들을 제외한 모든 사람들의 일을 걱정할 준비가 되어 있었다. 재정적인 문제에 있어서 미국인들의 신념에도 또한 변화가 있었다. 미국인들의 관심은 자산에서 현금흐름으로 바뀌었다. 그들의 관심은 또한 대차대조표에서 월간 영업활동 명세서로 옮겨갔고, 장기적인 부의 축적에서 그날그날 먹고사는 자금조달의 문제로 이동했다. 저축보다는 소비 쪽으로 관심이 커졌고 "만일의 경우를 생각해서"에서 "겨우 시간에 맞춰"로 그들은 바뀌어 나갔다.
　미국은 이착륙 시점마다 매번 점점 더 위험해지는 비행기와 같았다.
　이는 마치 이상한 새 무역풍이 태평양을 뒤흔들고 북미 대륙까지 흔든 격이었다. 해가 갈수록 흔들림은 더 심해졌고 실제로 미국 전역에 걸쳐 모든 나무와 거리의 간판이 제국을 향해 기울어졌다. 점차 미국의 모든 제도와 사고방식은 새로운 바람에 의해 바뀌었다.
　연방정부는 존슨과 레이건의 임기 이전까지 미국 사회를 상당히 질서 있게 통제했다. 그러나 새로운 바람이 곧 미국을 덮쳤다. 미국은 돛을 올리고 사상최대의 적자와 전대미문의 부채 상황으로 빠르게 항해했다.
　1981~87년 연준리는 철의 손이라 불리는 폴 볼커의 재임기간 중 정신을 바짝 차리고 버티었다. 이후 앨런 그린스펀이 연준리 의장에 취임했다.

곧 연준리는 전과 다르게 다른 것들과 함께 고개를 숙이고는 결국 바람에 날아가버렸다. 즉 바람을 더 세게 만들었다.

소비자들은 땅에 발을 붙이느라 힘들었다. 소비자들이 문 밖으로 나갈 때마다 강한 바람이 소비자들에게 불어닥쳤고 그들은 점점 더 위험한 부채더미로 몰렸다. 소비자들은 과도한 모기지가 위험할지를 일단 곰곰이 검토해보았지만 그것이 전혀 위험하지 않다고 생각했다. 공기의 분출이 그들의 집값을 밀어올리고 부담을 가볍게 했다. 금리는 급락했고 그들은 다시 재융자로 돈을 차입했으며 매번 순자산액이 약간 더 많이 증가했다.

그 바람은 부채에 대한 소비자들의 사고방식을 바꾸어버렸고 돈을 빌려주는 산업은 적당하게 사실을 왜곡했다. 소비자들이 이에 저항할 수 있는 방법은 없었다.

2005년 봄, 격주로 발행되는 <그랜츠 금리 업저버>는 뭔가 특이한 사실을 지켜보면서 발행을 일시 중지했다. 은행가도 찾아내기 힘든 것을 이 잡지는 지력을 갖고 찾아냈다.

버논 W. 힐(Vernon W. Hill)은 작은 골짜기 마을 출신의 은행가였다. 현대의 채권금융 바람은 그곳에까지는 미치지 않은 것 같았다.

힐은 말하기를 "우리는 미국이 위험에 처해 있다고 느낀다. 미국 앞에는 허약함과 불쾌함이 놓여 있다. 인플레이션이나 디플레이션 중 하나가 미국 앞에 놓여 있으며 어쩌면 두 가지가 모두 자리잡고 있는지도 모른다. 우리는 많은 차입자들이 예정된 기일에 차입금을 상환하지 못할 것이라고 생각한다"고 했다. 힐이 언급한 다음의 어떤 이유도 진짜 이유는 아니다. 그는 낮은 저축과 생산적인 산업에 대한 적은 투자 및 상승하는 집값과 동반되는 부에 대한 환상에 대해 말했다. 새로운 공장이나 생산방식에 대한 미미한 실질 투자는 좋은 보수의 일자리를 창출할 수 없다. 이와 같은 경제에서 머리가 나쁜 은행가는 충분히 고려하지도 않고 많은 돈을 대출해준다. 반면 먼로카운티 은행의 은행장인 힐은 새로운 대출을 해주는 단계마다 신중하다는 인상을 준다. 그는 차입자가 어떻게 자금을 상환할 것인가를 의심하면서 매우 어렵게 돈을 빌려준다.

그러나 다른 은행가들은 점점 더 부동산 대출 비중을 늘려나갔다. 힐의 은행은 신중하게 주거용 부동산에 대한 대출 비중을 줄였다. 가계에 대한 모기지 비중은 1980년 상업은행 대출금의 1/3에도 미치지 못했다. 지금 모기지는 거의 2/3에 육박한다. 다른 은행가들은 누구든지 집을 사는 조건으로 서명하는 사람에게 돈을 빌려줄 것이다. 힐은 그해 집값이 20% 정도 상승하지 않는 한 어떻게 차입자가 융자금 상환에 나설 수 있을지 의아해했다.

힐의 기관이 "올해의 은행"(Bank of the Year)으로 선정되고 <비즈니스 위크>의 표지 사진에 힐이 등장한 것이 관례의 일종은 아니었다. 2005년은 달랐다. 힐의 은행은 오늘날의 은행이 아니었다. 그것은 아마도 과거의 은행이었고 우리가 생각하기에 그 은행은 또한 미래의 은행이기도 했다.

먼로 카운티 은행은 대부분의 대출기관들과는 다를 뿐 아니라 미래를 향해 전혀 다른 방향으로 나아가는 것처럼 보였다. 우리는 힐을 만난 적이 없고 조지아 주의 포시(Forsyth)에 있는 그의 사무실을 방문한 적도 없다. 그렇지만 우리가 그 은행에 들어선다면 참나무로 만든 책상 뒤에 있는 한 남자와 구석의 침 타구를 볼 수 있을 것이다. 만약 대출을 신청한다면 우리는 개인적인 재무 상태에 대해 예의 바르지만 엄격한 질문을 받게 되고 곧 이어 대출이 승인되지 않는 모습을 맞닥뜨리게 될 것이다. 이는 앨런 그린스펀이 연준리 의장으로 재임한 18년 동안에 있을 수 있는 전형적인 은행가의 방식이 아니다.

신용 산업에 대한 힐의 접근이 특별히 수익성이 있는 것은 아니었다. 힐은 다른 은행가들이 하는 것과 똑같이 행동해야 자신이 보다 많은 돈을 벌 수 있다는 사실을 인정했다.

주식은 특정 회사의 가치 변화에 대한 시장의 시각에 따라 가격이 오르기도 하고 떨어지기도 한다. 기업의 가치는 얼마나 많은 수익을 올리는가에 달려 있다. 기업의 가치는 변화와 추론에 따라 다르다. 그렇지만 집의 가치는 시간이 지나도 쉽게 변하지 않는다. 해가 지나도 집은 똑같은 지붕과 벽 그리고 변함없이 안락한 따뜻함과 편안함을 느끼게 한다. 주인이 살고 있는 집의 가치는 바뀌거나 빨리 움직이거나 왜곡되지 않는다. 또한 값이 쉽게 내려가거나 상승하지도 않는다. 현명한 CFO(기업의 자금관리 임원)도 수익을 안정적으로 조절할 수는 없다. 아무리 유창하게 말을 잘하는 계획 입안자라 해도 다음해의 매출을 과다하게 늘릴 수는 없다. 집은 보이는 그 자체일 뿐 그 이상도 아닌 그저 소중한 집일 뿐이다.

그렇지만 조지아 포시의 힐의 은행을 제외하면 미국인들은 바로 그들이 잘 알고 있는 생명이 없는 벽돌집들이 거의 마술에 걸린 것처럼 가치가 높아져서 사람들을 부자로 만들 수 있다고 믿었다. 빛 바랜 페인트, 얼룩이 묻은 카펫, 새는 수도꼭지 그리고 최고의 자동차 도로에 이르기까지 거의 마술적인 품질을 갖고 있는 것들이 사람들을 부자로 만들 수 있다고 말이다.

사람들은 집이 투자라고 믿는다. 주식과는 다르게 집에 대한 투자만이 보다 안전하고 수익성이 있다고 생각한다. 그들은 스스로의 경험에서 집이 수익의 중심이 아니라 비용만 든다는 것을 안다. 집은 매달 유지비용이 든다. 사람들은 또한 집을 임대해준 사람이 세입자에게 앞서 말한 서비스를 제공해야 함은 물론이고 집이 생산활동을 하지 못한다는 것을 안다. 집의 뒷문에서 나오는 것들 중에 내다팔 수 있는 것은 아무것도 없다. 사업적인 측면에서 이것은 손해나는 장사이며 사람들도 그 사실을 안다. 집은 아무것도 생산하지 못하며 어떤 현실적인 수익도 창출하지 못한다.

그러나 집의 소유주는 대출자에게 가서 마치 집이 수익을 축적해온 것처럼 집에서 돈을 뽑아낼 수 있다고 생각한다. 단순히 잉여자산을 뽑아낼 수 있다고 생각하는 것이다. 집의 소유주는 만약 지난해 20만 달러짜리 집을 갖고 있었다면 올해는 집값이 25만 달러가 되어야 한다고 계산한다. 집이 5만 달러의 수익을 벌어들였다고 생각하면서 집 주인은 5만 달러를 사용한다. 그리고 여전히 이 20만 달러짜리 집을 계속 보유한다.

집의 소유주는 5만 달러가 어디서 생겼는지에 대해 자문하지 않는다. 비용만 잡아먹는 것으로 생각했던 집이 그가 해마다 수입으로 벌어들이는 것보다 많은 수익을 올려준다는 사실에 대해 전혀 이상하게 생각하지 않는다. 게다가 소유주와 그 가족이 모든 방을 점유하는 집에서 어떻게 그렇게 많은 값어치의 돈이 나올 수 있는지 집주인은 의아해하지조차 않는다.

버논 W. 힐은 이러한 부는 환상이라고 생각하는데, 이는 우리가 봐도 그렇다. 힐은 이것이 차입자와 대출자 모두에게 큰 문제를 가져온다고 생각한다. 큰 문제를 피하기 위해 힐은 개인적으로 워렌 버핏처럼 40년 전에 구입한 집에서 아직까지 살고 있다.

힐은 미래의 차입자들에게 살고 있는 집이 아니라 그들의 재정 상태를 보여달라고 요청한다. 살고 있는 집의 가치가 얼마든 그것은 정지 상태에 있다. 그 집은 당신에게 돈 한 푼 벌어주지 못한다. 만약 당신이 그 집을 팔아버린다면 단지 다른 집을 또 살 수 있을 뿐이다. 당신은 평면 TV 대금을 지불하기 위해 집을 중국에 선적할 수도 없고 SUV 차량 대금을 지급하기 위해 집을 일본에 선적할 수도 없다.

힐은 위대한 제국에 대해 반드시 반대하는 것은 아니다. 그는 별로 걱정하지 않아 보인다. 그렇지만 보다 전형적인 보통의 대금업자와 이코노미스트들의 시각은 <인터내셔널 헤럴드 트리뷴>에서 전에 간략하게 언급한 두 사람의 이코노미스트들에 의해 표현되었다. 데이빗 H. 레비(David H. Levey)는 무디스의 국가신용등급 서비스 담당 이사를 역임했다. 스튜어트 S. 브라운(Stuart S. Brown)은 시라큐스 대학의 경제학과 국제관계학 교수이다. 이 두 사람은 미국의 패권이 강한 토대를 갖고 있다고 허풍을 떨었다. 그들은 힐의 신중한 통찰력과 개인적인 지식, 37년간 돈을 빌려주면서 쌓았던 경험 및 돈이 위급한 상황에 빠져드는 데 대한 힐의 예리하고 즉각적인 주의 등은 전혀 염두에 두지 않은 채 거시경제에 대해서만 말하고 있다.

레비와 브라운이 우리에게 말하고자 했던 것은 우리가 염려할 일이 전혀 없다는 것이다. 미국인들이 벌어들이는 것보다 하루에 6% 정도를 더 많이 소비하는 것은 사실이다. 11조5천억 달러의 미국 자산이 외국인들의 소유이고 미국의 순 국제투자 자금은 3조 달러 이상 마이너스라는 것도 사실이다. 그리고 미국 국민들이 거의 저축하지 않는다는 것도 사실이다. 그렇지만 레비와 브라운은 미국인들이 아직도 자신들이 겪고 있는 상황에 대해 괜찮다고 느낀다고 말한다.

레비와 브라운은 이런 통계 수치가 미국의 제도적이고 기술적이며 인구통계학적인 이점들을 가리고 있다고 말한다. 그러한 이점들은 무엇인가? 두 사람은 결코 그 점에 대해 말하지 않았다. 각 나라들은 저마다 다른 제도를 갖고 있다. 각각의 국가들은 다른 인구 통계를 갖고 있고 다른 기술을 이용한다. 대체 무엇이 이점이고 무엇이 장애인지 누가 알겠는가? 사실이 확인된 뒤 추론에 의해서나 알게 될 뿐이다. 1989년 버블의 정점에서 일본이 모든 강점을 갖고 있다고 널리 생각했다. 사업에 압력을 가하는 그 어떤 문제도 거의 언급되지 않았다. 이제 15년이 지나 슬럼프에 직면한 일본은 모든 불이익만 갖고 있는 것처럼 보이며 좋은 점들은 베링 해를 건너 북미 대륙으로 넘어간 것처럼 보인다.

오늘날 주류 언론들은 미국 경제가 얼마나 역동적이고 유연하며 개방되어 있는지에 대해 말한다. 레비와 브라운은 기사 말미에 유일한 진정한 위협은 국내의 보호무역주의와 고립주의가 그 동안 미국에 동력으로 작용했던

역동성, 개방성, 유연성에 종말을 가져올 수 있다고 말한다.[11]

프랑코-프러시아 전쟁 이후 프랑스의 군사정책을 우리는 잘 기억하고 있다. 그랜드메이슨 대령에 의해 주도된 프랑스는 전술과 전략을 대체할 단어를 허용했다. "돌진"(elan)이 바로 그 단어였다. 그것은 "정신"(spirit) 또는 "의지력"(force of will)을 의미했다. 제1차 세계대전이 발발했을 때 프랑스는 번쩍이는 검을 갖고 말을 타고 공격했다. 대체 이게 무슨 돌진이고 전쟁 방식이란 말인가. 이는 정말 멍청한 행위였다. 독일은 기관총을 갖고 있었고 전쟁터는 이내 잘생기고 젊은 프랑스 군인들의 시체로 뒤덮였다. "돌진"은 시인에게는 위대한 단어로 증명되었지만 프랑스 군대에게는 부적당한 것으로 판명되었다.

그리고 이제 미국인들은 그들만의 화려한 군인들이 입는 몸에 붙는 짧은 상의를 입고 역동주의, 유연성, 개방성에 대해 자부심을 갖는다. 미국인들이 벌어들이는 것보다 많이 소비한다는 것에 대해 누가 상관이나 하겠는가? 미국인들이 전혀 저축하지 않고 이방인과 다름없는 사람들에게 생계유지를 의존하고 있다는 사실을 누가 걱정이나 하겠는가 말이다. 한마디로 중국과 일본이 미국 경제에 버팀목이 되었다는 것을 누가 깨닫겠는가?

그러나 집은 어떤가? 미국인들이 부자인가? 중국과 일본인들이 미국 채권을 팔아도 미국인들은 여전히 집을 갖고 있다. 레비와 브라운은 "자본이득, 401(k)의 은퇴계획과 집의 가치를 포함하면 미국의 국내 저축은 GDP의 20% 가량으로 다른 선진국들과 같은 수준이다"라고 했다.[12]

레비와 브라운은 힐에게 말해야 한다. 그들은 집의 가치가 "움직이지 않는"(inactive)다는 사실을 깨닫지 못한 것처럼 보인다. 우리는 아직까지 집값을 올리는 공장이 있다는 얘기는 들어보지 못했다. 우리는 다른 한 쪽에서 동일 규모의 부채가 증가하지 않고서 상승하는 집값으로 부채가 지불되는 경우는 아직 보지 못했다.

먼로 카운티의 은행가인 힐은 "우리의 빈약한 저축과 엄청난 차입은 집 문제 때문이다. 대저택과 분양된 토지가 무역균형을 맞추기 위해 수출될 수 있다면 얼마나 편리하겠는가. 대저택과 토지가 수출될 수 없기 때문에 우리의 엄청난 부채를 보유하고 있는 외국인들은 거대한 고급주택에 살러 와서 자금을 상환 받는다. 주택 소유자들은 일본과 중국의 채권자들이 미국을 방문하면 집사나 가정부로 일을 한다"고 했다.

폴 볼커는 미국 경제는 가난한 사람들의 저축에 기반해서 성장하고 있다고 말했다. 마셜 오이어백(Marshall Auerback)은 우리는 "블랑슈 뒤부아"*(Blanche Dubois, 테네시 윌리엄스의 희곡 <욕망이라는 이름의 전차>의 여주인공 이름, 현재의 미국경제 상황을 타락하고 정신이 붕괴되어 가는 여주인공에 빗대어 설명) 경제가 되었다고 했다. 미국인들은 엄청난 착각을 하고 있으며 이제 미국은 계속 성장하기 위해 완전히 이방인이라 할 수 있는 사람들에게 전적으로 의존하고 있다. 가난한 사람들은 물건을 만들고 부자들은 이 물건을 소비하면서 가난한 사람들에게 자금을 공급한다.

막사에서 살면서 메스꺼운 고기를 먹고 미국인들이 시간당 버는 돈의 1/20보다 적게 버는 사람들이 미국인들의 새로운 집과 전쟁에 필요한 돈을 영원히 공급할 것이라고 미국인들은 잘못 생각하고 있다. 왜일까? 미국 경제는 매우 역동적이고 유연하며 개방되어 있어서 가난한 농부가 저항할 수 없다는 게 그 이유다.

절약의 결점

신용, 부채, 차입, 소비의 돌풍이 온 나라에 몰아닥치면서 오래된 견해와 관습은 거의 남지 않았다. 버논 힐과 몇몇 사람을 제외하면 채권자는 돈을 빌려간 사람의 재무상태에 대해 크게 걱정하지 않는다. 저축과 대부업무는 이제 그 이름에서 저축이라는 말을 없애야 할지 모른다. 그리고 채권자에게 검약하라고 요청하는 것은 실제로 거짓말이다. 전체 산업은 새로운 업무로 관심을 돌린다. 소비자들이 가능한 많은 부채를 쌓게 하기 위해서 말이다.

검약이 미덕이던 시절이 있었다. 저축된 1센트는 벌어들인 1센트를 의미한다고 죽은 사람들은 속삭인다. 날카로운 펜을 가진 회계사들은 저축한 1센트가 벌어들인 1센트보다 40~50% 정도 훨씬 더 중요하다는 것을 안다. 그것은 주나 지방 혹은 연방 소득세의 문제가 아니다.

그러나 미국에서는 2005년 현재 검약을 더 이상 미덕으로 여기지 않는다. 오히려 정신 이상으로 간주할 뿐이다.

증거는 롱아일랜드에 있는 관찰력이 예민한 <그랜츠 금리 업저버>라는 잡지에서 나왔다. "진짜 바보"(Real Simple)라는 표제가 붙은 책은 34세의 모닝 노턴(Morning Naughton)이라는 가난한 여인에 대해 이야기하고 있다. 이 여인은 육체적으로는 서른네 살이지만 정신적으로는 수백 살이다.

노턴은 값비싼 보석상 같은 곳에는 절대로 전화하지 않는다. 노턴은 노스캐롤라이나 진열장의 새 SUV 차량 따위에도 결코 탄복하는 법이 없다. 만약 당신이 비용이 많이 드는 휴가, 화려한 호텔방, 사치스러운 모피 코트 혹은 최고의 음식점 등의 매출에서 신용카드 사용 내역을 조회해보아도 노턴의 이름은 그 어디에도 없다.

아 신이시여! 그녀는 정말 진짜 문제가 많다고 이 책은 말한다. 그녀의 문제는 절약하는 것이다.

"그녀는 신용카드 부채 따위는 가져본 적이 없으며 모든 자금 결제는 즉석에서 처리한다. 그녀는 자신의 연간소득 3만 달러 중에서 매달 500달러를 규칙적으로 저축한다"고 책은 밝히고 있다.

책의 줄거리는 "노턴의 남편인 제이슨 마이클은 그녀가 스스로 즐기거나 남편을 즐겁게 해주지 못하는 무능력에 대해 걱정한다"고 되어 있다. 책에서는 또한 노턴의 날카로운 소리가 자녀에게 잘못된 메시지를 줄 수 있다는 남편의 우려를 담고 있다. 제이슨은 이어서 "그녀가 그렇게 할 수밖에 없다는 것을 알지만 저축에 대한 그녀의 집착은 나를 바보로 만든다"고 했다.

미국의 태양은 빛나고 있었지만 그 이면의 그늘에는 온갖 종류의 사기가 꿈틀거리고 있었다. 노턴에 대해서 읽다 보면 이코노미스트들은 어떤 위협을 보게 된다. 만약 다른 소비자들이 노턴과 똑같이 행동한다면 미국의 전체 선술집은 어려움에 처하게 될 것이다. 심리학자들은 반면에 노턴의 행동에서 기회를 본다. 몇몇 심리학자들은 이를 극복하기 위해 12단계의 프로그램을 준비했다. 다른 사람들은 약물이나 상담을 제안한다.

이코노미스트와 심리학자는 모두 편히 쉴 수 있다. 만약 절약이 기능장애라면 이는 매우 드문 경우로 걱정할 필요가 없다. 그런 증세에 걸릴 가능성은 공공기관 사무실의 정직함처럼 매우 낮다고 할 수 있다. 게다가 그것이 기능장애라고 할지라도 검약은 변화하는 것이다. 만약 사람들이 너무 많이 저축하거나 너무 적게 저축한다면 단지 기다리기만 하면 되며 이는 곧 사라진다.

그녀 자신에게는 아무 잘못이 없지만 노턴은 특이한 상황으로 빠져들었다. 한 세대는 창조해내고 그 다음 세대는 낭비한다. 한 세대는 벌어들이지만 다음 세대는 태워버린다. 한 세대는 이룩하지만 다음 세대는 처분한다. 모닝 노턴은 잘못된 시대에 태어난 것이다.

<데일리 레커닝>이 매일 보내는 이메일의 독자로부터 최근 받은 한 편지는 다음과 같이 시작한다. "1970년대에는 회상해보건대 불경기로 인해 많은 사람들과 어린이들이 인플레에 의해 황폐화되었다. 사람들은 그 어려운 시절을 기억했고 그래서 빚지는 것을 싫어했다. 심지어 돈을 빌리고 갚는 일이 인플레로 인해 가치가 떨어진 달러로 이루어졌지만 사람들은 신중했다.

물가가 상승하면서 그들은 지갑을 열지 않았고 새 물건보다는 중고 제품을 샀다. 나는 결코 새 차를 사기 위해 그렇게 큰돈을 지불한 적이 없다. 사람들은 인플레로 인한 손실을 방어하기를 꿋꿋하게 거부하면서 달러를 그저 보유하고 있었다. 사람들은 심지어 인플레 폭풍우가 보유재산 가치를 파괴할 때에도 그냥 지켜보거나 심지어는 현금을 더 늘렸다.

"진짜 바보"의 분석은 계속된다. 모닝 노턴이 아홉 살이었을 때 그녀의 부모는 이혼했다. 그녀는 아버지를 따라 케이프코드로 이사했고 아버지는 돈을 벌기 위해 건설업에 종사했다. 그러나 그는 실제로는 예술가였다. 그녀는 아기 보모를 포함해 돈을 벌기 위해서 별의별 다양한 일을 했다. 열 살에 그녀는 첫 저축예금 계좌를 개설했다. 열세 살에 그녀는 모든 필요한 정보를 채워 넣고 아버지가 수표에 서명하도록 해서 청구서를 지불하기 시작했다. "나의 어린 시절의 경험은 이처럼 돈을 내놓는 것을 극도로 싫어하도록 만들었다. 나는 항상 안전망이 필요했다."

노턴은 아직도 몰락에 대해 우려하는 유일한 미국 사람일 것이다. 그러나 그녀는 언제든지 치료를 받을 수 있다. "진짜 바보"에서는 "매우 검약하게 산다는 것은 하나의 짐이 되었고 나는 변하고 싶다. 그렇지만 평생을 이와 같은 방법으로 살았는데 변한다는 것은 쉽지 않은 일이다"라고 설명한다.

우리는 그녀의 행운을 빈다. 그렇지만 우리는 다음과 같은 조언을 한다. 너무 많이 변하지 말라고 말이다. 오래된 습관은 유용한 것이다. 누가 알겠는가? 절약의 시대가 다시 도래할지 말이다. 세상은 항상 그런 것이다.

소유권 사회

위대한 제국은 일반에게는 거대한 광경으로 보인다. 위대한 제국은 대담한 범죄로 시작해 광대극으로 발전한다. 제국의 길에는 어리석은 짓과 사기라는 가치 없는 행동들이 있으며 불명예와 후회 그리고 대재앙으로 끝난다.

부시의 첫 임기 중에 시행된 노인의료보험제도 프로그램은 처음 10년 동안 4천억 달러의 비용이 필요한 것이다. 이는 프로그램이 시행되기 이전의 2년 동안인 2004년과 2005년의 비용이 포함된 공식적인 추산 자료이다. 수개월 뒤에 뉴스를 통해 알려진 10년간 프로그램에 필요한 실제 자금은 7,200억 달러로 부풀어 올랐다. 미국인들은 의회와 백악관의 대표자를 선출했다. 이렇게 뽑힌 정치인들은 무료 의약품 제공을 찬성했다. 따라서 다수의 신성한 권리, 즉 다수가 소수에게 무엇을 해야 할지 알려주는 야만적인 힘은 투표함에 의해 순화되었다. 오래된 공화국의 정중한 형태는 존경 받았다. 그렇지만 본질적인 행위는 죄악이었고 범죄였다. 왜 어떤 미국인들은 다른 사람의 비용으로 의약품을 얻게 되는가? 그것은 절도행위이거나 범죄의 공범이 아닌가? 어떻게 다른 사람들이 그 돈을 지불할 수 있느냐 말이다. 그들은 이미 연방부채 44조 달러의 지불 어려움에 처해 있지 않은가?

그렇지만 이제 그 계획은 이 나라의 법이 되었다.

조지 W. 부시는 "소유권 사회"(ownership society)를 창조하고 싶어 한다. 그렇지만 이것은 이상한 형태의 소유권이다. 미국인들은 그들이 누군가 다른 사람의 소유물에 대해 권리를 가지고 있다고 믿는다. 그들이 지불했다고 생각하는 것조차 사실은 다른 사람의 자산에 올라 있다. 모기지 금융회사가 점점 더 많은 집들을 소유하고 있다. 자동차들은 GMAC(GM의 금융자회사)이나 다른 자동차 금융회사의 소유가 된다. 사람들은 은퇴할 때 자신의 집이 순재산이 되기를 기대한다. 그렇지만 그들은 과거에 비해 보유한 집에서 더 적은 자산을 보유한다. 이제 누군가는 그 집을 보유하겠다고 권리를 주장할 것이다. 바로 대출업자들이다. 그렇다면 어떤 사회보장제도라도 있는가? 법정의 회계사는 수천년 동안 책을 연구했지만 미국인들의 은퇴를 위해 현금을 슬며시 감추어두는 그런 방법을 찾아내지는 못했다. 그런 방법은 존재하지 않는다.

부시는 그가 이러한 것을 변화시킬 것이라고 말한다. 부시는 미국인들이 은퇴 기금을 갖게 되기를 원한다. 이 기금은 개인 계좌를 갖고 주식에 투자하는 것이다. 젊은이들은 사회보장제도에 대해 알고 있다. 젊은이들이 사회보장제도에 대한 투자를 통해 적당한 수익을 얻을 수 있는 길은 없다. 그래서 젊은이들은 사회보장제도에서 이탈하고 싶어한다. 나이 먹은 사람들도 위급함을 알게 된다. 나이 먹은 사람들은 무엇이든 얻을 것으로 기대했던 것이 아무것도 아닌 것으로 판명될 수 있다는 것을 두려워한다.

부시 행정부는 양쪽 그룹이 모두 지지해주기를 원한다. 그래서 행정부는 사람들이 예상할 수 있는 것처럼 속이고 위선적으로 행동하는 일을 서슴지 않는다.

우리가 이 문제에 대해 어떻게 생각하는가는 중요하지 않다. 역사가 말해주듯 제국은 그 제국만의 생각을 갖고 있고 그 제국만의 종말을 향한 의지도 갖고 있다.

11

현대 제국의 자금조달

 2005년 4월 프린스턴 대학의 뇌연구소가 최근 발표한 한 보고서가 언론에 보도되었다.[1] 과학자들은 좀처럼 저축을 하지 않으려는 미국인들의 심리를 설명할 수 있는 새로운 것을 발견했다고 한다.
 과학자들에 따르면, 인간이 내리는 결정은 뇌의 두 부분에서 이루어진다. 첫 번째 부분은 전두엽의 외피이다. 이곳에서는 사람들이 어디에 어떻게 투자할지 혹은 어떤 차가 가격 대비 최고 가치를 지닐지 등 논리적이고 고등적인 사고가 일어난다. 보다 원시적인 변연체 시스템인 뇌의 회백질 아래쪽은 또 다른 의사결정 센터이다. 사람들은 이곳을 통해 어떤 차를 살지에 대해 실질적 결정을 내린다. 주로 자신이 갖고 있던 선입견에 의해 선택한다. 만일 자신이 남자다운 사람이라고 생각하는 사람은 미국산 대형 트럭을 구입할 것이다. 만일 자신을 지적이라고 생각하는 사람은 아마도 아우디나 폭스바겐 같은 유럽 쪽 브랜드를 선택할 것이다. 그는 이 독일산 자동차를 통해 자신이 헤겔이나 쇼펜하우어와 함께 하고 있다고 느낄 것이다. 혹은 최신 유행에 민감한 환경론자라면 다음과 같은 점을 자랑하고 싶을 것이다. 그는 날씬한 하이브리드 차량 안에서 마치 맥주집에서의 금주론자처럼 잘난 체하고 싶을 것이다.

　연구원들에 의하면 이 변연체 시스템이 우리에게 좋아함과 싫어함을 결정하고 또 순간적인 자극에 어떻게 반응할지를 말해준다고 한다. 운전 도중 덤프트럭 한대가 갑자기 당신이 운전하는 차 앞으로 끼어든다면 이때 당신의 변연체 시스템은 거의 자동적으로 당신의 오른손 가운데손가락을 치켜세우기를 원한다. 이는 당신의 전두엽 외피 측면이 그 행동에 대한 경고를 하기 전에 이미 이루어진다.

　미국인들은 이 전두엽 외피 측면을 통해 은퇴 후 생활을 위해 돈을 저축해야 한다는 것을 깨닫는다. 하지만 그들의 변연체 시스템은 이보다는 오히려 현재 보다 큰 화면의 TV를 구입할 것을 주장한다. 비록 이러한 내용의 보고서가 언론을 통해 중요한 것을 의미하고 있는 듯 보도되었지만 이는 단지 사람들을 더 곤혹스럽게 만들었다. 언제 미국인들이 이 변연체 시스템을 지니게 되었을까? 1980년도까지만 해도 미국인들의 저축률은 수입 가운데 10% 정도였다. 그럼 레이건 정부 시절 초기에 어떤 돌연변이적 진화라도 이루어진 것일까?

　그리고 어떻게 중국인들은 미국인들과 비슷한 문제를 갖고 있지 않은 것처럼 보일까? 미국인들의 저축률이 1% 미만인 데 반해 중국인들은 수입 가운데 25%를 저축하는 것으로 알려져 있다. 누군가가 중국인들의 두개골을 열고 그 안을 살짝 들여다보아야 입증이 가능하겠지만 중국인들도 미국인들과 마찬가지로 이 변연체 시스템을 갖고 있을 것이다.

　최소한 과학자들은 현명해서 인간의 뇌를 거친 모든 생각들이 항상 논리적이지는 않다는 것을 깨달았다. 일반 미국인들의 은퇴 후 자금 사정이나 혹은 그들의 인생 전체를 위태롭게 만들 정도의 강력한 사고조차도 전혀 논리적이지 않다. 이런 생각들은 본능적이며 원시적일 뿐이다.

세계화와 이에 따른 불만

2천년 전, 성 베드로는 한 무리의 군중들에게 "이 잃어버린 세대로부터 돌아서라"고 촉구했다. W. H. 오든*(W. H. Auden, 1930년대 대공황기에 활동했던 시인)은 제1차 세계대전 이전의 "천박하고 부정직한 10년"을 언급했다. 지금 우리 세대는 천박하고 부정직하며 잃어버린 세대일까? 우리는 단 1분도 진실일 수 없는 것들이 영원히 지속될 것이라고 믿고 있다. 벤 버냉키가 연준리 이사였던 2005년 봄, 그는 미국인들이 외국의 잉여 저축을 빌려옴으로써 세상에 호의를 베풀고 있다고 말한 바 있다. 그는 이 지구가 엄청난 과잉 저축으로 고생하고 있다고 말했다. 미국인들은 자신들에게 돈을 빌려주는 해외 저축가들에게 생활을 의존하고 있다. 그런데 버냉키는 오히려 해외 저축가들이 그들의 돈을 빌려쓰는 미국의 낭비벽에 훨씬 더 의존하고 있다고 말했다.

그런데 이같은 버냉키의 분석이 틀린 것은 아니지만 분석이 다소 부족했다는 데 문제가 있다. 버냉키가 설명한 그 거래는 오직 절반밖에 설명하지 않은 것이다. 이것은 마치 상의는 제대로 차려입었지만 바지 입는 것을 잊어버린 남자와 같다. 그는 거리로 나가고 사람들은 그를 이상하게 쳐다볼 것이다. 버냉키의 이 부족한 설명을 들은 사람이라면 누구나 문제점을 지적하고 낄낄거리면서 웃을 것이다. 버냉키는 돈을 빌려준 사람들이 돈을 언제 어떻게 돌려받는지에 대한 핵심적인 부분을 잊은 것이다. 채무자는 채권자에게 사전에 약속된 계약대로 돈을 갚을 수 있을 때에만 자신의 책임을 다하게 된다. 만일 채무자가 제대로 돈을 갚지 못하게 되면 그 거래에서 채권자는 큰 실망감을 느낀다. 지금 미국인들의 소득 규모는 정체되고 있다. 아니 사실상 감소하고 있다. 미국은 지금 산업혁명 이래로 가장 크고 잘 조직된 경쟁자들과 맞서고 있다. 지금 지구상에는 1년에 3천 달러만 받고도 열심히 일하려는 사람들이 수없이 많다. 이런 경쟁 속에서 미국인들의 임금이 상승해야 할 이유가 무엇인가? 그리고 임금이 오르지 않는다면, 미국인들은 어떻게 그들이 빌린 돈을 갚을 것인가?

하지만 현재 세계의 금융 상황은 너무 기묘해져서 아주 이상한 것들을 당연하게 받아들인다. 우리는 스토브를 틀고 샴페인을 터뜨린다. 켄터키 버번도 넘쳐흐른다. 이 모든 것들은 이상하지만 이것을 좋아하게 되기까지는 그다지 오랜 시간이 걸리지 않는다. 미국 경제는 상당히 오랫동안 강력했기 때문에 전 세계 사람들은 미국의 통화를 진짜 돈으로 받아들이고 있다. 전 세계인들은 달러를 갖고 아무런 대가를 원하지 않는다. 일본인들은 텔레비전을 수출하면서 100달러 지폐 뭉치만 받으면 그 거래가 공평한 것이라고 한다. 그리고 놀랄 만한 것이 또 있다. 이 지폐들은 주로 해외에서 오래 머무르는 성향이 있고 다시 또 다른 형태의 미국산 유가증권인 미국 재무부 발행 채권을 매입하는 데 사용된다. 미국은 100달러짜리 지폐를 원하는 만큼 찍어낼 수 있다. 미국 국채 역시 마찬가지이다. 사람들이 이것들을 다른 형태의 부로 교환해줄 것을 원하지 않는 이상 아무런 문제는 없다.

알 샤프턴 목사*(Rev. Al Sharpton, 미국의 흑인 인권운동가)는 순수하다. 그는 경제학자가 아니다. 그는 아웃소싱에 반대한다. 이런 자격들에도 불구하고 2004년 민주당 대통령 후보 지명전에서 샤프턴이 선출되지 못했다는 점에 많은 이들은 실망했다. 그가 스스로를 아웃소싱하지 않았다는 점에도 많은 사람은 실망했다. 확실히 인도에서는 절반 가격에 자기 자신을 웃음거리로 만들 준비가 되어 있는 똑똑한 고행자들을 쉽게 만날 수 있다. 그런 측면에서 워싱턴 전체는 그 가격의 일부에 불과한 비용으로 갠지스 강가로 아웃소싱될 수 있었다. 하지만 아직까지 아무도 그런 제안은 하지 않았다.

데니스 쿠치니치(Dennis Kucinich)와 랄프 네이더(Ralph Nader)가 가세하면서 샤프턴은 미국이 자유무역을 완전히 거부할 것으로 생각했다. "우리가 세계무역기구(WTO)의 회원인 이상 우리는 일자리를 보호할 수 없으며 그것이 바로 우리가 지금 아웃소싱을 진행시키고 있는 이유다. 우리는 세금을 부과할 수 없고 관세를 부과할 수도 없다."쿠치니치는 한 토론에서 이같이 설명했다.[2]

이 문제에 대해서 초당적이 되기 위해서, 모든 후보자들의 아웃소싱에 대한 입장은 불합리했고 야비하게 행동했다. 거기에는 아웃소싱에 반대하는 사람들도 있었고 또 아무런 문제가 없다고 생각하는 사람들도 있었다. 모든 견해가 사기 행위였고 기만적이었으며 바보 같았다. 중국이 미국의 일자리를 빼앗아가고 있다는 것은 널리 알려진 사실이었다. 미국의 공장들이 문을 닫고 주차장에서는 잡초가 자라나고 있는 동안 중국의 공장들은 활기차게 돌아가면서 연기를 뿜어냈다.

세상은 오랫동안 세계화되고 있었다. 1910년 당시 세계 최대의 제국이었던 영국의 한 복판에서 사람들은 실론*(스리랑카의 옛 이름)에서 들여온 차를 중국에서 들여온 찻잔에 마셨다. 찻잔을 내려놓은 뒤에는 쿠바 산 시가를 입에 물었고 그 재를 이집트에서 구입한 카펫이나 이탈리아 산 제품을 파는 점포에서 구입한 가죽 부츠 위에 털었다. 또한 뉴욕에 상장되어 있는 주식을 스페인 산 오렌지를 구입하는 것만큼이나 쉽게 살 수 있었다. 프랑스로 진출하기 위해 최신 프랑스 소설도 구입할 수 있었다.

하지만 세계화에 대한 불만은 항상 존재한다. 1910년 당시 영국은 그 이전 2세기 동안 세계에서 가장 강력한 파워와 가장 위대한 경제를 유지해온 국가였다. 하지만 글로벌 경쟁은 영국을 세계 최강국가 자리에서 끌어내렸다. 20세기의 전환점을 지나면서 미국의 GDP가 영국을 앞섰고 얼마 지나지 않아 독일도 영국을 넘어섰다. 이에 반해 이미 노대국(weary Titan)이 되어버린 영국은 그 세력이 쇠퇴하고 있었다. 그리고 대영제국이 도움을 준 지구촌 경제의 세계화는 영국에 불리하게 작용했다.

왜 영국인들은 여전히 불만일까? 그들은 그래도 다른 지역에 비해서는 잘 살았다. 만일 그렇지 않았더라도 그들은 그렇다고 생각했을 것이다. 영국을 제외한 나머지 세계도 만족했다. 사람들은 사고파는 것을 좋아했다. 유럽인들은 한 겨울에도 오렌지를 먹을 수 있게 해주는 세계화를 좋아했다. 더운 지역의 사람들도 누군가가 그들의 오렌지를 사가게 해주는 세계화를 좋아했다. 심지어 사람들은 "거리의 소멸"(annihilation of distance)이라고 말하며 시간이 흐를수록 이같은 현상이 더욱 가속화될 것으로 가정했다.

사실 세계화는 국가간 경계를 넘어선 노동 분야의 확대 그 이상의 의미를 가지고 있지 않다. 우리 저자 가운데 한 명은 프랑스에서 많은 시간을 보내고 있다. 그가 머물고 있는 프랑스의 조그만 마을에는 아직 자급자족 형태의 흔적이 남아 있다. 제2차 세계대전이 끝난 직후만 해도 주민들이 필요로 하는 모든 것이 그곳에서 생산되었다. 농장에서는 밀이 자랐고 농부들은 각종 야채와 소, 돼지, 닭들을 길렀다. 마을에는 기계 공장도 있었고 대장간과 목공소도 운영되었다. 그리고 그 마을에는 아직도 레몬 나무를 심어서 키웠던 베르사이유 상자들(Versailles boxes)이라는 것이 남아 있다. 이 상자는 한 겨울에 레몬을 따뜻한 장소로 옮기는 데 사용되었다. 그렇지 않으면 나무들은 겨울에 얼어 죽었을 것이다.

그러나 거리의 개념이 없어지면서 레몬 무역이 일어났다. 수백만 개의 레몬이 빠르게 그리고 싼 가격에 수입되면서 이동식 나무 상자에 레몬 나무를 심을 필요가 없어졌다. 한 국가는 레몬을 생산할 수 있다. 다른 국가는 기관총 실탄을 생산할 수 있다. 개인과 마을, 기업과 지역들은 분업을 통해 보다 효율적으로 일할 수 있으며 보다 저렴한 비용으로 더 많은 것을 생산할 수 있다. 이 분업에 참여하는 모두가 조금씩 더 부유해진다.

독자들은 아마 우리의 구분 방식을 떠올릴 것이다. 사람이 살아가면서 원하는 것을 얻는 데는 단 두 가지 방법이 있다. 당신은 그것을 정직한 방법으로 얻을 수 있고 혹은 부정직한 방법으로 얻을 수 있다. 또 일을 해서 그것을 얻을 수 있고 혹은 훔쳐서 가질 수 있다. 문명적인 방법을 통해 얻을 수 있는 반면 야만적인 방법을 통해 얻을 수도 있다. 독일의 위대한 사회학자인 프란츠 오펜하이머(Franz Oppenheimer)는 "당신은 경제적 수단을 통해 부유해질 수 있고 아니면 정치적인 수단을 통해 부유해질 수 있다"고 말했다. 세계화는 단지 물건을 얻는 경제적 방법들을 고심해서 만들어낸 표현에 불과하다. 무역이 이루어지기 위해서는 문명화된 관계들을 요구한다. 즉 사람들이 서로 사이좋게 지내야 한다. 서로 상이하고 먼 지역에서 따로 살고 있다고 하더라도 서로에 의존해야 한다. 특히 핵심 아이템들에 대해서는 더욱 그래야 한다. 또 사람들은 재화와 용역을 거래하는 데 교환의 매개물을 신뢰할 수 있어야 한다. 만일 사람들이 제국의 돈을 신뢰할 수 없다면 그들은 그 매개물을 다른 것으로 바꿀 것이다.

그 동안 여러 차례 역사의 종말이 선언되었다. 하지만 아직까지 역사의 종말에는 도달하지 않은 것으로 보인다. 사람들은 언제나 무엇이 그대로 유지될 것으로 그리고 막연하게 현재의 추세가 최소한 계속될 것으로 그리고 아마도 영원히 지속될 것으로 생각하는 경향이 있다. 현재 진행중인 추세가 좋은 것이라면 사람들은 스스로에게 무엇인가 잘못될 확률은 종 모양의 정규분포곡선에서 양 끝 부분만큼 매우 작을 것이라고 말한다. 하지만 프랑스 역사학자인 레이몽 아롱(Raymond Aron)은 사람들이 역사적 전통의 지속성, 제국의 흥망성쇠, 통치방식의 경쟁, 위대한 사람들의 자선행위가 낳은 재앙을 과소평가한다고 밝힌 바 있다. 이는 다시 말하면, 사람들은 역사를 뒤흔드는 정치적 수단들과 이따금씩 발생해 역사를 재미있게 만들어주는 팻테일(fat tail) 이벤트들을 간과한다. 팻 테일이란 종 모양의 곡선 제일 끝자리가 약간 올라간 것을 말한다. 그런 일들은 좀처럼 자주 발생하지 않지만 사람들이 예상하는 것보다는 자주 발생하는 경향이 있다. 이것이 종 모양의 곡선 끝 부분이 완전히 경계와 닿지 않고 조금이나마 볼록한 이유다.

그러한 팻 테일이 1914년 일어났다. 100년에 가까운 평화와 진보의 기간 끝에 유럽에서 전쟁이 터진 것이다. 사람들은 그 전쟁이 일어날 수 없을 것이라고 생각했다. 그리고 그들은 만일 그것이 발생하더라도 매우 짧고 큰 피해가 없을 것이라고 말해왔다. 하지만 우리가 지켜본 바와 같이 그들의 생각은 모두 틀렸다. 그리고 1930년대에는 대공황이라는 또 다른 팻 테일이 발생했다. 그리고 다시 한 번 세계화는 움츠러드는 시기로 접어들었다.

일부 전문가들은 세계화는 19세기 영국이나 20세기 미국과 같은 강대국의 영향력 하에서만 번창할 수 있는 것으로 생각한다. 하지만 그런 생각은 명백한 오해다. 종종 무역협정은 정교하게 만들어지고 또 이따금씩 다르게 손질되기도 한다. 세계화를 보호해주는 제국의 존재 여부는 하나의 요인일 뿐이지 필수적인 요인은 아니다. 스위스는 지금까지 어떤 제국 시스템의 일부였던 적이 없었음에도 불구하고 주변국들과 상당한 무역을 유지해왔다. 그리고 어떤 경우에는(이를테면 소비에트 연방과 같은 경우) 제국 내의 교역이 종종 독립적인 국가 사이의 무역보다 더 힘들기도 하다.

1989년까지는 자유세계의 진영에서 그리고 지금은 거의 전 세계 모든 지역에서 팍스달러리움은 20세기 후반을 거쳐 세계화를 유인하는 데 큰 역할을 했다. 제2차 세계대전 이후 미국과 세계의 나머지 지역들은 엄청난 경기호황을 누렸다. 이 기간은 고성장과 안정적인 물가 그리고 높은 고용의 시기였다. 탐 울프*(Tom Wolfe, 미국의 유명한 풍자가이자 문필가)는 이를 "마술 경제"(magic economy)라고 불렀다. 1970년대 초반 실질 소득은 1940년대 후반에 비해 두 배나 증가했다. 가계 소득과 1인당 소비 역시 마찬가지로 배로 늘었다. 사람들은 4반세기 전에 비해 두 배 이상을 생산했기 때문에 그만큼 부유해질 수 있었다. 생산성, 즉 근로자당 생산량이 100% 증가한 것이다.

그렇지만 닉슨 대통령이 금본위제도를 포기한 지 2년 후인 1973년에는 경제가 그 마술을 상실했다. 아무도 정확한 이유를 모른다. 사람들이 마술을 상실한 정확한 이유를 모르기는 했지만 나름대로의 의견은 갖고 있었다. 보수주의자들은 경제정책이 지나치게 사회주의적이었다고 생각했다. 너무 많은 규칙과 세금 그리고 정부 지출도 너무 많았다고 생각했다. 반면 자유주의자들은 보다 많은 통제가 필요하다고 생각했다. 일본이 그랬듯이 경제를 보다 잘 운영하기 위해 경제학자들이 필요하다고 생각했다. 그들은 아울러 이미 선진화된 미국의 산업에 위협으로 여겨지는 자유무역 역시 비난했다.

달성하는 데는 많은 시간이 걸렸지만 해가 지날수록 세계의 모든 선진국들은 보다 나은 세상을 만들기 위해 계획된 법과 규제 그리고 세금을 추가했다. 윌슨적인 이 모든 발전은 돈이 들었고 투자를 감소시켰으며 경제활동을 둔화시켰다.

세금은 생산적인 경제에서 자원을 빼내 현재의 소비에는 필수적이지만 미래에는 거의 효과를 내지 못하는 정부지출로 이 자원들을 이동시켰다. 세금은 아울러 투자 수익률을 줄인다는 점에서 투자에 대한 의욕도 감소시켰다. 또한 세금은 실질 수익이 아닌 명목적인 이익에 대해 적용되었기 때문에 인플레이션이 상승세에 있을 때 특히 그 영향력이 컸다. 어떤 투자의 명목가치가 두 배가 된다고 해도 그 기간 동안 화폐 가치가 절반으로 떨어진다면 투자자는 한 푼의 수익도 내지 못하게 된다. 하지만 미국 국세청은 명목 수익이 마치 실제 수익인 양 명목 수익에 대해 세금을 부과했다. 그리고 정부가 필요한 사람들에게 빵과 복지, 사회 보장, 건강 보험, 직업 안정 등의 혜택을 제공하기 시작하면서 사람들은 저축해야 할 필요성을 느끼지 못했다.

2004년 9월 미국인들의 개인 저축률은 가처분소득의 0.2%에 불과했다. 로널드 레이건이 집권했을 당시 그 비율은 8%가 넘었다. 전체 국내 저축에서 자본 유입액을 제외한 국내총저축(Gross National Savings)은 1980년 전체 GDP의 20%에 육박했다. 이 비율은 1989년 15.6%로 떨어졌고 현재 14% 미만으로 더 하락했다.

국내순저축(Net National Savings)은 더욱 안 좋았다. 이 수치는 자본투자에서 감가상각비를 빼서 구한다. 경제가 통신기술 분야에 보다 의존하게 되면서 감가상각 비율은 증가했다. 새로운 컴퓨터 시스템이나 커뮤니케이션 소프트웨어는 새 자동차 공장만큼 성능이 오래 가지 않는다. 국내순저축은 1970년대 GDP의 8% 수준이었지만 1980년대에 접어들면서 국민순저축은 3.4%로 떨어졌다. 1990년도에 들어서는 3%로 더 떨어졌고 이 수치가 2004년에는 1.6%로 추락했다.

자국의 국민들이 저축한 돈이 없던 미국은 외국인들이 저축해놓은 돈에 의존했다. 이렇게 하려면 외국인들은 저축을 해야 했을 뿐만 아니라 미국 국채 등 미국 달러 표시 자산을 매입하려는 의지를 가지고 있어야 했다. 만일 외국인들이 이러한 거래에 싫증을 내거나 조심하기 시작했다면 달러의 가치는 붕괴될 수 있었다.

21세기의 첫 5년 동안 빠르게 진행된 세계화는 한 쪽으로 너무 기울어진 기형이었다. 즉 미국이라는 나라는 가져가기만 하고 아무것도 주지를 않았다. 미국은 빌려가기만 했고 되갚지는 않았다. 미국은 물건을 사들였지만 팔지는 않았다. 미국은 수입은 했지만 수출은 하지 않았다. 그럼에도 불구하고 외국인들이 이것을 참았던 유일한 이유는 달러가 미래에도 지금과 같은 가치를 유지할 것이라고 생각했기 때문이다. 그들은 이전 50년 동안 이어져온 추세가 앞으로도 변함이 없을 거라고 가정했다. 외국인들은 또 어떤 테러리스트들의 공격도 없을 것으로 또 외환시장에서 어떠한 팻 테일도 일어나지 않을 것으로 가정했다.

미국인들과 미국 정치인들은 반이 비어 있거나 절반만 차 있는 컵보다는 가득 찬 잔을 선호했다. 그들에게 무역적자는 그다지 흥미롭지도 대수롭지도 않았기 때문에 정치인들은 무역적자에 대해 거의 언급하지 않았다. 공화당 사람들은 모든 것이 완벽했고 매일매일 더 나아지고 있다고 말했다. 민주당 사람들은 모든 것이 거의 완벽했지만 공화당에서 그것을 망쳐놓았다고 말했다. 아웃소싱에 대해서는 공화당과 민주당 모두 문제가 있다고 동의했다. 반면 무역적자는 문제가 되지 않았다.

다시 폴 볼커가 연준리 의장으로 있던 시절로 돌아가보자. 당시 중앙은행의 역할은 파티 분위기가 너무 과격해지기 전에 술통(punch bowl)을 치우는 일이었다. 볼커는 1970년대 말 그 일을 해냈다. 이로 인해 미국 국채 수익률은 15%를 상회했다. 파티광들은 흥분했고 그들은 국회의사당 계단에서 볼커의 인형을 태웠다. 하지만 연준리는 물가를 잡았고, 1980년대와 1990년대의 경기호황을 위한 발판을 마련했다. 하지만 2005년 현재 파티는 너무 과격해졌다. 사람들은 탁자 위에 올라가 춤을 추고 전등갓을 머리 위에 뒤집어쓰고 있다. 그리고 앨런 그린스펀과 벤 버냉키는 싱긋이 웃으면서 술병을 손에 들고 술통을 향해 기어가고 있었다.

그것을 치워버려, 마에스트로

2005년 봄, 미국 경제는 여전히 지난 37개월 동안 이어져온 회복기에 있었다. 하지만 그 회복세는 이상한 회복세였다. 아무도 무엇으로부터 미국 경제가 회복한 것인지 확실히 알지 못했다. 2001년과 2002년에 경기후퇴가 있긴 했다. 하지만 그 경기후퇴 역시 이상한 경기후퇴였다. GDP는 마이너스 수치를 기록했지만 소비지출과 대출은 계속해서 확대되었다. 만일 경기후퇴라는 것이 이전 경기 확장기 때의 잘못을 조정하는 기간이라면 2001년과 2002년의 경기후퇴는 실패작이었다. 소비자들은 지출을 줄이고 저축을 늘려야 했다. 그리고 그 경기후퇴가 끝나면 소비자들은 저축해놓은 돈과 그 동안 사지 못했던 물건들에 대한 구매 욕망을 가지고 있어야 했다.

그 경기 회복세의 운명은 처음부터 정해져 있었다. 소비자들은 지출을 멈춘 적이 없었다. 따라서 경기가 변곡점을 지나 회복세에 접어들었음에도 그들에게는 저축해놓은 돈이 없었다. 지출을 계속하기 위한 유일한 방법은 종전보다 많은 돈을 빌리는 것이었다. 연준리는 소비자들의 대출을 쉽게 하기 위해 이자율을 낮추면서 이를 더욱 부채질했다. 하지만 그 당시 전체 경제는 매우 혼란스러웠기 때문에 소비자들의 추가 지출에 따르는 긍정적 효과는 당초 기대에 훨씬 못 미쳤다. 미국인들은 돈을 빌렸고 또 이 돈을 지출했다. 하지만 새롭게 세계화된 경제 여건 속에서 그들이 사들인 것은 대부분 중국을 비롯한 아시아 지역에서 수입된 것이었다.

미국이 진정으로 필요로 했던 것은 소비자들의 지출 파티가 아닌 설비 투자 붐이었다. 미국은 새로운 공장에 투자하고 새로운 일자리를 창출할 필요가 있었다. 새로 생겨난 일자리는 소비자들에게 실질적인 신규 수입을 가져다줄 것이었고 그 자금은 새로운 재화나 용역을 사용하는 데 쓰여 경기 확장기를 더욱 연장시킬 것이었다. 하지만 레이건 정부 이전 평균 18.8%였던 총투자 비율은 레이건이 백악관에 들어서면서 하락하기 시작했다. 2004년에는 이 비율이 1.6%로 떨어졌고 주기적으로 마이너스 수준으로 하락하기도 했다. 사람들은 돈을 썼지만 단지 소비를 위해서였고 미래의 생산을 위해서는 쓰지 않았다. 중국에서 들여온 값싼 생활용품과 기계장치들은 미국인들을 보다 더 깊은 빚의 늪으로 내몰았을 뿐이다. 고용창출이나 가계 소득면에서는 아무런 발전이 없었다. 보통 경기 회복세의 이 정도 단계(2005년 6월)에서는 1천만 개의 신규 일자리가 창출되어야 했다. 가계 소득 역시 마찬가지로 기대에 못 미치는 3천억 달러 증가에 그쳤다.

앨런 그린스펀을 포함한 많은 이코노미스트들은 부족한 일자리는 좋은 일이 일어날 것이라는 신호라는 입장을 계속 유지했다. 그들은 줄어든 일자리는 아웃소싱이 아닌 생산성 때문이라고 말했다.

그린스펀은 "미국의 오랜 발전과 경제적 변화의 흐름 속에서 우리는 다른 국가나 선진 기술에 우리의 일자리를 빼앗기지 않았다"고 설명했다.[3] "이번에는 뭔가 다를까?", "이것이 미국 경제 역사의 새로운 시대가 될 수 있을까?" 우리의 대답은 "예스"이다. 하지만 우리는 그 대답을 나중에 할 것이다. 지금 우리의 부담은 견딜 만하고 그것은 쉽게 증명할 수 있다. 지금 여기서 우리는 단지 미국의 주요 경제적 그리고 정치적 정책 입안자들이 불량배인지 혹은 바보에 불과한지에 대해서만 우리의 생각을 말할 것이다.

신용 사이클의 주요 꼭지점은 경제적 사고의 주요 바닥과 일치하는 것으로 보인다. 고위 관리들은 이에 대한 해설과 변명 그리고 근본적 이유들을 늘어놓는다. 우리는 그들이 부패한 것인지 아니면 단순히 멍청한 것인지 알지 못한다. 하지만 그들이 무모한 행동을 강요할 때 우리는 그들의 말에 주목하지 않을 수 없다. "더 많이 사라"고 연준리의 한 고위 인사가 말한다. 다른 연준리 관계자는 "더 많이 빌려라"라고 말한다. 그리고 그들의 우두머리는 "부채나 금리, 일자리 감소 등은 걱정하지 말라"고 한술 더 뜬다. 이는 마치 전국주교협회가 공식 성명을 통해 와이프 스와핑(wife swapping)을 촉구하는 것과 같다. 그 경험은 불쾌하지 않을지 모르지만, 적어도 연준리 관계자들이 그렇게 말하는 것은 보기 흉하다.

연준리의 한 연방은행 총재인 로버트 맥티어(Robert McTeer)는 "밖으로 나가서 SUV를 사라"고 재촉한 바 있다.[4] 2001년부터 2005년까지 매해 1,700만 명의 국민들이 그의 제안을 받아들였다.

2004년 2월 23일 연준리의 우두머리는 미국인들에게 고정금리 모기지를 변동금리 모기지(ARM)로 전환할 것을 촉구했다. 그때는 바로 연준리가 정책금리를 인상하고 있던 시기였다.

만일 누군가가 기록적인 미국의 해외 및 국내 부채에 대해 직접적인 책임을 져야 한다면 그것은 앨런 그린스펀이다. 그는 아이젠하워 시대 이래로 가장 낮은 금리를 유지하면서 대출 붐을 조성했다. 그는 펀치 음료로도 모자라 소비자들에게 다른 술을 권하고 있었다.

앨런 그린스펀은 자신의 경력에는 큰 도움이 되겠지만 동시에 다른 사람들에게는 가장 큰 위험이 되는 아이디어들을 적시에 생각해내는 초인적인 능력을 갖고 있었다. 보수주의적 경제학자인 그린스펀에게 1990년대 중반의 주식시장은 한 국회의원이 그린스펀은 입을 다물고 있는 게 낫다고 지적하기 전까지 "비이성적 과열"(irrationally exuberant)로 보였다. 1970년대 금본위제 지지자였던 그린스펀은 지금은 세계 역사상 가장 강력한 지폐 옹호론자가 되었다. 마찬가지로 엄청난 연방적자 역시 과거 그린스펀이 갖고 있던 신념으로는 상당히 비정상적인 것이었다. 그렇지만 곧 그린스펀은 그 적자에 대해 다르게 생각하게 되었다. 새로운 아메리카 제국은 조달이 용이한 돈과 거의 무제한적인 신용이 필요했다. 그리고 앨런 그린스펀은 미국이 그것을 갖도록 만들었다.

"시장이 견해를 만든다"라고 옛 투자자들은 말한다. 그린스펀의 견해는 그의 업무를 위해 시장과 깔끔하게 일치되었다. 부채와 적자가 산더미처럼 쌓여갈수록 그린스펀은 지적인 변형을 감행했다. 이것을 <뉴욕 타임즈>는 한 기사에서 이렇게 설명했다.

많은 주류 경제학자들은 이런 추세를 우려하고 있다. 하지만 이 땅에서 가장 파워풀하고 가장 영향력 있는 이코노미스트임에 틀림없는 앨런 그린스펀은 걱정하지 않고 있다.

그는 여러 연설과 증언을 통해 전통적 견해 및 그 자신이 과거에 우려했던 걱정거리와는 동떨어진 이론들만을 종합해서 말하고 있다.

1990년대 그린스펀은 빌 클린턴 대통령에게 예산적자를 줄일 것을 간청한 바 있으며 그것을 위해 증세까지 암묵적으로 인정했다. 하지만 정부의 적자가 5천 억 달러로 사상 최대치를 향하고 있는 오늘날, 그는 향후 몇 년 간의 예산 부족보다 증세에 따른 위험을 감정적으로 경고하고 있다.

전통적인 경제학자들이 받아들이지 않고 있지만, 그린스펀의 논리에 따르면 늘어나는 개인의 부와 점점 정교해지는 금융시장이 미국인들이 개인적으로 또 국가 전체적으로 20년 전에 비해 많은 돈을 빌릴 수 있게 해주고 있다.

이런 견해는 부시 대통령의 재선 전망에 긍정적이었다. 이는 연준리가 금리를 낮은 수준으로 유지할 가능성을 높여주고 있다. 그리고 이는 백악관이 미국의 엄청난 부채를 더욱 늘리고 있다는 민주당의 비난도 어느 정도 무마시킬 수 있었다.[5]

이데올로기보다는 편의적인 관점에서 그린스펀은 모든 종류의 대출에서 좋은 점들을 발견했다. 그가 연준리의 우두머리가 된 후로 미국 가정의 평균 부채는 1987년의 28,892달러에서 2005년에는 101,386달러로 늘어났다. 모기지 담보물에 대한 권리상실과 개인파산, 신용카드 대금 연체율 등이 꾸준하게 상승했고 결국 사상 최고 수준에 이르고 있다. 모기지 채무액은 그린스펀의 임기 동안 6조2천만 달러가 증가했다. 2005년 1월 이 금액은 8조5천만 달러에 달했는데 이는 가계평균으로 약 80,849달러에 해당한다.[6]

하지만 그린스펀을 비롯해 다른 주요 정치인들은 이런 현상들에 대해 아무런 문제의식을 갖지 않은 것으로 보였다.

그린스펀은 무슨 일들을 했는가?

우리는 지난 몇 년 동안 그린스펀의 사망 소식에 귀를 기울이며 살아왔다. 우리가 알고 있는 한 그는 아직 충분히 건강하다. 물론 그린스펀의 죽음을 바라는 것은 아니다. 우리는 무방비 상태가 되는 것을 원하지 않는다. 만약 그런 일이 일어난다면 아마도 우리는 그린스펀의 삶과 업적의 의미를 대중들에게 전달하는 전기 서적을 빠르게 만들어 판매할지도 모른다.

우리는 앨런 그린스펀의 경력에서 무엇인가 특별한 것을 발견한다. 그의 처신과 태도, 과거에 가지고 있던 생각에 대한 배신, 워싱턴의 악마들과 맺은 계약, 그리고 적어도 연준리를 떠나기 전까지 자연의 복수를 연기시키려 했던 시도 등. 이것들은 모두 흥미로우면서도 동시에 교육적이다. 이것들은 또 지루한 독백이나 피비린내 나는 음모가 없이도 그리스 식의 비극을 떠올리게 한다. 사실 그가 사용한 언어도 대부분의 사람들에게는 그리스 어처럼 들렸다. 그는 영어를 사용했지만 그의 말들은 종종 통역이 필요했고 역사적인 주석을 필요로 했다. 그는 좀처럼 보통 사람들이 쉽게 이해할 수 있는 내용을 성명서에 담지 않았다. 상당 부분을 우리는 추측했다. 만일 평범한 사람이 그린스펀이 어떤 말을 했는지 진정으로 알아들었다면 그것은 놀라운 일이다. 우리는 어떤 환상을 가지고 있지 않다. 누군가 그린스펀의 말을 설명하려고 시도해도 감사할 사람은 아무도 없다. 그는 차라리 10대인 딸에게 그녀의 핫도그 속에 무엇이 있는지를 말해주는 편이 나을지도 모른다.

앨런 그린스펀은 본시오 빌라도*(로마 시대의 총독, 그리스도의 무죄를 인정하면서도 민중의 강요에 굴복하여 그리스도에게 사형을 선고한 인물) 이래로 가장 유명한 관료주의자이다. 빌라도와 마찬가지로 그린스펀은 망설였지만 결국에는 대중들에게 그들이 원하는 것을 주었다. 그것은 피가 아닌 버블, 즉 거품이었다. 그린스펀은 그 자리에 적격인 인물이었다. 그는 제국이 스스로를 파멸하기 위해 필요한 재정적 자원들을 갖추도록 만든 병참 장교였다.

하늘이 그린스펀을 어떻게 판단할지 우리는 모른다. 하지만 중앙은행가의 기준에 따르면 그린스펀은 도덕적으로나 법적으로 죄를 범하지는 않았다. 그는 악덕이 아닌 미덕의 전형으로 간주되고 있다. 그러나 탈레랑*(프랑스의 정치가)은 나폴레옹에 대해 이렇게 말했다. "폐하, 당신은 범죄보다도 더 나쁜 실수를 저질렀습니다."

제국적인 차입금융의 바람이 불어닥쳤을 때, 볼커는 자신의 발을 땅에 묻고 버텼지만 그린스펀은 넘어졌다. 그린스펀의 실수는 이미 충분히 차입을 한 사람들에게 보다 유리한 조건으로 추가 차입을 받을 수 있는 여건을 만들어준 것이었다. 그린스펀의 임기 동안 창출된 새로운 돈과 신용은 다른 연준리 의장들의 임기 중 발생한 금액들을 합친 것보다 많았다. 소비자들의 부채는 사상 최고 수준으로 치솟았고 그들의 소득 대비 부채 비율 역시 역대 최고 수준으로 상승했다. 그 영향으로 전 세계 모든 지역에서 버블 현상이 발생했고 미국은 세계 최대의 채권국에서 세계 최대의 채무국으로 변신했다.

그린스펀이 이루어놓은 것 중 하나는 자연적이고 순환적인 조정을 지연시켰고 전체 경제를 기형적인 경제 버블의 상태로 변형시켰다는 것이다. 주식 가격에서 버블 현상은 실제 경제에 거의 아무런 해를 끼치지 않을지 모른다. 마침내 그 버블이 터지면 그 동안 사람들이 가졌다고 생각했던 거짓 돈들은 마리화나의 연기처럼 사라져버린다. 거기에는 승자도 있고 패자도 있을 것이다. 하지만 결국 그 경제는 거품 이전의 상태로 돌아가려고 한다. 그것은 해롭지도 않으며 도움도 되지 않는다. 일반 소비자들은 계속해서 존재하고 전처럼 계속해서 지출을 한다. 다만 주가 거품으로 발생한 거짓 돈을 믿고 지나치게 지출을 늘려온 사람들은 문제를 만나게 된다.

하지만 그린스펀의 거품경제에서는 무엇인가 과거와 다른 끔찍한 일이 일어났다. 일반 소비자들은 집을 담보로 돈을 빌려 소비하라는 유혹에 빠졌다. 그들은 부동산 가격의 거품이 만들어낸 부를 끄집어내어 지출할 수 있다고 믿었다. 많은 사람들이 주저하지 않았다. 모기지 부채는 21세기에 접어들면서 풍선과 같이 늘어났다. 1999년 약 6조 달러 정도였던 모기지 부채는 2004년 말 거의 9조 달러에 육박했다. 평균 가계부채도 3만 달러나 늘어났다. 미국인들은 이전과 거의 비슷한 집에 살고 있다. 하지만 그들은 그 집을 담보로 훨씬 더 많은 빚을 지고 있다.

지난 2005년 2월 초 그린스펀이 연설한 이후 우리는 이 주제에 대해 그에게서 정직한 말을 듣겠다는 희망을 포기해버렸다. 그는 당시 스코틀랜드에서 "경상수지"라는 제목의 연설에서 전에 말했던 내용을 반복했다. 시차로 인해 힘들어 보였던 이 남자는 진실을 말하고 있는 것처럼 보였다.

그는 "주택 모기지 부채 증가는 미국에서 개인 저축률이 1993년의 6% 수준에서 현재 1% 수준으로 급감한 주된 요인이었다"고 인정했다. 이렇게 주제를 꺼낸 그는 이어 고백을 하기 시작했다. "지난 5년간의 가파른 주택 모기지 부채 증가는 대부분이 재산의 일부를 빼낸 것에 그 원인이 있다"고 그러한 현상에 대해 주된 책임을 지고 있는 그린스펀은 말했다.[7] 이때 청중들은 그의 말을 주목하기 시작했다. 그리고 곧 그 방 안에서 가장 멍청한 경제학자들도 2 더하기 2 같은 간단한 계산을 하고 있었다.

그린스펀은 자유로운 금리 시장이 형성해놓은 수준보다 훨씬 낮은 수준으로 대출 금리를 낮추었다. 저축 계정에 돈을 넣어도 거의 얻는 것이 없고 돈을 빌려줘도 많은 이자를 받을 수 없는 상황에서 일반 국민들이 무엇을 할 수 있었을까? 국민들은 저축을 줄이고 대신 차입을 하기 시작했다. 무엇을 담보로 돈을 빌렸을까? 그것은 상승하는 집값이었다. 그린스펀의 표현을 빌리면, "재산 가치 추출"(extracting equity)이었다. 그린스펀은 일반 국민들이 집값 상승을 새롭고 처분 가능한 부라고 믿도록 잘못 인도했다.

하지만 세계에서 가장 유명하고 존경받는 경제학자인 그린스펀은 거기에서 멈추지 않았다. 그는 청중들을 긴장시켜야만 했다. 자신이 그러한 일을 했을 뿐 아니라 그 일을 요령 있게 처리했다고 고백했다. 이것은 사고나 과실이 아니었고 고의적인 것이었다.

"재산 가치 추출의 약 절반가량은 추가 가계 지출로 이어졌고 동시에 같은 금액만큼의 저축을 감소시켰다. 그리고 그 때문에 아마 경상수지 적자에도 영향이 있었을 것이다. 1980년대 초반 이후로 미국 금리의 하락은 집값 상승을 지지해왔다"고 애덤 스미스를 향한 미국의 대답이 이어졌다.[8]

이에 대해 모건스탠리의 유명한 이코노미스트인 스티븐 로치(Stephen Roach)는 "일자리 창출이 부족하고 실질임금은 과거보다 적게 증가해서 이번 경기 회복기의 초반 37개월 동안 민간 분야의 실질 임금과 급여는 단 4% 증가하는 데 그쳤다. 이는 과거 다섯 차례의 경기 상승에서 기록한 14% 이상의 평균 증가율에 비해 10% 포인트나 낮은 것이다. 하지만 소비자들은 예전 같으면 지출에 커다란 방해물이었을 이같은 낮은 임금 증가율에도 불구하고 위축되지 않았다. 수입이 넉넉지 못했던 가계 부문은 재산 가치 추출과 부시 정부의 감세 정책으로 2003년 초반 전체 미국 GDP 가운데 소비 부문 비중을 71.1%라는 사상 최고 수준으로 끌어올렸다. 그리고 2004년 4분기에도 이 비율은 70.7%의 높은 수준을 유지하고 있다. 이는 지난 1975년부터 2000년 사이의 기간 동안 기록한 평균 수치 67%를 크게 웃도는 것이다"라고 설명했다.[9]

베를린 장벽이 무너진 후, 거의 모든 사람들이 중앙정부의 계획과 간섭이 경제에 좋지 않다는 것에 합의하는 분위기다. 중앙계획 경제는 시장의 "보이지 않는 손"에 비해 재화를 생산하는 데 훨씬 더 서툴다.

조셉 슘페터*(Joseph Schumpeter, 오스트리아 태생의 미국 경제학자, 케인즈와 더불어 20세기 전반의 대표적 경제학자로 평가받음)는 핵심을 보다 자세하게 설명한다. "우리가 분석한 바에 의하면 경기회복은 자연스럽게 발생했을 때만 건전할 수 있다. 어떤 경기회복이라도 그것이 인위적인 경기부양에 의한 것이라면 언제나 아직 소화되지 않은 불황의 일부가 남게 되며 새로운 불균형과 부조화를 낳게 된다."

미국 경제는 지난 2001년 본격적인 경기후퇴를 맞이했고 바로 또 한 차례의 작은 경기후퇴를 겪었다. 이 작은 경기후퇴는 태어나자마자 역사상 가장 중앙계획적인 자들에 의해 소멸되었다. 앨런 그린스펀은 대출 금리를 낮췄고 조지 W. 부시 대통령은 소비를 진작시켰다. 그 결과 경기후퇴가 뒤로 미뤄졌을 뿐만 아니라 소비자와 투자자 그리고 사업가들은 터무니없는 실수를 저지르게 되었다. 투자자들은 수익률이 낮은 주식을 매수했다. 소비자들은 더 깊은 빚의 수렁으로 빠져들었다. 정부의 부채도 증가했고 무역적자는 더욱 악화되었다. 반면 지구 반대쪽에서는 근로자들이 이 거짓 수요를 충족시키기 위해 초과근무까지 했고, 중국은 역사상 유례를 찾아볼 수 없는 자본 지출 붐을 만끽했다.

연준리 의장이자 달러 옹호론자이며 국가 경제의 관리인이자 국부의 감시자인 그린스펀이 어떻게 그런 일을 할 수 있었을까? 그는 금융 버블을 전체 경제 버블로 확대시켰다. 금융 자산 가격에만 거품이 낀 것이 아니었다. 집값과 가계 평균 부채 역시 거품처럼 확대되었다. 그리고 경제 자체도 변하기 시작했다. 2005년 주택 경기 버블은 단순한 투자 현상이 아니었다. 그것은 거의 모든 사람들에게 영향을 주는 경제 현상이었다. 일부 지역에서는 신규로 창출되는 일자리 가운데 절반이 주택과 관련된 것이기도 했다. 사람들은 집을 짓고, 그 집을 통해 융자를 받으며, 집을 리모델링한다. 그리고 서로 집을 사고판다. 사람들이 주방용 조리대에 너무 많은 화강암을 들여놓고 있어서 모든 산들이 평평해지고 있을 정도다.

12

사악한 일이 일어나다

조정(correction)의 힘은 앞서 진행된 속임수나 환상과 같지만 방향은 정 반대이다. 앨런 그린스펀과 조지 W. 부시, 그리고 실증주의의 모든 위대한 명사들은 아무것도 두려워할 것이 없다고 우리를 안심시켰다. 사람들이 가장 좋아하는 제국적 칼럼니스트인 <뉴욕 타임즈>의 토머스 L. 프리드먼은 이렇게 설명했다. "다음에 나올 대단한 물건은 거의 항상 미국에서 나온다. 왜냐하면 미국은 당신이 스스로의 마음을 탐험하도록 허용하고 있기 때문이다."[1] 프리드먼은 만일 미국이 여성들에게 권한을 부여하고 민주주의를 건설하는 데 보다 적극적으로 나선다면 세상이 보다 살기 좋은 곳이 될 것이라고 믿고 있다. 그는 또한 기술혁신은 미국에게 영원한 경쟁우위를 가져다 준다고 생각한다. 미국인들은 항상 혁신적이며 항상 문제를 해결하고 있다. "이런, 아웃소싱을 발명한 것 역시 우리다"라고 프리드먼은 말한다.

방갈로르는 미국의 진정한 변두리이다. 물론 방갈로르에는 많은 공립학교가 있지만 지역 정부는 부패로 가득 차 있고 도시의 절반에 인도(sidewalks)가 없다. 정전이 자주 발생하며 강들은 오염되어 있다. 공교육 시스템은 제

기능을 하지 못하고 거지들이 이곳저곳을 활보한다.[2]

윗글에서 프리드먼에게 부족한 것은 동사 시제에 대한 감각이다. 그는 방갈로르에 가서 그곳이 낙후되어 있다는 사실을 목격한다. 그의 결론은 그곳이 항상 그럴 것이라는 것이다. "현재형인 이다"(is)는 프리드먼의 마음속에서 영원하다. "미래형인 그럴 것이다"(will be)가 그의 마음속에는 없다. 이것은 마치 그가 1982년의 주식시장을 보았을 때와 같다. "주식들은 싸다." 그는 이렇게 말했을 것이다. 그리고 그 입장이 뒤바뀔 수 있다는 생각은 절대로 하지 못한 채 "다른 곳의 주식들은 비싸다"라고 덧붙였을 것이다. 하지만 방갈로르가, 비록 영원히 그럴 필요는 없겠지만, 비교적 비용이 싸지 않다면 누가 볼티모어에서 방갈로르로 아웃소싱을 하겠는가? 방갈로르가 전력 문제가 없거나 오염되지 않고 거지들이 없다고 가정해보자. 방갈로르가 비벌리힐스나 보카레이튼*(Boca Raton, 플로리다의 부촌) 같다고 가정해보자. 우리는 차라리 1982년의 주식 가격이 비쌌다고 생각하는 게 나을지 모른다. 물론, 만일 그랬다면 1982년부터 2000년까지 강세장은 존재하지 않았을 것이다. 강세장은 주식들이 과거에는 가격이 낮았지만 미래에 비싸질 수 있는 잠재력을 갖고 있었기 때문이다. 마찬가지로 지저분한 제3세계 지역이면서 동시에 1만 마일이나 떨어진 지역에서 아웃소싱 할 만큼 방갈로르가 충분히 저렴했기 때문이다. 물론 앞으로 계속 그럴지는 우리나 프리드먼이나 모두 알 수 없다.

우리는 항상 아침 식사 전에 프리드먼의 칼럼을 읽으면서 하루를 순조롭게 시작하려고 노력한다. 그 남자의 생각 속에는 지독하게 고지식하고 어색한 무엇인가가 있다. 그의 칼럼은 늘 우리의 아침을 밝게 비추어준다. 그의 칼럼은 인간(fellow men)에 대한 우리의 믿음을 다시 확인시켜준다. 그들은 악한 것이 아니라 단지 생각이 없을 뿐이다. 우리는 프리드먼을 한 번도 만난 적이 없지만 그는 마치 젊은 마음들을 흔해 빠진 생각들로 감싸는 고등학교 선생님 같을 거란 생각이 든다. 하지만 그의 생각들이 건방지고 미숙하며 유치하다고 말하는 것은 단지 그 칼럼니스트보다 훨씬 똑똑한 의견들을 가지고 있는 대부분의 젊은이들을 모욕하는 것이다. 당신은 프리드먼에 대해 그의 글에서 얻을 것이 없다는 식으로 비난할지 모른다. 하지만 이러한 비난 역시 프리드먼에게는 과분한 평가다. 그의 글은 부정적인 면을 지니고 있다. 프리드먼의 모든 칼럼은 마치 한 도시의 배수탑에서 구멍이 난 배수로로 물이 새어나가듯 인류가 축적해놓은 지식들 가운데 일부를 없애고 있다.

사실 프리드먼의 생각들이 특별하게 나쁜 것은 아니다. 많은 사람들은 자신들의 머릿속에 철없고 재미없는 생각들을 가지고 있다. 하지만 문제는 프리드먼은 자신의 무의미한 생각들을 상당히 고압적인 진지함으로 표현한다는 것이다. 그것은 종종 우리를 웃게 만든다. 프리드먼은 자신이 바보 얼간이라는 점을 완전히 모르고 있는 것으로 보인다. 물론 그것이 그의 매력이다. 그는 너무 우둔해서 우리는 그의 기분을 상하지 않게 하면서 그의 앞에서 그를 비웃을 수 있다.

프리드먼은 정기적으로 그리고 방대한 양의 글을 쓴다. 하지만 생각하는 것은 그에게 고통임에 틀림없는 것 같다. 그는 자신의 주장에 대한 근거를 보여주지 않는다. 대신 어떤 허튼소리라도 그 순간 그에게 어필하는 것이라면 무엇이든 써내려간다. 마치 한 마리의 노새가 아무 주저 없이 물을 마시러 가는 것처럼 말이다.

프리드먼이 걱정하는 것들 중 하나는 세상이 어두워질까 하는 것이다. 최근의 예로, 그는 9·11 사태 이후 일어난 많은 변화들이 미국이라는 국가의 성격을 바꾸고 있다고 걱정했다.[3] 그래서 그는 "우리 국가의 DNA는 나쁘게 변형되었거나 변이되었다"고 밝혔다. 전형적인 자신만의 스타일로 그는 무언가를 제안하는데, 이는 열두 살짜리 어린아이도 터무니없는 것이라고 깨달을 수 있는 것이다. 그것은 또 다른 국가적 임무이다. 프리드먼은 "미국은 당장 시급하게 9·11 사태로 인해 야기된 작은 변화들을 주시해야 하는 국가적 임무가 필요하다"고 주장하고 있다. 한 국가는 DNA를 갖고 있는가? 그것이 변이될 수 있는가? 우리는 여전히 많은 의심을 갖고 있다. 한 국가의 임무가 만들어낼 차이점은 무엇일까? 그 국가의 구성원들은 그 국가의 DNA를 가지고 있지 않을까? 아니면 객관적인 견해를 얻기 위해 UN의 패널과 같은 다른 국가와 그 임무를 함께 해야 하는 것인가? 그리고 문화적 다양성을 위해 글을 모르는 아프리카 오지의 부족민들과도 함께 해야 한단 말인가?

프리드먼의 글은 "우리는 이것을 해야 하고 그들은 저것을 해야 한다"는 내용의 장편 연재물이다. 그는 왜 사람들이 지금 하고 있는 일들을 하는지에 대해 잠시도 생각하지 않는다. 그리고 다른 사람들도 자신들이 어떻게 행동해야 하는가에 대해 그들 고유의 생각을 갖고 있으며 프리드먼의 견해가 더 나은 것이라고 생각해야 할 특별한 이유가 없다는 점을 한 번도 생각해본 적이 없다. 프리드먼의 글에는 겸손함의 흔적조차 없다. 회의나 냉소, 풍자도 없다. 그의 뇌에는 어느 한 구석에도 자신이 바보 멍청이일지도 모른다는 생각이 숨어 있을 은신처가 없다. 물론 그에게는 당연한 것일지도 모른다. 그는 허위로 겸손한 체하거나 신념 같은 것을 가지고 있는 것으로 자신을 꾸밀 만한 능력도 없다. 이것들은 모두 그에게는 깜짝 놀랄 만한 것이다. 그의 견해에는 아무런 망설임이나 당황함을 찾아볼 수 있다. 그에게는 용의주도함이라는 자질이 필요하다.

프리드먼은 자신이 9·11 이후 바뀐 모든 것들을 입증하지 못할까봐 두려웠다. 하지만 그래서 어떻단 말인가? 미국이 제국이 되는 것을 포기한다고 왜 전 세계가 어둠에 휩싸여야 한단 말인가? 그러한 생각은 단지 또 다른 멍청한 제국적 자만심에 불과하다. 미국은 세상의 빛이 아니다. 프리드먼은 그런 걱정은 안 해도 된다. 태양은 미국이 존재하기 이전부터 빛났고 미국이 더 이상 존재하지 않게 되더라도 계속해서 빛날 것이다. 하지만 이러한 것을 깨닫지 못하는 이상 프리드먼이 하나씩 내놓는 견해는 제국적 자만심들에 불과하다. 그는 항상 무엇이 모두에게 가장 좋은지를 알고 있다고 생각한다.

그렇지만 이런 특기에도 불구하고 프리드먼은 그 분야에서 최고는 아니다. 그의 제안들이 다른 사람들의 것에 비해 훨씬 모자라는 것은 아니다. 다만 프리드먼은 바보 같은 방법으로 제안한다. 그는 마치 텔레비전 뉴스 캐스터처럼 그런 제안들이 무엇을 의미하는지를 깨닫지 못한 채, 또 울어야 하는지 웃어야 하는지를 모른 채 늘어놓는다. 그는 자신의 DNA가 미국의 사회 제도를 따라 변이되고 있다는 점을 알아채지 못하는 것 같다. 그리고 자신이 단지 허영심과 자만심 그리고 편견들을 확대시켜 저녁 뉴스에 나오게 만드는 것 이상의 일을 하고 있지 않다는 점도 알아채지 못한다. 팔레스타인에 문제가 있는가? 어쩌면 팔레스타인 사람들은 우리가 그들에게 말했던 것을 해야만 했을지도 모른다. 이라크에 평화와 민주주의가 찾아왔는가? 만일 그랬다면 그것은 미국 군인들의 용감한 노력 덕분이다. 유가는 상승하고 있는가? 물론 그렇다. 미국은 아직까지 프리드먼이 유가 상승을 대비해서 내놓은 포괄적인 에너지 정책을 실시하지 않고 있다. 프리드먼의 세상은 너무 단정적이다. 그리고 너무 간단하다. 거기에는 오직 올바른 국면만이 있다. 그리고 모든 문제에는 그 문제를 풀기 위해 기다리고 있는 위원회가 있다.

프리드먼 같은 사람은 세상이 자신이 이해하고 있는 것 이상의 원리로 돌아간다는 것을 이해하기 힘든 것임에 틀림없다. 우리 경험으로는 프리드먼의 생각을 이해하는 사람조차도 그의 생각 중 일부만을 이해하고 있음에 틀림없다. 프리드먼의 생각을 이해하는 그들도 단순한 사람들일 것이다.

하지만 우리는 프리드먼의 논평을 즐긴다. 그는 너무 재치가 없어서 사고의 우둔함을 숨기거나 감추지 못한다. 그의 우둔함은 공공연하게 드러나 우리는 그 우둔함을 보고 웃을 수 있다. 그는 아랍인들이 면도를 하고 뉴요커들처럼 행동해야 한다고 믿고 있다. 만일 아랍인들이 스스로 알아서 그렇게 하지 않는다면 우리가 그들에게 일부 도움을 줄 수도 있다. 프리드먼은 우리가 아랍 지역에 민주주의를 건설하기 위해 또 여성들의 권리를 보호하기 위해 군대를 파병할 수 있다고 말한다. 하지만 그는 군대와 제국, 그리고 정치와 시장이 어떻게 돌아가는지를 이해하지 못하고 있다. 미군은 도움을 줄 수는 있겠지만 그것은 스키피오가 카르타고에 준 그리고 셔먼이 애틀랜타에 준 종류의 도움일 것이다. 군대는 둔한 도구이지 절대로 정확하고 꼼꼼한 도구가 아니다.

프리드먼은 부시 정부로 하여금 이라크를 침공할 것을 촉구했다. 그는 언제나 자신이 제기한 주장들에 대한 해결책을 가지고 있다. "그럼 어떻게 우리가 그 수니파 사람들로 하여금 자살폭탄 단원들을 비난하게 만들 수 있을까?"

간단하다. 수니파 사람들을 선동하는 것이다. "부시 정부는 사우디아라비아와 다른 아랍 지역의 동맹국들에게 그들의 언론과 종교 시스템을 이용해 이라크 인들이 그 비열한 살인자를 비난하도록 요구해야 한다."[4]

반드시 그렇게 되어야만 한다. 부시 팀에 무슨 문제가 있는가? 왜 그들은 그런 생각을 하지 않았을까? 아랍 국가들을 더 선동하도록 강력하게 요구해라. 그러면 문제는 해결될 것이다.

그런데 이 책의 저자인 우리들은 외교정책에 있어 아무런 입장도 취할 수 없다. 우리는 단지 사람들이 멍청이들이라는 것에 주목할 뿐이다.

그렇다고 우리가 프리드먼을 비난하려는 것이 아니다. 그래봐야 아무런 재미가 없다. 이 불쌍한 친구는 분명히 장애를 가지고 있다. 그는 마치 한 쪽 눈만을 가진 다섯 살짜리 아이가 그린 그림처럼 모든 사물들을 2차원적으로 바라본다. 그는 매주 한 가지의 편협한 제안을 내놓는다. "개혁 혁명"(그것이 아무리 모순적일지라도), "국가 건설", "수소 에너지 경제를 개발하기 위한 맨해튼 프로젝트", "올바른 일을 하기 위한 국가적 사명", "1갤런의 휘발유마다 50센트의 애국세"(Patriot Tax), "인도의 개혁"(Reform India). 이 외에도 수많은 어리석은 것들이 더 있다.

보다 나은 견해를 얻기 위해 두 눈을 뜨고 그 이슈를 바라보면, 우리는 모든 일이 프리드먼이 상상하는 만큼 절대로 간단하지 않음을 알게 된다. 모든 일이 사명이나 좋은 의도에 반응하는 것은 아니다. 사람들은 항상 자신이 원하는 것을 얻지는 못한다. 가끔씩은 얻어야 마땅한 것들을 얻기도 하지만 말이다.

미국의 소비자 자본주의와 팍스달러리움, 공수외교(airborne diplomacy) 그리고 부채는 전 세계에 걸쳐 하나의 질서를 형성시켰다. 이 질서는 아메리카 제국의 첫 60년간 미국인들에게 엄청난 도움이 되었다. 미국인들은 전 세계에 이익을 내면서 팔 수 있는 물건들을 만들었다. 하지만 오늘날 세계는 미국에게 우호적이지 않은 방향으로 돌고 있다.

인간의 성격에는 어두운 면이 있다. 사람들은 의식주가 충분해지면 절대적인 부 대신 상대적인 부에 관심을 갖는다. 사람들은 자신들의 영혼보다 지위에 더 신경을 쓴다. 현재의 제국적 질서는 미국인들보다는 외국인들에게 더 이익이 되고 있다. 아시아에서는 실질임금이 상승하고 있다. 반면 미국에서는 정체되어 있다. 비록 미국이 무역적자를 줄인다고 하더라도 상대적으로 미국인들은 점점 더 가난해질 가능성이 있다.

인간의 질투와 제국의 자금조달 논리는 지금 변하고 있다. 미국은 더 이상 공평한 수준에서 경쟁할 수 있는 기회가 대가로 주어지지 않는 이상 전 세계에 질서라는 공공 서비스를 제공해서는 안 될 것이다. 미국의 산업들은 지금 경쟁력을 잃어가고 있다. 그리고 미국인들은 이러한 현상에 대해 분개하기 시작했다. 미국인들은 제국적인 사업에서 손을 떼거나 지구촌 경제의 세계화 현상을 방해하는 방법으로 제국의 사업을 벌여야 한다고 주장할지도 모른다.

이러한 방법이라면, 부시 정부의 많은 행동들이 이해가 간다. 왜 이라크를 침략했는가? 왜냐하면 그로 인해 무질서와 혼란이 야기되기 때문이다. 군사행동은 위험하고 상황을 불안정하게 만든다. 그리고 이런 군사행동은 어떻게 보면 무엇을 얻기 위한 문명적인 수단이 정치적 수단으로 바뀐 것이다. 그리고 이 정치적 수단은 원래부터 무질서했을 뿐만 아니라 미국의 군사적 힘을 촉진시키면서 동시에 미국의 상업적 약점을 최소화시킨다. 왜 중국에게 위안화를 평가절상 하라고 압박하는가? 이 역시 무질서를 초래하기 때문이다. 위안화는 지난 10년간 미국의 달러 가치에 연동하여 안정적인 환율을 유지해왔다. 미국은 위안화 가치가 더 상승해야 한다고 또 중국에 대해 관세와 무역장벽을 부과해야 한다고 주장한다. 왜 그럴까? 무역장벽은 직접적으로 공정한 교역을 방해하고 미국의 경쟁국들의 성장을 더디게 만들기 때문이다. 왜 재정적자가 그렇게 엄청나게 늘어나는가? 왜 소비자물가 수준의 이자로 돈을 거저 빌려주다시피 하는가? 이 모든 것들은 세계 금융 시스템을 심각하게 훼손시키고 있다. 미국은 무질서를 기르고 있다.

프리드먼은 미국의 강점이 과거시제라는 것을 알아차리지 못하는 것 같다. 만일 미국이 정말로 새로운 제품들을 만들어내고 새 일자리를 만들어내고 있는 중이라면 그 증거는 수치로 나타날 것이다. 미국의 무역수지는 레이건 정부 이전에 그랬듯이 적자가 아닌 흑자로 나타날 것이다. 고용지표 역시 마찬가지다. 단 21,000개에 그쳤던 2004년 2월의 신규 일자리 수는 과거 경기 회복 기간 중 발생한 20만 개 정도는 되어야 했다.

300년 전 산업혁명이 시작된 이래로 지금까지 서구 이외의 지역에서 이토록 많은 사람들이 미국과 경쟁할 수 있게 된 적은 없었다. 서구 이외의 지역에서 지금처럼 많은 자본을 가용하게 된 적도 없었다. 미국인들이 자신들의 돈을 모두 소비하는 동안, 중국의 일반 근로자들은 버는 돈의 20% 이상을 저축한다.

인도 방갈로르에는 캘리포니아 주보다 많은 기술자들이 있다. 그들은 연간 6천 달러의 적은 임금을 받으면서도 일을 잘한다. 아울러 인도의 기술자들은 미국 동료들만큼이나 창의적이다. 프랑스 신문 <리베라시옹>은 보도하기를 "DVD용 소프트웨어는 실리콘 밸리가 아닌 방갈로르에서 개발된다"고 했다. 방갈로르에서 7년이라는 짧은 기간 동안 필립스의 리서치센터는 1만5천 건의 신기술을 개발했다.

오랫동안 해외 근로자들은 미국인들의 월급을 줄어들게 해왔다. 대만과 멕시코를 비롯해 다른 지역의 조립 라인 근로자들은 미국의 공장 근로자 임금을 침식하고 있다. 지난 30년 동안 공장 근로자들의 실질임금은 거의 인상되지 않았다. 하지만 아무도 이를 특별히 걱정하지 않았다. 왜냐하면 미국 경제는 서비스와 소비 위주로 이동하고 있었기 때문이다. 공장 근로자라는 직업은 시대에 뒤떨어지는 것일 뿐 아니라 이미 사양길에 접어들었다. 하지만 이제 회계사나 건축가 등의 직업도 위협을 받고 있다. 변호사도 마음을 놓을 수 없다. 법률 회사들은 일상적인 법률 업무들을 인도로 아웃소싱하고 있다.

이런 추세에 대해 민주당 소속의 이코노미스트들은 공화당원들에 비해 그다지 걱정하지 않을지도 모른다. 하지만 2004년은 선거의 해였고 따라서 민주당 소속 이코노미스트들은 신문에 이름을 올릴 수 있는 기회를 놓칠 수 없었다. 많은 사람들이 일자리를 얻지 못하고 있다는 점을 이용해 민주당 사람들은 미국인들의 일자리를 보호하기 위해 노력하겠다는 약속을 내걸었다.

엄청나게 많은 멍청한 공약이 유권자에게 전달되었다. 하지만 아무도 미국인 근로자들을 정면으로 마주보고 그들이 하는 일에 비해 너무 많은 돈을 벌고 있다는 점을 말하려 하지 않았다. 그럴 바에야 정치인은 자신의 머리

위에 기름을 붓고 불을 붙이는 편이 나을지 모른다. 언론은 그 정치인을 순식간에 태워버릴 것이고 그 정치인의 경력은 재가 되어 버릴 것이다.

우리 저자들은 아무런 선거에도 출마하지 않고 있다. 그리고 만일 운이 없게도 공직에 선출된다면 우리는 즉각 러시아 매춘부와 마약에 취해 밤을 보낸 적이 있다고 고백할 것이며 재개표를 요구할 것이다. 그래야만 우리는 아웃소싱에 대한 이 소박한 견해를 별로 잃을 것 없는 상태에서 제안할 수 있다.

매우 오랜 기간 동안, 미국인들은 국제 노동시장에서 높은 위치를 차지하고 있었다. 그 경쟁의 장에서 여러 세대에 걸쳐 축적한 자질과 기술력, 자본력, 사회간접자본시설 등을 바탕으로 유리한 위치에 있었다. 그리고 앞으로도 강점을 누리게 될 것이다. 그렇지만 프리드먼이 정확하게 생각하고 있는 것이 하나 있다. 그것은 바로 그 경쟁의 장이 점점 어느 한 쪽으로 기울지 않고 평평해지고 있다는 것이다.

미국이 좋아하든 그렇지 않든 간에 인도와 중국 등 엄청난 잠재력을 가진 거대 국가들이 부상하고 있다. 골드만삭스의 예상에 따르면, 현 세기의 중반 무렵에는 러시아의 생활수준이 오늘날 미국의 생활수준보다 40% 가량 높아질 것이며 중국은 오늘날 일본 정도의 생활수준을 갖게 될 전망이다. 브라질은 오늘날 영국 정도의 생활수준을 갖게 될 것이고, 인도 인들은 오늘날 이탈리아 인들 정도의 소득을 갖게 될 것이다.

그리고 여기 다른 결론들이 더 있다.

* 소위 브릭스(BRICs)로 불리는 브라질과 러시아, 인도, 중국 등 4개 신흥국가들의 경제 규모는 40년 안에 미국, 일본, 독일, 영국, 프랑스, 이탈리아의 G6를 넘어설 것이다.

* 현재 브릭스의 경제 규모는 G6의 15%도 안 되는 수준이다. 달러화 기준으로 중국은 앞으로 4년 안에 독일을, 그리고 2015년에는 일본을 추월할 것이고, 2039년이 되면 미국을 앞지를 수 있다. 인도 역시 30년만 있으면 미국과 중국을 제외한 다른 경제 대국들을 모두 추월할 수 있다.

* 향후 5년간, 중국의 1인당 GDP는 연평균 11.2% 성장할 것으로 예상된다. 러시아는 10.3%, 인도는 7.5%, 브라질은 6.5%의 연평균 증가율이 예상된다. 반면 같은 기간 미국의 성장률 전망치는 단 1.7%에 그친다. 일본은 0.9%, 독일은 2%, 영국과 프랑스는 각각 1.9%와 1.5%이다.

* 미국의 생활수준은 계속 나아질 것이다. 미국의 1인당 GDP는 38,700달러에서 83,700달러로, 영국은 26,000달러에서 59,000달러로, 독일은 23,100달러에서 49,000달러로, 일본은 34,300달러에서 66,800달러로 상승할 것으로 전망된다.

레이건과 그의 제자들이 공산주의를 물리쳤는지 여부와 상관없이 자유화된 러시아와 인도, 그리고 중국 경제는 미국 역사상 그 어느 때보다 더 강력한 경쟁자가 되고 있다.

위대한 자만심

외국인들이 부유해지는 동안 미국 여권 소지자들은 점점 망상에 빠지고 있다. 그들은 저축도 하지 않고 예전보다 더 많은 돈을 벌지도 못하면서 부유해질 수 있다고 믿고 있다.

미국에서 가계 소비는 GDP의 71%를 차지한다. 미국인들은 소비할 수 있는 돈(물론 이 돈은 차입을 통해 얻어진다)을 갖고 있기 때문에 점점 더 부유해지고 있다고 생각한다. 하지만 어떤 한 사람을 그리고 한 국가를 부유하게 만드는 것은 지출이 아니다. 그러나 안타깝게도 여전히 많은 사람들이 정 반대로 생각하고 있다. 미국인들은 GDP 수치를 "건강하게, 성장하는" 경제의 신호로 간주한다. 하지만 미국에서 성장하고 있는 것은 경제를 건강하지 못하게 만드는 소비이다. 미국이 해외로 1달러어치의 물건을 팔 때마다 미국은 1.6달러어치의 해외 제품을 사들인다. 그리고 그 가운데 대부분은 소비재 제품들이다.

우리 모두가 알고 있듯이, 중국은 지구에서 미국의 반대편에 위치해 있다. 그리고 중국 사람들은 미국인들이 사는 물건을 만들면서 동시에 미국에서 만드는 물건들은 사지 않는다. 미국의 가정은 부유하고 그래서 많은 물건을 구매한다. 중국 가정은 가난하고 그래서 거의 구매하지 않는다. 미국인들은 거의 저축하지 않지만 중국인들은 엄청난 돈을 저축한다. 중국의 GDP에서 내수 부문이 차지하는 비중은 42%에 불과하다. 또 다른 35%는 수출 부문이 차지하고 있다. 그리고 스티븐 로치에 따르면 중국에서 지출되는 돈의 절반가량이 고정적인 투자에 쓰이고 있다.

이 두 나라의 경제는 비상식적으로 불균형적이다. 이 두 국가의 경제는 아마도 붕괴되고 무너질 것이다. 하지만 경제가 다시 회복기에 접어들 때면, 중국인들은 부를 생산할 수 있고 그래서 구매력을 가진 자신들을 발견할 것이다. 하지만 미국인들은 물건을 살 수 있는 돈이 거의 없으며 그들에게 대출을 해줄 사람도 줄어든다는 사실을 발견할 것이다.

무역적자는 어디에서 오는가?

무역적자는 미국인들이 해외에 파는 것보다 많은 것을 해외에서 사들일 때 생겨난다. 매년 미국인들은 해외에 파는 물건보다 약 7천억 달러어치 더 많은 물건을 해외에서 들여온다. 이는 미국 기업들이 그들의 아시아 경쟁업체들보다 많은 이익을 내는 효과를 의미 없게 만든다. 미국 경제가 역사상 가장 역동적이고 유연하며 가장 달콤하다는 주장도 엉뚱하게 들린다. 외국인들이 미국의 물건을 원한다는 것도 비위를 맞추려는 것이지 실제 상황과는 아무 관련 없는 발언일 뿐이다.

미국인들이 왜 분수에 넘치는 지출을 하는지는 특별하게 문제가 되지 않는다. 미국인들은 그들만의 이유를 가지고 있을 것이다. 하지만 그들이 그럴 만한 이유가 없더라도 결과는 똑같다.

만일 미국이 하나의 기업이라면 수입과 지출의 차이는 영업으로 인한 손실로 측정될 것이다. 만일 미국이 하나의 가계라면, 그 수입과 지출의 차이는 그 집이 얼마나 가난해지고 있는지의 비율이 될 것이다. 한 기업이 그러한 불균형을 그렇게 오랜 기간 동안 유지한다면 아마도 오래 전에 파산했을 것이다. 만일 작은 국가였다면 역시 심각한 문제에 봉착했을 것이다. 하지만 세계의 기축 통화와 함께 제국적 파워를 가진 이 국가는 그것으로 인해 별다른 벌을 받지 않을 수 있다.

데이빗 맬패스(David Malpass) 박사는 <월스트리트 저널>을 통해 미국 경제가 경쟁국들에 비해 빠르게 성장하는 것이 설령 사실이라고 해도 특별히 중요한 것이 아니라고 주장했다. 다른 논평가들이 주장하듯이 아시아 국가들이 달러 표시 자산을 계속 매수할 수밖에 없다는 것도 역시 중요하지 않다고 말했다. 아울러 해외 투자자들의 달러 표시 자산 매수는 제국의 파워에 대한 일종의 조공을 의미한다는 것도 적절하지 않다고 그는 주장했다.

매일 미국인들은 SUV 차량과 평면 TV, 그리고 미국의 무역적자 가운데 대부분이 집중되어 있는 아시아 지역에서 들여오는 다른 소비재 제품들로 사치스러운 생활을 한다. 그러는 동안 아시아 인들은 미국 내 금융자산, 특히 미국 재무부가 발행하는 채권에 투자하면서 부유해지고 있다. 이것은 냉혹하면서도 엄격한 사실이다. 미국 무역적자의 직접적인 결과로, 1990년 이후 해외 투자자들은 3조4천억 달러어치의 미국 내 자산을 취득했다.

미시 경제학적으로 보면, 개인적으로는 이러한 현상이 대단한 차이를 만들지 않는다. 어떤 사람이 대형 TV를 선호하는지 아니면 미국 국채를 보유하길 원하는지는 개인의 결정에 따른 것이다. 우리는 그것에 대해 올바른 선택인지 나쁜 선택인지 말할 수 없다. 하지만 미국인들은 소비재 자산을 위해 그들의 금융자산을 건네주지는 않는다. 미국인들은 거래의 대가로 지불할 금융자산을 거의 갖고 있지 않다. 그들은 월마트에 가서 필요한 물건을 사면서 그들의 자본금을 지출하지 않는다. 그들은 단지 빌려온 돈을 지불하는 것이다. 지출을 위해 저축해놓은 것이 없는 한 미국인들은 소비재 제품들에 대해 금융자산을 교환할 수 없다. 따라서 그들은 금융 채무를 늘려야만 한다.

이것 역시 또 다른 소비자 선호의 문제이다. 만일 어떤 사람이 대형 TV를 너무 갖고 싶어서 빚을 내가면서라도 그 TV를 구입한다고 우리가 걱정할 일은 아니다. 그는 아마 TV를 사는 대신 빚을 지는 것을 선호할 것이다. 하지만 우리는 그의 선택이 어떤 망상이나 사기적인 무엇인가에 의한 것인지를 의심한다. 그가 빚을 지면서 TV를 택했다는 것은 현재의 지출을 위해 미래의 지출을 포기할 것임을 가정한 것이다. 그렇지만 대부분의 경우 그 사람은 현재의 지출과 미래의 지출 모두 포기하지 않으려 할 것이다.

모든 제국은 사기와 기만, 속임수와 함께 시작한다. 그리고 나중에 그것은 대중 전체의 환상, 자기만족, 망상, 어리석은 광대극으로 발전하며 결국에는 재앙이 된다. 그 재앙으로까지 발전하기 전에 당신은 당신이 어디에 있는지를 알지 못한다. 모든 바보 같은 짓마다 수십 명의 준비된 선동자들이 존재하며 그리고 최소한 전체 인구의 절반은 바보 같은 짓을 믿을 준비가 되어 있다.

그렇기 때문에 우리는 매일 <월스트리트 저널>에서 무역적자가 아무런 문제가 되지 않는다는 내용의 글을 보게 되는 것이다. 물론 적절한 수준에서는 무역적자가 전혀 문제가 되지 않는다. 신에게는 무엇을 누구에게 빚지고 있든 아무런 문제가 되지 않는다. 혹은 문제가 된다 하더라도 신은 침묵을 지킨다.

일부 참견쟁이들은 미국의 무역적자가 대부분 초기 역사를 위한 대가이며 대부분의 고성장 국가들은 항상 경상수지 적자를 기록한다고 지적하기도 한다. 결국 고성장 국가들은 미래를 위해 공장과 기계에 자본을 투자한다는 것이다. 그리고 나서 공장이 완공되고 물건이 생산되면서 수익이 나면 그 수익으로 빚을 갚는다는 것이다. 결국 이러한 상황은 채무자에게 유리하다는 것이다.

이 얼마나 공상적인 생각인가. 우리가 미국에서 건설중인 공장이나 정유소, 광산 등을 마지막으로 본 적이 언제인가? 우리가 기억할 수 있는 마지막은 볼티모어 외곽에 위치한 멋진 맥주 양조장이다. 그것도 아마 40년은 지난 일일 것이다. 그 이후로 그 공장도 파산했다.

많은 경제학자들은 미국이 더 이상 공장들을 필요로 하지 않는다고 생각한다. 경제학자들은 정보혁명이 미국에 좋은 것들을 많이 가져다줄 것으로 생각한다. 그리고 미국인들이 아직 그 정보혁명으로 인해 어떤 혜택도 체감하지 못하고 있음에도 불구하고 결국에는 그럴 것이라고 믿을 준비가 되어 있다. 하지만 정보, 지식 분야도 지금까지는 운이 좋았을 뿐이다. 단지 정보에 지나지 않는 미국 세금계산서가 점점 더 많이 인도에서 이루어지고 있다. 그리고 미국 회사들은 실질적으로 점점 더 많은 제품의 지식, 정보 부문을 아웃소싱하고 있다. 미국 회사들은 대만에 가서 현지 업체들에게 "이것을 만들어라"라고 더 이상 요청하지 않는다. 대신 그들은 현지 업체들이 무엇을 만들고 있는지 그리고 그것을 미국으로 들여가서 팔아먹을 수 있을지를 살펴본다. 시간이 흐를수록 점점 더 미국 기업들은 이제 디자인 단계에도 참여하지 않는다.

폴 크레그 로버츠(Paul Craig Roberts)는 "우리가 지금 목격하고 있는 것은 미국에서 제3세계 경제로의 빠른 변형이다"라고 말한다.[5] 시장에 오직 브랜드만 남겨두는 미국 기업들이 늘어나고 있다. 하지만 소비자들이 실질적인 혁신과 디자인, 그리고 제조기술의 재능이 해외에 있다는 것을 깨닫게 되면 그나마 그 브랜드들도 오래 지속되지 못할 것이다. 자동차 구매자들이 품질이 좋아진 일본의 새 브랜드를 선택하듯이 다른 산업 분야에서도 마찬가지 현상이 일어날 것이다. 곧, 미국인들은 해외에서 만들어진 제품을 사기 원할 것이며 그래야만 할 것이다.

이러한 사이클은 제국이 성숙 단계에 접어들었을 때 전형적으로 나타난다. 제국의 쇠락기에도 사람들은 제국의 본토를 계속해서 유행과 시류의 중심지로 바라본다. 음악과, 교육, 극장과 의복, 건축, 예절 등은 보다 실질적인 상품과 제품들이 제국의 주변부에서 중심부로 수입된 지 오랜 시간이 지나도 여전히 그와 반대로 제국의 중심부에서 그 주변부로 수출된다. 심지어 오늘날에도 비엔나와 파리, 로마는 지역 문화의 중심지로 남아 있다. 이전 식민지였던 지역의 부모들은 아직도 그들의 자녀를 케임브리지나 옥스퍼드로 보내겠다는 꿈을 꾼다.

한편, 댄 뉴먼과 프랑크 뉴먼 형제는 〈월스트리트 저널〉을 통해 미국에서 빠져나가는 달러는 결국 다시 미국으로 돌아오기 때문에 걱정할 것이 없다고 주장한다. 우리는 달러가 다시 돌아오고 있다는 점 그리고 그럴 것이라는 점을 인정한다. 하지만 미국을 떠날 때 성실한 노동자의 성격이었던 달러는 전혀 다른 모습으로 미국으로 돌아온다. 달러는 보다 세련된 옷과 매너를 갖추고 발음까지 세련된 채로 돌아온다. 달러는 이자 소득으로 생활하는 불로소득 생활자로 돌아온다. 자산(credit)으로 미국을 떠난 달러는 이제 부채(liability)가 되어서 미국으로 돌아온다.

부채로 돌아온 달러는 단호한 태도로 그들이 그곳을 소유한 것처럼 행동한다. 이는 일반인들의 생계를 돕는 대신 생활을 더욱 힘들게 만든다. 하지만 지금으로서는 달러의 비위를 맞춰주어야 한다. 이자는 지급되어야 한다. 그렇지 않으면 그들의 빚은 더욱 늘어나게 된다. 어떻게 되든 미국인들의 부담은 나날이 더욱 무거워질 뿐이다.

우리는 경험을 통해 특별한 이유 없이 기분이 바뀔 수 있다는 것을 안다. 어느 날 우리는 여느 때보다 행복하다. 하지만 그 다음날 우리는 똑같은 모습의 현상에 우울해한다. 어느 날 우리는 전쟁을 시작할 준비가 되어 있다. 그리고 그 다음날에 가서는 분쟁은 어쩔 수 없는 경우에만 해야 하는 것으로 되어 있다. 하루는 1달러의 수익을 얻기 위해 20달러를 투자하는 것이 적절해 보이지만 그 다음날엔 10달러도 비싸 보인다. 무시무시한 것으로 보였던 현상이 그 다음날에 가서는 그다지 나쁘게 보이지 않을 때도 있다.

개개인의 기분이 하루가 다르게 변한다면 보다 많은 사람으로 구성된 집단에서는 기분이 변하는 기간이 보다 길어진다. 한 세대가 강세 의견을 갖고 있다면 다음 세대는 약세장을 기대한다. 한 세대가 전쟁을 원하면 그 다음 세대는 평화를 원한다. 한 세대가 무엇을 잃어버리면 그 다음 세대가 그것을 찾아낸다.

주가가 하락하면 우리의 견해도 역시 하락한다. 우리는 우울해진다. 하지만 이따금씩 그 반대 현상도 일어난다. 즉, 시장이 분위기를 만드는 것이 아니라 분위기가 시장을 만들기도 한다. 특별한 이유 없이 우울한 분위기가 확산되면 주가가 하락하기도 한다. 분위기와 실제 현상은 어떤 경우 조화롭지만, 종종 반대가 되기도 하면서 우리 세대의 사조를 결정한다.

현재, 분위기와 현상 이 두 가지는 조화로워 보인다. 현재 대중의 분위기는 우스꽝스럽다. 그런데 지금 나타나고 있는 현상도 우스꽝스럽기는 마찬가지다. 지금처럼 사람들이 많은 불가능한 일들을 믿을 것으로 예상된 적은 없었다. 하지만 적어도 지금처럼 그 불가능한 많은 것들이 사실로 보인 적도 없다. 그러나 우리는 그들이 바뀔 것이라는 것을 알고 있다.

IV

기본을 지키는 투자자들

THE ESSENTIAL INVESTOR

개별 가정이 절약하는 것이 영국을 운영하는 데 어리석음을
초래하게 하는 경우는 드물다.
― 애덤 스미스

13

낭비마을에 오신 걸 환영한다

워렌 버핏이 미국을 가리켜 부른 "낭비마을"(Squanderville)의 사람들은 행복하다. 그들은 행복을 믿고 있다. 그들은 그 행복이 불가능하다는 것에 대해 걱정하지 않는다.

과거 20년 동안 금리가 하락하고 인플레이션율이 떨어지고 주식과 부동산 등 자산 가격이 상승하면 사람들은 이것을 세상이 돌아가는 이치라고 생각한다. 금리는 통상적으로 하락하고 집값은 대부분 상승하며 이러한 현상은 영원히 지속된다고 말이다.

낭비마을의 전문가들조차도 지금만큼 확신을 가진 적이 없었다. 주요 증권회사에서 일하는 이코노미스트들을 대상으로 실시한 2005년의 설문조사에 의하면 그들 모두는 향후 12개월 동안 주식가격이 상승한다고 예상했다. 그렇다면 부동산 가격은? 누가 집값이 떨어질 것이라고 믿었겠는가? 주식과 마찬가지로 떨어질 것이라고 생각한 사람은 거의 없었다.

행복한 것만 생각하고 행복하게 돈을 쓰는 것은 모두 좋은 일이지만 실제로 일자리를 창출하고 수익을 만들어내는 것은 저축과 투자다.

해가 가면서 낭비마을에서 만든 물건 중에서 해외에 내다팔 수 있는 물건은 점점 줄어든다. 반면 해외에서 들여오는 물건에 대한 소비는 점점 더 늘어난다. 낭비마을 사람들이 돈을 소비할 때 그들이 사들이는 물건의 대부분은 절약마을(Thriftville)에서 온 것이다(아마도 아시아를 염두에 두고 워렌 버핏은 이와 같이 표현했을 것이다). 절약마을의 부지런한 사람들은 보다 많은 사람을 고용하고 더 많은 공장을 짓는다. 또한 더 많은 기술을 수입하고 생산을 증진시키기 위해 돈을 쓴다. 이에 따라 낭비마을의 지도부는 그들이 대단한 위치에 있음을 발견하게 된다. 그들은 경기호황을 만들어내기 위해 여전히 통화와 재정정책을 활용할 수 있다. 그러나 호황은 절약마을에서 일어난다.

낭비마을의 행복한 거주자들은 이러한 사실에 대해 거의 모르며 걱정도 하지 않는다. 최근의 일자리 수는 주목할 만하다. 새로운 일자리가 예전의 것만큼 질적으로 좋지 않다는 것을 누가 성가시게 알고자 하겠는가? 반면에 회사들은 제조업에서 비교적 고임금의 근로자를 해고한다. 또 다른 회사들은 서비스 부문에서 저임금의 근로자를 고용한다. 제너럴모터스는 사세가 기울게 되는 반면 월마트는 성장하게 된다.

부동산 가격이 실제로 하락하기 시작하면 어떤 일이 발생할까? 낭비마을 사람들은 기다릴 것이다. 활황이 다시 시작될 것으로 생각하면서 말이다. 그렇지만 활황이 다시 시작되지 않는다면 어떻게 할 것인가? 낭비마을의 주택 소유자들은 끔찍한 냉정을 되찾을 때까지 짧은 휴지기를 맞게 될 것이다. 그리고 그들은 불행해질 것이다.

우리가 살아가는 방법

2005년이 무르익으면서 전 세계 금융 시스템은 예전보다 훨씬 더 기괴하게 움직였다. 채권수익률은 미국 채권을 구매하는 아시아 사람들에 의해 좌우되었고… 신용확장과도 연결되어 있었다… 우리는 그저 경외감과 경탄으로 뒤에 서 있을 수밖에 없었다. 과연 이런 금융 시스템은 대체 어떤 종류의 괴물인가? 이는 마치 프랑켄슈타인이 만들어낸 창작품 같았다.

세계의 가장 부유하고 가장 힘있는 나라가 세계에서 가장 가난한 사람들의 저축에 의존하고 있다. 세계 최고의 경제가 실질적으로 마이너스 금리에 그들의 돈을 제공하고 모든 것이 붕괴될까봐 두려워 금리를 정상화하지 못하고 있다. 미국인들은 자신들이 감당할 수 없는 물건을 사고 중국 사람들은 물건을 생산할 공장을 짓는다. 그렇지만 중국의 제일 중요한 고객인 미국인은 중국인이 만든 물건을 살 돈이 없다. 미국의 집값이 명목 인플레이션보다 3~5배 정도 높게 계속해서 상승하고 집값이 미국 가구 소득의 무한배수로 계속 올라야만 전 세계경제는 발전한다. 그런데 미국 집값과 가구당 소득은 2004년에 뒷걸음질 친 바 있다.

그것이 무엇이든 이것은 정상적인 경제는 아니다. 이는 꼽추이고 두 다리가 선천적으로 기형인 경제다. 여기에는 반드시 존재해야만 하는 일자리가 없다. 소비자들이 돈을 쓸 수 있도록 도와줘야 하는 소득도 없다. 경제성장에 절대적으로 중요한 저축은 사라져버렸다.

이제 중요한 사항들을 살펴보자. 다우지수와 최근의 고용지표, 소비자물가지수(CPI) 그리고 기타 다른 지표들을 매일 점검하자. 그렇지만 우리가 보는 대부분의 지표는 무의미하고 혼란스러운 "소음"(noise)에 지나지 않는다. 뉴스 기사는 우리가 그것을 중요 부위에 연결시킬 수 있을 때에만 의미를 가진다. 미국의 경제적인 어려움을 이해하기 위한 최선의 방법은 제국의 재정 시스템을 가지고 미국 경제를 바라보는 것이다. 미국은 색다르고 다루기 어려운 제국이다. 미국의 몸체는 서로 잘 어울리지만 불합리하고 익살맞은 방법으로만 어울린다. 미국 경제에 구체적인 형태를 만들어주는 것은 제국의 등뼈이다.

단지 제국만이 그처럼 오랜 세월 동안 많은 무역적자를 기록할 수 있다. 단지 제국만이 그렇게 많은 값비싼 해외기지를 전 세계에 걸쳐 유지할 수 있다. 수없이 많은 장소의 수많은 사람들이 받아들이는 돈은 제국의 돈밖에 없다. 미국이라는 제국은 2005년에 아직도 패션, 예술, 유행 그리고 생활양식에서 앞서 나간다. 그렇지만 미국은 공학, 과학, 그리고 국내와 변경의 산업은 방치하고 있다. 이 제국은 저축과 소비재 부문을 변방의 국가들에게 의존한다. 제국이 성숙해가면서 그 중심부는 약해지고 등뼈는 무게를 못 이겨 휘어진다. 근본적으로 제국은 자신의 부담을 우호적인 세력에게 넘기고 이제 그 우호세력에게 신세를 진다. 마치 1917년과 1950년 사이 영국이 미국에게 의존했던 것처럼 말이다. 언제 어떻게 그런 상황이 발생할지 우리는 알지 못한다.

그저 우리가 알고 있는 사실은 등뼈가 부러지면 모든 것이 산산조각 난다는 것이다.

버블 마니아

투자자들은 한 번의 버블에 많은 돈을 잃고 난 뒤 실제로 다음 버블이 도래할 때까지 기다릴 수가 없다. 1960년대 경기 호황기에 "공학"(onics)이라는 말이 이름에 들어간 것은 무엇이든지 실제 가치보다 비싸게 팔렸다. 만약 당신이 회사 이름에 "오닉스"라는 말을 붙였다면 당신은 그 다음날 틀림없이 부자가 되었을 것이다.

1990년대 경기 활황기에는 마술적인 말이 "닷컴"(dot.com)이었다. 닥터 쿠프닷컴(Koop.com)을 기억하는가? 퍼니처닷컴(Furniture.com)은 또 어떤가? 웹밴(Webvan)은? 수많은 사례들이 떠오른다. 그것은 마치 의회에서 가장 말 못하는 사람을 고르는 것과 같다. 이런 경우 우리는 어디에서 시작해야 할지 알기 어렵다. 닷컴은 투자자들에게 매우 유명했고 광산 회사들은 매우 인기가 없었다. 이렇게 되자 금광회사도 닷컴의 이름을 이용하기 위해 회사명을 바꾸기도 했다.

기술거품의 막바지에 한 이트레이딩 회사가 이목을 끄는 광고를 했다. 한 의사가 수술대 위의 트레이더를 뚫어지게 내려다보면서 "음… 이 사람은 엉덩이에서 돈이 나오는구나!"라고 말한다.

5년 뒤 그 이트레이더는 이제 주택 매매 담당자로 바뀌었다. 그들이 집을 거래하든 혹은 주식을 거래하든 미국인들은 새로운 부채의 제국을 즐기고 있었다. 전국적으로 돈은 모든 곳의 엉덩이에서 흘러넘쳤다.

캘리포니아 해안의 후미진 지상낙원에서는 심지어 이동식 집에 사는 사람들도 점점 부유해졌다. 이동주택은 21세기 들어 첫 5년 동안 해마다 값이 두 배로 뛰었다. 몇몇 집들은 1백만 달러 이상에 팔리기도 했다. 다른 지상낙원인 네바다에서는 집값이 미국 내 어느 곳보다 빠르게 상승했다. 2005년 중반에 네바다 지상낙원에서 집값은 연율로 거의 50%가 상승했다.

한 모기지 분석가가 <LA 타임즈>에 기고하기를 "만약 거울을 흐릿하게 하면 당신은 주택담보 대출을 얻을 수 있을 것이다"고 했다. 과거에는 거울을 흐릿하게 하는 것이 대출을 받기 위한 필요조건이었다. 지금은 그것이 충분조건이 되었다. 현재 추세가 지속된다면 곧 대부업자들은 거울을 들이대는 것조차 귀찮게 생각할 것이다.

죽은 사람들이 왜 모기지 자금 대출에서 거부당했는지 특별한 이유는 없다. 망자들의 신용이 살아있는 사람들 정도로 위험했을 것이다. 아마 조금 더 나았는지도 모른다. 최소한 죽은 사람들은 모기지 부채를 갚지 못해서 밤에 도망을 치거나 집을 내놓지 않으려고 버티지는 않는다.

우리는 분명히 신용산업의 새로운 발전 국면에 있다. 그렇지만 인터넷에서 보는 광고로 판단해 본다면 우리는 그렇게 많이 앞서 있지는 않다. 어떤 광고에서는 "25만 달러까지 빌릴 수 있다"면서 "완벽한 신용상태가 아니어도 괜찮으며 소득 확인도 하지 않는다. …집 소유권을 요구하지 않으며 24시간 안에 승인이 가능하다"고 되어 있다.

2001년과 2005년 사이에 자산 버블은 캘리포니아 집값을 1조7천억 달러어치나 올려놓았다. 이는 개인소득의 35%에 맞먹는 수치다. 이제 전체 경제는 상승하는 부동산 시장을 즐길 뿐만 아니라 부동산 시장에 의존하고 있다. 전국에 걸쳐 사람들은 감당할 수 없는 큰 집을 산다. 그들은 자신들이 그 집을 살 때 지불한 것보다 많은 가격을 받고 다른 사람들에게 팔 수 있다고 기대한다. 그들은 집을 사는 데 자신들의 돈을 지불하려고 하지 않는다. 어떻게 그럴 수 있는가? 그럼 무슨 돈으로 집값을 지불하는가?

어느 누구도 실제로 부동산을 소유하는 데에는 관심이 없어 보인다. 집은 선물계약처럼 되어가고 있다. 사람들은 집값의 차익을 거래할 뿐 만기에 양도하지는 않는다. 집은 주식이나 범선처럼 활발하게 처분할 수 있는 금융자산이다. 금리가 떨어지면 신용의 돛이 높이 올라간다. 새로운 신용이 펄럭인다. 차입자는 집을 다시 낮은 금리로 융자 받아서 이 돈을 소비한다. 만약 금리가 계속 떨어질 것으로 보이면 더 많은 돈이 불어오는 바람을 타기 위해서 변동금리로 펼쳐진다.

그렇다면 금리가 상승하면 어떻게 될까? 날씨가 나빠지면 어떻게 되겠느냐 말이다.

캘리포니아의 공인 부동산업자들은 캘리포니아 주에서 집을 보유한 사람들 중에서 다섯 사람 중 한 사람만이 집을 살 충분한 돈을 갖고 있다고 보고했다. 한 집당 두 사람이 살게 된다. 몇몇 지역에서는 심지어 열 사람 중 한 사람만이 집을 살 수 있는 충분한 돈을 갖고 있다.

시장에는 백만 달러짜리 집이 수두룩하다. 그렇지만 백만 달러를 갖고 있는 사람은 극소수에 지나지 않는다. 만약 실제로 백만 달러짜리 집을 소유하기를 원한다면 당신은 백만 달러를 저축할 수 있도록 충분한 돈을 벌어야 한다. 당신이 일 년에 20만 달러를 벌어들인다고 하자. 당신은 백만 달러짜리 집을 사겠다고 손을 뻗칠 수 있다. 그렇지만 훨씬 더 많은 사람들이 손을 뻗는다. 당신은 6%로 자금을 빌리고 연간 이자로만 6만 달러를 지급한다. 다른 생활비와 세금까지 감안하면 원금을 갚을 수 있는 돈은 수중에 별로 남게 되지 않는다. 심지어 당신이 중국 사람들처럼 저축한다면 해마다 2만 달러의 원금을 상환하는 행운을 누릴 수 있을 것이다. 이와 같은 비율로 자금을 상환한다면 집값을 모두 갚는 데에는 50년이 걸린다. 만약 당신이 대략 1%에 불과한 현재의 국가 저축률 수준으로 저축한다면 당신은 향후 500년 동안을 집값을 상환하는 데 허비해야 한다.

평균적인 미국인은 18만8천 달러 상당의 교외 집에서 산다. 2000년 1월 주식가격이 하락하기 시작한 이후로도 평균적인 미국인의 순재산 규모가 반드시 줄어든 것은 아니다. 그렇지만 이제는 분명해졌다. 그는 이제 그 집에서만 살아야 한다. 심지어 필라델피아에서도 그렇다.

필라델피아에 집값 거품이 있는가? 그것은 거의 불가능해 보였다. 누가 대체 필라델피아에서 프리미엄을 주고 집을 사고 싶어하겠는가 말이다. 그렇지만 필라델피아의 집값은 상승했고 심지어 볼티모어의 집값도 상승했다. 부모님과 조부모님들은 집세나 모기지에 소득의 25% 이상을 소비하는 것을 꺼렸다. 이제 사람들은 집세나 모기지에 소득의 50% 이상을 소비한다. 보고에 의하면 2005년 중반 새 집을 구매하는 다섯 사람 중 한 사람은 자신의 가처분 소득의 절반을 집에 지출한다고 한다.

미국에서 평균 집값은 1995년과 2005년 사이에 실질적으로 44% 상승했다. 증가율은 심지어 영국이나 호주보다 높았다. 미국 사람들은 시장이 줄 수 있는 것보다 훨씬 더 높게 집값이 상승할 것으로 기대했다. 실러와 케이스의 조사 결과 연평균 집값 상승률에 대한 기대는 12~16%로 나타났다. 이것은 국내총생산(GDP) 증가율보다 서너 배 높았고 1990년대 후반에 투자자들이 주식시장에서 기대했던 것과 크게 다르지 않았다. 집을 산 사람들의 눈에 이런 이득은 은행 안에 있는 돈처럼 안전한 것으로 보였다. 많은 사람들은 수익이 채 발생하기도 전에 돈을 써버렸다. 2004년 미국에서 주택순자산인출은 개인 가처분 소득의 6%로 증가했다. 영국에서는 8%에 달했다. 이러한 순자산인출은 집값 상승을 근거로 돈을 빌린 것이다.

이처럼 유쾌한 광경에 대해 실망감이 생겨나고 있다. 우리는 이런 현상이 거의 막바지로 치닫고 있다고 생각한다. 세계 금융 시스템이 대출자와 차입자의 수급을 잘 맞추는 것은 좋은 일이다. 그렇지만 꼭 들어맞게 맞추는 것은 그 결과가 만족스러울 때에만 가능하다. 만약 당신이 공주와 개구리를 결혼시키려고 한다고 하자. 불쌍한 공주가 양서류인 개구리에게 키스하기 위해 몸을 굽히게 되면 뭔가 특별히 좋은 일이 일어나거나 회한이나 비난 혹은 소송이 뒤따를 것이다.

여행자는 그가 집에 돌아오기 전까지 자신이 즐거운 여행을 했는지에 대해 확신할 수 없다. 당신은 융자금이 좋은 것인지 나쁜 것인지를 그 돈이 당초 대출업자에게 상환되기 이전까지는 알 수 없다. 이것이 바로 실망감이 생기는 대목이다. 대출업자들은 너무 관대한 것일까? 우리는 언제 돈이 여행에서 복귀하게 될지를 알게 된다. 우리의 추론은 상당액의 돈은 사람들이 기대하는 것처럼 무사히 제자리로 돌아오지 못한다는 것이다.

주택순자산 담보 신용잔액이 2004년에 42%나 급증했다. 그리고 평균적인 계약금은 2003년의 6%에서 2004년에는 3%로 하락했다.

"이자만 부담하면 되는 융자금이 급증한 것이 캘리포니아의 치솟는 집값의 배후 동력이다. 지난해 거의 절반 가까운 캘리포니아 주의 주택 구매자들은 이자만 지불하는 융자금을 활용했다. 이런 융자금은 2001년에는 전무했

다"라고 <LA 타임즈>는 보도했다.[1]

캘리포니아의 주택판매는 2005년 2월에 새로운 기록을 경신했다. 그리고 3월에도 4월에도 연거푸 신기록을 수립했다. 주택착공은 전국적으로 21년 만에 최고수준으로 증가했다. 50개 주를 통틀어 사람들은 주택을 사고 값을 올리고 이것을 담보로 재융자까지 했다.

"그것은 마치 캘리포니아에 사는 데 따른 보상인 것처럼 보인다"라고 회의론자는 <LA 타임즈>에 기고했다.[2] 2004년 주택가격은 22% 상승했다. 그것은 40만 달러짜리 주택을 보유한 평균적인 주택 소유주의 순자산이 8만8천 달러 늘어난다는 의미다. 그는 손가락 하나 까딱 하지 않았으나 자산 가치는 크게 증가했다.

숲으로 둘러싸인 초원 지역의 집값은 처음 제시한 가격의 한 배 반에 팔렸다. <LA 타임즈>는 98만 달러에 내놓은 집이 이내 150만 달러에 팔렸다고 보도했다. <LA 타임즈>는 한 젊은 여성이 계약금 없이 이자만 지급하는 조건으로 처음 집을 구매했다고 했다. 2001년에는 신규 주택의 5% 미만만이 이자만 지급하는 모기지를 통해 거래되었다. 2005년 중반에는 그 수치가 거의 50%에 달했다. 신문 보도에 따르면 앞서 언급한 그 여성은 재정적인 위기 상황에 처해 있었다. 그녀는 집을 소유함으로써 위험에서 벗어날 수 있다고 생각했다. 그녀는 집값이 올라서 생긴 순자산액을 신용카드 부채를 상환하는 데 사용할 계획이라고 했다. <LA 타임즈> 기사에서 그녀는 "나는 석사학위를 취득하기 위해 4만 달러를 학생 융자금으로 빌렸고 신용카드 부채액도 많다. 나는 전형적인 미국인이고 사람들은 내가 집을 사도록 많은 돈을 빌려주고자 한다"고 했다.

그녀는 또한 "만약 당신이 나와 같다면 당신이 매우 의심이 많은 사람일지라도 누군가가 당신에게 돈이든 무엇이든 주고자 한다면 당신은 그냥 눈을 감고 종이에 서명할 것이다… 나는 무엇이든 서명할 것이다"고 했다.[3]

동부 해안가에서는 상황이 훨씬 달랐다.

한 전문가가 <뉴욕 타임즈>와 인터뷰했다. 그는 과거에는 부동산 투자자들은 집 구매가격의 8~10%의 연간 임대수익을 기대했다고 했다. 그러나 이와 같은 역사적인 관점은 틀린 것이라고 이 전문가는 말했다. 과거의 경험은 투자자들에게 좋은 기회를 포기하게 한다는 것이다. 투자자들에게 필요한 것은 신선한 관점이다. "그들은 어리석지 않다. 투자자들은 오래 전부터 시장에 있던 사람들과 보는 시각이 다르다."[4]

다른 말로 한다면 죽은 사람들의 지혜는 이제 잊어야 한다. 지금은 새로운 시대다.

사람들은 5년 전에 수익에 상관없이 기술주를 샀던 것처럼 이제 부동산을 산다. 이는 모든 사람이 자신보다 더한 얼간이가 있을 것이라는 사실에 돈을 거는 한층 어리석은 게임이다. 사람들은 이것이 영원하다고 생각하기에 그 게임은 매우 오랫동안 계속된다. 그리고 보다 자신감 넘치는 사람들이 그 게임에 뛰어들수록 사람들은 그것이 지속되어야만 하는 더 많은 이유를 고안해낸다. 대부분의 전문가들은 "인구통계학적 측면"을 집값의 상승을 보장하는 이유라고 본다. 앞으로 몇 년 뒤에는 훨씬 더 많은 사람들이 그들 머리 위의 지붕, 즉 집을 필요로 하게 될 것이다. 이론적으로 주택건설업자들이 따라잡기 어려울 정도로 수많은 새 이민자들과 베이비붐 시대에 태어난 사람들이 있다. 가격은 올라가게 된다. 왜 주택건설업자들이 수요를 충족시킬 수 없는가가 논쟁의 대상이 된다. 어떻게 새로운 매수자들이 소득이 줄어드는데도 집을 사는 데 더 많은 비용을 지불할 수 있는지는 분명하지 않다. 새로운 가구가 집을 임차할 수 있는 기회는 항상 있다. 임대료 수익률은 하락하고 있으며 임대료는 비교적 저렴하다.

1999년에 왜 주식가격이 계속해서 상승했는가 하는 주된 이유는 많은 사람들이 그들의 은퇴에 대비해 주식에 많은 돈을 쏟아부었기 때문이다. 그 논리는 반박할 수 없었다. 베이비붐 세대는 돈을 저축해야만 한다. 그들은 돈을 주식에 투자하는 것 외에 다른 선택의 여지가 없었다. 주식가격은 상승할 수밖에 없었다.

주가가 상승하는 한 논거는 완벽했다. 그렇지만 이후 어떤 일이 발생했다. 바로 주식가격의 하락이다. 베이비붐 세대들은 주식을 사려는 욕구를 거의 느끼지 못했다. 그렇지만 "인구통계학적 요인"이라는 논쟁은 주택시장에서는 아직까지 완벽하게 유용하다. 이는 집값이 하락하기 전까지는 잘 작동할 것이다.

2005년 4월 10일 "사냥꾼, 천천히 거물이 되다"라는 제목의 기사가 〈뉴욕 타임즈〉에 실렸다. 그 기사는 25세의 뉴요커에 대한 이야기다. 이 뉴요커는 2002년 이래로 부동산 거래를 계속해왔다. 다양한 경험을 바탕으로 이 젊은 부동산투자 귀재는 조언을 했다. 그는 "아파트는 다른 사람들이 그것을 원할 때 나에게 보다 매력적으로 보였다. 지금 그 가격이 비싸 보이지만 지금부터 6개월이나 1년 뒤에는 결코 비싸지 않다. 우리는 기회를 잡기 위해 남보다 높은 값을 제시해야 한다"고 했다. 어느 정도 본능적으로 그는 효율적 시장가설의 요점을 꿰고 있었다. 그리고 이를 부동산 시장에 적용했다(이에 대해서는 15장에서 논의한다). 그가 얼마의 가격을 지불했든 그것은 상관없다. 왜냐하면 그것은 다른 사람들이 기꺼이 지불하고자 하는 가격이기 때문이다.

〈뉴욕 타임즈〉 기사는 우리에게 "그의 성공은 과거에 집을 빌려서 살았던 여섯 명의 친구들로 하여금 그가 경험한 발자취를 따라갈 수 있도록 용기를 주었다. 왜냐하면 내가 그것이 매우 근사한 일인 것처럼 보이게 만들었기 때문이다"고 밝혔다. 반면에 진짜 부동산 재벌인 도널드 트럼프는 한 아저씨가 이 전도 유망한 인물에게 비법을 전수시켜줌으로써 백만 달러를 벌었다고 말했다.[5]

2005년 중반에 당신은 부동산 호황이 거품이 되어가고 있다는 사실을 택시를 타야만 알 수 있었다. 택시기사들은 얼마나 집값이 치솟았는가를 지적했다. 한때 기술주에 대해 조언을 하던 택시기사들은 이제 어떤 이웃이 최고의 가격 인플레이션을 경험했는가에 대해 말했다. 주의깊게 들으면 당신은 택시기사들이 핸드폰을 통해 새로 산 콘도미니엄(분양 아파트)에 대해 부동산 중개인과 주고받는 말을 우연히 들을 수 있다.

한 친구는 "단지 스물다섯 살에 불과한 내 딸이 버지니아 주 북부에 막 집을 사들였다. 물론 대부분의 자금을 모기지로 차입했다. 그렇지만 당신은 사람들이 그녀에게 27만5천 달러를 빌려줬다는 것을 믿을 수 있겠는가? 이것이 미친 짓이 아니면 무엇이겠는가? 그녀는 파트타임으로 술집 지배인으로 일하고 있다. 그녀는 매우 책임감이 강하고 돈 버는 능력이 있다고 나는 확신한다. 그렇지만 나는 모기지 회사가 그녀에게 그렇게 많은 돈을 빌려줬다는 사실은 믿을 수 없다. 어떻게 그들은 그녀가 그 돈을 상환할 것이라고 생각했을까?"라고 말했다.

교묘한 수법은 더 높은 곳에 있는 매수자를 찾는 것이었다. 즉 약간의 수리를 한 뒤 집을 다시 시장에 내놓는 것이다. 매우 많은 사람들이 상위의 매수자를 찾으려 했고 영리한 주택 매도자들은 집을 고의적으로 철거할 여부를 검토하고 있었다. 장래의 주택 구입자들은 그 집을 고친 뒤 얼마나 많은 돈을 벌 수 있을까에 대해 환상을 갖게 되었다.

2005년 봄에 연방예금보험공사(FDIC)는 전국에서 55개 지역을 거주용 부동산 활황이 진행중인 곳으로 인정했다. 이 지역들은 앞선 3년 동안 30% 혹은 그 이상 가격이 상승한 곳이다. 3년은커녕 30년 동안에도 이같은 활황을 경험하지 못한 곳이 미국 내에 수두룩하다고 FDIC는 밝혔다. 심지어 지난번 부동산 활황기인 1980년대에도 이런 가격상승을 경험한 곳은 지금의 절반 정도에 지나지 않았다.

전국적으로 집값은 2001년부터 2005년 1월 사이에 40%가 상승했다. 이는 미국 내 가구의 순재산을 6조 달러 정도 증가시켰다. 2004년 미국 가구의 순재산 증가율은 12.5%였다. 여기에는 대략 2조 달러 정도의 주택 보유자의 재산 증가가 포함되어 있었다.

평원의 현인

"미국 대중의 심리적 행복의 대부분은 그들이 과거 수년간 얼마나 훌륭하게 집으로 재산증식을 잘했는가에서 나온다"라고 북미 대평원의 현인인 워렌 버핏이 2005년 4월에 말했다. 그는 "확실히 몇몇 지역의 부동산 시장의 최고점에서 당신은 비정상적인 움직임을 보았을 것이다… 사람들은 주기적으로 모든 종류의 방법으로 경제학에 열광한다. 거주하는 집은 단지 사람들이 그곳에 살고 있다는 사실 때문에 다른 특성을 갖고 있다. 그렇지만 가격이 기초자산의 비용보다 빠르게 상승하는 것을 보면 이는 상당히 심각한 결과를 가져올 수 있다"고 했다.

찰리 멍거(Charlie Munger)는 "일부 캘리포니아나 워싱턴 DC 근교 같은 곳에 실질 자산가격의 거품이 있다"고 덧붙였다.

버핏은 "나는 최근에 라구나에 있는 집을 350만 달러에 팔았다. 그 집의 땅은 대략 2천 평방피트였으며 아마도 20분의 1에이커(약 60평)이다. 만약 당신이 그 집을 고치려고 하면 50만 달러의 비용이 들 전망이다. 따라서 그 땅은 에이커당 6천만 달러에 팔린 셈이다"라고 말했다.

멍거는 "나는 당신 옆집이 1,700만 달러에 막 팔린 것을 안다. 매우 극단적인 집값 거품이 진행중인 것이다"라고 지적했다.[6]

〈시애틀 타임즈〉의 주말판 머리기사는 "화상을 입지 않고 재빨리 부동

산 넘겨받기"로 되어 있다.[7]

강세장은 사람들의 지력을 약화시키고 무분별한 비유를 허용하는 무엇인가가 있다. <시애틀 타임즈>는 "당신의 머리 위로 떨어뜨리지 않고 부동산 집어던지기" 또는 "달아오른 부동산 시장에서 불타지 않기"라고 썼어야 했다. 그렇지만 시애틀의 신문기자들은 그렇게 하지 못했다. 누가 할 수 있었 겠는가? 모든 사람들은 자산이 급하게 움직이는 것을 알았고 모두는 스스로가 빠르게 부자가 될 것으로 알았다. 2005년 4월에 언론은 일을 그만둔 사람들이 거품이 시들어서 꺼지기 전에 주택시장에 발을 들여놓기 시작했다고 보도했다.

<시애틀 타임즈> 기사는 "서른 몇 명의 투자자들"에 대해 언급했다. 그들은 부동산에 투자하기 위해 유급의 직장을 떠난 사람들이다. 실제 투자를 위해 그들이 하고 있는 일은 별로 없었다. 그렇지만 그 투자자들도 기자도 그 사실을 깨닫지는 못했다. 투자자들이 사들인 집은 어떤 실질적인 순소득을 거의 창출하지 못했다. 그들이 실제로 하고 있는 일은 자산가격 상승에 도박을 거는 것이었다.

그것은 젊은 투자자들이 1990년대 말 회사를 그만둔 뒤 주식 데이트레이더로 나섰던 예와 흡사하다. 주식가격이 상승하는 한 이런 거래자들은 천재였다. 그렇지만 주식이 하락했을 때 그들은 바보가 되었다.

"나는 2001년에 엄청난 규모의 투자자산을 잃었다"고 <시애틀 타임즈>는 한 떠오르는 부동산 갑부를 인용해 보도했다. 이 사람은 자신의 금융설계사를 해고시키고 그의 돈을 스스로 투자대상을 결정하는 IRA(개인퇴직금적립계정)에 예치했다. 그 돈으로 주택에 투자할 수 있었다. 실제로는 주택을 데이트레이딩한 것이다. "그해 말에는 한 달에 두세 번 정도 사고팔았다"고 그는 말했다.[8]

평범한 사람의 기만

1990년대 말의 기술주 거품과 2005년 집값 거품 사이에는 또 다른 유사점이 있다. 구성원들이 다른 회사에 투기하도록 도움을 주려는 의도의 "동호회"가 많이 생겨난 것이다. 1990년대 말에 사람들은 투자동호회에 가입해서 역시 아무것도 모르는 다른 사람들과 주식에 대해서 수다를 떨었다. 2005년에 그들은 부동산 동호회에 가입했다. 그해 중반에는 최소한 177개의 부동산 동호회가 있었다. 회원들은 서로 모여서 "기술"과 "전략"에 대해 논의했다. 이러한 전략 중 네 가지는 이후 도널드 트럼프나 역사를 위해서 기록되었다. <시애틀 타임즈> 기사에 따르면 이 네 가지는 다음과 같다. (1) 집을 사서 보유하다 훗날 팔아라. (2) 집을 사서 수리한 뒤 되팔아라. (3) 실제로 대금을 지급하기 전에 집을 전매하라. (4) 집의 실제 가치 이상으로 임대해준 뒤 임차인이 미래에 그 집을 살 수 있는 권리를 부여하라.

우리는 매 전략 뒤에 감탄부호를 추가하고 싶은 충동을 느꼈다. 그렇지만 이 항목들은 어리석은 말들을 쏟아내고 있어서 부연설명을 할 필요가 없다. 이 조항들은 1990년대 말의 주식시장 투기거래자들에 대한 우리의 의견을 다시 생각나게 했다. 세상에는 경험 있는 투자자들의 투자자금이 있는 반면 어리석은 투자자금도 있다.

시장이 최고조일 때에는 월스트리트에서 그 누구도 종을 울리지 않는다고 한다. 그런데 2005년 봄에는 수많은 종이 울려서 우리는 귀머거리가 되거나 미쳐버릴 정도였다. 제이미 웨스텐히저(Jamie Westenhiser)는 지나가는 유행인 부동산 투자를 시작하기 위해 촉망받는 모델 경력을 포기했다.

대체 무엇이 그녀처럼 아름다운 젊은 여성을 부동산 시장과 같은 곳으로 끌어들인 것일까? 그것은 아마도 지난 12개월 동안 전국적으로 부동산 가격이 12.5% 상승한 때문일 것이다. 아니면 과거 5년간 집값이 50% 상승했기 때문일까? 캘리포니아, 플로리다, 워싱턴 DC와 같은 과열된 시장에서는 부동산 가격이 2년 만에 60%가 급등했다.

〈포천〉은 커버스토리에서 그것은 "부동산 골드 러쉬"였다고 표현했다. 미국인들은 평범한 사람의 잘못된 생각으로 인해 어려움을 겪고 있었다. 그들은 실제로 비정상적인 것을 정상적인 것으로 잘못 알고 있었다.

미국의 주거용 부동산 가격은 1890년부터 2004년 사이에 66% 상승했다. 그러나 모든 상승은 단지 두 번의 짧은 시기에 이루어졌다. 그것은 제2차 세계대전 직후와 1998년 이후이다. 그 두 시기를 제외하면 실질적인 집값은 보합이거나 오히려 하락했다. 제2차 세계대전 이후와 현 시점 사이의 큰 차이점은 제2차 세계대전 당시에는 미국경제가 성장하고 있었고 건전했다는 점이다. 미국은 무역수지 흑자를 기록하고 있었음은 물론이고 세계에서 흑자 규모가 가장 큰 나라였다.

그러나 이제 가족 규모는 작아지고 소득은 정체되거나 줄어든다. 국가는 벌어들이는 것보다 많이 지출한다. 미국은 이제 상승하는 집값에 극도로 의존하고 있다. 또한 외국의 가난한 사람들의 저축에도 필사적으로 의존한다. 그렇게 함으로써 미국은 분수에 넘치는 생활을 계속해서 하고 있다. 대부업자들은 상환할 수 없는 사람들에게 돈을 빌려주는 것을 허용하는 사기적인 금융방식을 제안한다. 어떤 지역에서는 집값이 이미 너무 비싸서 열 명 중 거의 한 명의 매수자만이 평균 집값을 견뎌낼 수 있다. "이달의 최고 여성 모델"들이 부동산에 투자하기 위해 옷자랑을 포기하고 있다. 이것은 정상적인 상황이 아니다.

다른 새로운 소식은 친구들이 조를 이루어서 집을 샀다는 것이다. 한 커플이 감당하기에는 집값이 너무 비쌌기 때문이다. 압류의 주요 원인은 부부가 이혼한 경우이다. 그들 중 어느 누구도 결혼생활을 하던 집을 원하거나 감당하지 못하기 때문이다. 두 쌍의 부부를 생각해보라. 이 경우 위험은 배가된다. 사실 위험은 네 배가 되거나 더 클 수도 있다. 이들 중 어느 한 쌍의 부부는 이혼할 수 있다. 심지어 두 쌍의 부부가 서로 참지 못하겠다고 결정할 가능성이 더 높다. 돈을 빌려준 사람은 이런 집을 매각하게 되는 경우 거의 뇌사상태에 빠질 정도로 상황은 복잡하다. 그렇지만 2005년에는 이런 경우가 허다했다.

이는 금융시장의 엄청난 희극이다. 사람들은 공동으로 놀림감인 광대를 내세우고 광대로부터 빼낸 돈에 미소짓는다. 이런 투자자들은 자신들이 천재라고 생각한다. 그들은 자신들의 기술과 전략이 자신들을 부자로 만들어준다고 생각한다. 물론 기술주 투기자들도 역시 자신들이 부유해지고 있다고 생각했다. 그런데 그들은 엄청난 투자 손실을 입었다. 그들이 입은 손실이 어마어마하다는 것은 경악할 만하다. 그렇지만 이런 상황은 곧 다가올 것이다.

2005년에 집값이 상승하자 의회는 연준리가 예상한 것보다 빠르게 금리를 올릴 수 있는가를 알고 싶어했다. 부동산 시장의 거품이 통제의 범위를 벗어난 것처럼 보였다. 세계에서 가장 유명한 경제학자인 그린스펀은 거기에 대해서 염려하지 말라고 말했다. 인플레이션은 아무 문제가 아니라면서.

앨런 그린스펀은 상원 은행위원회에서 고개를 끄덕이면서 말하기를 "경제는 2005년에 알맞게 만족할 만한 속도의 확장국면으로 진입한 것처럼 보인다. 인플레이션과 인플레이션 기대는 잘 통제되고 있다"면서 "이런 징후는 경제 펀더멘털이 안정적이라는 시각을 폭넓게 뒷받침한다"고 했다.[9]

그는 그날 창밖을 내다보지 말아야 했다. 바로 그날 신문 머리기사가 그린스펀의 발언을 상세히 보도하자 특히 주택시장에서 인플레이션과 인플레이션 기대는 허리케인 급의 광풍 속에서 전속력으로 항해했다.

전국의 많은 지역에서 집값은 단순히 부풀려진 정도가 아니라 앞좌석의 에어백처럼 폭발하고 있었다. 앨런 그린스펀이 살고 있는 워싱턴 DC의 집값은 GDP 성장률보다 여섯 배나 빠르게 상승하고 있었다. 주택 구매자들은 살 집을 찾는 게 아니라 투기에 나서고 있었다. 그들은 이웃과 연준리 의장이 그들을 부유하게 만들어줄 충분한 돈을 계속해서 공짜로 줄 것이라는 데 돈을 걸고 있었다.

2005년 여름 우리가 책을 쓰고 있을 때 사람들은 새 메르세데스 벤츠를 몰고 다른 사람들의 집을 사고팔면서 큰돈을 벌고 있었다. 한 천재는 그 집이 지어지기도 전에 분양아파트를 구입했다. 그는 또 다른 투자자에게 그 집을 팔아버렸다. 이 집을 구입한 사람은 언제 그가 전문 직업을 가진 사람을 찾아 한탕 하게 될지를 생각하면서 집이 다 지어질 때까지 보유했다. 이 집을 사게 될 사람은 또한 2년 동안 머물면서 엄청난 수익을 올린 뒤 다른 구입자에게 팔아버릴 의도로 그 집에 살고자 할 것이다. 그들 모두는 적은 계약금으로 집을 사서 변동금리로 모기지 대출을 받아 최소한의 월간 상환액을 유지하면서 약삭빠른 움직임을 보이고 있었다. 그들 모두는 집값이 계속 오르는 한 점점 더 부자가 되고 있었고 스스로도 그렇게 믿었다. 집을 거래하는 사람들은 이런 이야기를 칵테일 파티장에서 하곤 했다. 그들은 자신들의 대차대조표를 자부심과 만족감으로 바라보았다. 만약 현금이 필요할 때는 피자 주문 전화를 하는 것처럼 손쉽게 약간의 재산액을 빼내면 되었다.

불쌍한 사람은 가난한 임차인들이다. 그들은 오래된 차를 몰면서 굿윌*(Goodwill, 소외계층을 돕기 위해 중고품 및 재고품을 판매하는 상점)에서 옷을 사는 게 고작이다. 그들은 당신의 딸이 사귀거나 결혼하도록 허락하고 싶지 않은 그런 종류의 사람이다. 그는 1990년대 말에 기술주를 사는 것을 생각 못 했고 이제 부동산 거품도 놓쳐버린 가난한 패배자이다. 그는 결코 파티에 초대받지 못하고 아무 할말도 없는 유행에 뒤진 매우 바보 같은 얼간이다. 가난한 임차인이 수년 동안 적정한 순간을 기다리면서 유일하게 할 수 있는 말이라고는 "내가 너에게 그렇게 말했지"라는 말뿐이다.

가난해지는 미국인들

벤 스테인(Ben Stein)은 〈포브스〉에 기고하기를 "사람들이 무엇인가를 할 수 있다는 것은 이 나라가 직면하고 있는 가장 큰 위험이다"라고 했다. 스테인은 은퇴 이후를 대비해 사람들이 충분히 저축하지 못하고 있는 점에 대해 말하고 있다.

스테인은 계속해서 "20% 미만의 미국 근로자들은 이제 고용주 연금플랜(이중 많은 부분은 불안정한 재정 기반을 갖고 있다)과 사회보장제도에 기대야 하는 처지다. 고용주 연금플랜과 사회보장제도는 전형적으로 은퇴 전 소득의 40% 미만을 채워주므로 개인 저축이 점점 더 중요해지고 있다"고 말한다. 그런데 이제 소수의 사람만이 저축을 한다.

스테인은 "저축률이 이렇게 낮았던 적은 없으며 미국 상무부에 따르면 1999년은 1959년 이래 처음으로 3% 미만으로 하락했다. 그때 이후 저축률은 더욱 낮아져 2004년에는 불과 1%에 지나지 않았다. 낮은 저축률은 아시아 은행권에 자금 지원을 받은 엄청난 적자와 함께 미국에게 위험한 것이다. 그렇지만 이는 미국민 개개인에게 보다 더 위험하다"고 설명했다.

사람들은 이러저러한 일에 대해 놀라면서 영원히 울음짓는 존재다. 거기에는 건강상의 위기… 도덕적 가치의 위기… 중동위기… 혹은 신문업의 위기 등등이 포함되어 있다. 위기상황에 대처할 수 있는 방안들은 일반적으로 별로 없다. 다만 그냥 내버려두면 스스로 해결의 방안을 찾아간다.

스테인의 〈포브스〉 기사는 다음과 같이 계속된다. "전체의 37%에 해당하는 거의 2천8백만 미국 가구는 어떤 종류의 퇴직연금 저축 계좌도 갖고 있지 않다. 의회조사국(CRS)의 2004년 보고서에 따르면 미국 가구들 중 어떤 종류든 연금 저축계좌를 갖고 있는 경우에 모든 계좌의 평균 금액은 9만5,943달러로 집계되었다. 이 수치는 비교적 큰 계좌로 인해 왜곡된 것이다. 실제 모든 계좌의 평균 금액은 2만7천 달러에 불과하다."

CRS에 따르면 55세와 64세 사이 근로자층의 연금 저축계좌의 평균액은 2001년 5만5천 달러였다. 거기에 대해 스테인은 단지 11%의 미국인들이 25만 달러 혹은 그 이상의 연금저축을 보유하고 있다고 덧붙였다.[10]

당신은 턱이 내려앉을 때까지 사람들에게 저축하라고 고래고래 소리 지를 수 있다. 그렇지만 사람들은 저축계좌에 여분의 단 돈 한 푼도 저축하려 하지 않는다. 자산가치가 해마다 10%씩 상승하고 연준리가 여전히 돈을 거저 주는 한은 말이다. 그러나 마침내 위기는 조만간 발생한다. 물론 그 순간이 사람들이 저축을 했었어야 한다고 생각하는 순간이다. 그때가 사람들이 진정으로 돈을 필요로 하는 순간이며 위기가 실제로 시작되는 시점이다.

제조업처럼 저축은 초기 제국의 미덕 중 하나였다. 저축은 한때 미국 경제의 중요한 부분을 차지했지만 다른 나라로 수출되어 버렸다. 중국인들이 이제 미국의 제품을 만들고 저축도 미국인들을 위해 대신 해준다. 중국인들은 소득의 25% 이상을 저축한다. 벤 버냉키에 따르면 중국인들은 이제 매우 많은 저축액을 갖고 있으며 그들의 돈을 빌리는 미국인들에게 감사하고 있다.

GDP에서 차지하는 비중으로 보면 중국 소비자들의 소비는 미국의 절반 수준에 그친다. 예를 들어 미국인들은 세계 석유의 25%를 소비한다. 중국은 인구가 미국의 네 배나 되지만 7%의 석유 소비에 그치고 있다.

그렇지만 지나간 것은 돌아오게 마련이다. 미국의 부동산 거품이 터지면 과거의 미덕 중 몇 가지는 되돌아올 것이다. 미국인들은 다시 저축할 것이다. 그들은 지금 달러당 1센트만 저축하지만… 앞으로는 10센트나 그 이상을 저축하게 될 것이다. 저축 위기는 끝나고 또 다른 위기인 불황이 시작될 것이다.

전통적인 경제 이론에서 사람들은 저축한다. 기업가와 사업하는 사람들은 새로운 회사, 공장을 짓고 소비자들을 위한 제품을 만드는 데 사람들이 저축한 돈을 빌리게 된다. 이런 새로운 산출물은 수익을 남기고 팔리며 이는 새로운 고용창출과 고소득으로 이어진다. 이는 사람들에게 보다 많은 구매력을 가져다주며 사람들은 더 많이 저축하게 된다.

그렇지만 현대 미국의 어마어마한 21세기 경제에서는 우리가 놀랄 만큼 상황이 다르게 돌아간다. 이는 이론을 잘못 받아들인 때문일까 아니면 미국인들이 잘못된 것일까? 오늘날 미국인들은 단돈 10센트조차 거의 저축하지 않는다. 아마 일부 있기는 했겠지만 우리는 지난 20년 동안 새 공장을 세우는 경우를 보지 못했다(단지 수많은 쇼핑 센터를 짓는 광경만 보았다). 30년 전과 비교할 때 시간당 임금은 실질적으로 조금 올랐을 뿐이다. 그런데도 미국인들은 그 어느 때보다 구매력이 좋은 것처럼 보인다.

무엇인가 잘못되었다. 실상을 보면 정말 어처구니가 없고 부자연스럽다. 마치 예쁜 아내가 자동차 타이어를 너무 능숙하게 손수 교체해서 사실이라고 믿기 어려운 것처럼 말이다. 우리는 나중에 그녀가 자신의 고양이에게 화를 내는 광경을 목격하게 되지 않을까 하는 생각이 들 정도다.

저축을 안 한다는 것의 문제는 앞으로 당신이 쓸 돈이 없다는 것이다. 즉 당신이 자신이 이미 하고 있는 일 이상의 어떤 일을 하고자 하는데 수중에 그렇게 할 돈이 없다는 것이다. 심지어 현재 수준의 소비는 더 이상 지탱될 수 없다. 공장들은 낡아 새로 개축되어야 한다. 경쟁자들이 앞서 달리고 있다. 가만히 멈추어 있는 것은 아무것도 없다. 당신은 앞으로 나아가거나 뒷걸음질 치거나 둘 중의 하나다. 옛 시인 중 한 사람이 말하기를 "매일매일 세상은 나이를 먹고 죽음을 향해 시들어간다"고 했다. 당신은 목숨을 위해서 저축이라는 에너지를 비축해야 한다.

심지어 주류 언론들도 상황이 얼마나 상식을 벗어나 진행되고 있는가를 알아차리기 시작했다. <인터내셔널 헤럴드 트리뷴지>(IHT)의 사설은 "만약 현재의 추세가 지속된다면 미국은 올 한 해 동안만 1조 달러라는 전례 없는 자금을 빌려와야 하며 그 대부분은 해외에서 오는 것이다. 이 자금의 총계는 미국의 엄청난 재정적자와 무역적자를 반영한 것이다"면서 "국가의 저축을 늘리는 가장 강력한 방법은 재정적자를 줄이는 것이다"라고 밝혔다.

신문은 이어 "그렇게 하기 위해서 부시와 그의 의회 내 지원자들은 많은 세금 감면 혜택을 주어 부유층을 만족시키는 정책을 중단해야 한다"고 지적했다.

그럼 어떻게 저축이 없이 미국인들은 그렇게 잘 살고 있는 것일까? IHT는 설명하기를 "몇몇 사람들은 개인 저축 금액이 적게 평가되어 있다고 논쟁한다. 왜냐하면 개인 저축에 집값의 상승은 고려되어 있지 않다는 것이다. 이는 많은 집 소유자들이 의기양양해 하는 대목이다. 그렇지만 높아진 집 가치는 국가 저축에는 포함되지 않는다(또한 우리가 첨가하자면 나라의 부에도 포함되지 않는다)"고 했다.

신문은 계속해서 "이와 같은 부는 집이 팔릴 때까지 냉정한 현금으로 바꿀 수 없는 것이다. 그리고 집이 팔리는 시점에서 집을 매각한 사람의 호주머니에 들어오는 돈은 단순하게 말하면 집을 산 사람의 주머니에서 나온 것이다. 집의 매도자가 그렇게 횡재한 돈을 저축하지 않는 한 어떤 새로운 부가 창출된 게 아니라는 말이다. 오늘날 소비자 경제에서 이같이 저축하는 경우는 거의 없다. 대신 주택 매도자의 구매력은 한층 높아진다. 반면에 저축률은 계속 하락하고 미국은 전체적으로 점점 가난해진다"라고 지적했다.

오래된 이론은 결국 옳다. 사람들은 저축하게 되고 그들은 투자하며 점점 부유해진다. 마치 그들이 그렇게 하기로 되어 있었던 것처럼 말이다. 이러한 일들은 미국에서만 일어나는 것은 아니다. 세계 경제는 국제화되었다. 새로운 국제적인 노동 분야에서 몇몇 사람들은 저축하고 부자가 된다. 다른 사람들은 소비하고 가난해진다.

우리 모두가 알고 있는 것처럼 중국은 지구상의 반대편에 있다. 그곳에서 사람들은 미국인들이 사는 물건을 만들고 미국인들이 만드는 물건을 사지는 않는다. 미국의 가계는 부유하고 많은 물건을 사들인다. 중국의 가계는 가난하고 조금밖에 사들이지 않는다. 미국인들은 거의 저축하지 않지만 중국인들은 매우 많이 저축한다. 중국 내수가 중국 GDP에서 차지하는 비중은 단지 42%에 불과하다. 수출은 35% 기여한다. 그리고 스티븐 로치에 따르면 중국에서 모든 자금 소비의 거의 절반은 고정된 투자이다.

진실은 미국이 이제 물납 소작국가(share croppers)가 되어가고 있다는 것이다. 그렇지만 단지 워렌 버핏과 같은 나이 많은 부자들만이 그렇게 말할 용기가 있다. 미국인들은 지출을 스스로 감당할 만큼 충분히 벌어들이지 못한다. 그래서 미국인들은 물품 공급자들에게 빚을 진다. 아시아는 미국이 영혼을 빚지고 있는 회사 상점(company store)이 되었다.

다가올 조정

프랑스 사람들은 "뚜 빠스, 뚜 가스"(Tout passe, tout casse.)라고 말한다. 모든 것이 가버렸고 모든 것이 파괴되었다는 말이다. 태어난 모든 것은 죽는다. 시작하는 모든 것은 끝이 있다. 저녁이 없는 아침이란 있을 수 없고 괴로움이 있어야 즐거움도 있다. 제국도 왔다가 가는 것이다.

금융시장에서는 "진행중인"(going) 단계를 "조정"(correction)이라고 부른다. 조정은 경기확장 국면의 과도함과 잘못을 바로잡기 위한 목적으로 필요하다. 강세장에서 조정은 터무니없이 많은 이익을 보다 적정한 수준으로 낮춘다. 약세장에서는 조정은 지나친 손실을 보다 정상적인 수준으로 누그러 뜨리는데 이처럼 약세장에서 일시적인 반등을 베어마켓 "랠리"(rallies)라고 한다.

일반적으로 조정의 힘은 추세를 지속하려는 힘에 필적할 만한 수준이다. 그리고 조정이 야기하는 고통은 그 이전에 왔던 속임수와 정비례한다.

실제로 조정은 우리에게 큰 도움이 되지 못한다. 우리는 아직도 언제 어떻게 조정이 올지 모른다. 그리고 케인즈 경의 생각을 빌려보면 속임수는 당신이 생각하는 것보다 훨씬 더 오래 간다. 그래서 이제 속임수에 베팅하는 것은 훨씬 더 위험하다.

미국이라는 부채의 제국은 우리가 이 책에서 언급하고 있는 많은 커다란 속임수에 안심하고 있다.

- 한 세대는 소비하고 다음 세대에게 청구서 지불을 강요한다.
- 당신은 공짜로 무엇인가를 얻을 수 있다고 생각한다.
- 다른 세계는 미국 사람들의 차용증서를 아무 의심 없이 영원히 받아들일 것이다.
- 집값은 영원히 상승한다.
- 미국의 생산활동은 선천적으로 다른 외국의 생산활동보다 더 가치가 있다.
- 미국의 자본 시스템은 다른 나라의 시스템보다 자유롭고 역동적이며 생산적이다.
- 비록 다른 나라들이 강요받고 있기는 하지만 다른 나라들은 미국처럼 되려고 한다.
- 미국을 부유하고 힘있게 만들었던 미덕은 미국을 부유하고 힘있는 나라로 유지시키는 데 더 이상 필요하지 않다.
- 국내 저축과 자본 투자는 더 이상 필요하지 않다.
- 미국은 더 이상 수출할 제품을 만들 필요가 없다.

2001년과 2005년 사이 신용확장을 치솟게 했던 그 사기는 미국의 중앙은행으로부터 나온 것이었다. 주요 대출 금리를 당시 인플레이션율보다 낮게 조정함으로써 연준리는 거의 모두를 잘못된 길로 인도했다.

2002년과 2005년의 호황국면을 통해 위대한 사기꾼인 앨런 그린스펀은 미국의 상원에서 위선적으로 행동했다. 현재의 인플레이션이 확실치 않고 위험하지 않을 뿐만 아니라 미국의 부채 부담과 경상수지 적자 문제도 위험하지 않다는 것이다. 분명히 이런 문제를 더 잘 알고 있었음에 틀림없는 그린스펀은 달갑지 않거나 걱정해야 할 일이 없다고 했다.

그래서 우리는 멈추어 서서 숨을 들이쉰 다음에 의심한다.

사기는 매우 광범위하다. 우리는 어떻게 그 사기가 완전히 수정될 수 있을지 궁금하다. 우리는 단순히 그린스펀이 의회에서 위증을 했다고 말하는 게 아니다. 그는 커다란 사기에서 주도적인 역할을 했다.

미국 자본주의의 약속은 자본주의가 사람들을 보다 부유하고 자유로우며 독립적으로 만든다는 것이다. 그러나 연준리의 설립과 제국의 번영 이래로 미국이 기록해온 통화 숫자는 너무 혼란스러워 미국인들은 자신들이 이겼는지 졌는지조차 알지 못한다. 1950년대 우리가 어렸을 때 알았던 달러는 오늘날의 1/10의 가치밖에 없다. 오늘날 평균 가구는 과거보다 훨씬 많은 돈을 갖고 있다. 1950년 가처분 소득에 대한 미국의 가계부채는 기본적으로 세후 개념으로 34%였다. (만약 가처분 소득이 1만 달러인 가구가 있다면 부채가 3천4백 달러라는 말이다.) 오늘날 미국의 가계는 제국의 규모에 걸맞게 큰 규모로 사는 방법을 알게 되었다. 집값은 올랐으며 각 가정은 보다 큰 차를 갖고 있다. 자주 외식을 하고 더 선명하고 넓은 화면의 TV를 갖고 있다. 각 가계는 보다 많은 고용보험을 갖고 있고 더 많은 의료보험도 갖고 있다. 또한 더 많은 사회보장보험이 있으며 과거 어느 때보다 더 많은 정부 공무원들이 국민들을 보호한다. 각 가정은 훨씬 더 많은 신용카드를 갖고 있고 신용공여 한도도 매우 확대되었다. 각 가정은 더 많은 옷을 갖고 있고 더 많은 장난감도 있다. 장식품, 소도구 장치 그런 것들도 더 많다. 도시의 각 가정에는 부채와 채무증서 및 속박도 더 많아졌다.

거의 모든 미국인들은 자신들이 점점 더 부유해지고 있다고 믿는다. 확실히 옛날과 비교할 때 제국의 성장이 모든 국민들의 생활을 향상시켰다고 미국인들은 철썩같이 믿고 있다. 그것이 사실일까?

우리는 충격적인 최근 자료를 제공하기 위해 잠시 멈춘다.

사람들은 신화와 사기행위 그리고 인기를 끌려는 언동을 좋아한다. 특히 이런 요소들이 사람들을 즐겁게 해줄 때에는 더욱 그렇다. 미국인들은 아마도 음식과 예상수명, 범죄율, 교통, 알콜 음료, 여자 그리고 건축 등은 자랑할 것이 없다. 그렇지만 그들이 돈에 대해 말할 때는 좋은 점을 찾아내려고 한다. 그들은 "늙은 유럽은 너무 경직되고 시대에 뒤떨어졌으며 편협한… 박물관이다"고 말한다.

그렇지만 이것조차 사기다. 래퍼곡선*(세수와 세율과의 관계를 나타내는 그래프로 세율 인상은 세수를 증대시키나 일정률 이상이 되면 감소한다는 설, 미국의 경제학자 Arthur B. Laffer의 이름)에도 불구하고 그린스펀의 거품과 레이건의 개혁은 미국 경제가 유럽보다 전혀 낫지 않다는 것을 보여준다.

경제 주간지인 <이코노미스트>가 그 증거를 시험했다.

모든 사람은 미국이 지난 10년간 유럽보다 훨씬 빠르게 성장했다고 믿는다. 그렇지만 1인당 GDP 측면에서는 매우 근접한 수치가 나왔다. 1년에 미국의 GDP는 2.1% 성장한 반면 유럽에서는 1.8% 성장한 것으로 나타났다. 독일의 경우를 보면 독일은 과거 공산주의였던 동독을 흡수하면서 어려움에 직면했으나 독일과 미국은 거의 같은 수치를 보였다.

생산성은 어떤가? 골드만삭스의 이코노미스트인 케빈 달리(Kevin Daly)의 조사에 따르면 경기 사이클상의 차이점을 조절한 뒤 과거 10년간 유로권에서 생산성 증대 추세는 미국의 생산성 증대보다 다소 빠르게 나타났다.

일자리를 한 번 보자. 미국은 지구상에서 가장 큰 일자리 창출국이다. 정말 그런가? 다시 독일을 배제한 뒤 나머지 유럽 지역의 일자리수 증가를 보면 미국과 그 추이가 거의 같다. 그리고 유로권만 보면 더 많은 일자리가 창출되었다.

미국인들이 유럽인들보다 더 많이 벌고 더 많이 소비한다는 것은 사실이다. 그렇지만 그들은 훨씬 더 많이 일한다.

유럽인들은 단순히 더 많은 여가생활을 즐긴다.

그렇지만 2001년 이후는 어떤가. "회복"(recovery)일까? 미국에서 회복이 유럽보다 훨씬 더 강력하지 않았는가?

단지 표면적으로는 그렇다. 역사상 재정과 통화정책의 주스를 최대한 복용하여 미국 경제는 유럽 경제를 다소간 앞질렀다. 그렇지만 그 수치는 비교하기 어렵다. 유럽은 미국에 비해 GDP 성장률을 보다 보수적으로 계산한다. 유럽은 미국 노동부처럼 사실을 과대평가하기보다는 과소평가 하는 경향이 있다. 더 중요하게는 성장을 위한 미국의 갑작스런 충격 요법은 막대한 비용을 수반한다. 유럽은 성장을 촉진시키는 요법을 쓰지 않는 반면 미국은 엄청난 충격 요법을 가했다.

<이코노미스트>는 "과거 수년간 극도의 느슨한 정책은 경제와 금융 측면에서 커다란 불균형을 남겼다. 이는 미국 성장의 지속성에 의구심을 드리우고 있다"면서 "2000년 이전의 흑자 상태로부터 구조적인 예산적자(주와 지방정부를 포함해서)는 GDP의 거의 5%를 기록하고 있다. 이는 유로 지역보다 세 배나 많은 수치다. 미국은 GDP의 5% 경상 적자를 보이고 있으나 유로 지역은 다소 흑자를 기록하고 있다. 미국은 가구당 가처분 소득의 2% 미만을 저축하지만 유로 지역의 저축률은 적당한 수준인 12% 정도에 달한다. 미국의 전체 가계부채는 GDP의 84%이나 유로 지역의 가계부채는 GDP의 단지 50%다"라고 분석했다.

21세기가 막 시작되었을 때 미국은 스스로가 주목할 만한 위치에 있음을 발견했다. 미국은 세계에서 가장 힘있는 경제를 갖고 있다고 믿었다. 그리고 세계에서 가장 힘있는 군사력도 갖고 있다고 생각했다. 현존하지 않는 구소련처럼 미국은 한 손에 낫을 들고 다른 손에는 망치를 들고 있다. 아 신이시여! 낫은 구부러져 있어서 주의를 요한다.

1990년 이래 평균 미국 가정의 소득은 단지 11% 증가한 데 반해 평균 가계 지출은 30%나 급증했다.

어떻게 사람들이 소득이 더 늘지 않는 상태에서 그렇게 많은 돈을 소비할 수 있단 말인가? 남아 있는 가계 부채 잔액은 심지어 인플레이션으로 조정을 해도 1992년과 2004년 사이에 10조 달러 이상으로 두 배가 늘어났다. 그리고 지난해 유타에서는 1천 가구당 28가구가 파산 선고를 했다. 10년 전에 비해 거의 세 배나 높은 수치다.

사람들은 그들이 감당할 수 있는 것보다 크고 더 나은 생활을 하려고 한다. 그들은 이코노미스트들이 말하는 "유연한"(smoothing) 소득을 통해 이렇게 하고자 한다. 미래의 높은 소득을 예상하고 젊은 가족들은 현재 돈을 소비한다(예를 들면 그들이 감당할 수 있는 것보다 큰 집을 산다). 전국적으로 집의 크기는 1980년 이래로 30% 정도 커졌다고 코넬 대학의 경제학자인 로버트 프랭크는 말한다. 그리고 이제 심지어 50~60대 사람들도 보다 많은 소득이나 기적을 기대한다.

몇몇 경제학자들은 이런 전체 현상을 "신용의 민주화"라고 언급한다. 연준리의 수장은 "혁신과 규제완화가 광범위하게 신용 이용도를 사실상 거의 모든 소득 계층으로 확대시켰다"고 했다.[11] 그는 이런 민주적인 혁명에서 자신이 한 역할에 대해서는 언급하지 않았다. 그는 너무 신중하다. 그는 단톤과 로베스피에르를 합쳐놓은 것과 같은 인물이다. 연준리 의장은 국가의 전체 혁신가와 규제 완화가들이 한 것보다 더 많은 것을 성취했다. 신용 가격을 인플레이션율 이하로 떨어뜨리고 전 세계가 공짜로 뭔가를 얻을 수 있게끔 제공했다. 이제 모든 사람은 스스로 금융 분쟁에 끼어들게 되었다. 왕이나 투기자 그리고 자본가가 아닌데도 말이다. 연준리 의장은 수백만 명의 사람들이 스스로 목을 매 죽을 수 있도록 대출기관들이 매우 긴 밧줄의 신용을 평범한 사람에게까지 나누어주도록 했다.

우리는 그것이 어떤 결과를 낳을지 모르며 그래서 죽은 사람에게 의견을 구한다. 그렇지만 그것은 가망 없는 일이다. 죽은 사람들은 심지어 우리만큼도 모른다. 그들은 무슨 일이 일어나고 있는지 상상조차 하지 못할 것이다. 살 필요가 없는 집을 돈을 빌려서 산다고? 투자의 일환으로 집을 산다고? 순 재산액을 뽑아낸다고? 당신의 예산을 맞추기 위해 외국인들에게 의존한다고? 분수에 넘치는 생활을 하면서 제3세계의 임금 소득자들이 그 차액을 메워줄 것으로 기대한다고? 이런 생각들은 과거에는 어처구니없는 것으로 받아들였지만 지금 미국인들은 이것을 당연하다고 생각한다.

우리 부모들과 조부모들 그리고 오래 전에 죽은 선조들에게 무슨 잘못이 있었는가? 왜 조상들은 모든 현대적인 문명의 이기를 갖춘 새로 지은 집을 돈 한 푼 내지 않은 채 소유할 수 있다는 사실을 깨닫지 못했을까? 왜 그들은 서로서로의 집을 구매함으로써 모두 부자가 될 수 있다는 계산을 하지 못했을까?

1913년 제국이 세계무대에 진입하기 시작했을 때 태어난 아기들은 아무 것도 없이 태어났다. 이제 이 아기들은 37조 달러 중 각자의 몫을 세계에 대해 빚지고 있다. 12만8,560달러가 자신의 이름과 함께 그 위에 적혀 있다. 그가 과연 부유해진 것인가? 그의 생활이 더 나아진 것인가? 과연 죽은 조상들은 뭐라고 하겠는가? 여기에는 그가 지불해야만 하는 연방부채는 포함되어 있지 않다. 이것을 더하면 그가 갚아야 할 금액은 10만 달러가 더 추가된다.

미국 부채에 무슨 일이?

"그는 죽음으로써 모든 빚을 갚았다"(He that dies pays all debts.)라고 셰익스피어는 말했다.[12] 누가 어떻게 이 빚을 갚을 것인가?

미국의 전체 자산 가치는 50조 달러에 불과하다. 현재 미국의 부채는 37조 달러에 달한다. 현재 연방정부의 부채까지 더하면 미국은 파산이고 무일푼에 지급불능 상태다. 빵도 없고 아무 것도 없는 것과 같다. 미국이 원한다 해도 부채를 상환할 수가 없다.

사람들은 그들의 부채를 상환할 수 없을 때 갚지 않는다. 그렇지만 그 부채의 존재 자체가 없어지는 것은 아니다. 부채는 단순히 다른 누군가인 채권자가 대신 갚는 것이다. 외국에 대한 미국 부채의 경우 이것은 세 가지 방법으로 해결될 수 있다. 부채 표시 통화를 다른 통화에 대해 평가절하 하는 방법과 인플레이션을 통해 통화가치를 떨어뜨리는 방법 또는 부채 상환의무를 부인하는 방법이 있다. 이들 중 한 가지 상황 혹은 모든 상황이 다 발생할 수 있다.

부채 지불 의무를 부인하는 것에는 길고도 더러운 역사가 있다. 만약 어떤 사람이 부채를 상환하지 않고 달아날 수 있다면 그는 왜 그가 부채를 상환하지 않아도 되는가를 이해할 것이다. 공공 생활에서 때때로 그 이유가 매우 충분한 경우가 있다. 새로운 정권이 권력을 인계 받을 때 왜 새 정권이 과거 정권의 청구서에 끝까지 책임을 져야 하는가? 1917년 볼셰비키가 러시아에서 권력을 차지했을 때 그들은 제정러시아의 채권을 무가치한 것으로 만들었다. 왜 그들이 동의한 적 없는 청구서를 지불해야 한단 말인가? 왜 한 사람의 자본가가 다른 사람에게 재정적인 의무를 이행하겠다고 한 약속을 그들이 존중해야 하는가? 볼셰비키는 부채를 지불하지 않았다. 그리고 왜 1919년 이후 신독일공화국이 황제의 청구서를 지불해야만 하는가? 프랑스,

영국, 미국은 독일 황제를 패위시켰다. 그리고 황제의 부채는 신독일공화국이 지불하도록 했다.

공공부채의 개념은 매우 저질러보고 싶은 폐단(attractive nuisance)이다. 아버지가 멋진 음식점에서 저녁식사를 하고 청구서를 아들에게 보내지는 않을 것이다. 그는 또한 그 청구서를 태어나지 않은 손자가 지불하도록 보관해달라고 음식점 주인에게 말하지도 않을 것이다. 그렇지만 민주주의에서 이러한 일은 믿음의 상태를 보여준다. 상대적으로 적은 규모의 집단은 후계자나 적들이 결코 동의한 적이 없는 비용을 그 집단의 후계자들 혹은 적들에게 넘기 이들을 당혹하게 할 뿐만 아니라 이렇게 하는 것을 행복해 하기도 한다. 정치는 치명적이고 야만적인 행위다. 종교적인 권리를 압박해서 낙태 진료소를 위해 돈을 지불하도록 하거나 반전론자에게 세금을 내도록 해서 그 돈으로 폭탄을 만들어 지구상의 반대편에 있는 가난한 외국인들을 날려버리기도 한다.

일반적으로 대중들은 자신들이 그런 종류의 의무에 연관되어 있다는 것에 대해 단지 막연한 생각만을 가지고 있다. 만약 그들에게 직접 물어본다면 다는 아니라도 많은 사람들은 틀림없이 반대할 것이다. 그러나 누가 물어보겠는가? 게다가 태어나지 않은 사람들은 투표할 수가 없다. 외국인들도 투표할 수 없고 재외 국민도 투표할 수 없다.

미국에서 미시건 주, 미시시피 주, 아칸소 주, 루이지애나 주, 플로리다 주는 1840년대의 공황기에 그들의 부채에 대한 지불의무를 완전히 그리고 영원히 부인했다. 1880년대에는 많은 남부의 주들이 부채에 대한 지불의무를 완전히 부인했다. 이 부채는 비합법적인 철새정치인 정부에 의해 늘어난 것이다. 그러나 미국은 부채에 대해 지불의무를 부인할 필요가 없다. 모든 미국의 부채는 달러화로 표시되어 있는 만큼 통화 가치를 미국이 컨트롤할 수 있기 때문이다. 세계의 준비통화를 갖고 있다는 것은 당신이 채권자에게 미안하다는 말을 하지 않고서도 채권자를 심하게 다룰 수 있다는 것을 의미한다.

달러의 몰락

2000년부터 2005년 사이 언론에 보도된 주목할 만한 많은 기사들 중에서 아사카와(Asakawa) 씨의 이야기는 이채롭다.

미국 경제는 오랫동안 매우 강력함을 유지해왔고 전 세계 모든 사람들은 제국의 통화인 달러를 받아들였다. 그런데 2005년에는 도쿄의 가난한 아사카와 씨보다 더 많은 달러를 보유한 사람은 없었다. 이 사람은 세계에서 미국물 채권을 가장 많이 보관하고 있는 보관소를 관리했다. 그의 생활은 유명한 농담을 익살맞게 따라하는 것이었다. 그의 농담은 "은행에 10만 달러를 빚진 사람은 밤에 잠을 자지 못한다. 그렇지만 은행에 1백만 달러를 빚지게 되면 잠을 이루지 못하는 것은 은행원이다"로 시작한다. 아사카와 씨는 일본 중앙은행의 직원이었다. 2004년 말에 그는 대략 7천억 달러로 추산되는 가치의 달러 표시 채권을 재무성 금고에 보관하고 있었다. 그의 침대 곁에는 푸른색의 플라스틱 감시 장치가 있었다. 이 장치는 마치 자명종처럼 보관하고 있는 채권이 주어진 범위를 벗어나면 이내 신호를 보낸다. 아사카와 씨는 말할 필요도 없이 이따금씩 편안하게 잠을 이루지 못했다.

비교적 완만한 달러 가치 하락도 일본 중앙은행이나 다른 달러 보유자들에게는 엄청난 손실을 의미한다. 그렇지만 아사카와 씨가 할 수 있는 일은 별로 없다. 아주 성가신 경보장치는 그에게 달러/엔 환율이 갑자기 하락했다는 경보를 발령했다. 그렇지만 그는 단지 자신과 부인에게 화를 내기만 했다. 그가 할 수 있는 일은 아무 것도 없었다. 아시아 인들은 너무 많은 미국 달러화 표시 자산을 보유하고 있다. 그래서 달러 표시 자산을 팔아버리려는 어떤 시도도 그들의 단일 최대 자산의 가치를 급락시키는 매우 우려스런 결과를 초래할 것이다. 비록 그들이 제너럴모터스의 주식을 모두 산다고 해도 이는 일본 사람들이 보유하고 있는 달러 자산의 단지 3.1%에 불과하다. 일본인들은 또 미시건과 위스콘신 주를 모두 사들일 수 있다. 우리가 잘은 모르지만 미시건과 위스콘신 주의 모든 자산을 합쳐도 아시아 중앙은행들이 보유하고 있는 달러 규모에 필적하지는 못할 것이다.

우리는 왜 아사카와 씨가 경보음을 듣게 되는지를 이해했다. 우리를 고민하게 만든 것은 왜 아사카와 씨 말고 다른 누구는 그것을 알아채지 못했는가 하는 점이다. 전 세계 부에서 달러로 표시된 규모가 100조 달러에 달하는데 어떻게 주요 자산의 가치가 그렇게 하락하는 것을 전 세계가 편안하게 관망만 하고 있었을까? 2002년에 달러는 유로에 대해 10% 하락했다. 그리고 20%, 30% 순차적으로 하락했다. 워렌 버핏이 그의 돈을 유로로 바꾸어 투자했을 때 그는 1유로를 단돈 86센트에 살 수 있었다. 2005년 초에 유로는 거의 1.36달러에 달했다. 유럽에서 달러 가치는 그 구매력이 대략 40% 정도 떨어졌다.

14

여전히 일본으로 눈을 돌리며

은퇴시기가 가까워지면 사람들은 위험 회피 성향을 갖게 된다. 반면 젊은 이는 극한 상황을 경험하려고 시도할 것이다. 그는 양질의 스카치를 반 병이나 마시고 마치 달빛 경주를 하듯 산길을 운전해서 내려갈 것이다. 아니면 완벽하게 멋진 비행기에서 낙하할지도 모른다. 혹은 전쟁이 발발하면 당연히 입대하는 것으로 생각할 것이다.

나이가 많은 사람은 잃을 게 적다. 그렇지만 난파선의 선원이 마지막 담배 한 갑을 내려놓는 것처럼 나이 많은 사람은 조심스럽게 자신이 가진 것을 지킨다. 그는 빛과 반대쪽으로 길을 건너지 않으며 잠자리에 들기 전에 잠을 방해할 수 있는 커피 한 잔을 마시지도 않는다.

수백만 명의 사람들이 동시에 나이가 먹었을 때 경제에 어떤 일이 발생할지를 상상해보라. 이는 상상할 필요가 없다. 당신은 단지 1989년 이래로 일본에서 발생한 일을 보기만 하면 된다. 우리의 이전 책인 《파이낸셜 레커닝 데이》(Wiley, 2003년)에서 우리는 미국 경제가 10년 정도 후행하면서 일본의 전철을 밟고 있다는 논지를 폈다. 우리는 예외를 인정하지만(그 점은 뒷부분에서 설명할 것이다) 아직도 그렇게 믿고 있다. 이제 우리는 제국이 성숙해

가면서 제국의 국민도 성숙한다는 사실을 안다. 미국의 인구는 일본의 경우처럼 점점 노령화된다. 그렇지만 미국의 베이비붐은 10년 정도 늦게 도래했다. 평균 미국인의 나이는 45세이며 그들은 퇴직연금프로그램(401k)에 6만8천 달러를 갖고 있고 6만9,227달러의 모기지 부채와 8천 달러의 소비자 부채가 있다. 평균 미국인은 은퇴 이후 10~15년 동안을 위해서 저축한다. 만약에 그가 은퇴 후에 자기 연봉의 2/3 정도의 소득을 원한다면 그는 향후 15년 동안 50만 달러를 저축해야 한다.

어떻게 그렇게 할 수 있겠는가? 그렇게 할 수 없을 것이다.

이 사람은 가난한 채로 은퇴하거나 은퇴 시기까지 가난하게 살아야 한다. 둘 중 어느 것도 특별히 부동산 가격, 소비자 지출, GDP 성장률 또는 주식시장에 자극이 되지 못한다.

생물학과 보험수리 과학은 대략 50살쯤에 한 점으로 수렴한다. 이 나이는 사람의 뇌와 위를 부드럽게 하고 사람을 역동적인 위험 수용형에서 법원의 명령 없이는 1센트도 지불하지 않는 까다로운 나이 먹은 얼간이로 바꾸어 놓는다.

50세가 넘은 사람은 주식가격이 주식을 매입했던 당시의 가격을 회복할 때까지 25년을 기다리려고 하지 않는다. 그는 기회를 잡기보다는 투자자산구성을 자본이득(capital gains)에서 소득(income)으로 바꾸어 버린다. 그의 위험 감내 성향 또한 투자수익률(return on investment)에서 투자수익(return of investment)으로 이동한다. 저축 전략 역시 필요한 경우(just-in-time)에서 만약을 위해서(just-in-case)로 바꾼다.

모든 중요한 일은 한계상황에서 일어난다고 경제학자들은 말한다. 1990년대에 심술궂은 노인네들은 다른 사람들처럼 주식시장에 뛰어들었다. 누가 그런 잔치를 거부할 수 있겠는가? 장례식을 위한 복장을 하고 주식시장에 들어왔지만 그들은 좋은 시절을 희망했다. 만약 이 사람이 1997년에 주식을 샀다면 2005년 그의 투자자산 구성은 그가 주식을 처음 샀던 당시의 가치와 비슷할 것이다. 그렇지만 그 사이에 그의 부채는 늘어났고 저축은 감소했으며 생활비는 지난 5년간 12% 상승했다.

스탠포드 대학의 심리학자인 아모스 트버스키(Amos Tversky)는 사람들이 돈을 벌기보다 잃지 않으려 한다는 사실을 발견했다. 이는 확인할 필요가 없던 상황을 확인시켜주었다. 즉 한계효용가설이라고 알려진 경제학의 전문용어에서 나온 자명한 통찰력을 확인시켜주었다. 사람들이 더 많은 것을 갖게 될수록 그게 무엇이든지 상관없이 추가적으로 얻게 되는 단위는 그 가치가 점점 떨어진다(칼로리, 정보, 중독성 마약의 경우 특정 시점 이후에 추가되는 것은 가치가 없으며 오히려 무가치하다). 억만장자에게 추가되는 돈은 극빈자보다는 그 가치가 덜하다. 이것은 다른 말로 하면 어느 한 사람이 마지막 돈을 잃어버리는 것이 추가로 벌어들인 돈을 잃는 것보다 훨씬 더 타격이 크다는 것이다. 이런 상황은 한 사람이 단돈 1달러를 갖고 있는 경우처럼 극단적인 상황인 경우에는 더욱 확실해진다. 만약 누군가가 마지막 1달러를 잃게 되는 경우 그는 굶게 된다. 그렇지만 억만장자가 추가로 돈을 벌어들이는 데 실패한다고 해도 이는 거의 알아차리지 못할 수준이다. 결국 50대 50의 승산으로 투기하는 것은 근본적으로 무의미하다는 것을 의미한다. 그렇지만 사람들은 항상 더 나쁜 쪽으로 투기에 나선다.

트버스키는 "전망이론"(prospect theory)을 또한 주목했다. 이 이론은 투자자들이 자신들의 돈보다는 기관의 돈(house money)으로 도박을 하고 싶어한다는 것이다. 투자자들은 나스닥지수의 추락과 다우지수의 하락을 기꺼이 받아들인다. 그렇지만 이 투자자들은 2005년에 은퇴할 연령에 5년이나 더 가까워졌다. 이들은 조직의 돈이 아닌 실제 본인들의 돈으로 손실을 받아들인다. 이 돈은 백발과 주름진 이마의 응석을 받아줄 노후 대책용으로 저축한 돈이다.

50대 연령층의 투자자들이 이런 상황에서 당황하여 증시로부터 이탈하려고 하는 것은 필연적인 수순이다. 그들이 당황하여 집도 매각하고 소비 습관도 바꿔버릴까?

미국 사람들이 일본 사람들처럼 저축하기 시작할 때 미국 경제가 일본 경제처럼 된다면 이는 놀라운 사실일까?

누가 그 사실을 믿겠는가? 일본의 문제는 국민들이 충분히 소비를 하지 않는 데 있다는 것을 말이다. 미국의 문제는 완전히 정 반대다. 미국인들은 너무 많이 소비한다. 미국인들은 눈을 감은 채 아무 생각 없이 소비한다. 미국인들은 전 세계에서 최고의 소비자들이다. 물건을 사들이는 문제에 관한 한 미국인들에게 돈을 갖고 있지 않다는 것은 중요하지 않다. 어떤 다른 나라도 미국과 유사한 경우는 없다.

소비만이 당신을 부유하게 해줄 수 있다는 말을 누가 듣고 싶어하겠는가? 이웃 사람에게 상승하는 집값이 결코 그를 부자로 만들지 못한다는 사실을 말하느라 시간을 낭비하지 말라. 당신은 차라리 그의 부인이 뚱뚱하다고 말하는 게 낫다. 그는 아마도 이미 알아차리고 있을 것이며 어떤 경우에도 당신의 판단에 감사하지 않을 것이다.

게다가 자산 가격은 여전히 상승하고 있다. 해마다 집값이 20% 상승하는데 집을 갖고 있는 사람이 가난해진다고 하면 누가 믿겠는가? 그리고 일하지 않고서 매우 많은 돈을 벌었을 때 그 돈을 써버리는 것은 전혀 놀라운 일이 아니다. 쉽게 번 돈은 쉽게 쓰게 마련이다. 미국인들은 사치품을 사기 위해 무리를 지어 간다.

그렇지만 추세가 거의 종착역에 다다랐다는 징후들이 나타나고 있다. 2005년에는 비어 있는 임대 공실률이 10%에 달했다. 이는 사상 최대 수준이다. 주택의 주가수익배수(PER, 평균 주택 매도 가격을 12개월의 임대 수익으로 나눈 수치)가 34까지 상승한 시점에서 임대 공실률 증가는 임대 수익의 하락을 가져왔다. 이는 2000년 거품이 정점에 달했던 주식시장의 주가수익비율보다도 높다. 추세가 거의 막바지라는 것을 볼 수 있는 또 다른 방법은 평균 임대소득이 1990년대에는 집값의 거의 5%에 달했으나 2004년에 그 수치가 3.5%로 하락했다는 사실이다.

인플레이션은 어떤가?

2000년대 초반에 미국의 본원통화는 30년래 가장 빠른 속도로 팽창했다. 본원통화는 2003년과 2004년에 20% 이상 증가했다. 왜 통화공급이 이렇게 빠르게 늘어났을까? 그것은 오랜 통화수축 국면에 있는 일본과 같은 형태의 부진을 피하기 위해 필사적이었던 미국 중앙은행의 작품이다. 아직까지 미국 경기는 부진한 양상은 아니다. 그렇지만 전체 미국 경제에서 거품을 창출한 대가는 거주 부동산 문제로 집중되었다. 캘리포니아에서 2003년과 2004년 동안 집값이 얼마나 상승했는가를 추측해보라. 해마다 본원통화 증가율과 동일한 20%의 집값이 상승했다.

이런 현상은 미국에 국한되지 않는다. 부동산 거품은 전 세계의 이목을 끌고 있다. 그리고 통화 공급은 특히 아시아 지역을 중심으로 역시 거품 수준으로 증가했다. 무슨 일이 발생할 것인가. 미국의 소비자들은 아시아 사람들이 만든 제품을 구매하는 데 있어서 감당할 수 있는 수준 이상으로 소비한다. 이는 수십억 달러를 아시아 수출업자들의 손에 쥐어준다. 아시아 수출업체들은 그 돈을 다시 중앙은행에 예치하며 중앙은행은 그 돈을 국내 통화로 바꾸어준다. 이는 아시아 중앙은행들의 통화 공급을 늘리는 역할을 한다. 이 코노미스트들에 의하면 미국은 인플레이션을 수출하고 디플레이션을 수입하고 있다고 한다(낮은 가격의 상품들로 인해서 말이다).

만약 이런 뉴스가 1970년대에 나왔다면 상황은 달라졌을 것이다. 채권시장을 주의깊게 지켜보는 사람들은 증가하는 통화공급량을 보면서 당황하게 된다. 그들은 채권을 투매할 것이며 수익률은 치솟게 된다. 갑자기 모기지 금리는 급상승하고 주택 거품은 끝나게 된다. 그렇지만 이제 그 누구도 통화공급량에 주의를 기울이지 않는다. 30년 전에 그 누구도 알지 못했고 믿으려 하지 않았던 사실을 이제 모든 사람은 안다. 그것은 바로 중앙은행들이 소비자물가 폭등을 야기하지 않고서도 원하는 만큼의 돈을 찍어낼 수 있다는 사실이다.

우리는 어떻게 연준리의 통화공급 인플레이션이 결국에는 아시아 중앙은행에서 끝나는가 하는 역학관계를 이해한다. 우리는 또한 어떻게 이런 일들이 미국에서 소비자물가를 억누르고 장기적인 경쟁력을 약화시키는지도 이해한다. 미국과 아시아 국가들 간의 무역 불균형은 아시아 인들의 수중에 엄청나게 많은 돈을 넘겨준다. 이중 상당 금액은 아시아에 새로운 공장을 짓는 데 투자되며 이는 원칙적으로 통화수축의 결과를 가져오고 이 정책은 생산설비와 돈을 벌어들이는 재화의 양을 증가시킨다. 낮은 소비자물가 상승은 미국에서 가능한 한 연준리가 대출금리를 보다 낮게 그리고 보다 오랫동안 유지할 수 있도록 허용한다. 이는 투기거래 하는 사람과 집을 구매하는 사람들에게 번갈아가면서 주거용 부동산 붐에 투자할 수 있는 신용을 제공한다.

우리의 이전 책에서 일본과 같은 형태의 물가하락은 소비자물가 폭등보다 더 위험하다고 주장했다. 지난 10년간 일본에서 물가는 계속해서 불규칙하게 하락했다. 정부도 중앙은행도 이런 추세를 멈추려 하지 않았다. 그렇지만 물가는 경제학자들이 아무리 노력해도 통제하기 어려운 것이다. 연준리가 금리를 내리면 물가는 전형적으로 상승한다. 신용을 감당하는 것이 보다 쉬워지고 사람들은 보다 많이 구매하게 된다. 반면에 연준리가 금리를 인상하면 구매력은 하락한다. 그렇지만 물가와 연준리의 정책은 항상 주머니 안에 있는 손처럼 밀접한 관련을 갖고 움직이는 것은 아니다. 때때로 손은 주머니 밖으로 나와서 사람들의 얼굴을 찰싹 때리기도 한다. 일본에서 일어난 일이 바로 이와 같다. 1995년부터 2005년 사이에 통화가치를 약화시키려는 일본은행의 단호한 노력에도 불구하고 엔화 가치는 한층 더 상승했다. 일본의 국내 물가는 하락했다. 중앙은행은 금리를 제로 수준까지 내렸다. 물가가 하락하는데 여전히 돈을 빌리려고 하는 사람이 있을까? 해마다 일본 엔화 가치는 점점 더 강해졌다. 돈을 차입하는 사람들은 보다 많은 돈으로 대출금을 상환해야 한다. 몇 달 후에는 물건을 보다 싸게 구입할 수 있다는 사실을 알고 있는데 누가 어떤 물건을 사겠는가? 제품 가격이 실질적으로 하락하는 시기에 누가 새로운 공장과 설비에 투자를 하고자 하겠는가?

일본은행은 원하는 모든 신용을 제공했다. 그렇지만 그 신용을 공여 받으려는 사람은 소수에 지나지 않았다.

이와 같은 일이 미국에서도 발생할 수 있을까? 그렇다. 가능하다. 우리가 지난 번에 쓴 책에서 예상했던 것처럼 미국이 일본처럼 길고 완만하며 불안정한 불경기로 고생할 것인가? 그렇다. 그렇지만 미국과 일본 사이에는 큰 차이점이 있다. 미국은 부채의 제국이라는 사실이다. 일본은 신용의 제국이었다. 일본 사람들은 계속해서 저축했다. 그들은 무엇이든 만드는 일을 결코 중단하지 않았다. 만약 일본 사람들이 잘못한 일이 있다면 그것은 중국 사람들이 지금 범하고 있는 것과 동일한 잘못인 너무 많은 것을 만들어낸다는 것이었다. 반면에 미국 사람들은 생산적인 설비에는 너무 적게 투자한다. 반면에 일본 사람들은 과잉투자를 했다. 일본 사람들은 매우 많은 생산능력을 보유하고 있었지만 세계의 소비자들은 그 생산능력에 맞게 소비 규모를 늘려 나갈 수 없었다.

일본 사람들은 일본에 대해 매우 많은 돈을 빚지고 있는 세계 다른 지역의 국가들과 함께 맥을 못추고 있었다. 그리고 심지어 최악의 경기후퇴 양상을 보였던 해에도 해마다 일본의 무역수지는 항상 흑자를 기록했다.

　미국은 매우 다른 상황이다. 우리는 이 책에서 이 점에 대해 매우 공들여 설명하고 있는데 이는 바로 자기기만과 아첨으로 점철된 제국과 관련된 에피소드다. 미국은 불안정하고 완만하지만 길게 지속되지는 않는 불경기를 맞게 될 수 있다. 미국은 이런 불경기를 감당할 수 없다.

　니케이다우 지수를 뒤따라간 나스닥지수뿐 아니라 모든 미국 주식이 일본만큼이나 하락하는 순간을 상상해보자. 1989년 니케이지수는 정점인 38,915.87엔을 기록했다. 2005년 6월 1일에 니케이지수는 겨우 11,329엔으로 70% 하락했다. 그리고 일본에서 그랬던 것처럼 미국의 주거용 부동산 가격이 하락하는 경우를 생각해보라. 1989년 이래로 일본의 집값은 13년 동안 떨어졌다. 그리고 일본의 소비자들처럼 미국의 소비자들이 쇼핑을 하지 않고 물가는 거의 10년간 연속적으로 하락했다고 생각해보라. 이 마지막 대목을 긴 안목으로 놓고 본다면 소비자 지출이 미국 경제의 71%를 차지한다는 것을 상기해보라. 일본에서는 소비자 지출이 경제에서 차지하는 비중이 55% 이상에 달한 적이 단 한 차례도 없다. 이제 스스로에게 질문해보라. 얼마나 많은 미국의 가정들이 여전히 지불능력이 있겠는가?(표 14.1을 보라)

　우리는 물론 해답은 알지 못한다. 모기지 리파이낸싱(재융자)은 중단될 것이다. 모기지 리파이낸싱은 모기지 담보물을 찾을 권리의 상실로 대체될 것이다. 주택건설 산업은 붕괴될 것이다. 대부분의 다른 산업도 마찬가지다. 일자리는 부족해질 것이다. 신용카드 결제는 지연되고 결국 워크아웃이나 파산상태에 이른다.

　그렇지만 오랫동안 공짜로 무엇인가를 기대해온 사람들은 편안하게 잠을 이루지 못한다. 그들은 해가 지는 데 대해 고함치고 욕을 한다. 그리고 그들의 제국주의 대표자들에게 조치를 취할 것을 요구한다. 그들은 "우리는 인

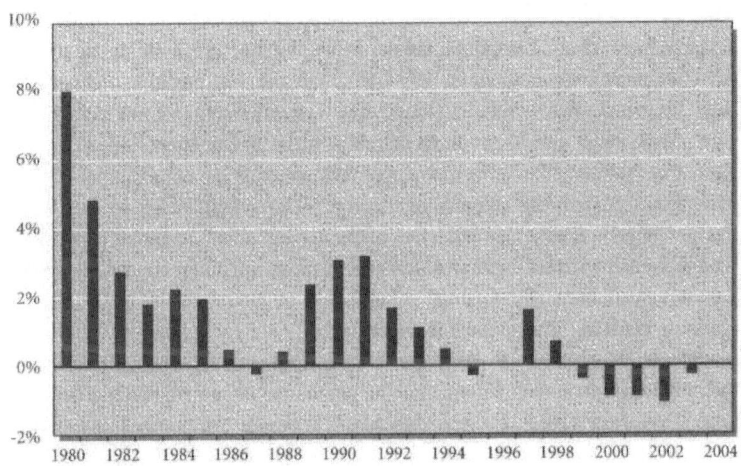

표 14.1 **일본의 인플레이션율 1980~2004**
일본의 주식시장 거품이 1989년에 꺼진 뒤 소비자들은 지출을 중단했고 물가는 이후 10년 동안 하락했다. 만약 붕괴된 신용거품이 미국에서 똑같은 추세를 형성한다면 무슨 일이 일어날지를 상상해보라. 소비자지출은 이제 미국 경제의 71%에 달한다. 일본에서 소비자지출이 경제에서 차지하는 비중은 55%를 넘어선 적이 없다. 얼마나 많은 미국 가정이 지불능력을 유지할 수 있을까? 자료: 일본 통계청

플레이션을 원한다"면서 "우리는 강한 달러라는 십자가에 못 박히고 싶지 않다"고 말할 것이다. 그리고 연극과 같은 미사여구를 추가할 것이다.

인플레이션은 미국이 부채의 가치를 줄일 수 있는 하나의 분명한 길이 될 것이다. 이것이 독일이 제1차 세계대전 이후에 부채를 줄였던 방법이다. 독일제국에는 협약 당사국들에게 배상금으로 지불할 330억 달러의 청구서만이 남겨져 있었다. 그렇지만 독일은 전쟁으로 기진맥진한 상태였고 그렇게 큰 자금을 지불할 수 있는 방법이 없었다. 자포자기하듯이 독일은 인쇄기에 의존해 돈을 찍어내기 시작했다.

만약 당신이 미국 밖에서 달러를 보유하고 있다면 그리고 미국 재무부가

인쇄기를 사용하기 위해 준비중이라는 것을 알아차리게 되면 당신은 아마도 인플레이션이 당신 돈의 구매력을 감소시킬 때까지 기다리지 않을 것이다. 달러 가치가 50% 하락하는 것은 미국의 해외 부채의 실질가치가 절반으로 줄어드는 것이다. 미국의 해외부채 금액은 모든 아시아 중앙은행들이 보유하고 있는 달러 보유고의 전체를 합친 것보다 많은 금액이다.

언젠가는 미국의 부채가 인플레이션에 의해 태워 없어지는 날이 올지도 모른다. 소비자들과 투표자들의 외침소리가 충분히 커졌을 때 연준은 당황할 것이다. 절망 속에서 벤 버냉키는 남미의 아르헨티나를 가리키면서 "돈을 찍어내라. 그것이 우리가 빠져나갈 수 있는 유일한 길이다"라고 말할 것이다.

15

월가의 무도회

    만약 어떤 사람이 넓은 판에 못을 박는다면 그는 잘난 체하거나 실수하지 않고 그 일을 할 것이다. 하지만 그가 자신이 하는 일이 무엇인지를 알지 못한 채 한다면 나무를 자르거나 못을 구부려 일을 망칠 수도 있다. 자신의 팔을 뻗을 수 있는 범위 밖으로 가게 되는 순간 그의 눈은 자신만의 세상을 벗어나 가장 기발한 일들을 상상할 수 있는 대중들의 세계에 있게 된다. 대중들에게는 이런 일들이 너무나도 분명하고 확실하다. 모든 실수는 다른 사람의 잘못이다. 이것이 많은 사람들이 대중들의 세상을 좋아하는 이유다. 대중들의 세상은 안개 속에 싸여 있다. 이곳에서는 반라의 님프*(그리스와 로마신화에 나오는 바다, 강, 숲 따위의 정령)가 나무 뒤에 숨어 있으며 방석마다 그 아래에는 백 달러짜리 청구서가 놓여 있다.

    많은 산업이 이런 환상 속에서 소생하고 번창한다. 이제 우리는 그 많은 산업 중 하나인 월스트리트(월가)를 한 번 훑어보자.

    월가의 목적은 무엇인가? 어느 전통적인 한 경제학자는 "자본을 효율적으로 배분하는 것"이라고 답할 것이다. 그렇지만 경제학자들은 자기 이론의 희생양일 뿐이다. 공산주의 경제학자는 이 대답을 듣고 고함을 치고 몹시 싫어할 것이다. 월가의 기능은 하인이 기사를 돕듯이 단지 자본가를 도울 뿐이라고 그는 말할 것이다. 노동자 계층의 배후에 있는 탐욕스러운 인간들을 돕는다는 것이다.

어떤 사람은 그저 질문을 던질 것이다. 왜 기린이 있느냐고 말이다. 여기에 대해 우리는 정직하게 대답할 수 있다. 왜냐하면 기린은 아직 멸종되지 않았기 때문이라고 말이다. 인류를 포함해 모든 동물은 단지 그것들이 아직 사라지지 않았기 때문에 존재한다. 월가도 아직 없어지지 않았기 때문에 존재한다.

이런 종류의 환원주의(reductionism)는 그렇게 유용하지는 않다. 이는 단지 우리가 등산을 시작하는 데 있어서 튼튼한 기반을 제공할 뿐이다. 우리는 올라갈 수 있기 전에 먼저 내려가야 한다. 발생하고 있는 현상의 가장 밑바닥의 본질에 내려가야만 자욱한 안개로부터 벗어나 우리 길을 세우고 찾아서 걸어갈 수 있다. 이렇게 함으로써 공기가 깨끗하고 우리가 실제로 뭔가를 볼 수 있는 단계까지 가게 되는 것이다. 대부분의 투자자들이 맞닥뜨리는 문제는 그들이 월가의 실상을 보지 않는다는 것이다. 투자자들은 이용하는 이론에 따라 형체가 바뀌는 신기루를 본다.

"당신이 어떻게 행동하는가는 당신의 위치에 따라 다르다"라는 말이 있다. 만약 제너럴 모터스의 이사회에 앉아 있거나 또 다른 현금사정이 어려운 회사의 이사회에 있다면 당신은 월가를 꽤 정확하게 볼 수 있는 위치에 있다. 이것은 가치 있고 필요한 일이다. 만약 당신이 골드만삭스나 메릴린치의 사무실 또는 다른 금융기관의 사무실에 앉아 있다면 당신은 분명히 월가를 관대하고 인정많은 고용주의 입장에서 보는 것이다. 이 위치는 당신의 아이들을 사립학교에 보내고 햄튼*(부자들이 많이 모여 사는 롱아일랜드의 휴양지)에 집을 살 수 있게 해준다. 그리고 만약 당신이 전형적인 투자자라면 당신은 월가의 전문가가 마치 당신의 가족 주치의라도 되는 양 그를 방문할 것이다.

이 전문가는 필요하고 도움이 되는 서비스를 제공할 것이다. 의사처럼 그는 당신을 돕고 안심시키기 위해 전화 한 통화면 당신에게 날아올 준비가 되어 있다. 월가의 전문가는 넥타이를 매고 훌륭한 차를 몬다. 그는 전문가이고 당신을 돕기 위해 있다.

당신은 틀리지 않았다. 그는 가치 있는 서비스를 제공한다. 그렇지만 그에게 감사의 편지를 보내기 전에 당신은 그가 아마도 허풍쟁이 돌팔이일지도 모른다는 사실을 깨달아야 한다.

의학은 정리되어 있지 않은 과학이다. 진보는 누적되는 것이 아니라 순환하는 것이다. 한 세대는 배우고 그 다음 세대는 잊어버린다. 한 세대는 돈을 벌고 그 다음 세대는 그 돈을 잃는다. 한 세대는 월가를 숭배하며 그 다음 세대는 오히려 월가에서 떠나고 싶어한다. 의학과 금융산업 모두 긍정적인 결과를 필요로 한다. 의학의 경우 의심할 여지 없이 직접 체험으로 경이로운 결과들을 본다. 그렇지만 금융산업이 주장하는 것은 대부분 속임수다.

만약 당신이 월가에 투자하여 돈을 벌고 싶다면 스스로에게 자문해봐야 한다. 어디에서 그 이익이 나오는지를 말이다. 투자자들이 주식시장에서 돈을 벌 수 있는 유일한 방법은 가치가 올라갈 수 있는 기업의 주식을 사는 것이다. 사업을 하는 데 있어 주식가치는 기업의 수익에서 주주의 몫으로 할당된 부분으로 나타난 가치다. 주식은 수익이 증가할 때에만 그 가치가 오른다. 그렇지만 미국의 사업 여건상 어떻게 수익이 올라갈 수 있겠는가?

더 많은 수익을 올리기 위해 미국의 기업들은 보다 많은 제품을 판매하거나 매매차익금을 더 올려야 한다. 그런데 대체 누구에게 더 많은 물건을 파느냐 말이다. 미국인들에게 더 많은 물건을 팔 수는 없다. 미국은 여유가 있는 실질 구매력이 약화되고 있기 때문이다. 미국인들은 갚아야할 부채가 어마어마하다. 그리고 제국의 다른 지역에서는 경쟁이 너무 심하다.

판매 차익금을 올리는 방법에는 두 가지 길이 있다. 제품 가격을 올리거나 비용을 낮추는 방법이다. 두 가지 방법 모두 총수입과 비용의 격차를 확대시킨다. 두 가지 방법 모두 수익을 증가시킬 것이다. 그렇지만 세계화된 21세기 경제에서 국경을 넘어서 선적되거나 전자 방식으로 의사소통이 이루어질 수 있는 모든 물건은 아시아에서 만들어진 제품과 경쟁 대상이다. 아시아에서 만든 제품들은 가격이 오르기는커녕 하락하고 있다. 비용을 절감하는 방법은 어떤가? 어디에서든지 비용을 깎는 것은 경제학자들이 "구성의 오류"*(Fallacy of Composition, 부분에서 보면 성립하는 듯이 보이는 원리가 전체로 가면 결국 성립하지 않게 되는 현상)라고 칭하는 문제에 봉착하게 된다. 개별 회사는 비용을 절감함으로써 판매차익을 올릴 수 있다. 이 회사는 직원들을 일시 해고하거나 지출을 줄일 수 있다. 이 경우 이 회사는 판매 차익을 증가시킬 수 있다. 그렇지만 한 기업에 있어서 경비는 다른 기업에게는 수입이 된다. 일시 해고된 근로자는 더 이상 예전처럼 물건을 살 수 없다. 혹은 타격을 느끼는 곳은 물건을 공급하는 곳이다. 점진적이든 급격하든 어느 방법이나 모두 시스템을 통해 수입은 줄어들게 된다. 일반적으로 판매 차익금은 불변으로 남아 있거나 모든 사람에게 하락한다.

우리는 미래의 기업수익을 알 수는 없다. 우리는 투자자들이 미래수익이 상승할 것이라고 생각할 이유가 없다는 점에 주목한다. 미국 경제는 과거 어느 때보다 자극이 커지고 급격히 늘어나는 것을 막 경험했다. 여기에는 사반세기 만의 낮은 금리, 3년간의 소비자물가 수준보다 낮은 표준 대출금리, 7천억 달러의 출렁거리는 추가적인 연방지출 등이 포함되어 있다. 기업의 수익은 엄청나게 늘어나야 하지만 더 많은 수익을 예상할 근거가 없다.

투자자들에게 또 다른 가능한 수익의 원천은 다른 투자자의 돈이다. 만약 다른 투자자의 재산이 줄어들면 당신의 재산은 늘어날 것이다. 월가는 그만큼을 약속한다. 실제로 뮤추얼펀드의 모든 광고는 동업계의 경쟁사보다 나은 수익을 올린다고 주장한다. 심지어 실제 모든 투자자산의 실질가치가 하락한다 해도 그들은 의기양양하다. 그들의 상대적인 성과가 다른 펀드들보다 높다는 이유에서다.

의사도 똑같이 광고할지도 모른다. 그의 환자가 경쟁의사의 환자보다 덜 고통스럽게 죽었다고 말이다. 일반적으로 의사는 그런 사실에 대해 언급을 회피하는 사려 깊은 사람이다. 그는 그 말을 드러내놓고 하지는 않는다. 의학은 제로섬 게임이 아니다. 누구는 스무 살에 죽어야 하며 다른 사람은 여든 살까지 살아야 하는 것이 아니다. 그들은 모두 오래 살 수 있다.

월가는 투자도 건강을 돌보는 것과 같다고 주장한다. 투자도 제로섬 게임이 아니라는 것이다. 한 투자가가 시장수익 이상의 수익을 기록하기 위해 다른 투자가가 죽을 필요는 없다. 우리는 모두 부자가 될 수 있다. 이는 마치 우리 모두가 시장평균 이상의 수익을 올릴 수 있다는 것과 같다. 부는 상대적 개념이지 절대적 개념이 아니다. 세계 모든 다른 곳과 비교하면 거의 모든 미국인들은 이미 부자다. 그렇지만 대부분의 세계는 옆집에 살거나 뉴메르세데스 벤츠로 출근길에 지나칠 수 있는 곳이 아니다. 미국인들은 자신들을 이웃과 비교해야 한다. 그 이웃들도 역시 월가에 투자하며 그들의 투자가 당신의 투자보다 높은 수익을 올릴 것이라고 주장한다. 모든 사람의 투자자산 가치가 두 배가 된다고 생각해보자. 다만 가난한 한 사람의 포트폴리오가 단지 10% 오른 것을 제외하고 말이다. 10%도 여전히 훌륭한 수익이다. 그럼에도 불구하고 가난한 사람은 완전히 실패했다고 느낄 것이다. 아내가 테니스 코치와 만나려고 그의 곁을 떠나지 않은 것만도 다행이다.

분명히 최고의 상황에서도 상대적 수익은 최소한 절반의 투자자들에게는 실망임에 틀림없다. 앨 고어는 모든 학생 중 절반이 평균 이하의 성적을 기록하고 있다는 데 충격을 받았다. 투자자들은 투자하기에 좋은 시절 그들 중 절반이 평균수익률을 기록하지 못했다는 사실에 놀랐다. 투자자들은 또한 어려운 시기에는 그들 모두가 돈을 잃는다는 사실에 넌더리를 냈다.

시간이 지나면서 모든 투자자들은 돈을 잃을 운명에 처한다(일반적인 시장 상황과 비교하면 말이다). 월가에 들인 비용이라면 그 돈으로 카지노를 했더라도 수익을 얻었을 것이다. 중개인, 애널리스트, 거래자, 금융업자, 펀드매니저, 계좌매니저 및 모든 금융 중개인들은 월가의 산업을 만드는 사람들이다. 이들은 숨을 쉬는 한 급여와 연금을 받게 된다. 그 돈도 역시 투자자의 주머니에서 나온 것이다. 그래서 장기적으로 평균투자자의 실질 수익은 투자의 원래 수익보다 낮음에 틀림없다. 그리고 대부분의 소액투자자를 포함해 많은 사람들은 실제로 돈을 잃는다.

투자는 과학이 아닐 뿐만 아니라 예술도 아니다. 투자는 오히려 주류 판매점을 상대로 강도질을 하는 것에 가깝다. 때때로 당신은 그 일을 잘 해내기도 하지만 그렇지 않을 경우도 있다. 하지만 일반적으로 강도질에 성공하지 못하는 경우가 당신에게 더 좋다. 왜냐하면 실패를 하기 위한 성공 따위는 없기 때문이다. 당신은 자신이 그러한 일을 해낼 수 있는 사람이라는 것을 깨닫자마자 경찰이 당신 차를 세웠을 때의 계획을 짜고 있을 것이다.

공개 시장에서 전형적인 투자자는 그가 무슨 일을 하고 있는지 아무런 생각이 없다. 돈을 주식이나 뮤추얼펀드에 투자하면 투자자에게 일시적인 행복을 준다. 투자자는 커크 커코리언이 GM을 인수하겠다는 의사를 밝히고 혹은 워렌 버핏이 약삭빠르게 보험회사로 움직이는 것처럼 그의 자산을 바라본다. 그는 아내에게 구글 주식을 샀다고 말한다. 그의 가슴은 벌렁거린다. 이 투자자는 머리에 권위의 왕관이라도 쓴 것처럼 느끼고 그의 가장 비밀스런 부분이 성장하고 있다고 생각한다. 그가 가장 신성하고 우리시대의 가장 힘찬 의식을 모두 거쳤으므로 단 한 번의 시도로 그는 템플기사단*(Knight Templar, 1118년경 예루살렘의 성묘와 참례자 보호를 위해 조직된 성지순례와 성역 보호를 목적으로 하는 기사단), 프리메이슨단*(Freemason, 회원 간의 부조와 우애를 목적으로 삼은 비밀 결사단) 그리고 지역의 컨트리클럽에 가입했다. 이 투자자는 능숙하게 시대의 최첨단을 달리며 잘해나갔다. 그는 다른 수완가들과 함께 현대 경제의 불가사의를 만든 장본인이다. 그는 갈라드 경이나 카멜럿 경처럼 월가로 갔다.

이 투자자는 그러나 참담한 상황이 그를 기다리고 있을 것이라고는 생각지 못한다. 단지 아주 훗날 자신이 영웅이 아니라 단지 월가의 하얀 구두에 대수롭지 않게 쌓인 작은 먼지에 불과한 멍청이라는 사실을 발견한다.

거기에 그럴싸하게 우스꽝스런 요소가 없다면 이 광경은 상당히 우울하다. 월가는 죄악을 행하지는 않는다. 월가는 단지 얼간이들에게서 그들의 돈을 분리시키는 게 주된 일이다.

투자에는 기본적으로 오류가 있을 수밖에 없다. 최소한 대중적인 형태의 투자는 그렇다. 그 생각은 어떤 사람이 실제로 일하지 않고 부자가 될 수 있다는 것이다. 그가 하는 일이라고는 월가에 돈을 밀어 넣음으로써 시장에 돈을 투자하는 것뿐이다. 그리고 결코 완전히 묘사되지 않는 몇몇 마술을 통해 그 투자에서 열 배의 수익을 얻는다. 그는 결혼축제일에 기독교인들이 예수 그리스도를 보는 것처럼 신성하게 중개인을 대해야 한다. 그는 그의 돈을 월가 근처의 허드슨 강과 이스트 강의 낮은 물에 던지고 그 돈은 실로 몇 배 수익을 내어 큰돈이 되어 돌아온다.

이 투자자가 생각하기에 여기에는 몇몇 과학이 결부되어 있다. 투자의 귀재가 몇 년 전에 알았던 페니실린과 퀴닌*(말라리아 특효약)과 같은 몇 가지 지혜가 이제 그에게 유용하게 작용한다. 그렇지만 반드시 그렇게 되는 것은 아니다. 대신 전체 월가의 건물은 당신이 공짜로 중요한 것을 얻을 수 있다는 속이 빈 공허한 희망 위에 세워져 있다.

당신이 월스트리트에서 돈을 벌 수 없다고 말하는 것은 아니다. 당신은 심지어 단순한 투자자로서 월가에서 돈을 벌 수 있다. 그렇지만 그러기 위해서 당신은 단지 시장에 있는 것 이외에 훨씬 더 많은 일을 해야 한다. 당신은 넓은 판에 못을 박는 것처럼 당신의 투자를 다루어야 한다. 자신의 투자를 공공투자로 보면 안 되며 개인의 투자로 보아야 한다. 주식을 보는 게 아니라 회사를 보아야 한다. 많은 심도 있는 조사와 생각이 필요하며 그렇게 실행하고 있는 사람에게 주의를 기울여야 한다. 그러면 당신은 머지않아 돈을 벌게 될 것이다.

최근 가장 큰 신화 중 하나는 모든 사람이 자본주의자라는 변질된 자본주의다. 중개인이 광고에서 당신이 해야 할 일은 그저 주식을 사는 일이라고 말하기는 쉽다. 물론 월가는 당신에게 주식을 팔고자 애쓴다. 그리고 급속하게 당신은 워렌 버핏처럼 된다. 부자가 되는 게 얼마나 쉬운 일인지 보라.

그렇지만 주식을 산다고 해서 당신이 부자가 되는 것은 아니다. 주식을 좋은 가격에 사야 부자가 된다. 주식을 오래 보유해야 하며 돈을 아껴야 한다. 이런 일에 관해서는 월가가 친구가 아니라 적이다. 그리고 미국 증권거래위원회(SEC)도 마찬가지다. 월가와 SEC에 의해 저질러진 사기행위는 평범한 소액 투자자들이 실제 투자자와 같은 경쟁 여건 아래 있다는 것이다. 그것은 그러나 사실이 아니다. 내부자들은 보통 투자자들보다 훨씬 많은 정보를 안다. 그리고 월가도 마찬가지다. 당신은 월가 내부의 사람들이 가격이 올라갈 것이라고 생각하는 주식을 팔 것이라고 생각하는가? 물론 아니다. 그들은 자신들이 수수료에서 보다 많은 돈을 벌 수 있다고 생각하기 때문에 주식을 판다. 고객의 주식을 매매하여 버는 수수료가 주식투자로 버는 돈보다 더 많다고 생각하는 것이다. 그들은 카지노의 주인과 같다. 라스베가스의 모든 화려한 숙소의 주인들은 슬롯머신 조정간을 원하기만 하면 잡아당길 수 있다. 그렇지만 그들은 그렇게 하지 않는다. 왜냐하면 이따금 손님들로 하여금 돈을 벌게 해줘야 손님들이 큰 승자가 될 것으로 기대하면서 계속 카지노에서 도박을 할 것이기 때문이다. 그래야 카지노 주인은 더 많은 돈을 번다. 궁극적으로 이기는 것은 카지노 하우스지 도박하는 자가 아니다.

어느 내부자의 게임

기업의 내부자는 커다란 이점이 있다. 워렌 버핏처럼 공개시장에 투자하지만 개인 사업을 경영하는 사람이 갖는 밀착되고 상세한 정보를 갖고 투자한다. 내부자는 신문에서 정보를 얻는 게 아니라 눈과 귀를 통해서 정보를 얻는다. 그는 또한 자신만의 대차대조표, 재고보고서, 매출액 수치를 얻는다. 그는 진짜 중요한 게 무엇인지를 아는 셈이다. 그는 세계를 개선시키기 위해 나온 게 아니라 단지 본인 자신의 세계만 개선시키는 데 관심이 있다. 내부자는 때때로 맞지만 이따금 틀린다. 그렇지만 그는 최소한 실제 정보에 근거해 행동할 뿐 대중적인 거품에는 신경 쓰지 않는다.

월가의 커다란 위장은 시장은 항상 옳다고 주장하는 학문적 경제학자들에 의해서 부풀려진다. 경제학자들은 시장이 항상 주식에 대해 알아야 할 모든 것을 알고 있다고 말한다. 이 매혹적인 사기는 효율적 시장가설*(EMH, efficient market hypothesis, 모든 정보가 가격형성에 즉각 반영되어 누구라도 계속해서 다른 사람보다 우수한 투자성과를 올릴 수 없는 시장을 효율적 시장이라고 함)로 알려져 있다. 시장이 어떤 가격을 정하든지 그것은 옳다고 말한다. 따라서 당신이 워렌 버핏이든 버스기사든 당신은 항상 "완벽한"(perfect) 가격에 사게 된다. 그리고 가격이 올바르기 때문에 어떤 주식이든지 가격이 얼마나 높은가에 대해 걱정할 필요가 없다. 그저 사면 되는 것이다. 그리고 좀 더 사기도 한다. 월가는 이런 사실을 좋아한다. 증권거래위원회는 월가를 독려했다. 증권거래위원회는 모든 투자자들은 평등하게 창조되었고 시장가격에 주식을 살 수 있는 동등한 권리를 부여 받았다는 터무니없는 통찰력을 갖고 있었다.

현대 민주주의와 투자시장의 상대적인 자부심이 너무 웃겨서 여기서 다시 지적하지 않을 수 없다. 워렌 버핏이 말하기를 단기적으로 주식시장은 투표하는 기계다. 반면 장기적으로 주식시장은 저울이다. 단기적으로 투자자들은 주식을 사기 위해 얼마를 투자할지를 결정한다. 그들이 선택하는 가격은 완벽하다고 효율적 시장가설의 공상가들은 말한다. 왜냐하면 그들은 알아야 할 모든 것을 알고 있기 때문이다. 주식의 가치를 평가하는 다른 방법은 없다. 시장(Mr. Market) 보다 더 높은 권위는 없다. 그래서 버스 기사든 공공검사든 그가 원하는 어떤 주식도 시장이 정하는 가격에 살 수 있다. 자신들이 워렌 버핏처럼 영리하다고 생각하면서 말이다.

왕실이 유럽을 통치하던 때로 돌아가보자. 군주는 왕국을 통치하는 일을 잘 하거나 잘못 할 수도 있다. 만약 군주가 통치 업무를 제대로 수행하지 못하면 그는 귀족, 국민 그리고 궁극적으로는 신과 맞서야 한다. 만약 군주의 실수가 엄청난 것이라면 그는 자신의 왕국과 목숨 또는 영혼을 잃어버릴 것이다.

부랑생활을 하는 투자자처럼 부랑생활을 하는 민주주의자는 군주가 당하는 그런 좌절을 만나지는 않는다. 여기에는 어떤 높은 권위도 없기 때문에 자신이 실수를 하지 않을 것이라고 믿는다. 부랑자가 무엇을 원하든 무슨 생각을 하든 마음속에 무슨 생각들이 지나치든 그를 바보라고 말하는 사람도 없다. 만약 51%의 투표자가 무엇인가를 원한다면 설사 그들이 원하는 것이 야비하고 불쾌감을 일으키는 것이라고 해도 누가 그들에게 틀렸다고 말할 수 있겠는가? 만약 다수의 주식 매수자들이 기술주를 사는 데 200배를 지급하겠다고 하면 이것도 역시 정확한 가격임에 틀림없다. 안 그런가?

민주주의와 효율적 시장가설의 두 개념은 모두 공허하다. 이 개념들은 단지 단기적으로는 군중들이 원하는 것을 얻는다는 사실을 알려준다. 군중들은 장기적으로는 다가오고 있는 것을 얻게 된다.

진정한 자본주의자들은 집단적인 투자자들이 아니다. 그들은 공개시장에서 공개 정보에 근거해 주식을 사들이지 않는다. 진정한 자본주의자들은 회사를 산다. 그리고 그들은 그 회사가 무슨 일을 하고 어떻게 그 투자가 성과를 거둘 것인지를 이해할 때에만 회사를 사들인다.

만약 돈을 벌고자 한다면 당신은 일반 대중들의 멍청함을 거부해야 한다. 당신은 개인적인 정보에 근거해서 내부인처럼 투자해야 한다. 설사 그 정보가 공개된 곳에서 나오고, 자신이 직접 경험한 것이 아니라도 그 정보를 개인적이고 직접적인 것으로 소화해야 한다. 반면에 단순히 돈을 다른 부랑자처럼 투자자들의 무리와 같이 투자하는 것은 제국의 현 단계에서 별다른 수익을 가져다주지 못한다.

많은 투자자들은 내부자를 주목함으로써 투자수익을 향상시킬 수 있다고 믿는다. 내부의 관리자들이 주식을 헐값에 팔아치울 때 주식을 사고자 하는 사람이 누가 있겠는가? 주식시장의 랠리와 경기회복에 이은 커다란 기술주 거품의 마지막 해로부터 약세장과 경기후퇴 기간을 통틀어 사람들은 내부 관리자들이 주식을 팔고 있다는 것을 알았다.

내부자들은 때로는 주식을 사고 때로는 주식을 판다. 그들은 대체로 주식을 매도하는 성향을 갖고 있다. 기업의 주식은 이따금 보상의 형태이다. 이런 보상은 주식을 팔아야만 이익이 실현된다. 그리고 내부자들은 종종 보유주식을 다양화할 필요가 있다. 그래서 주식을 햄튼의 집과 같이 다른 형태의 부로 전환시킨다. 그들은 또한 이혼한 배우자에게 돈을 지급하기 위해서라든지 여러 이유로 주식을 판다. 그렇지만 그 수치가 매도 쪽으로 치우쳐 있긴 해도 기업의 내부자들이 주식을 모두 팔아치우고 싶어 안달인 경우는 거의 보지 못했다. 또한 2004년과 2005년처럼 내부자들이 주식을 더 사는 것을 꺼리는 경우도 거의 없었다. 2005년 1월에 내부자들은 실질적으로 모두 주식 매입을 중단했다. 전체 내부자 매수량은 불과 3천410만 달러에 그쳤다. 이는 12년래 최저 수준이다.

과장된 감정

친애하는 독자들이여 세계를 보다 살기 좋은 곳으로 만드는 데에는 두 가지 방법이 있다. 그리고 두 종류의 투자 방법이 있다. 그렇지만 그 중 한 가지 방법만 작동한다.

당신은 신문을 읽고 뉴스를 시청하며 전체 대중들의 삶을 보고 세상사에 대해 의견을 갖고자 한다. 만약 당신이 세계를 개선하는 사람이거나 제국의 설립자라면 당신은 아웃소싱을 중단해야 한다는 결론에 도달할 것이다. 혹은 중국이 위안화를 평가절상 한다거나 아일랜드의 건축물들을 보수해야 한다는 결론을 얻게 될 것이다. 또는 텍사스 서부의 여성들이 체중을 감량해야 하고 파키스탄의 정권은 바뀔 필요가 있다고 생각할 것이다. 만약 당신이 투자자라면 당신은 중국의 주식시장이 지난해 큰 성과를 거뒀다거나 아니면 부시 대통령이 적자 규모를 줄였다거나 혹은 2006년은 주식시장에 좋은 시기가 될 것이라는 등의 생각을 할 것이다.

그렇지만 만약 신문을 내려놓고 TV를 끈다면 당신은 가까이에 있는 것을 연구할 것이다. 만약 당신이 세계를 보다 좋은 곳으로 만들고자 한다면 앞마당에 꽃을 심거나 거리의 못생긴 소녀와 시시덕거리면 된다. 투자자로서 당신은 당신이 일하는 회사에 대해 연구하거나 투자자를 찾고 있는 회사를 방문할 수도 있다.

공공의 정보는 군중의 과장된 감정과 크게 다르지 않다. 대체로 투자하는 군중은 두려움을 갖고 있거나 탐욕스럽다. 사실들은 그들이 원하는 대로 해석되어버린다. 거품이 최고조에 이르면 거의 모든 저주받은 사건이 강세장을 향한다. 2003년의 이라크 전쟁이나 2004년 플로리다를 강타한 허리케인 등이 대표적이다. 강세 심리는 오랫동안 매우 높게 지속되고 심지어 거대한 유성도 좋은 전조로 받아들여진다. 역사상 가장 오랜 강세 국면의 확장 이후

2005년 1월에 투자 자문가들은 2:1의 격차로 여전히 강세 전망을 유지했다. 같은 기간 동안 개인투자자들인 내부자들은 개인적이고 독립된 지식을 갖고 그들의 주식에 대해 극단적인 약세 시각을 갖고 있었다. 내부자들은 주식을 거의 사지 않았을 뿐만 아니라 19억 달러에 달하는 많은 주식을 내다 팔았다. 다른 말로 하면 그들이 보유하고 있는 주식 중 55%를 매도했다. 그것이 사상 최대 기록인지는 알 수 없다. 하지만 그것이 사상 최고치에 근접한 것임에는 틀림없다.

강세장에서 당신의 주식 값은 올라간다. 약세장에서 주가는 하락한다. 모든 거래는 알선자와 중개인에 의해 재빠르게 이루어진다. 만약에 당신이 돈을 뮤추얼펀드나 헤지펀드 혹은 전문 관리자에게 맡긴다면 추가로 수수료를 지불해야 한다. 몇몇 불쌍한 사람들은 그들의 돈을 펀드오브펀드*(펀드에 분산 투자하는 펀드)나 심지어 펀드오브펀드오브펀드에 넣게 도와달라고 주식중개인이나 관리자에게 돈을 지불한다. 이런 투자 형태는 거의 손실을 보증한다. 이는 이익을 얻은 한참 뒤에도 슬롯머신 앞에서 머물고 있는 것처럼 시간은 당신에게 반항한다. 시간이 흐르면 당신은 반드시 그 다음 약세장에서 건 아니면 단순한 운용 수수료나 다른 수수료 명목으로 모든 이익을 반납하게 되어 있다.

죽을 때까지 역할을 다하다

전문가들은 투자와 결혼하지 말라고 한다. 투자가 제대로 이뤄지지 못하면 싸게 팔아버려야 한다.

그렇지만 실제 투자는 컴퓨터를 이용한 설계가 아니다. 우리는 최근 우리의 투자를 검토해보고 있었다. 우리는 몇몇 주식과 수년 동안 결혼 상태를 유지했다. 우리는 그 주식들을 장기간 보지 않았고 그 주식들이 어떤 상태에 있는지 거의 잊어버렸다. 예를 들면 화학기업인 WR 그레이스의 주식을 호황과 불황, 파산 그리고 다시 호황이 올 때까지 보유해왔다. 우리는 처음부터 단지 안쓰러운 마음에 그 주식과 결혼해버린 것이다. WR 그레이스는 석면으로 인한 소송으로 타격을 입었다. 회상해보면, 우리는 그 딱한 회사가 조금의 도움을 필요로 했다고 판단했다. 그리고 그 회사는 법정 관리에 들어갔다. 그렇지만 그 회사는 자력으로 문제를 풀어나갔다. 그 회사는 파산상태에서 빠져 나왔고 주가는 다시 상승했다. 우리는 후회하지 않았다.

우리는 단지 우리의 고전적인 투자 형태와 오늘날의 하루짜리 투자가 판치는 상황을 비교하기 위해 이 예를 든 것이다. 사람들은 더 이상 결혼을 믿지 않는 것처럼 보인다. 상황이 힘들어 보이면 투자자들은 다른 투자처로 고개를 돌린다. 혹은 사람들은 단지 시시덕거리면서 더 많은 재미를 찾으려고 생각한다. 아무도 영원히 살겠다는 생각을 갖고 집을 사지는 않는다. 그들은 유명을 달리하기까지 보유할 목적으로 주식과 집을 사들이지 않는다. 대신 그들은 바지를 갈아입는 것처럼 자주 자산 목록을 바꾼다.

거의 그 누구도 배당을 위해 주식을 사지는 않는다. 몇 안 되는 주식만이 배당을 한다. 사람들은 단순히 살기 위한 장소로 집을 구입하지도 않는다. 대신 그들은 자본 이득을 통해 부자가 되겠다는 희망으로 이곳저곳 계속해서 이사를 다닌다.

만약 그것이 사실이기만 하다면! 만약 돈을 버는 것이 느닷없이 쉽게 이루어진다면 얼마나 감사하겠는가.

아 신이시여! 일반적으로 사람들은 밤사이 돈을 벌지는 못한다. 참을성 있고 정확한 투자를 해야 돈을 벌 수 있다. 당신의 돈은 시간을 필요로 한다. 돈은 전문적인 지식과 돈 그리고 기회가 결합해야만 벌 수 있는 것이다. 모든 것을 알아야만 한다. 계획을 세우고 그 계획을 실행해야 한다. 만약 당신이 운이 좋다면 그 계획은 결국 실행될 것이고 남부럽지 않은 투자 수익을 얻게 될 것이다. 그렇지만 그것은 시간이 필요하다. 워렌 버핏은 주식의 이상적인 보유 기간을 평생이라고 했다. 이는 마치 과장된 말 같다. 영원이라는 것은 긴 시간이다. 그렇지만 모든 것은 퇴화하고 죽으며 소멸한다. 여기에는 최고의 회사들도 포함된다. 영원이라는 것은 약간 너무 길다. 그렇지만 이것은 단지 이론적인 문제일 뿐이다. 실제로 영원이 오기 전에 당신이 숨을 거두거나 당신의 투자도 끝난다.

심지어 주택은 투자 성과를 거두기까지 오랜 시간이 걸린다. 주택에서 나오는 수익은 오랜 시간이 흐르는 동안 그 집에 살면서 얻게 되는 생활의 유용성이다. 이 점이 당신이 오랫동안 살고 싶은 집을 사야 하는 이유이다. 당신은 집을 수리하고 나무와 정원을 가꾸고 집값을 분할 상환하고 수년 동안 집의 가치를 향상시킬 수 있어야 한다.

당신은 그렇다고 말할지 모른다. 그렇지만 집값은 높이 치솟고 있다고 그렇다. 당신이 옳다. 우리가 최대한 가깝게 말한다면 오늘날 미국에서 돈을 버는 가장 빠르고 확실한 빙법은 거품 낀 시장에서 계약금이 없는 모기지 대출을 이용해 비싼 집을 사는 것이다. 당신은 위험 자본이 전혀 없고 큰돈을 벌 준비가 된 것이다.

그렇지만 이것을 투자와 혼동해서는 안 된다. 그것이 바로 투기라는 것을 말이다. 하루짜리 투자는 매우 재미있다. 문제는 많은 사람들이 투자와 투기의 차이점을 알지 못한다는 것이다. 그들은 부동산 시장에는 가격이 항상 오르도록 하는 마술이 있다고 생각하기 시작한다. 그들은 결코 손해 보지 않을 것이라고 생각한다. 그렇지만 거품이 터지면 그들은 가장 많은 손실을 입게 된다.

16

다수의 견해를 따르지 않는 파괴적인 투자

"저기에 영리한 사람이 있고… 저기에 좋은 사람이 있다"(Dere's dem dat's smart… an's dere's dem dat's good) 라고 엉클 리머스*(미국의 작가 겸 칼럼니스트인 조엘 챈들러 해리스가 만들어낸 가상의 인물로 시골에 사는 노인)는 말했다. 오늘날 많은 젊은이들은 엉클 리머스가 누군지 모를 것이다. 일부 연장자들은 엉클 리머스의 말을 원래 방언대로 인용해 젊은이들의 시선을 끌고 싶어할지도 모른다. 엉클 리머스는 천재였다.

어렸을 때 우리는 꽤 똑똑하고 영리했다. 하지만 시간이 흐르면서 우리가 영리하다고 생각했던 것 가운데 많은 것이 더 이상 그다지 영리하게 보이지 않는다. 그리고 지금 우리 자신을 얼마나 똑똑하다고 생각하든지 간에 우리는 절대로 충분히 영리하지 않다는 것을 깨닫는다. 우리는 주식이 상승하고 있다고 생각하고 메소포타미아보다 더 나은 세상을 건설할 수 있다고 생각한다. 우리는 길거리를 지나가는 사람들에게 그들의 자식을 어떻게 가르쳐야 하며 집은 어떻게 꾸며야 하는지를 말해줄 수 있다고 생각한다. 하지만 우리가 무엇을 알겠는가?

좋은 사람이 되는 것(to be good) 보다는 영리한 사람이 되는 것(to be

smart)이 쉽다. 그것이 바로 세상에 그렇게 많은 영리한 사람들이 있지만 좋은 사람들은 많지 않은 이유다. 영리한 사람들은 높은 자리에 선출된다. 그들은 주요 기업들을 경영한다. 그들은 신문 사설을 쓴다. 반면, 가난하고 좋은 사람은 불쌍하다. 그는 파티에 가서도 별로 할말이 없다. 남들을 조롱하거나 냉소적이어서가 아니다. 다른 이들은 똑똑한 거래와 똑똑한 아이디어, 그리고 똑똑한 생각과 성공들에 대해 얘기한다. 여자들은 영리한 사람 주위로 몰려들고 똑똑한 남자는 입을 열수록 더욱 커 보이기만 한다. 반면 좋은 남자는 움츠러든다.

이 얘기를 꺼낸 것은 이 문제에 대해 논쟁을 벌이기 위해서다. 왜냐하면 우리는 진정으로 가치가 있는 것은 미덕(virtue)이지 지력(brainpower)이 아니라고 생각하기 때문이다. 에머슨*(미국의 사상가)은 "도덕은 세상의 전부"(All the world is moral.)라고 말했다. "만일 부주의하게 제초기를 밟는다면 그 손잡이 부분이 당신의 얼굴을 강타할 것이다"라는 말에 녹아 있는 의미도 도덕이다.

한 세대는 고결하고 덕 있는 길을 걸어간다. 그러면 그 다음 세대는 입으로만 그 오래된 미덕을 칭송하면서 행동으로는 옮기지 않을 가능성이 크다. 현존하는 미국인들 가운데 가장 나이 많은 세대들은 대공황을 기억할 것이다. 그들은 좀처럼 빚을 지지 않았고 열심히 저축하면서 미국을 지구상에서 가장 강력한 국가로 만들어놓았다. 자녀들은 여전히 부모들의 얘기를 하면서도 부모들과 다른 방향으로 걸어가려고 한다. 그러면 그들의 손자 손녀들은 어떻겠는가? 이 신세대들은 할아버지 할머니 세대의 미덕이나 그들의 손자 손녀들의 미래를 거의 고려하지 않는 것처럼 보인다. 그들은 죽은 이들의 지혜를 무시하며 아직 태어나지 않은 미래 세대들에게 빚을 잔뜩 떠안기고 있다.

기본을 지키는 투자자들

본질주의(essentialism)라는 단어는 철학의 한 이상한 변종을 묘사하는 데 사용되어왔다. 하지만 아무도 그 의미를 정확하게 이해하지 못하기 때문에 종종 우리는 그 단어를 우리 자신을 위해 사용했다. 비록 그 용어는 시장을 연구하는 데서 파생된 주의이지만 우리의 여생에 적용되고 있다.

본질주의의 기초는 지식이 아닌 무지(ignorance)다. 무지는 금융 세상을 지배한다. 또한 나머지 세상도 역시 무지가 지배한다. 당신은 어떤 행동이 이로운 결과를 낳을지 아니면 그렇지 않을지 절대로 알 수 없다. 또 주식이 오를지 내릴지도 절대로 알 수 없다. 10년 뒤는 물론이고 한 시간 후에 원유 가격이 얼마일지도 알지 못한다. 당신은 제너럴모터스가 10년 후에도 계속 사업을 하고 있을지 알지 못한다. 당신은 과거의 대부분을 모르며 현재에 대해서는 아주 조금 알고 미래에 대해서는 아무것도 모른다.

만일 당신이 별로 아는 것이 없다면 무엇을 하겠는가? 당신은 매우 겸손해질 것이다. 그리고 본질로 돌아간다. 당신은 자신이 아는 것에 초점을 맞추고 스스로 통제할 수 있는 것에 집중할 것이다. 규칙을 따르는 것이다.

본질주의는 겸손을 최고의 미덕으로 숭배한다. 여러분의 저자들은 너무 겸손해서 본질주의에 대해서는 비교적 거만한 편이다. 아무도 우리보다 겸손하지 못하다.

하지만 당신의 무지에 대한 겸손한 인식은 여전히 당신에게 의사 결정의 문제를 남겨둔다.

아마 당신은 전통이나 역사적 교훈 그리고 지난 세대들의 지혜 등 본질적인 규칙에 의존할 것이다. 투자 세계에서는 "싸게 사서 비싸게 팔아라"는 규칙을 따르면 된다. 이 규칙은 어느 투자자들에게나 적용되는 것이다. 비싸게 사서 더 비싸게 파는 것은 "투기"(speculation)라는 다른 성격의 게임이다. 만일 당신이 그것을 즐기고 싶다면 그렇게 해라. 하지만 그것은 진정한 투자가 아니다.

본질적인 투자자인 워렌 버핏은 당신에게 "적당한 가격에 위대한 기업들의 주식을 사라"라고 말한다. 우리는 그와 의견이 다르지 않다. 물론 그런 기회를 찾는 것은 어려운 일이다. 하지만 거기에는 또 다른 기초적인 원칙이 있다. 즉 당신은 공짜로는 아무것도 얻을 수 없다.

일반적으로 당신은 시장에서 당신이 기대한 것이 아니라 당신이 얻을 만한 것을 얻는다. 규칙을 따르고 인내심과 원칙을 가지고 열심히 노력하면 대개 좋은 결과를 얻는다. 무모한 투기 거래나 분수에 넘치는 지출, 광적인 거래는 일반적으로 투자자들에게 힘든 일을 가져다줄 것이다.

여전히 구전으로 전해져오는 본질주의자의 입문서 한 귀퉁이에는 독자들이 개인적으로 무엇인가를 지나치게 신뢰해서는 안 되며 공공연히 너무 냉소적이어서도 안 된다고 경고하는 내용이 있다. 본질주의자들은 개인 사생활을 훌륭하게 유지한다. 그들은 괴테의 표현대로 전 세계를 깨끗하게 만들고 싶다는 희망으로 "그들의 집 앞 계단을 청소한다." 본질주의자들은 제국의 건설자들이 아니다. 적어도 대중적인 제국의 건설자들은 아니다. 대신 그들은 다른 사람들의 자발적인 도움과 행운으로 그들만의 작은 제국을 건설한다. 본질주의자들은 지나칠 정도로 심각하지는 않다. 그들은 자신의 일에 신경을 집중하고 최선을 다한다. 신문을 읽으면서 멍청하게 바라보고 이따금씩 낄낄거리며 웃기만 한다. 본질주의자들은 그들의 투자 성적이 좋지 않더라도 크게 신경 쓰지 않는다. 그들이 올바르게 투자했고 최선을 다했다면 그 결과는 이미 그들의 손을 떠났다는 것을 알고 있기 때문이다.

사업과 투자에서 본질주의자들은 대중적인 지식이 아닌 개인적인 지식을 바탕으로 움직인다. 그들은 회사를 사지 주식을 사지 않는다. 그들은 내부자 정보를 바탕으로 거래를 하지 대중적인 정보를 바탕으로 거래하지 않는다.

그들은 터무니없는 가격이 아닌 좋은 가격의 자산을 매입한다. 즉 5~10배 사이의 낮은 주가수익비율(PER)을 가진 주식들을 매수한다. 본질주의자들은 TV를 끄고 자신의 눈과 귀를 그리고 경험과 추리력을 믿는다. 그들은 지금까지 오직 자신들의 머리만을 믿고 있다. 본질주의자들은 다른 사람들과 마찬가지로 감정에 쉽게 흔들리고 대중적 정서에 쉽게 영향을 받는다는 것을 알고 있다.

이것은 과장된 얘기가 아니다. 또 구세주적인 것도 아니다. 이로 인해 기적이 일어난다는 보장도 없다. 하지만 적어도 사태를 더욱 악화시키지는 않으며 당신의 돈과 존엄성을 손상되지 않게 해줄 것이다.

자본 이익의 신화

주택시장과 주식시장의 자본 이익은 사기행위이다. 집값이 비싸진다고 그로 인해 보다 많은 수입이 들어오는 것은 아니다. 그 집의 유용성에는 변화가 없다. 당신은 미국 내 모든 집의 가격을 두 배로 만들 수 있지만 미국인들이 그들의 집을 외국인들에게 팔지 않는 이상 한 푼도 더 벌지는 못한다.

집의 가치는 상승할 수가 없다. 다만 가격이 오를 수 있을 뿐이다.

하지만 우리의 투자는 어떠한가? 주식이나 채권 혹은 금화 가치가 두 배로 뛰었다고 가정해보자. 그렇다고 무엇이 달라지는가? 여기서 다시 우리는 비정상적으로 널리 퍼져 있는 망상과 착각들을 둘러싸고 있는 안개 속을 들여다본다. 그리고 너무 놀라운 모습을 발견한다. 수백만 명에 이르는 전 세계의 투자자와 펀드매니저, 애널리스트, 브로커, 전략가, 투기적 거래자 그리고 도박꾼은 땀에 흠뻑 젖어 매일같이 가격이 상승할 투자 대상을 찾으려 노력하고 있다. 하지만 그것이 무슨 변화를 가져오는가? 아무것도 없다. 물론

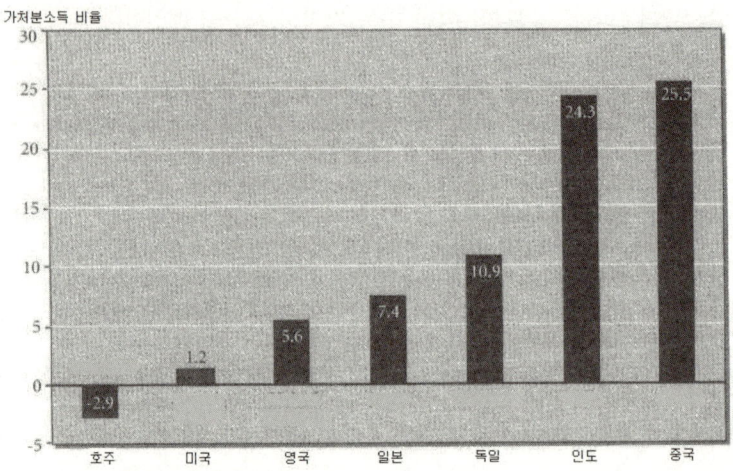

표 16.1 세계 각국의 개인 저축률

미국 주식과 부동산 투자에서 성과를 만들어낸 미덕들은 오늘날 해외에서 발견할 수 있다. 마치 이 미덕들이 해외로 아웃소싱된 것 같다. 당신은 여전히 그 미덕들을 보고 있다. 그러나 그 미덕들은 이제 중국, 일본, 인도의 여권을 가지고 그들의 액센트로 여행하고 있다.   자료 : OECD

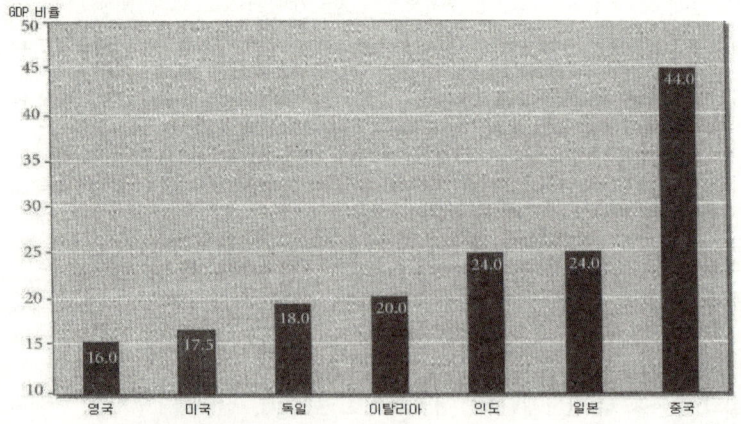

표 16.2 세계 각국의 자본투자율

자료: World Bank, BEA

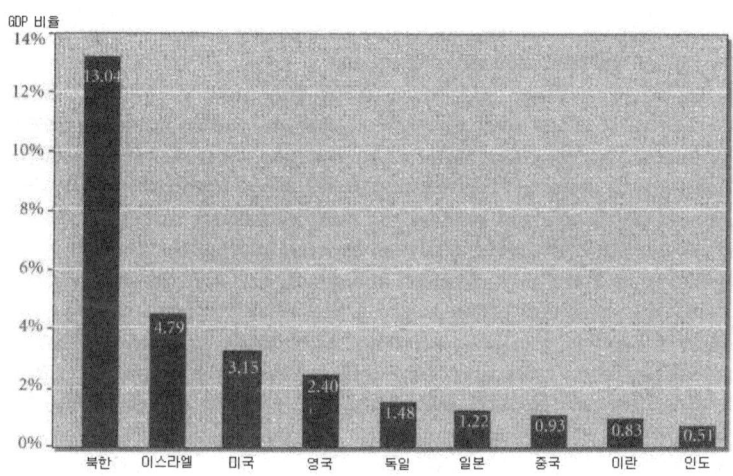

표 16.3 세계 각국의 GDP 중 군사비 지출 비율
자료: CIA World Factbook

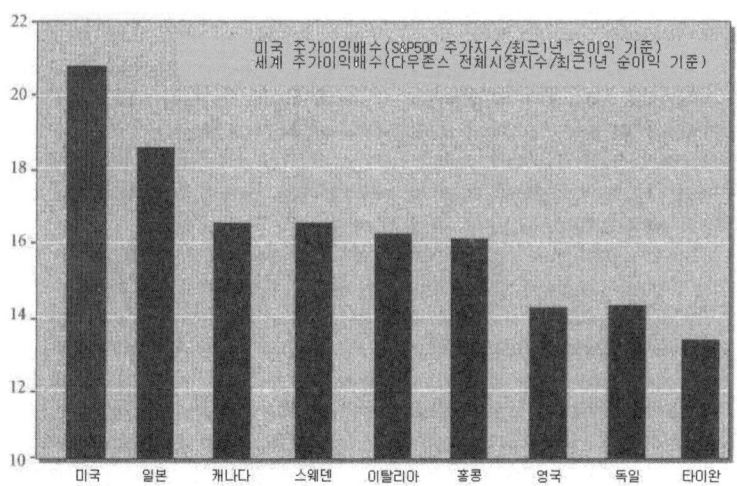

표 16.4 세계 각국의 P/E
자료: Dow Jones, Standard & Poors

개인적으로는 차이가 난다. 만일 당신이 많은 봉제 인형들을 수집하고 있는데 운이 좋게도 전국적으로 봉제 인형을 사들이는 대유행이 일어나 그 인형 가격이 해마다 두 배로 상승한다고 가정해보자. 사람들은 당신의 봉제 인형에 대한 대가로 보다 많은 돈을 지불할 것이다. 돈은 다른 사람들의 주머니에서 당신의 주머니로 이동한다.

당신은 부유해진다. 그 인형을 구매한 사람도 자신이 가난해진다고 생각하지 않는다. 그는 단지 부의 형태를 다른 것으로 교환한 것뿐이라고 생각한다. 그리고 당신도 마찬가지이다. 이제 그는 달러 대신 인형들을 소유하고 있다. 그는 그 인형들의 가격이 올라 그에게 보다 많은 부를 가져다줄 것으로 생각한다. 반면 당신은 지폐인 달러를 받는 대신 부를 증식시켜주는 인형들을 포기한 것이다.

이를 매수자와 매도자를 포함한 하나의 그룹으로 보면 아무것도 변한 게 없다. 사람들은 여전히 같은 숫자의 봉제 인형을 그리고 같은 금액의 돈을 갖고 있다. 거시경제학적인 수준에서 보면 일어난 일이라고는 사람들의 선호도가 변했다는 것뿐이다. 즉 지금 사람들은 돈을 주고 살 수 있는 그 어떤 것보다 봉제 인형을 선호하고 있는 것이다. 포괄적으로 보면 사람들은 단 한 푼도 부유해지지 않고 있다. 그들은 단지 돈을 한 사람의 주머니에서 다른 사람의 주머니로 이동시키고 있을 뿐이다.

채권, 금, 부동산 모두 마찬가지이다. 가격의 상승은 사람들을 부유하게 만들지 않는다. 그것은 단지 일부 몇몇 사람들만을 상대적으로 부유하게 만드는데 사람들은 온통 그것에만 관심을 가진다. 하지만 이런 모든 거래는 돈을 이리저리로 이동시키는 것 외에 다른 역할을 하지 못한다. 대체적으로 한 개인(혹은 일반 투자자)은 이런 것들에 투자함으로써 부유해지기를 기대할 수 없다. 이런 투자들은 단지 돈을 저축하거나 돈을 잠시 넣어두는 수단일 뿐이다. 채권은 이자가 붙어서 되돌아오는 대출에 불과하다. 그 이자는 실질적인 이익이다. 그것은 돈을 빌려주는 사람을 부유하게 만든다. 돈을 빌려주는 사람은 원래의 자본에다 추가로 이익을 얻는다. 부동산 역시 그 소유주에게 임대금의 형태로 배당금을 지급할 수 있다. 그리고 이런 배당금 역시 자본 이득 없이 그를 부유하게 만들어준다. 반면 금은 전혀 다르다. 금은 아무런 배당금 같은 것을 생산하지 못하기 때문에 사람들을 절대로 부유하게 만들 수 없다. 반면 금은 보유 수단으로서 그리고 부의 저장 수단으로서 필적할 만한 상대가 없다. 우리는 곧 이를 따로 떼어놓고 살펴볼 것이다.

주식 역시 다르다. 그것은 한 회사 수익의 일부 몫을 청구할 수 있는 권리이다. 만일 회사의 수입이 증가한다면 그 주식의 실질 가치도 증가한다. 하지만 그 회사가 보다 많은 돈을 벌지 못한다면 무슨 일이 일어나는가? 그럼에도 불구하고 주가가 오른다면 무슨 일이 일어날까? 주식시장이 오르고 투자자들이 보다 높은 주가에 베팅을 할 때 무슨 일이 일어날까? 주식시장이 오르니까 투자자들 모두가 부자가 되는 것은 아닐까? 글쎄, 뭐라고 말할 수가 없다. 투자자들은 주식을 가지고 있지 않은 사람들에 비해서는 부유해진다. 사회는 단지 봉제 인형의 사례에서 그랬듯이 사람들의 선호도가 바뀌었을 뿐이다. 거시적으로 모든 사람을 합쳐놓고 보았을 때, 그들은 단 한 푼도 얻지 못한다.

많은 사람들이 주식과 부동산을 보유하고 있으므로 가격 상승은 소비자 물가 인플레이션과 마찬가지로 전체 사회로 퍼져서 일반 주택 소유자나 주식 보유자들은 그다지 부유해지지 못한다. 그들은 주식을 이익을 내고 팔 수 있지만 다른 주식을 더 비싼 가격에 다시 사야 한다. 마찬가지로 그들은 집을 자신들이 지불했던 것보다 많은 돈을 받고 팔 수 있지만 여전히 살기 위한 집이 필요하다. 그리고 그 집은 그들에게 더 많은 돈을 요구할 것이다.

왜 어떤 세대는 1달러의 수익을 위해 5달러를 투자하기를 원하는 반면 다음 세대는 최대 30달러까지 지불하려 하는지에 대해서 특별한 이유는 없다. 이런 선호도의 변화는 투자자들의 선호도가 변함에 따라 같이 움직인다. 투자자들은 어떤 경우 확신을 가지고 강세의견을 갖지만 또 어떤 경우에는 두려워하고 우울해하기도 한다. 주식시장의 역사는 15년에서 20년의 기간 동안 자본 이익이 증가했다가 다시 줄어드는 센티멘트의 오랜 변화의 과정이다. 1930년대와 1940년대, 투자자들은 5배에서 10배 사이의 PER를 가진 주식을 매수할 수가 있었다. 1960년대에 투자자들은 같은 주식을 매수할 때 과거보다 2~3배 가격을 지불해야 했다. 1970년대에 접어들어서는, 투자자들의 심리가 다시 바뀌었다. 투자자들은 리스크와 보상의 관계에 보다 무게를 두었고 주가가 하락하는 쪽으로 베팅을 했다. 1980년대 후반 주식은 다시 5~10배의 PER에 거래되었다. 그리고는 그들의 심리가 다시 움직였다. 자본이익이 화려하게 돌아왔고 주가는 이후 18년 동안 상승했다. 미국 주식의 PER는 20배에서 30배에 이르렀지만 투자자들은 이런 자본 이익이 단지 순환적인 것에 불과하다는 생각 대신 영원할 것이라는 생각을 가졌다.

자본이익은 왔다가 사라진다. 그것은 전체 사회를 부유하게 만들지 않는다. 다만 우연히 자본이익을 얻은 사람들 중에 대부분이 그 이익이 영원히 지속될 것이라고 확신하는 순간 주식을 파는 영리한 사람들만이 부유해질 수 있다.

파괴적인 투자(Subversive Investing)

군중을 따르고 시장의 집단적인 분위기를 따르는 투자자는 한 푼도 벌 수 없다. 그는 다른 모든 사람이 얻는 것만을 얻게 될 것이다. 대신 군중들의 의지를 뒤엎고 압도적인 분위기에 반대로 가는 역투자가만이 돈을 벌 수 있다.

어떤 식으로든 시장은 항상 우리를 놀라게 만들어야만 한다. 만일 시장이 그렇지 못하다면 시장이 존재하는 이유가 무엇이겠는가? 시장에서 어떤 사람은 자산 가격이 오를 것이라고 믿고 다른 사람은 그 가격이 하락할 것이라고 생각하기 때문에 사람들이 자산을 서로 거래한다. 최소한 그들 가운데 절반은 놀라야만 한다는 얘기다. 게다가, 만일 거래자들이 어떤 일이 일어날지를 안다면 그들은 절대로 거래나 흥정을 할 필요가 없고 위험을 부담할 이유도 없다.

보다 많은 사람들이 같은 것을 믿게 될수록, 사람들은 반드시 더 많이 놀라게 된다. 왜냐하면 사람들이 점점 더 스스로에 대해 확신할수록, 배당률은 그들에게 불리한 쪽으로 기울기 때문이다. 이로 인해 반대편에 선 사람이 유리해진다. 이는 마치 경마에서 이긴 말에 건 사람들에게 수수료를 제하고 건 돈 전부를 나누어 주는 것과 같다. 어떤 말이 이기든 상관없이 돈(수수료)을 벌게 된다. 사람들은 어떤 말이 이길지 알지 못한다. 따라서 어떤 말에 베팅할지에 대한 결정적인 요인은 말의 능력이 아닌 배당률이 되어버린다. 인기마는 그 말이 가장 덜 선호되었을 때, 즉 그 말이 우승했을 때 제일 많은 사람들이 놀라게 될 때 가장 두둑한 배당금을 쏟아낸다. 그리고 그 말이 실제의 우승 확률에 안 어울리게 많이 선호되어 배당률이 낮아진다면 당신은 그 인기마가 우승할 것이라고 생각하면서도 정작 돈은 다른 말에 걸게 된다.

시장의 어떤 변화에 많은 사람들이 놀랄수록 역투자가들은 더 많은 돈을 벌게 된다. 이것은 그가 내일자 <월스트리트 저널>을 옆구리에 끼고 있기 때문이 아니다. 또 그가 별자리를 통해 앞일을 예상할 수 있기 때문도 아니다. 역투자가는 단지 다른 동료들에 비해 보다 나은 결정을 내렸기 때문이다. 그는 사람들은 모여들수록 서로의 감정을 보다 확대시키고 강화시켜서 배당률을 떨어뜨리는 경향이 있다는 것을 알고 있다.

설문 조사 결과들은 전문 투자가들이나 아마추어 투자가들 모두 현재 지나친 강세 의견을 갖고 있다는 것을 보여주고 있다. 이것은 느낌이지 사고나 생각이 아니다. 그들은 당신에게 왜 주식이 올라가야만 하는지에 대한 이유를 늘어놓을 수 있다. 반면 약세장의 느낌을 갖고 있는 사람 역시 충분히 훌륭하고 적절한 그만의 이유를 갖고 있을 것이다. 이런 이유들이 시장에서 사람들을 균형 있게 만들어준다. 시장을 움직이는 것은 느낌들이다. 배의 바닥에 고여 있는 물처럼, 그 느낌들은 짧고 긴 순환 주기로 출렁이는 경향이 있다. 그리고 결국에는 그 배의 바닥에 고여 있는 물들이 배가 가라앉지 않게 균형을 잡아주듯이 그 느낌들은 우리에게 평균의 수익을 가져다준다.

같다는 것은, 의견이 일치한다는 것은 집단적인 행동의 모든 분야에서 진실이다. 군중은 실질적인 사고나 분석을 할 수 없다. 군중은 개인적인 정보나 내부자 정보를 가지고 있지 않다. 투자자 집단이 어떤 주식을 하루는 10배의 PER 가치가 있는 것으로 간주하고 2년 뒤에는 20배의 PER 가치가 있다고 간주하는 것은 논리적이고 객관적인 추론에 의한 것이 아니다. 또한 한 세대가 공화국 형태의 정부를 선호하고 그 다음 세대가 독재자나 제국에 기꺼이 동의하는 것 역시 논리적인 사고에 의한 것은 아니다.

자연적인 성향은 사람들을 그 당시의 압도적인 분위기에 따르게 만들면서 그 분위기를 과장한다. 그리고 이것은 인기마나 인기 주식 종목, 혹은 선호되는 정치적 결론을 지나치게 고평가시키는 환경을 만들어낸다. 그리고 나면 그 거래의 반대쪽에 기회가 생기는데 이 기회는 공격적인 역투자자들만이 잡을 수 있다.

전쟁터만큼 역투자적인 사고가 덜 환영받고 보다 위험하게 여겨지는 곳도 없다. 어떤 부대가 공격에 나설 때는 반드시 일제히 움직여야 한다. 모든 부대원은 전체 행동을 위해 그리고 성공의 희망을 위해 자신의 생존을 위한 생각을 비롯해 모든 개인적인 생각은 포기해야 한다. 만일 그가 꾀병을 부린다거나 멈칫한다면 그의 생존 가능성은 높아질지 모르지만 소속 부대의 공격력은 약해질 것이다. 이것이 바로 전시에 겁을 먹거나 태만할 경우 매우 심하게 처벌받는 이유이다. 제2차 세계대전 도중, 스탈린그라드에서 마샬 추이코프(Marshal Chuikov)가 도시 방어 임무를 맡았을 때 그가 가장 먼저 취한 행동은(적어도 기록상으로는 그렇게 전해지고 있다) 최근 전투에서 태도가 불량했던 병사들을 일렬로 세워놓고 10명에 한 명씩 총살시킨 것이었다. 이 고대의 전통은 로마시대 이래로 사용되지 않았던 것이었다.

제1차 세계대전 중 한 프랑스 병사는 가족에게 보내는 편지에서 자신이 속한 부대가 어떻게 성공 가능성이 거의 없는 임무를 맡게 되었는지를 설명했다. 그들은 적군과 아군 사이의 무인 완충 지대를 넘어 독일군 진지를 공격하라는 명령을 받았다. 그들과 독일군 사이에는 견고한 철조망이 설치되어 있었다. 그들은 과거의 경험으로 그들이 철조망을 뛰어넘어 그 임무를 달성하지 못할 것이라는 것을 알고 있었다.

그곳의 장교들은 지금 그들의 상황이 거의 희망이 없다는 내용을 담은 필사적인 메시지를 그들의 지휘관들에게 보냈다. 그들은 설명과 확인을 요청했다. "정말 우리들로 하여금 그 공격을 단행하라는 말입니까?" 하지만 확언의 답장이 돌아왔다. 장교들과 병사들은 항명하지 않았다. 그들은 대신 가족들에게 작별 편지를 썼고 명령대로 사지를 향해 떠났다.

만일 반대 의견을 가진 병사가 있었다면 자신의 목숨을 구하기 위한 시도를 했을지도 모른다. 그는 부상을 당한 것처럼 행동했을지도 모른다. 또 진지를 떠나지 않았을지도 모른다. 아니면 전쟁을 피하기 위해 스스로에게 치명적이지 않은 상처를 일부러 입혔을지도 모른다. 하지만 이런 행동들이 어쩌면 그들이 취할 수 있던 유일한 이성적인 이기주의적 선택이었음에도 불구하고 그렇게 한 병사들은 거의 없었다.

제1차 세계대전 중에는 손에 총탄 상처를 내는 것이 유행이었다. 군인들은 운이 좋게도 손에 총을 맞은 친구들에게 "집으로 갈 수 있는 티켓을 얻었네"라고 말했다. 전쟁에 참가했다는 영예와 멀쩡한 정신 그리고 비교적 온전한 몸으로 자신의 개인생활로 돌아갈 수 있는 그들을 모든 이들이 부러워했고 시기했다. 하지만 얼마 지나지 않아 손에 부상을 입은 병사들은 스스로 그렇게 만든 것이 아니냐는 의심을 받게 되었다. 의사들은 그 상처가 화약에 의한 단순 화상인지를 검사했고 만일 스스로 입힌 상처라는 것이 들통 난 병사들은 안타깝게도 처형을 당했다. 하지만 곧 영리한 병사들은 적군에 의한 상처로 보일 수 있는 새로운 방법을 찾아냈다.

전쟁은 집단적 행동 가운데 비극적인 예에 해당한다. 의무 불이행이나 태만은 불명예스러운 것으로 간주되었고 그에 대한 처벌은 죽음이었다. 반면 시장은 희극이다. 당신은 언제든지 진지에 작별 인사를 하고 떠날 수 있다.

어떤 무리가 그들 자신과 그들의 목적에 더욱 매달릴수록 다수의 견해를 따르지 않고 반대로 움직이는 사람들이 차지할 이점은 더 많아진다. 전쟁터에서는 이같은 사람들이 동료들이 죽어가는 동안 목숨을 유지할 것이며 시장에서는 대형 거래에 나서는 사람들이 돈을 잃는 동안 반대쪽에 거래하는 사람은 돈을 벌 것이다.

금의 힘

제임스 슈로위키*(James Surowiecki, 미국의 저명한 컬럼니스트)는 <뉴요커>에 금에 대해 현명하면서도 바보 같은 글을 쓴 적이 있다. 그의 지혜는 금이나 지폐 모두 진정한 "부"가 아닌 단지 상대적인 수단에 불과하다는 견해를 바탕으로 하고 있다.

그는 "금이든 아니든 우리는 항상 허공을 달릴 뿐이다"면서 "당신은 만일 다른 사람들이 당신이 부자라는 것에 동의하지 않는다면 부자가 될 수 없

다"고 말했다.[1]

즉, 금 1온스 당 450달러를 보장해준다는 법은 없다. 금값은 조지 W. 부시 대통령이 집권했을 당시처럼 온스 당 266달러에 거래될 수도 있다. 그 이후로 금에 투자한 사람들은 70%의 수익률을 거두고 있다.

하지만 금은 바로 어제 태어나거나 4년 전에 태어난 것도 아니다. 슈로위키는 이 금속이 지금 현재를 갖고 있는 것처럼 역시 과거도 갖고 있다는 점에 주목했다. 그는 머리를 돌려 4반세기 전을 뒤돌아보았다. 그는 그 기간 동안 이 노란색 금속이 부를 저장하는 수단으로 그다지 각광받지 못했다는 점을 지적한다. 결과적으로 그는 종이로 된 달러와 금으로 된 주화 사이에 아무런 차이점이 없다는 것을 발견한다. 마찬가지로 금값 강세 시기와 기술주들의 버블 사이에도 차이점이 없다.

그는 이렇게 생각한다. "결국, 금에 대한 신뢰나 믿음은 1달러라는 글자가 인쇄되어 있는 종이조각에 대한 우리의 신뢰와 아무런 차이가 없다. 그리고 당신이 금을 사는 것은 지난 1990년대 말에 닷컴 투자자들이 그랬던 것처럼 집단적인 망상에 참가하는 것이다."

하지만 그가 조금 더 뒤를 바라보려 하지 않은 것은 안타까운 일이며 이것이 바로 바보 같은 부분이다. 슈로위키는 금의 과거 가운데 일부분만을 보았을 뿐, 충분히 많은 부분을 보지 못했다. 금과 지폐 모두 역사를 가지고 있지만 금의 역사가 훨씬 더 길다. 금과 달러 모두 미래를 가지고 있다. 하지만 마찬가지로 금이 더 많은 미래를 가지고 있을 가능성이 크다. 그리고 이것은 중요한 부분이다.

"크라수스만큼 부자"라는 표현은 유래가 오래 전으로 거슬러 올라간다. 리디아의 유명한 왕 크라수스(Crassus)는 오늘날까지도 엄청난 재산으로 기억되고 있다. 크라수스는 달러 지폐 뭉치들이 없었기 때문에 부유하지 않았을지 모른다. 하지만 그는 대신 그의 부를 금으로 간직했다. 아무도 "크라수스만큼 가난하다"라고 말하지는 않는다. 아울러 우리는 독립전쟁 기간 중 미국의 지폐를 가리켜 "한 푼의 가치도 없는"(not worth Continental)이라는 표현도 사용했다. 우리는 절대로 "not worth Krugerrand"*(크루거란드, 남아프리카 공화국의 1온스 금화)라는 표현은 들어보지 못했다.

마찬가지로 예수가 "카이사르의 것은 카이사르에게로"라고 말했을 때도 그는 종이 화폐가 아닌 금이나 은으로 만들어진 디나리우스를 언급했다. 그 동전은 오늘날 미국의 화폐에 링컨이나 워싱턴, 잭슨의 얼굴이 새겨져 있듯이 카이사르의 이미지가 그려져 있었다. 당시에는 죽은 대통령들이 금빛으로 빛나고 있었다. 심지어 오늘날까지 금으로 된 디나리우스는 카이사르가 갈리아를 점령했을 때와 비슷한 가치를 갖고 있다. 하지만 특별한 종이에 죽은 대통령의 이미지를 녹색 잉크로 프린트한 미국 달러화는 매년 2~5% 가량 구매력을 잃고 있다. 그렇다면 지금으로부터 2000년 뒤에 그 달러화의 가치는 어떨 것이라고 생각하는가?

예수가 나타나기 몇 년 전 로마에서 부동산 투기로 돈을 모은 크라수스는 동 로마를 밀어내기 위해 군대를 집결시키기로 결정했다. 하지만 그런 계획은 항상 뜻하지 않은 사고에 부딪히기 마련이다. 크라수스의 시도도 예외는 아니었다. 그는 파르티아 인들에게 붙잡혔고 아주 잔인하고 비용이 많이 드는 방법으로 죽임을 당했다. 파르티아 인들은 그의 목에 종이 화폐를 쑤셔 넣은 게 아니라 녹인 금을 쏟아부어 죽게 했다.

금은 오랜 역사를 가지고 있다. 그 역사 동안 인간들은 금을 다른 형태의 돈으로 대체하기 위해 여러 차례 시도해왔다. 그 다른 형태들이 보다 편리하고 보다 현대적이며 무엇보다 다루기 쉬울 것이라고 생각했다. 금은 발견하기도 어려울 뿐 아니라 캐내는 것도 만만치 않다. 또 지구상에 존재하는 금의 양도 항상 제한되어 있다.

반면 지폐는 저항할 수 없는 가능성을 제공한다. 프랑스 혁명 때 정부가 발행한 아시냐 지폐에서부터 폴란드 화폐 단위인 즐로티까지 지폐의 종류도 많고 황제 자주색부터 맥주거품 갈색까지 그 색깔들도 화려하다. 하지만 종이돈의 역사는 짧고 예상이 가능하다. 인쇄 기술의 발달로 신권 지폐는 거의 무시할 수 있는 정도의 원가에 발행할 수 있다. 뿐만 아니라 화폐의 공급량을 늘리는 데에도 단지 숫자 0 하나만 더 붙이면 되는 등 많은 비용이 들어가지 않는다. 0을 더 붙이는 것은 눈에 확 들어올지는 모르지만 그 종이의 가치가 더해지는 것은 아니다.

여전히, 아무 가치도 없는 종이조각으로 무엇인가를 얻을 수 있다는 유혹은 너무 강력해서 항상 저항하기가 힘들 정도다. 그것이 바로 금본위제 지지자들을 짜증나게 만들고 있다. 그래서 금본위자들은 항상 "세상에 공짜 점심은 없다"라는 말을 입에 달고 산다. 그리고 이 말은 대부분의 사람들에게 큰 실망감으로 다가온다.

거의 무비용으로 돈을 찍어낼 수 있게 된 이후로, 아무도 지나치게 돈을 찍어내는 것에 저항하지 않았다. 어떤 종이 화폐도 매우 오랜 기간 동안 그 자체 가치를 유지한 적이 없다. 대부분이 몇 년 안에 못 쓰게 된다. 물론 그 중 일부는 오래 가기도 한다. 지금까지 가장 성공적인 화폐로 꼽히는 미국 달러화와 영국 파운드화는 지난 세기 동안 각각 가치를 95% 이상 상실했다. 이 사실은 특히 주목할 만하다. 그 두 통화 모두 법과 관습에 의해 지난 세기 동안 대부분 금에 연계되어 있었기 때문이다. 달러는 34년 전까지만 해도 금과 연계되어 있었다.

일부 지폐들은 거의 방심 상태에서 파멸을 맞았고 어떤 것들은 일부러 그렇게 되기도 했다. 하지만 어쨌든 결국은 모두 사라진다. 반면, 지금까지 만들어진 모든 금화들은 오늘날까지 여전히 귀한 가치가 있다. 그리고 대부분이 그들이 처음 주조되었을 때보다 많은 실제 가치를 갖고 있다.

전 세계 중앙 은행장들은 2005년 초 중앙은행들 가운데 70%가 외환 보유액 가운데 유로화의 비중을 늘리고 있다고 발표했다. 전 세계의 과거 및 현재의 보유 통화인 달러는 준비금이나 적립금을 증가시키지는 않고 대신 의혹만 증폭시키고 있는 것으로 보인다. 우리 역시 달러에 대해 의혹들을 가지고 있다. 비록 달러화가 당장 오늘이나 내일은 가치가 있다고 하더라도 결국에는 그 가치가 하락할 수밖에 없다는 것을 확신하고 있다. 아직 쓸모없는 것으로 간주되지 않고 있다는 것이 놀라울 뿐이다. 일반 달러는 전자 정보 기술에 지나지 않는다. 달러는 달러의 진로를 추적하는 디지털 기술 덕분에 존재하고 있다. 지금까지 비교적 적은 위조지폐들이 만들어졌고 그 가운데 대부분이 러시아의 마약 딜러나 아프리카 정치인들의 주머니로 들어갔다. 사람들의 계정에 있는 대부분의 달러는 죽은 대통령 이미지에 호의를 가져다 주지 못하고 있다. 종말이 오면 그 달러 지폐들은 불을 붙이는 데조차 쓸모없는 취급을 받을 것이다.

달러를 계속해서 유용하게 만드는 것은 제국의 자만심이다. 그리고 그 달러를 쓸모없게 만들 것도 역시 제국의 자만심이다. 경제학자들은 그들이 통제할 수 있는 돈을 원한다. 중앙 은행가들은 그들이 가치를 떨어뜨릴 수 있는 돈을 원한다. 그리고 정치인들은 돈에 그들의 얼굴을 넣고 싶어한다.

금이 갖고 있는 문제는 그것이 세계 개발자나 제국 건설자들, 자선가인 체하는 사람들에게 등을 돌리고 있다는 것이다. 그것은 중앙은행이 활성화시킬 수 있는 성격의 돈이 아니고 아울러 그 누구도 금을 가치 없게 만들 수도 없다. 금은 오직 유형적인 형태로 존재하고 동시에 원소 주기표 상에도 있는 금속이다. 경제학자들은 "금도 다른 종류의 돈과 마찬가지로 가치가 오르기도 하고 하락하기도 한다"고 말한다. 그것은 사실이다. 투기적 거래자들은 "당신은 금이 아닌 다른 방법으로 인플레이션으로부터 당신을 보호할 수 있다"고 말한다. 이것 역시 사실이다. 투자자들은 이렇게 말한다. "금은 배당금이나 이자를 주지 않는다."

또한 금은 대머리를 치료해주거나 당신의 성적 능력을 키워주지도 않는다. 돈으로서 금은 완벽하지 않을지 모른다. 하지만 금은 다른 어떤 것보다 나은 돈이다.

금은 미국 달러화가 만들어지기 몇백만 년 전부터 돌아다녔다. 그리고 금은 10억 년 후에도 계속해서 돌아다닐지 모른다. 이런 장수는 본질적으로는 대단한 장점이 아니다. 그것은 마치 당신의 수명보다 오래 가는 정장을 구입하는 것과 같다. 그것은 별로 의미가 없다. 하지만 금이 장수하는 이유는 금이 돈으로서 갖는 위대한 미덕 때문이다. 금은 자력으로 활동할 수 없는 존재이지만 기술이나 자만심에 굴복하지 않는다.

세계 개발자들은 항상 우리와 함께 할 것이다. 그들은 그들이 가진 것 이상을 지출할 것이고 다른 사람들의 보스가 되어 다른 사람들을 부려먹을 것이다. 또 그들은 대개 세상을 더욱 살기 나쁘게 만들 것이다. 그들은 토머스 L. 프리드먼과 같은 제안들을 내놓을 것이다. 금이 멋진 또 다른 이유는 금이 너무 둔감하다는 것이다. 웃거나 칭찬하지도 않는다. 금은 어떤 중앙은행도 마음대로 할 수 없고 아무도 파멸시킬 수 없는 화폐이다.

지폐는 세계 개발자들에게 하나의 유용하고 편리한 도구이다. 세계 개발자들은 자신들이 바라는 것을 위해 지폐를 마치 정치인들이 공공 서비스 부문 일자리를 이용하듯이 그리고 장군들이 장거리 폭격기를 이용하듯이 이용한다. 그들이 가진 공상이 아무리 김이 빠진 것일지라도 그것을 추구하기 위해서는 돈이 필요하다. 만일 그들에게 충분한 돈이 주어진다면, 가난한 사람들에게는 먹을 것과 살 곳이 제공될 것이다. 중산층들에는 자유롭게 건강을 관리 받을 수 있는 프로그램과 낮은 비용의 주택 대출이 주어질 수 있다. 상류층에겐 뇌물과 후원이 주어질 것이다. 반면 적들은 공격을 당하고 조직이 와해될 것이다. 빵과 유희 그리고 전쟁, 제국적인 프로그램에는 돈이 든다.

이러한 위대한 새 프로그램들과 놀랄 만큼 훌륭한 공상들 그리고 굉장한 대중적 볼거리들을 위한 많은 돈을 어디에서 얻을 것인가? 금은 협조하기를 단호하게 거절한다. 이유조차 말해주지 않는다. 대신 금은 마치 텔레비전 앞에 있는 죽은 사람처럼 과묵하게 아무 반응을 보이지 않는다. 아무리 설득력 있는 광고에도 금은 좀처럼 동하지 않는다.

반면, 지폐는 별로 자극할 필요도 없다. 인쇄기를 돌려라. 금리를 낮춰라. 대출조건을 완화시켜라. 보다 많은 채권을 발행해라. 지폐는 그 무엇과도 함께 할 준비가 되어 있다. 조지 W. 부시와 마찬가지로 지폐는 자신이 싫어하는 쓸데없는 일과는 절대 마주치지 않는다. 그리고 머지않아 그 종이돈은 자신이 비용을 치르기로 되어 있던 프로젝트들과 함께 쓸모없게 되어버린다.

금은 단지 역투자자들이 자신을 보호하는 방법일 뿐이다.

투기

"~이다", "~이었다", "~일 것이다" 만일 모든 사물이 변하지 않는다면 동사의 시제는 필요 없을지도 모른다. 하지만 세상에 변하지 않는 것은 없다.

만일 어떤 것이 오랫동안 변하지 않는다면 투자자들은 "변화"에 별로 신경을 쓰지 않기 시작한다. 투기적 거래자들은 현재 시세에 반대로 베팅을 해서 돈을 벌 수 있다. 하지만 항상 그런 것은 아니다. 특히 현재의 추세가 최근에 생겨난 것이라면 더욱 그렇다. 그 경우, 투자자들은 여전히 과거를 기준으로 물건의 값을 정한다. 하지만 그 추세가 오랜 기간 동안 이어진다면 투자자들은 점점 그 추세가 영원할 것이라고 믿기 시작한다. 그들은 리스크와 변화를 과소평가하고 안정성을 지나치게 과대평가하는 그릇된 전제를 바탕으로 베팅을 한다.

살아있는 모든 것들은 시작과 중간 그리고 끝이 있다. 매일매일 현재의 추세가 끝나지 않고 지나간다면 그만큼 우리는 추세가 끝나는 시점과 가까워지게 된다.

경제학자인 하이만 민스키(Hyman Minsky)는 "안정성은 결국 불안정성으로 이어진다"고 말했다. 사물들이 보다 오랫동안 안정적일수록 사람들은 사물이 절대로 변하지 않을 것이라고 더욱 확신하게 된다. 낙타의 등이 꺼지지 않는 한, 사람들은 낙타의 등에 더 많은 밀짚을 쌓으려고 할 것이다.

오늘날 주택투자에 열을 올리는 사람들은 점점 더 위험해지는 포지션을 갖게 된다. 왜냐하면 사람들은 현재의 추세가 조만간 끝나지 않을 것이라고 확신하기 때문이다. 그들은 가격이 20% 떨어진 집 대신 10%가 떨어졌거나 혹은 가격이 떨어지지 않은 집을 구입한다. 그들은 한 채가 아닌 두 채의 집을 산다. 그리고 평범한 집 대신 사치스러운 집을 산다. 사람들은 겸손하게 살지 않고 제국적인 규모로 화려한 생활을 즐긴다.

하지만 점점 더 많은 사람들이 그렇게 위험한 베팅을 할수록 잊어버렸던 그 두려움이 빨리 도래한다. 무엇인가 두려운 일이 일어날 것이다. 상승하는 가격은 금융 시스템에 부담을 준다. 대출이자는 반드시 상환되어야만 한다. 대출 금액이 클수록 당연히 갚아야 하는 이자 금액도 커진다. 따라서 가계 소득이 실제로 증가하지 않는 한, 낙타의 다리가 휘청거리고 부러질 때까지 낙타의 등에는 밀짚이 계속 쌓이게 되는 것이다.

현재의 추세를 과대평가하는 경향은 심리학자인 아모스 트버스키(Amos Tversky)가 조사해온 또 하나의 현상이다. 트버스키는 투자자들의 위험에 대한 인식이 최근의 역사에 지나치게 영향을 받는다고 분석했다. 이는 투기적 거래를 촉발시키는데 보통 투자자들은 사실이 아닌 것을 믿기 때문이다. 일반 투자자들은 현명하지 못하게 주식과 집에 대한 투자가 거의 위험이 없을 거라고 가정하며 지나치게 많은 돈을 주식과 집에 쏟아붓는 부적절한 베팅을 한다. 예리하고 재빠른 투기적 거래자들은 주식과 집의 가격이 오를지 혹은 내릴지에 대해 소박한 시골 뱃사공만큼이나 아는 것이 별로 없다. 하지만 예리한 투자자들은 멍청한 일반 투자자들이 확률을 잘못 계산하고 있다는 사실을 알고 있다. 그래서 그들은 그 거래의 반대쪽 편에 선다. 순진한 플레이어들이 어쩌면 맞을지 모른다. 아마도 주식과 집값은 대부분 시간이 흐르면서 상승한다. 하지만 그것은 경마장에서 가장 인기 많은 말이 대개 1등을 한다고 말하는 것과 같다. 그것은 사실일 수 있지만 도움이 되지는 않는다. 그 인기마가 우승할 확률이 높다고 해도 100%보다는 낮다.

여기, 일반 사람들이 저지르는 실수가 또 있다. 사람들은 존재하지도 않는 사물의 의미를 찾으려고 한다. 우리는 미국 본토 사람들이 어떻게 우쭐해지고 자만하는지를 보아왔다. 왜 그들이 세상을 지배하는가? 그들은 다른 사람들보다 훌륭함에 틀림없다. 미국인들은 자신들이 어떻게 다른 이들보다 낫다는 것을 아는가? 그들은 지배자들이지 피지배자들이 아니기 때문이다. 미국인들은 그들의 행운을 단지 우연이라고 생각하지 않고 그런 행운을 설명해줄 이유를 찾는다. 미국인들은 더 영리하다. 그들은 인종적으로 더 우수하다. 그들의 종교와 문명, 문화 등 모든 것들은 보다 선진적이거나 진보에 도움이 되는 것들이다. 미국의 기후도 적당하게 온화하거나 아니면 혹독하게 난폭하다.

사람들은 어떤 사건들이 불규칙하게 일어난다는 것을 잘못 이해하고 있다. 사람들은 한 사람의 펀드 매니저가 5년 연속으로 좋은 성적을 거둔 것을 확인하고 그의 펀드에 투자를 한다. 그들은 그 펀드 매니저의 성적이 무작위적인 경우의 수에 불과하다는 것을 깨닫지 못한다. 수천 개의 펀드들 가운데 일부는 반드시 눈부신 결과를 낳게 된다. 대부분의 경우, 그 결과는 확률에 지나지 않는다. 하지만 투자자들의 잘못된 이해는 투기적 거래의 기회를 만들어준다.

이것은 마치 많은 사람들이 동전을 위로 튕기는 것을 지켜보는 것과 같다. 동전을 튕기는 10명의 사람들 가운데 어떤 한 사람이 10번 연속으로 앞면을 나오게 했다고 하자. 정상적이라면, 동전을 위로 던져서 앞면이 나올 확률은 단 50%에 불과하다. 하지만 사람들은 이 사람이 동전을 던져서 앞면이 나오게 하는 특별한 재주가 있다고 생각한다. 그래서 그들은 다시 앞면이 나올 확률에 50/50이 아닌 60/40으로 베팅을 한다. 1달러를 따기 위해 그들은 60센트를 걸어야만 한다.

약삭빠른 투기적 거래자들은 이 기회를 놓치지 않는다. 그는 10번 연속으로 동전의 앞면이 나온 것을 단지 우연이었다고 생각하고 다시 앞면이 나올 확률이 50/50이라는 것을 깨닫는다. 물론 아무도 다음 번 동전을 던져서 어느 면이 나올지를 알지는 못한다. 다만 영리한 투기적 거래자는 자신이 반드시 이번에는 뒷면이 나올 것이라는 데 베팅을 해야 한다는 것을 알고 있다. 왜냐하면 확률이 그에게 유리하기 때문이다.

주식시장의 전반적인 발전의 역사 속에서 주가는 지금까지 상승해왔다. 1929년 대폭락을 겪으면서 100포인트 부근에 있었던 다우존스산업평균지수는 현재 1만 포인트를 넘어섰다. 추세가 상승이라는 것을 누가 의심하겠는가? 하지만 소비자물가지수를 감안한 다우지수의 조정 수치는 약 500포인트 정도에 불과하다. 그리고 그 증가분 가운데 대부분이 순환적인 요인에 의한 것일 뿐이다. 어떨 때에는 주식시장에서 1달러를 버는 것이 단 5~6달러 정도의 자본 투자로 가능하기도 하다. 하지만 또 어떨 경우에는 투자자들이 1달러를 벌기 위해 20달러 이상을 투자하려 하기도 한다. 어떠한 경우라도 투기적 거래자가 주식이 오를지 혹은 내릴지를 알지는 못할 것이다. 다만 그는 다른 일반 투자자들이 현재 추세를 지나치게 과대평가하려 한다는 것을 알고 있으며 아울러 자연의 모든 것들은 언제나 평균을 향해 수렴한다는 사실을 알고 있을 뿐이다. 지난 1982년부터 2005년까지 다우지수가 1천

포인트 미만에서 1만 포인트 이상으로 상승하면서 투자자들은 추세는 무조건 위쪽이라는 것을 믿게 되었다. 앞으로 주가가 비교적 싼 수준이 될지 아니면 비교적 비싼 수준이 될지에 대한 확률은 약 50/50이다. 하지만 오늘날의 순진한 투자자들은 길거리에서 우연히 매번 동전을 던져 앞면이 나오게 만드는 사람을 만났다고 생각하고 있다. 그들은 주가가 지금보다 훨씬 더 상승할 것이라고 기대한다. 그들은 이런 생각을 바탕으로 베팅을 하고 지금 현재의 주가에는 이러한 베팅들이 반영되어 있다.

지난 100년 동안 투자자들이 1달러의 주식이익을 위해 지불했던 평균 비용은 12달러 정도였다. 오늘날 투자자들은 S&P500지수에 20달러를 지불하고 있다. 그들은 주가가 계속 오를 것이라고 믿고 있다. 그들이 틀린 것은 아니다. 가끔씩 주식은 오르기도 할 것이다. 하지만 투자자들은 그 시점이 언제일지를 찾을 기회를 위해 너무 많은 대가를 치르고 있다.

하지만 주식시장에서 실질적인 팻 테일 사건은 단지 주식가격 하락 현상 그 이상일 것이다. 주식가격은 항상 하락한다. 매우 흔치 않아서 그것이 붕괴라는 것을 투자자들이 거의 잊어버리는 일이 발생한다. 월스트리트가 붕괴될 가능성은 어느 정도일까? 아무도 모르지만 아마도 많은 투자자들이 알고 있는 것보다 훨씬 높을 것이다. 주식시장의 붕괴는 일상적인 불평들과 함께 올 것이다. 하지만 주택시장의 붕괴는 아마 더 심각할 것이다. 주택 소유자들은 집값 상승에 기대어 그들의 지불 능력을 유지해왔다. 집이 없다면, 그들은 소비를 줄이면서 지출을 줄여야만 할 것이다. 그렇게 되면 경기후퇴와 일자리 감소, 개인 파산, 모기지 담보 권리 상실 등 연준리가 그들의 명예를 손상시켜 가면서까지 피하려 노력했던 부정적인 현상들이 나타날 것이다.

우리는 이제 과거시제, 즉 아메리카 부채의 제국이 어떻게 건설되었는가를 알았다. 우리가 모르는 것은 미래시제, 즉 그것이 언제, 어떻게 끝날지이다. 제국은 우리의 목숨과 같다. 우리는 결국 우리가 죽을 것이라는 것을 알고 있다. 하지만 죽음에 대해 생각하고 싶어하지 않는다. 그러나 죽음은 당신이 항상 그에 대한 준비가 되어 있기를 바란다. 똑똑한 사람이라면 자신이 어디서 언제 죽을지는 몰라도 죽음이 다가오고 있다는 것에는 의심을 갖지 않을 것이다. 만일 영리한 사람이라면 그는 언제든 죽음에 대해 준비가 되어 있을 것이다. 마찬가지로 현명한 투자자라면 하나의 대제국이 정점을 지나는 시점에 대비하고 있을 것이다. 그런 일이 언제 일어날지는 모른다. 그리고 그런 상황이 발생하지 않는 기간이 길어질수록 그런 일은 절대로 일어나지 않을지도 모른다고 믿게 된다. 하지만 자연은 진공이나 독점을 향해 웃음짓지 않는다. 제국은 힘에 있어 독점적이다. 제국은 영원히 지속되지 않는다. 미국이라는 부채의 제국에 대해 유쾌해지고 싶지 않은 이유는 미국이 다른 어떤 제국들보다 불합리하기 때문이다. 이 말은 즉 미국이 오래 지속될 가능성이 더 낮다는 것이다. 물론 미국이라는 나라가 사라질 거라는 얘기는 아니다. 하지만 당신은 미국의 부채가 언제라도 평가절하 될 수 있다는 점에 대비해야 한다.

당신은 어머니에게 한 마디의 몰인정한 말을 남기고 무덤으로 가고 싶지는 않을 것이다. 마찬가지로 당신은 정크본드, 기술주, 달러화로 이루어진 포트폴리오를 가진 채로 시장의 붕괴를 맞이하고 싶지 않을 것이다.

죽기에 좋은 시기는 없다. 마찬가지로 시장이 붕괴되거나 침체되기에 좋은 시기도 존재하지 않는다. 그렇지만 죽음은 피할 수 없다. 준비해라. 당신의 어머니에게 무엇인가 멋진 말을 해라. 부랑자에게 술을 한 잔 사라. 그리고 금을 사라.

부록 용어 해설

가벼운 생각(Leicht Denken) "무겁게 짓누르다"(Schwer uberlegen)의 먼 사촌. 어떤 사람을 표면적으로 평가하는 이 방법은 그 사람이 보편성을 가지고 있거나 다른 사람의 돈을 가지고 있을 때에만 유효하다. 또 정부의 잘못된 행동, 정치, 재무, 로맨스 중 대부분의 원인이기도 하다(무겁게 짓누르다 참조).

가치 투자(Value Investing) 낮은 가격에 사서 더 낮은 가격에 파는 기술.

거품의 종말(Fin de Bubble) 우리 시대의 정신. 우리는 무슨 일인가 일어나기를 기다리고 있는 세계에 살고 있다. 그러는 동안 사람들은 모두 미래에 대해 매우 낙관하고 있다. 특히 금융의 미래에 대해서 그렇다. 화려한 1890년대와 제1차 세계대전 이전 거품의 종말 시기처럼 사람들은 기술적인 발전에 의해 감동받고 세상의 구름 따위는 거의 보지 못한다. 제1차 세계대전은 거품의 종말 정서를 끝냈다. 어떤 대공이 암살당해서 우리 거품의 종말이 역사책에 기술될 수 있도록 기다리고 있을까?

경험(Erfahrung) 개인적인 체험을 통해 알게 된 것을 말한다. 예를 들면 만약 폭스바겐의 프랑스 판 대안으로 힘과 편안함을 느낄 수 없는 드 슈보(Deux Cheveaux, 프랑스 시트로앵 사의 소형 자동차)의 문에 당신 손가락을 세게 부딪힌다면 다음번에 자동차 문을 닫을 때에는 손이 부딪치지 않도록 피할 것이다. 왜냐하면 바로 "경험" 때문이다.

그레이엄과 도드(Graham and Dodd) 이들은 투자에 대한 책을 쓴 저자들이다. 워렌 버핏은 그들의 가장 훌륭한 학생이다.

금(Gold) 무겁고 노란 금속으로 거의 볼 수도 없고 회자되지도 않는다. 이것은 야만적인 유물이며 20세기의 지난 20년 동안 달러로 환산했을 때 그 가치가 하락했다. 이것은 당신이 볼티모어에서 차 유리가 깨질 것을 걱정할 필요 없이 차 안에 놓아 둘 수 있는 유일한 것이다.

금융 설계자(Financial Planner) 편의점인 세븐 일레븐에 화장실용 휴지와 담배를 사기 위해 뛰어 들어가면서 자신의 지갑을 상기하는 사람.

기관 투자가(Institutional Investor) 현재 정신병원에 입원중인 투자가.

달러(Dollar) 금보다 중요하다. 그럼에도 불구하고 80년 전의 달러 가치를 보호하기 위해서 연방준비은행 시스템이 설립된 이래로 달러는 그 가치가 하락하고 있다.

데이 트레이더(Day Trader) 9시부터 5시까지 일하는 데 충실하지 않은 사람.

도박(Gambling) 워렌 버핏과 같은 방식으로 투자하기에는 너무 게으른 사람이 많은 돈을 갖고 하는 일.

마켓 조정(Market Correction) 당신이 주식을 매수한 다음날.

멧칼프의 법칙(Metcalfe's Law) 멧칼프는 인터넷 같은 시스템은 많은 사람들이 이용할수록 가치가 더 높아진다는 점을 깨달았다. 예를 들어, 처음으로 발명된 전화는 그 자체로 사실상 쓸모가 없었다. 반대로 백만 번째로 만들어진 전화는 매우 유용하다. 이와 같은 시스템의 가치는 그것이 널리 확산될수록 더욱 증가한다. 비슷한 맥락으로 멧칼프의 법칙은 미국의 달러화가 왜 전 세계적으로 통용되어왔는지를 설명하는 데 도움이 된다. 조지 소로스와 함께 퀀텀 펀드를 창설해 큰 성공을 거둔 뒤 세계를 여행한 짐 로저스는 자신이 전 세계 거의 모든 곳에서 달러를 쓸 수 있었다고 말했다. 달러는 전 세계적인 교환 수단이 되었고 세계 어디에서나 통용되기 때문에 더욱 가치를 갖게 되었다.

모래, 작은 마을, 오래된 마을(Sand, Small Towns, and Old Towns) 사람들이 중년의 위기를 겪기 위해 가는 곳.

모멘텀 투자(Momentum Investing) 하나의 추세를 찾아서 파산할 때까지 매달려라.

무겁게 짐을 지우다(Schwer Uberlegen) 직접 경험을 바탕으로 누군가를 평가하는 것 혹은 1998년 나가노 동계 올림픽의 1인용 경기썰매 금메달 리스트. 우리는 독일어를 하지 못하므로 확신할 수는 없다.

무어의 법칙(Moore's Law) 기술투자를 이해하는 중요한 열쇠. 무어는 컴퓨터의 능력이 18개월마다 2배로 늘어난다고 말했다. 흥미롭게도 통계학자들은 이 법칙을 GDP 수치를 끌어 올리는 데 이용한다. 그들은 컴퓨터 구매 행위가 실제 컴퓨터를 구입하는 데 들어간 돈보다 더 가치 있다고 주장한다. 그들은 이런 논리를 자동차나 다른 분야에는 적용하지 않는다. 하지만 컴퓨터로 인해 발생된 가공의 3천 억 달러는 한 국가의 GDP에 더해진다.

버핏과 게이츠(Buffet versus Gates) 이것은 그레이엄과 도드의 오래된 투자 접근법과 젊은 빌 게이츠와 제프 베조스의 부의 창조 공식 사이의 논쟁을 간단히 기술한 것이다. 탁월한 그레이엄과 도드 투자인 워렌 버핏은 인터넷 주식이나 심지어 마이크로소프트 주식은 결코 사지 않는다. 비록 마이크로소프트를 알고 빌 게이츠와 브리지 게임을 할지언정 말이다. 반면에 젊은 성향을 가진 기술 투자자들은 무어와 멧칼프가 그레이엄과 도드를 이긴다고 믿는다. 기술 투자자들은 신기술이 매우 빠르게 폭발적으로 발전하므로 낡은 기준은 더 이상 적용되지 않는다고 말한다. 그렇지만 늙은 사람들은 그런 의견을 받아들이지 않는다. 결국 누가 맞을 것인지는 아직 모른다(그레이엄과 도드 참조).

베드 앤 브렉퍼스트 시기(Bed and Breakfast Stage) 인간의 라이프 사이클에서 새로운 국면이다. 즉 경력이 쌓여가는 시기와 전통적인 은퇴 국면 사이에 낀 시기. 이 시기는 일반적으로 자녀들이 집을 떠날 때 시작된다. 경력은 쌓여가고 노력하는 것에 비해 경제 사정이 더 나아지는 때이기도 하다.

베어 마켓(Bear Market) 아이들은 용돈을 받을 수 없고 아내는 어떤 보석도 얻을 수 없는 6~18개월의 기간. 투자자들은 그들에게 다가오는 것을 갖게 된다.

보너의 법칙(Bonner's Law) 이것이 원조다. 이는 무어, 멧칼프 그리고 창조적인 파괴의 과정이 서로 섞이는 것이다. 무어와 멧칼프는 기술 투자자들이 높은 가격을 정당화하기 위해 사용한다. 전체 산업이 기하급수적인 비율로 발전하는데 왜 많은 돈을 지불하지 않느냐고 말한다. 보너의 법칙은 과학기술 시장에서 창조적인 진화의 회전속도가 높아지는 경우 파괴의 회전속도도 빨라진다고 본다. 즉 무어+멧칼프=창조적인 파괴와 동일하다. 투자자들은 인터넷 회사에 투기하고자 한다. 그렇지만 그들은 높은 가격이 아니라 매우 낮은 가격을 지불해야 한다. 낮은 가격은 인터넷 회사가 실패할 가능성이 높다는 진실을 인정하는 것이다. (멧칼프의 법칙과 무어의 법칙 참조)

불 마켓(Bull Market) 무작위의 시장 움직임. 투자자들로 하여금 그들이 금융의 천재라고 오해하게 만드는 시장.

브로커(Broker) 나의 브로커가 나에게 시키는 것.

빌 게이츠(Bill Gates) 신도 빚을 얻으러 가는 곳

샤또(Chateau, 프랑스 어로 "성"이라는 뜻) 이 프랑스 말은 "돈 구멍"(money pit), 또는 "기술주 주식을 좋아하지 않는 사람들이 돈을 잃는 장소"라는 뜻으로 번역할 수 있다. 빌을 소개하면 투자 서비스 그룹인 아고라 파이낸셜(Agora Financial)의 설립자이자 CEO이다. 우리는 파리와 런던, 볼티모어에 사무실을 갖고 있다. 빌은 프랑스에 살기로 결정했고 데이비드 오질비의 훨씬 더 큰 건물에서 멀지 않은 곳에 성을 샀다. 성은 1천년 혹은 그 이상의 오랜 기간 동안 지속되어오면서 해마다 돈을 잃는 유일한 투자다.

센세이션을 세상에 퍼뜨리는 이들(Sensation Mongers) 사람들은 뉴스 매체가 사실만을 보도한다고 생각한다. 하지만 매일매일 수많은 일이 일어나고 뉴스 매체들은 그런 일들 가운데 아무것도 언급하지 않는다. 대신 뉴스 매체들은 그들의 기능을 대중들의 광기를 증폭시키고 집단사고 아젠다에 맞는 뉴스들을 보도하는 것으로 한정한다.

시스코(Cisco) 판초의 친구.

알다(Wissen) 당신이 알고 있다고 생각하는 것들. 하지만 대개 이에 대한 직접적인 경험은 없다. 만일 당신의 목숨이 달려 있다면 경찰의 범인얼굴살피기 정열에서 범인을 뽑아낼 수 없다. 자본주의, 공산주의, 반국교제도폐지주의 등 신문에 보도되고 사설면에서 진지하게 논의되는 대부분의 주의(ism)들이 이런 종류의 것들이다.

앨런 그린스펀(Alan Greenspan) 신 또는 마에스트로, 당신이 선택하라.

야후!(Yahoo!) 당신의 기술주들을 다른 불쌍한 사람들에게 당신이 산 가격보다 비싸게 팔고 난 뒤 외치는 소리.

어둠의 심장(Heart of Darkness) 인터넷 투자자들이 가는 곳. 등골이 오싹해지는 기분이 든다.

에스페란토 머니(Experanto Money) 이는 우리가 유로화에 적용하는 표현이다. 에스페란토는 사람들이 의사소통을 보다 쉽게 하도록 만든 언어이다. 그런데 에스페란토는 완전히 실패했다. 유로화도 역시 완전히 실패할 것이다.

유동성 파라독스(Triffin Paradox) 한 통화를 세계의 주도 통화로 만드는 데 따르는 어려움은 그렇게 하기 위해 어마어마한 양의 통화를 찍어내야 하며 그 찍어낸 돈을 활발하게 수출해야 한다는 것이다. 찍어낸 개별 달러는 정부의 IOU(약식 차용증서)에 해당한다. 보다 많은 달러가 유통될수록, 발행자의 재무 상태는 악화되며 달러도 이전보다 가치가 하락하게 된다. 결국 트리핀과 멧칼프는 타협을 해야만 할 것이다.

정보의 시대(The Information Age) 오늘날의 탈공업화, 포스트모던 경제에 붙여진 이름. 무지의 시대(Age of Ignorance)의 계승자인 정보의 시대는 쓸모없는 사실들과 무의미한 데이터들이 넘쳐난다. 그래서 모든 사람들이 모든 것을 알지만 실제로는 거의 대부분이 아무것도 알지 못한다고 특징지을 수 있다.

주식 분석가(Stock Analyst) 당신의 주식 가치를 떨어뜨리기만 하는 바보 멍청이.

주식 분할(Stock Split) 당신의 전처와 그녀의 변호사가 당신의 모든 자산을 공평하게 나눠 가지는 것.

중요한 기초 구조(Significant Base Formation) 이것은 당신이 앉은 채로 경제 뉴스를 읽으면서 너무 많은 도너츠를 먹을 때 얻는 것이다.

창조적 파괴(Creative Destruction) 경제학자인 슘페터가 이런 표현을 제안했다. 이는 개방 시장의 자연스런 과정을 묘사하고 있다. 개방 시장에서는 새로운 회사들이 오래된 회사와 기술을 파괴한다. 반대로 또 다른 프랑스 어 용어인 자유방임주의는 돈이 가고자 하는 곳에 떨어지도록 허용한다. 미국 최후의 위대한 자본가인 빌 게이츠는 그의 회사를 통제주의 경제정책 모델에 기반해서 설립했다. 리눅스(Linux)는 자유방임주의적 접근의 한 예다. 게이츠는 광범위한 부를 창출했다. 리눅스나 다른 창조적인 파괴의 과정은 부를 파괴할 것이다.

캐쉬 플로우(Cash Flow) 당신의 돈이 화장실 아래로 사라진 것처럼 만드는 움직임.

콜 옵션(Call Option) 이메일 이전의 고대 시대에 사람들이 전화로 하곤 했던 것.

탐욕의 통일이론(Unified Theory of Greed, UTG) 우리는 모두 탐욕스런 나쁜 놈들이지만 진정한 나쁜 놈은 자신의 탐욕(권력이나 돈, 사랑 등에 대한)이 그의 부인이나, 시장, 혹은 법에 의해 저지당하지 않는 사람이라는 통찰.

통제 경제정책(Dirigisme) 이 표현도 역시 프랑스 어 용어이다. 이는 플라톤의 이상적인 정부 형태의 현대 프랑스 판이다. 이 이상적인 정부에서는 똑똑한 사람들이 함께 하고 이들이 다른 모든 사람들에게 무슨 일을 해야 하는지를 말한다.

투기(Speculating) 이것은 와이프가 당신에게 무엇을 하고 있느냐고 물을 때 당신이 도박이라고 말하는 것이다.

투자(Investing) 많은 사람들이 자신들이 하고 있다고 말하면서도 그 중 소수만이 이해하고 있는 행동을 말한다. 여기에는 투자로 인한 소득의 흐름을 연구하는 것이나 투자 가치의 상승 혹은 하락을 예상하는 것, 그리고 리스크를 조절하는 일 등이 포함된다. 오늘날 대부분의 투자자들은 대차대조표가 그들의 엉덩이를 걷어차도 왜 그것이 중요한지 알지 못할 것이다.

헤드 앤 쇼울더 패턴(Head and Shoulders Pattern)   비듬용 샴푸와 혼돈해서는 안 된다. 그래프 상의 헤드 앤 쇼울더 패턴은 매우 이상하게 생긴 사람의 머리와 어깨를 막연하게나마 닮았다. 이 패턴은 내리막의 전조로 받아들여진다. 그렇지만 만약 시장이 하락하지 않는다면 기술적 분석가들은 당신에게 그것은 결국 헤드 앤 쇼울더 패턴이 아니었다고 말할 것이다. 그것은 실제로 말의 궁둥이였다.

호모 디지털리언스(Homo Digitaliens)   에드 야르데니(월가의 투자전략가), 앨 고어, 빌 게이츠, 제프 베조스(아마존닷컴의 CEO) 그리고 몇몇 다른 사람들, 그들은 우리 사이를 걷는다.

호모 아날로진스(Homo Analogiens)   알람시계를 맞추는 데 어려움을 겪는 사람들. 그리고 신경제는 대부분 거짓이라고 믿는 사람들.

C 스팟(The "C" Spot)   집합적인 사고가 발생하는 뇌의 위험한 작은 구석. 운동경기, 기병대의 돌진 및 정치적인 캠페인 등에 유용하다. 또한 비웃지 않고 신문 사설란을 읽는 데 필수적이다. 그렇지만 인류에게 있어 이것은 방해물이며 외과적인 수술로 제거되어야만 한다.

P/E 비율(P/E Ratio)   시장이 계속 무너지면서 땀으로 바지가 흠뻑 젖은 투자자들의 비율.

Notes

Introduction Slouching toward Empire

1. Claes G. Ryn, "Appetite for Destruction Neoconservatives Have More in Common with French Revolutionaries Than American Traditionalists," *American Conservative*, January 19, 2004.
2. John Chuckman, "America's Imperial Wizard Visits Canada," December 6, 2004, http://www.countercurrents.org/us-chuckman061204.htm.
3. Ramsay MacMullen, *Corruption and the Decline of Rome*, Yale University Press, 1990.
4. John Markoff, "China Joins Global Race for Fastest Computers; Beijing and Tokyo Aim at a New Barrier to Overtake U.S. Lead," *International Herald Tribune*, August 18, 2005.

Chapter 1 Dead Men Talking

1. Margaret Wilson Oliphant, *The Makers of Venice, Doges, Conquerors, Painters and Men of Letters*, Burt, 1897.
2. Ibid.
3. Edward Gibbon, *The Decline and Fall of the Roman Empire*, Everyman's Library, 1993.
4. See note 1.
5. Edmund Randolph, 1787 Constitutional Convention.
6. James Madison, "The Federalist No. 10: The Utility of the Union

as a Safeguard Against Domestic Faction and Insurrection (continued)," *Daily Advertiser*, November 22, 1787.
7. Constatino Bresciani-Turoni, *The Economics of Inflation: A Study of Currency Depreciation in Post-War Germany*, Routledge reprint ed., 2003.
8. Karl Theodor Helfferich, *Das Geld*, Adelphi English ed., 1927, p.650.
9. See note 7.
10. http://chinese-school.netfirms.com/abacus-Sir-John-Templeton-interview.html.
11. Nassim Nicholas Taleb, *Fooled by Randomness: The Hidden Role of Chance in Life and in the Markets*, 2nd ed., Texere, 2004.
12. Ibid.
13. Ibid.

Chapter 2 Empires of Dirt

1. Paul Ratchnevsky (Thomas Nivison Haining, trans.), *Genghis Khan: His Life and Legacy*, Blackwell reprint ed., 1993.
2. "Changing Perceptions of Genghis Khan in Mongolia: An Interview with Dr. Ts. Tsetsenbileg by Yuan Wang," *Harvard Asia Pacific Review*, http://hcs.harvard.edu/~hapr/winter00_millenium/Genghis.html.
3. http://khubilai.tripod.com/mongolia/id3.html.
4. http://en.wikipedia.org/wiki/Genghis_Khan.
5. Francis Fukuyama, *The End of History and the Last Man*, Free Press, 1992.
6. http://www.rain.org/~karpeles/armadadis.html.
7. http://www.angelfire.com/ok3/chester/maindir/armarda.htm.
8. Alfred Thayer Mahan, *The Influence of Sea Power upon History*, 1660–1783, Dover Publications, 1987.

Chapter 3 How Empires Work

1. Emily Eakin, "Ideas and Trends; All Roads Lead to D.C.," *New York Times*, March 31, 2002.
2. Robert Kaplan, *Warrior Politics: Why Leadership Demands a Pagan Ethos*, Vintage, 2003.
3. Roger Cohen, "Globalist: Rumsfeld's Blunt Style May Backfire in China," *International Herald Tribune*, June 11, 2005.
4. Paul Kennedy, "The Greatest Superpower Ever," *New Perspectives Quarterly*, Washington, winter 2002.
5. Thomas Cahill, *How the Irish Saved Civilization*, Anchor, 1996.
6. Ibid.
7. Deepak Lal, *In Praise of Empires: Globalization and Order*, Palgrave Macmillan, 2004.
8. Ibid.
9. Rudyard Kipling, *The White Man's Burden*, 1899.
10. Stephen Howe, *Empire: A Very Short Introduction*. Oxford University Press, 2002.
11. Ramsay MacMullen, *Corruption and the Decline of Rome*, Yale University Press, reprint ed., 1990.
12. Ibid.
13. Ibid.
14. http://www.antiwar.com/justin/j112299.html.
15. Aristotle, *Politics*, Nuvison Publications, 2004.
16. John Perkins, *Confessions of an Economic Hit Man*, Berrett-Koehler Publishers, 2004.
17. Niall Ferguson, *Colossus: The Rise and Fall of the American Empire*, Penguin, reprint ed., 2005.
18. John Quincy Adams' Address, July 4, 1821.
19. Floyd Norris, "Floyd Norris: Will China Be Setting U.S. Rates?" *International Herald Tribune*, May 13, 2005.
20. Grandfather Economic Report Series,

http://home.att.net/~mwhodges/debt.htm.
21. *China Daily*, http://www2.chinadaily.com.cn/english/doc/2004-12/15/content_400251.htm
22. See note 19.
23. CIA: *The World Factbook*, http://www.odci.gov/cia/publications/factbook/geos/us.html#Econ.
24. Institute for International Economics, http://www.iie.com/publications/papers/paper.cfm?researchid=26.
25. See note 23.
26. Niall Ferguson, "The End of Power: Without American Hegemony the World Would Likely Return to the Dark Ages," *Wall Street Journal*, June 21, 2004.

Chapter 4 As We Go Marching

1. John T. Flynn, *As We Go Marching*, Ayer Company, reprint ed., 1972.
2. Ibid.
3. Ibid.
4. Ibid.
5. Ibid.
6. Ibid.
7. Jose Ortega y Gasset, *The Revolt of the Masses*, W.W. Norton & Company, reissue ed., 1994, Chapter 7.
8. See note 1.
9. Ibid.
10. Ibid.
11. Ibid.
12. Sol Bloom, Chairman of the House Foreign Relations Committee, 1926, to colleagues.
13. "Arming for Peace," *New York Times*, October 31, 1951, p. 27.

14. Finance and Development, http://www.worldbank.org/fandd/ english/0696/articles/0100696.htm.
15. Garet Garrett, in his pamphlet "Rise of Empire," 1952.
16. Ibid.
17. Garet Garrett, *The People's Pottage*, Truth Seeker Co. Inc.; TS ed ed., 1992.
18. Ibid.
19. Ibid.

Chapter 5 The Road to Hell

1. Malcolm Gladwell, *Blink: The Power of Thinking without Thinking*, Little Brown, 2005.
2. Ibid.
3. Ibid.
4. Ibid.
5. Warren Harding, Inaugural Address, 1921.
6. H. L. Mencken, 1880-1956.
7. Judge Learned Hand, speech at "I Am an American Day" ceremony in Central Park, 1944.
8. Sigmund Freud, William C. Bullitt, *Thomas Woodrow Wilson: A Psychological Study*, Transaction Publishers, 1999.
9. Woodrow Wilson, *Address to Congress Asking for a Declaration of War*, April 2, 1917.
10. The Raab Collection, http://raabcollection.com/detail.aspx?cat=0&subcat=34&man=344.
11. http://www.ieru.ugent.be/palo.html.
12. See not 9.
13. Ibid.
14. Adam Gopnik, "The Big One: Critics Rethink the War to End

All Wars," *The New Yorker*, August 23, 2004.
15. Viscount Esher, 1852-1930.
16. Winston Churchill, MIT's "Mid-Century Convocation," April 1949.
17. Ibid.
18. See note 8.
19. See note 9.
20. Hew Strachan, *The First World War*, Viking Adult, 2004.
21. Winston Churchill, letter to his wife, July 28, 1914.
22. Stefan Zweig, *The World of Yesterday*, Viking Press, 1970.
23. Randolph Bourne in his essay, "The State," http://www.bigeye.com/rbquotes.htm.
24. The International School of Toulhouse, http://194.3.120.243/humanities/ibhist/war/wwi/europe_1914/germany/germany_before_1914.htm.
25. See note 9.
26. John F. Kennedy, Inaugural Address, January 20, 1961.
27. Richard Nixon, Inaugural Address, January 20, 1973.
28. David Lloyd George, *War Memoirs*, 1934.
29. Ludwig von Mises Institute, http://www.mises.org/fullstory.aspx?control=224&id=74.
30. History News Network, http://hnn.us/articles/10108.html.
31. Edward Chancellor, *Devil Take the Hindmost: A History of Financial Speculation*, Plume, reissue ed., 2000.
32. Rod Mickleburgh, "He Did the Best He Could That Day... He Survived," The Memory Project, *Toronto Globe and Mail*, http://www,theglobeandmail.com/special/memoryproject/features/fox.html.
33. See note 29.

Chapter 6   The Revolution of 1913 and the Great Depression

1. John T. Flynn, *The Decline of the American Republic and How to Rebuild It*, Devin-Adair Publishers, 1955.
2. Civil War Currency Facts, http://www.civil-war-token.com/civil-war-currency-facts.htm.
3. The Ludwig von Mises Institute, http://www.mises.org/etexts/rootofevilb.asp.
4. Ibid.
5. Representative Robert Adams, January 26, 1894.
6. See note 3.
7. President William H. Taft's Message to Congress, June 16, 1909.
8. Amendment XVI, 1913.
9. Article V of the Constitution in its original form.
10. John Dickinson, June 7, 1787, Constitutional Convention.
11. James Madison, "The Federalist No. 63, The Senate (continued)," *Independent Journal*, Saturday, March 1, 1788.
12. C.H. Hoebeke, "Democratizing the Constitution: The Failure of the Seventeenth Amendment," *Humanitas*, Volume IX, No. 2, 1996.
13. John Kenneth Galbraith, *A Short History of Financial Euphoria*, Penguin Books, 1990.
14. United States Constitution, Tenth Amendment.
15. Franklin Delano Roosevelt, "Firesid Chat," March 9, 1937.
16. Ibid.
17. See note 1.

Chapter 7   MacNamara's War

1. Ken Hagler's Radio Weblog, Recitation of the Battle of Camerone, April 30, 2003.

2. *Le Figaro*, May 7, 2004.
3. Ibid.
4. Ibid.
5. William J. Duiker, "Ho Chi Minh," *Theia*, September 27, 2000.
6. Ibid.
7. Vo Nguyen Giap, "When a Nation Was Born," *Vietnam News Agency*, 2000.
8. Charles W. Eliot, *The Congressional Record*.
9. Oliver Cromwell, letter to the synod of the Church of Scotland, August 5, 1650.
10. Robert S. MacNamara, James Blight, Robert Brigham, Thomas Biersteker, and Herbert Y. Schandler, *Argument without End: In Search of Answers to the Vietnam Tragedy*, Public Affairs Press, 2000.
11. The infamous domino theory: "You have a row of dominoes set up; you knock over the first one, and what will happen to the last one is that it will go over very quickly," President Eisenhower, April 7, 1954.
12. Lyndon B. Johnson, speech, October 21, 1964.
13. Memorandum from the President's Special Assistant for National Security Affairs (Bundy) to President Johnson, en route from Saigon to Washington, February 7, 1965.
14. See note 10.
15. Lyndon B. Johnson, *Public Papers*, 1963–1964, p. 952.
16. Walter Heller Oral History, 1965, in the Johnson Library.
17. "Tell the Vietnamese they've got to draw in their horns or we're going to bomb them back into the Stone Age," General Curtis LeMay, May 1964.
18. See note 10.
19. Bruce Palmer, *The Twenty-five Year War: America's Military Role in Vietnam*, University Press of Kentucky, 2001.
20. See note 10.

21. Ibid.
22. Martin Luther King, speech, New York City, April 4, 1967.
23. Lyndon B. Johnson, conversation with McGeorge Bundy, May 27, 1964.
24. See note 10.

Chapter 8 Nixon's the One

1. Richard Duncan, *The Dollar Crisis: Causes, Consequences, Cures*, John Wiley & Sons, 2003.
2. Gardner Ackley, memo to Lyndon B. Johnson, July 30, 1965.
3. Lyndon B. Johnson, State of the Union Address, January 12, 1966.
4. Joseph Califano, *The Triumph and Tragedy of Lyndon Johnson*, Touchstone Books, 1992.
5. Ibid.
6. Ibid.
7. Ibid.
8. *The Columbia Electronic Encyclopedia*, copyright © 2005, Columbia University Press.

Chapter 9 Reagan's Legacy

1. Claes G. Ryn, "Appetite for Destruction: Neoconservatives Have More in Common with French Revolutionaries Than American Traditionalists," *American Conservative*, January 19, 2004.
2. Ross MacKenzie, "The Reagan Legacy: He Led a Revolution. Will It Survive?" *Economist*, June 10, 2004.
3. Ronald Reagan, Inaugural Address, January 20, 1981.
4. Murray N. Rothbard, "Repudiating the National Debt," Ludwig von Mises Institute, posted Friday, January 16, 2004,

http://www.mises.org/fullstory.aspx?control=1423&id=74.
5. Rod Martin, *Thank You, President Bush: Reflections on the War on Terror, Defense of the Family, and Revival of the Economy.* World Ahead Publishing, August 30, 2004.
6. Ibid.
7. Jude Wanniski, "A Chinese/Asian Currency Zone?" http://www.wanniski.com/showarticle.asp?articleid=4529.

Chapter 10   America's Glorious Empire of Debt

1. David H. Levey and Stuart S. Brown, "The Overstretch Myth," *Foreign Affairs*, March/April 2005.
2. H. A. Scott Trask, "Perpetual Debt: From the British Empire to the American Hegenom," Ludwig von Mises Institute, Posted January 27, 2004.
3. Thomas Jefferson to James Madison, September 6, 1789.
4. Ron Suskind, *The Price of Loyalty: George W. Bush, the White House, and the Education of Paul O'Neill*, Simon & Schuster, 2004.
5. Alan Greenspan at the Adam Smith Memorial Lecture, Kirkcaldy, Scotland, February 6, 2005.
6. George Orwell, "The Lion and the Unicorn: Socialism and the English Genius," essay, 1941.
7. James Surowiecki, *The Wisdom of Crowds*, Anchor, 2005.
8. F. A. Von Hayek, "The Pretence of Knowledge," Nobel Memorial Lecture, December 11, 1974.
9. Richard Duncan, "How Japan Financed Global Reflation," ANDONGKIM, May 20, 2005.
10. Ibid.
11. See note 1.
12. Ibid.

Chapter 11 Modern Imperial Finance

1. http://www.princeton.edu/pr/news/03/q2/0612-brain.htm
2. "Dennis Kucinich on Free Trade" On the Issues, http://www.issues2000.org/2004/Dennis_Kucinich_Free_Trade.htm.
3. Alan Greenspan at the Adam Smith Memorial Lecture, Kirkcaldy, Scotland, February 6, 2005.
4. Robert McTeer, Dallas, 2001.
5. Edmund L. Andrews, "Greenspan Shifts View on Deficits," *New York Times*, March 16, 2004, section A, column 1, page 1.
6. http://www.census.gov/prod/www/abs/decennial.html.
7. See note 3.
8. Ibid.
9. Stephen Roach, "Global: Confession Time." Global Economic Forum, Morgan Stanley, February 7, 2005, http://www.morganstanley.com/GEFdata/digests/20050207-mon.html.

Chapter 12 Something Wicked This Way Comes

1. Thomas Friedman, *New York Times*, March 8, 2004.
2. Ibid.
3. Ibid.
4. "Outrage and Silence," Thomas L. Friedman, *New York Times*, May 20, 2005.
5. Paul Craig Roberts, Counter Punch, March 16, 2005, http://www.counterpunch.org/roberts03162005.html.

Chapter 13 Welcome to Squanderville

1. David Streitfeld, "They're In – But Not Home Free," *Los Angeles*

Times staff writer, published April 2, 2005.
2. Ibid.
3. Ibid.
4. Joyce Cohen, "The Hunt: Becoming a Mogul, Slowly," *New York Times*, April 10, 2005, late edition–final, section 11, column 1, page 12.
5. Ibid.
6. Warren Buffett and Charlie Munger, Berkshire Hathaway shareholders meeting, April 30, 2005.
7. Jane Hodges, "Flipping Real Estate... Without Getting Burned," *Seattle Times*, May 3, 2005.
8. Ibid.
9. Testimony of Chairman Alan Greenspan, Federal Reserve Board's semiannual Monetary Policy Report to the Congress before the Committee on Banking, Housing, and Urban Affairs, U.S. Senate, February 16, 2005.
10. Dan Ackman, "Retirement Doomsday," *Forbes*, May 4, 2005.
11. Alan Greenspan, at the Federal Reserve System's Fourth Annual Community Affairs Research Conference, Washington, DC, April 8, 2005.
12. William Shakespeare, *The Tempest*, Act iii, Scene 2.

Chapter 16 Subversive Investing

1. James Surowiekci, "Why Gold," *New Yorker*, November 29, 2004.

❖ 역자 후기

    로마제국 이래 가장 강력한 제국이자 현존하는 유일한 제국인 미국. 바로 그 미국 경제가 과도한 빚으로 신음하고 있다. 국가 설립 초기의 건전하고 소박했던 나라는 제국으로 발전하면서 사기, 기만, 자만심과 빚더미로 가득 찬 "부채의 제국"으로 변모했다. 그리고 과거 모든 제국의 운명이 그러했듯이 미국도 절정기를 거쳐 이제 쇠퇴기로 접어들고 있다. 미국인들 스스로는 감지하지 못하고 있으나 제국의 쇠락을 견인하는 핵심에는 점차 감당하기 힘들어지고 있는 엄청난 빚이 자리잡고 있다. 빚은 결국 제국을 멸망으로 이끌고 그 규모가 커질수록 파멸의 시기 또한 빨라진다.

    이상은 빌 보너와 에디슨 위긴이 공동 저술한 《세계사를 바꿀 달러의 위기 Empire of Debt》의 내용이다. 이 책은 하나의 제국이 성장과 발전 그리고 절정기와 쇠퇴기를 거쳐 마침내 어떻게 붕괴의 과정에 이르는지를 역사와 경제를 접목시켜 명쾌하게 풀어나가고 있다. 원했든 원하지 않았든 운명적으로 제국이 되어야만 했고 결국 멸망의 수순을 밟아야 했던 역사상 수많은 제국들의 선례를 되짚어 보면서 오늘날 초강대국인 미국 경제의 참담한 미래상을 가감 없이 때로는 냉혹하게 예측한다.

    저자들은 미국 경제가 사상최대의 무역적자 및 경상수지 적자 등으로 조만간 관대하지 못한 세계 금융시장의 심판을 받게 될 것이라고 주장한다. 특히 과도한 신용창출을 통해 점점 더 깊은 부채의 수렁으로 빠져들고 있는 미국 경제에 파산의 시간이 다가오고 있다고 강조한다. 소비를 조장해 경제를 살리는 것은 온도 유지를 위해 가구를 태워버리는 자살행위라는 강경한 표현도 서슴지 않는다. 신용에만 의존해서 기형적인 거품을 키워온 미국 경제. 거품이 커질수록 거품 붕괴 이후의 충격 또한 걷잡을 수 없이 확산될 수밖에 없다는 것이다.

전 세계 소비의 일번지이자 성장의 견인차인 미국 경제의 위기는 세계 경제에도 적지 않은 타격을 주게 될 것임은 주지의 사실이다. 게다가 대외 의존도가 높은 우리나라 경제에는 그 충격이 한층 더 클 것임에 틀림없다. 지금은 가뜩이나 국제 유가 급등, 지정학적 위기 및 원화가치 절상 등 경제 성장에 부담을 주는 다양한 변수들이 복병으로 자리잡고 있는 어려운 시기이다. 저자들의 주장처럼 만에 하나 미국 경제가 파멸을 향해 치닫고 달러 가치가 급락하게 될 경우에 대비한 구체적인 대책 마련이 시급하다.

물론 미국 경제와 달러화의 미래에 대한 저자들의 암울한 전망에도 불구하고 미국 경제와 달러화는 아직까지 끈끈한 저력을 보여주고 있다. 비록 부채로 이룩한 모래성일지라도 유럽이나 일본 등 경쟁국에 비해 미국은 아직까지 높은 경제성장률을 기록하고 있다. 수치로 드러나는 경제지표들도 여전히 양호하다. 때로는 다소 극단적으로 보이는 저자들의 논리처럼 과연 미국이 로마를 비롯한 대부분의 제국과 같이 쇠퇴기를 거쳐 결국 멸망하게 될 것인지는 미래 역사의 몫으로 돌려야 할 것이다.

또한 제국의 흥망성쇠와 운명을 같이하는 속성을 보여온 제국 통화의 미래도 현재로선 알 수 없다. 21세기 들어 급격한 가치 하락 압력에 시달리고 있는 미국 달러. 고대 로마제국 쇠퇴기에 제국의 통화인 아우레우스의 금 함유량이 계속 감소했던 것처럼 달러도 그 가치가 하락하면서 종국에는 휴지조각으로 전락하게 될지 아직은 예단하기 이르다. 아마도 "죽은 대통령들"의 초상이 그려진 달러 지폐가 결국 "죽음"에 이르고 새로운 제국의 통화가 세계 기축통화로서의 위치에 서게 될지는 향후 미국 경제의 운명과 궤를 같이하게 될 것이다.

    최대한 객관적 시각을 유지했으나 다분히 미국적인 세계관이 묻어나는 것은 이 책의 옥의 티로 지적할 만하다. 미국 경제의 펀더멘털을 분석하는 데 있어서도 몇몇 대목에서는 극단적인 시각이 표출되고 있음은 아쉬운 점이다.

    하지만 역사를 통해 경제를 분석하고 미래를 예측하는 저자들의 날카롭고 독특한 안목은 결코 쉽게 흘려버릴 수 없다. 특히 역사는 반복된다는 측면에서 제국은 영원할 수 없으며 미국이라는 제국이 과거 로마의 실패담을 되풀이할 것이라는 저자의 논리는 시사하는 바가 크다. 자연은 진공상태를 견디지 못하고 독점을 몹시 싫어한다고 저자들은 강조한다. 제1, 2차 세계대전을 거치면서 영국으로부터 세계의 패권을 넘겨받은 미국의 독점을 시샘하는 자연이 과연 앞으로 어떤 대안을 선택할 것인지 세계 역사의 도도한 흐름을 지켜보는 것은 흥미진진한 일이 아닐 수 없다.

2006년 8월
이수정·이경호

글로벌 머니 매니저들의 아침회의

원제: Inside the House of Money

주식, 채권, 환율, 상품시장

세계 최고 트레이더들의 투자전략, 타이밍 포착,
리스크 관리 그리고 그들의 철학 엿보기

스티븐 드로브니 지음

주식시장의 영원한 고수익 테마들

원제: You Can Be a Stock Market Genius

합병, 기업분할, 구조조정, 유상증자

최고의 가치투자가 조엘 그린블라트가 가르쳐주는
주식시장의 특수상황 투자법

조엘 그린블라트 지음

영업보고서로 보는
좋은회사 나쁜회사

우량주식 고르는 확실한 방법 – 영업보고서 입체분석

주식시장에서 좋은 회사를 고르는 방법과 한국의 주요
상장사 50사를 15년 동안의 장기 영업보고서를 사용해
입체적으로 분석

하상주 지음(하상주투자교실 www.haclass.com 대표)